HISTOIRE

DE

LA VILLE DE LIGNY-LE-CHATEL

HISTOIRE

DE LA VILLE

DE

LIGNY-LE-CHATEL

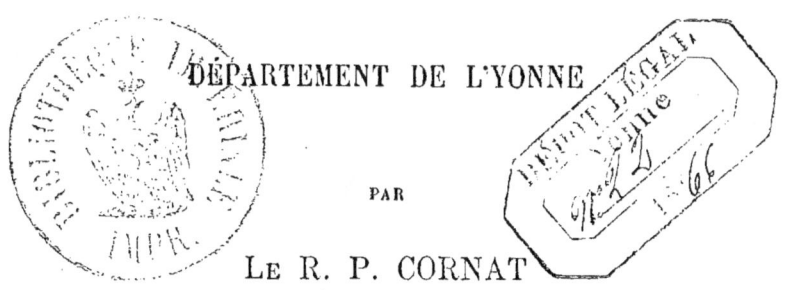

DÉPARTEMENT DE L'YONNE

PAR

Le R. P. CORNAT

De la Société des Missionnaires de Saint-Edme de Pontigny

Membre de la Société Archéologique de Sens

SENS

IMPRIMERIE Ch. DUCHEMIN

RUE ROYALE, 49.

A MES CHERS COMPATRIOTES

LES HABITANTS DE LIGNY

Je me fais un bonheur de vous dédier ce livre qui contient l'histoire de vos ancêtres, de leur foi, de leurs institutions, de leurs luttes, de leurs infortunes et de leurs prospérités. Si j'en juge par le plaisir que j'ai eu à le composer, vous le lirez avec le plus vif intérêt. Le pays qui nous a vu naître est notre première patrie: dans ce petit coin de terre, où se concentrent nos meilleures affections, rien ne nous laisse indifférents. On est avide de tout connaître, on recueille avec un soin pieux les moindres traces des siècles écoulés; partout où va le regard, on voit surgir les souvenirs les plus touchants de la religion, de la famille et de la commune; chaque point du sol a sa tradition, sa légende et son nom significatif. L'impression que l'âme en reçoit au début de la vie demeure ineffaçable : les décrets de la divine Providence ont beau nous disperser aux quatre vents, les années ont beau s'accumuler, ni l'absence ni l'âge ne détruisent la mémoire du cœur. Vous en aurez la preuve en parcourant ces pages, parmi lesquelles vous n'en trouverez point dont vous ayez à rougir. Vous y constaterez qu'à toutes les époques vos pères se sont montrés franchement catholiques ; vous vous ferez gloire de les imiter ! Ils vous ont transmis un riche héritage d'honneur et de vertu ; quoi qu'il arrive, vous ne le laisserez pas dépérir entre vos mains ! Il y a aussi une noblesse pour les populations, et, selon l'adage, noblesse oblige !

Je compte sur votre bon accueil, comptez sur mon inaltérable attachement.

Votre dévoué serviteur et ami,

CORNAT.

PRÉFACE

Les divers auteurs qui ont écrit sur nos pays n'ont parlé de Ligny qu'en passant ; on ne trouve dans leurs ouvrages que quelques faits isolés, rien de suivi. M. Pérille, ancien avocat du barreau d'Auxerre, à la fin de son *Mémoire* dans l'affaire du Contais, a placé une série de notes sur les seigneurs. M. l'abbé Henry, doyen de Quarré-les-Tombes, dans son *Histoire de Pontigny*, parmi les articles qu'il a consacrés aux localités voisines, a donné une certaine étendue à celui qui concerne Ligny-le-Châtel, et les grandes publications qui ont paru depuis sur les anciennes provinces de la France lui ont emprunté ce travail. Mais il est défectueux et inexact sur plusieurs points, que je relèverai quand l'occasion s'en présentera. J'avoue que ce sera me corriger moi-même, car à l'époque où M. Henry préparait ses matériaux pour la composition de son histoire, il me fit l'honneur de me demander des renseignements sur mon pays natal. J'étais bien jeune alors, et les notes que je lui communiquai se ressentirent d'une observation trop superficielle. Je me plais à rendre hommage à ses recherches personnelles, qui composent la majeure partie de sa notice et qui ne sont fautives qu'en très-peu d'endroits.

En publiant une *Histoire de Ligny*, j'accomplis, bien tardivement sans doute, mais plus consciencieusement, une promesse faite il y a près de quarante ans. Notre ville avait alors à la tête de sa municipalité un homme de bien, M. le docteur Garnier, très-capable et très-zélé pour tout ce qui intéressait ses administrés. Témoin de mon ardeur naissante pour l'étude des antiquités locales, il la stimula par ses instances réitérées et me fit prendre l'engagement de faire jouir un jour mes compatriotes du fruit de mes investigations. Je commençai dès lors à former un dossier spécial de tous les documents qu'il me fut possible de découvrir. Ce dossier a grossi avec les années, et maintenant que j'en ai tiré ce qui convenait à mon dessein, je me fais un plaisir de le donner à la cure de Ligny, pour servir de base à la confection d'un *Registre paroissial*. Dans ce recueil de pièces justificatives, d'autres pourront glaner après moi et trouver matière à de nouvelles élucubrations. Je dois dire que les plus importantes et les plus nombreuses sont extraites du *Cartulaire de Pontigny*. Sans les religieux de cette vénérable abbaye, il m'eût été bien difficile de jeter quelque lumière sur l'époque du moyen âge. Ce sont eux qui nous ont conservé les bulles des papes, les chartes des rois, des seigneurs, des évêques, des abbés, des chevaliers, concernant les personnes et les choses, les particuliers et les communautés d'habitants, les institutions laïques et les institutions religieuses, les terres, les eaux, les forêts et toutes les possessions domaniales. On verra dans le cours de cette histoire que j'ai puisé à pleines mains dans ce trésor.

Les archives de Chaumont (Haute-Marne) ont été mises à contribution, moins abondamment toutefois que je ne l'aurais désiré. Là sont déposés les registres et les titres du Chapitre de Langres, qui avait la cure de Ligny. Le peu qu'un intermédiaire a pu me procurer m'a été très-utile. Les archives de l'Yonne m'ont été ouvertes avec une grâce parfaite par l'honorable M. Quentin, à qui je veux témoigner ici toute ma reconnaissance. Quant aux archives locales, ecclésiastiques et civiles, elles sont bien appauvries et néanmoins ce qui en reste m'a beaucoup servi pour une foule de détails qu'on ne rencontre que là.

Dans la disposition de mon ouvrage, je n'ai pas suivi rigoureusement la méthode historique : les faits ne m'ont pas paru assez pressés, assez continus ; outre la pénurie de documents, il y a trop de lacunes dans les manifestations vitales d'une petite ville. J'ai mieux aimé me borner à une monographie et considérer Ligny sous trois points de vue : le point de vue religieux, le point de vue de l'histoire civile et le point de vue archéologique. Ce triple cadre me permettait de grouper facilement les faits de toute nature et d'employer tous les matériaux que j'avais amassés, sans me donner la peine de courir après des transitions impossibles. S'il y a quelques inconvénients à ce plan, je les crois compensés par la clarté qui en résulte. Ai-je atteint la perfection ? Je n'ose m'en flatter : il se glisse toujours de légères inexactitudes dans ces sortes de travaux, à cause de la multiplicité des dates, de la difficulté de préciser et de l'obscurité de certaines chartes. J'ai fait tous mes efforts pour les éviter, je compte sur l'indulgence du lecteur.

Les trois parties de cette histoire ont été lues, à différents intervalles, à la Société archéologique de Sens, et imprimées dans ses bulletins dans l'espace de quatre années. Il est nécessaire qu'on ne perde pas de vue cette remarque ; car, depuis l'impression de la première partie, des événements sont survenus qui ont infligé un douloureux démenti à quelques-unes de mes assertions. Ainsi je représente comme gouvernant encore la Congrégation de la Providence la révérende mère Bresson, qui a terminé par la mort des saints, le 11 août 1864, sa longue carrière de vertus et de mérites ; comme exerçant toujours les fonctions de curé de la paroisse et de doyen du canton, M. Gourlot, qui est présentement chanoine de la métropole de Sens. Son successeur lui-même, M. l'abbé Montassier, après dix-huit mois de séjour, a été transféré à Courson. Le continuateur de la respectable série des pasteurs de Ligny est aujourd'hui M. l'abbé Putois, ancien curé de Maligny, qui, dès son arrivée, a entrepris avec ardeur la restauration des verrières de l'église. Espérons que le concours de ses paroissiens sera aussi persévérant qu'il a été tout d'abord généreux et empressé et lui procurera la joie de mener son œuvre à bonne fin. Espérons de plus que son esprit industrieux saura trouver des ressources pour remplacer la vieille nef par un vaisseau plus en harmonie avec le chœur. C'est une grande affaire ! *hoc opus, hic labor !* Mais notre siècle a vu des choses plus merveilleuses, et si mon humble livre pouvait contribuer à la réalisation de ce dessein, en réchauffant le zèle religieux et patriotique de mes concitoyens, je me croirais surabondamment récompensé.

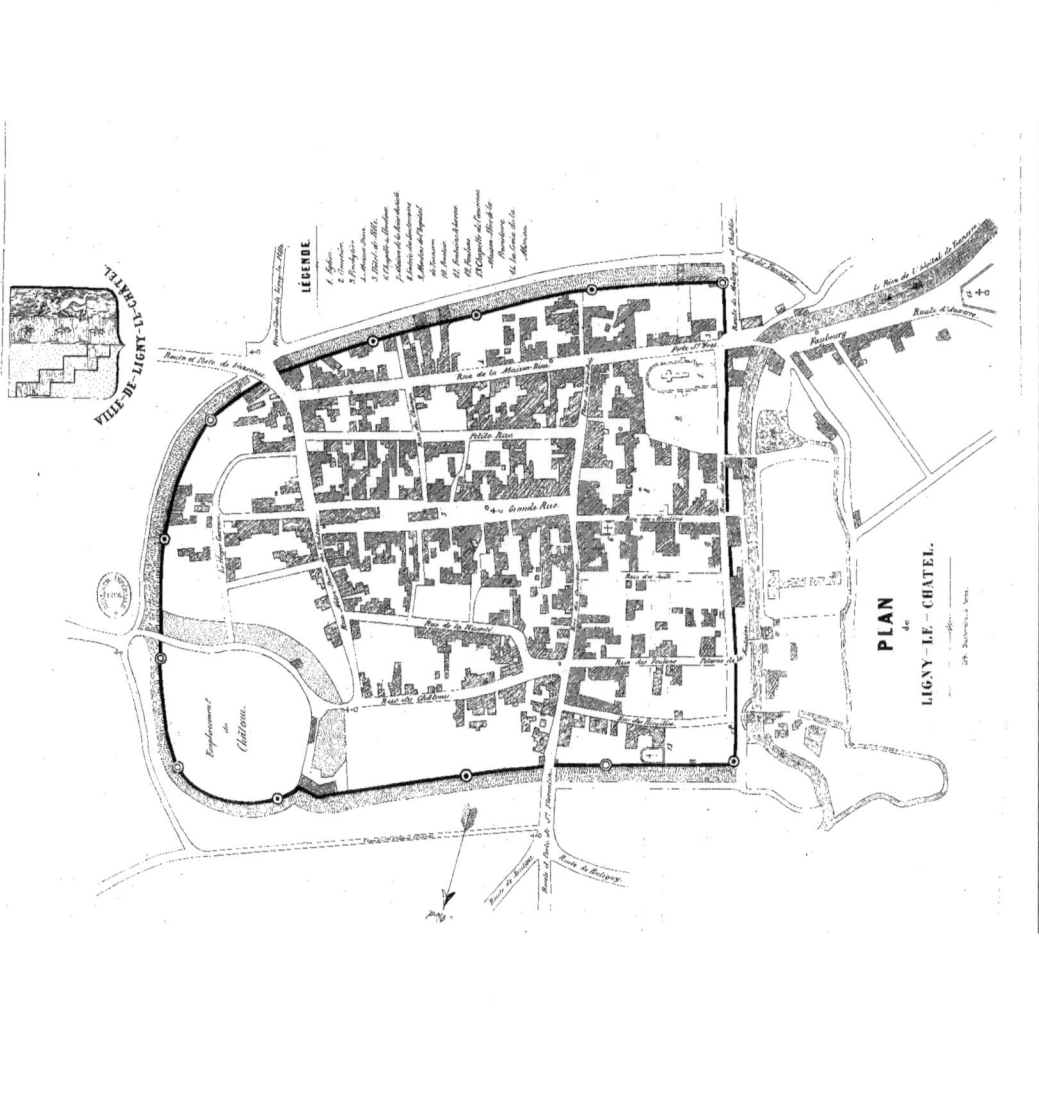

LIGNY-LE-CHATEL

AU POINT DE VUE RELIGIEUX.

LIGNY-LE-CHATEL

AU POINT DE VUE RELIGIEUX.

I.

ORIGINES CHRÉTIENNES.

Dans l'ordre religieux, Ligny appartient aujourd'hui au diocèse et à la province ecclésiastique de Sens. On n'a pu le comprendre dans la circonscription moderne de cette antique Métropole qu'en faisant violence à toutes ses traditions, car aussi haut qu'il nous soit possible de remonter, nous le trouvons dépendant de l'évêché de Langres.

Langres, avant l'ère chrétienne, était la capitale d'un des peuples les plus renommés de la Gaule celtique, des Lingons, dont Polybe, Tite-Live et Tacite racontent les exploits en Italie du temps de Sigovèse et de Bellovèse. Cette cité belliqueuse, comme toutes les autres cités gauloises, subit le joug des Romains et lors de la division des Gaules en 17 provinces, elle fit partie de la première Lyonnaise. Or, on sait qu'en envoyant des hommes apostoliques prêcher l'Évangile dans l'Occident, Rome avait pour principe d'adapter généralement les circonscriptions ecclésiastiques aux circonscriptions civiles : Langres, devenue une cité épiscopale, fut donc rattachée à l'illustre Métropole de Lyon, en même temps que l'Église d'Autun, et ces deux villes qui reçurent la foi des mêmes apôtres, demeurèrent jusqu'à la fin au premier rang parmi les siéges suffragants de l'Église primatiale.

Tout porte à croire que dès le Iᵉʳ siècle, la religion du Christ compta quelques fidèles sur le sol gaulois. Lyon, Autun, Langres, étaient trop considérables et avaient de trop fréquentes relations avec Rome, pour que leurs habitants demeurassent longtemps étrangers à la Bonne Nouvelle. « Votre foi, disait St-Paul écrivant aux Romains, quelque temps avant son martyre, est annoncée par tout l'univers. » Et, en effet, de vénérables traditions dont l'autorité se raffermit de jour en jour, nous assurent que saint Pierre lui-même amena de l'Orient plusieurs des soixante-douze disciples du Sauveur, et d'autres fervents missionnaires qu'il envoya dans les Gaules. C'est de l'Orient, c'est de Smyrne où enseignait saint Polycarpe, disciple de saint Jean, que vinrent Pothin et Irénée, les fondateurs de l'Église de Lyon. C'est aussi de Smyrne et des pieds du même docteur que partirent Bénigne, Andoche et Tyrse, glorieux apôtres du Langrois et de l'Autunnois, qui, vers la fin du IIᵉ siècle, scellèrent de leur sang la doctrine qu'ils apportaient (1). Bientôt s'ouvre, par les noms de saint Sénateur, saint Just et saint Didier, la série centenaire des évêques de Langres, qui s'arrête pour nous à Mgr César-Guillaume de la Luzerne, le confesseur de la foi, le savant et intrépide adversaire des erreurs et des crimes de la Révolution.

Les *Pagi* de l'administration gallo-romaine, formèrent tout naturellement les subdivisions de la juridiction épiscopale. Le diocèse de Langres nous apparaît du VIᵉ au Xᵉ siècle, partagé en quatre Archiprêtrés (2). Mais, dans la suite, les Archiprêtres, connus aussi sous le nom de Chorévêques, ayant abusé de leur résidence au centre d'un territoire pour usurper les

---

(1) Gallia Christiana, T. IV.
(2) Annuaire hist. de la Société de l'Hist. de France, 1853. p. 144.

attributions épiscopales, furent abolis et remplacés par des dignitaires faisant partie du Chapitre diocésain, que l'on nomma Archidiacres. On créa donc alors six Archidiaconés, dont les titulaires avaient la charge de surveiller et de visiter les dix-sept Doyennés du diocèse.

Le *Pagus Tornodorensis*, le pays Tonnerrois, dans la première période, avait été le siége d'un Archiprêtré. Nous en avons une preuve bien authentique dans ce que raconte saint Grégoire de Tours, l'historien des origines de la monarchie française. Il dit qu'en 567, Mondéric, petit-fils du sénateur Ansberg et frère de saint Ferréol, d'Uzès, fut choisi, avec l'agrément de Gontran, roi de Bourgogne, pour succéder à Tétric, 17e évêque de Langres, récemment atteint d'apoplexie. Il fut convenu que jusqu'à la mort de celui-ci, Mondéric gouvernerait la ville de Tonnerre en qualité d'Archiprêtre et y demeurerait : « *Sub eâ specie ut dum beatus Tetricus viveret, hic Ternodorense castrum ut archipresbyter regeret atque in eo commoraretur* (1). » Dans la seconde période, Tonnerre fut le titre du cinquième Archidiacre et le chef-lieu d'un Doyenné qui embrassait toutes les paroisses de l'extrême frontière occidentale.

Ligny était la dernière de ces paroisses, au point de jonction du *Pagus Senonensis*, du *Pagus Autissiodorensis*, et du *Pagus Tornodorensis*, juste à l'endroit où le Serain, après avoir parcouru toute la longueur du *Pagus Tornodorensis* du midi au nord, se coude brusquement vers le couchant et court se jeter dans l'Yonne à quelques lieues de là.

On avait donné, selon l'usage généralement suivi, au moins dans les actes officiels, une désinence latine à son vieux nom celtique et, dans les chartes connues, la forme la plus ancienne de ce nom ainsi latinisé est *Ladiniacum* et plus communément *Lanniacum*. On distinguait *Lanniacum-Castrum*

---

(1) Hist. franc. Lib. V, c. 5.

et *Lanniacum-Villa*, Ligny-le-Château et Ligny-la-Ville, et cette distinction se maintint jusqu'au xvi⁰ siècle. C'étaient comme les deux parties d'une même ville.

Pendant la durée du moyen-âge, où les invasions barbares et les guerres intestines furent si fréquentes, on voit souvent les villes se partager de la sorte : le *Castrum* et la *Villa*, le Château, la Châtellenie, la Forteresse, et la Ville proprement dite ; la Ville-Haute et la Ville-Basse, la première en cas d'alarme servant de refuge à celle-ci. La Ville-Haute est entourée de murs et de fossés, le château occupe le point culminant avec sa tour ou son donjon et son enceinte particulière plus soigneusement fortifiée que le reste. Elle est habitée par le seigneur, les gentilshommes et les gens de service, par les clercs, les hommes d'armes, les gens de justice, par le commerce et l'industrie. Là se trouve le quartier spécial où les Juifs font le change, la banque et l'usure : là sont les maisons en bois à plusieurs étages, les rues étroites et tortueuses, les places et les halles « où soûlaient tenir foires et marchiés » comme porte une de nos plus précieuses chartes. La Ville-Basse, la *Villa*, ce sont les agglomérations d'habitations en dehors de la forteresse, c'est la partie qui s'étend dans la campagne, où se voient les maisons de plaisance des riches et les toits rustiques des villageois, des villains, des paysans. Les groupes de maisons placés immédiatement sous les murs s'appelaient dans la haute latinité *Suburbium* et plus tard *Forisburgus*, bourg en dehors de l'enceinte, faubourg. Ainsi en était-il du *Castrum* de Tonnerre, de celui de Saint-Florentin, de Joigny, etc.

A défaut de documents positifs, il nous est permis de conjecturer, avec une presque certitude, que Ligny et les pays circonvoisins participèrent de bonne heure aux bienfaits de la religion chrétienne et de son organisation hiérarchique. Outre la propagande exercée par les propres apôtres du Langrois, Auxerre, à peine distant de cinq lieues, avait offert, depuis le milieu du iii⁰ siècle une suite admirable de Pontifes dont la charité, la science et la sainteté rayonnaient au loin : nommer saint Pélerin, saint Amatre, saint Germain, saint Aunaire, c'est rappeler ce que le dévouement a de plus héroïque, la vertu de plus pur, le zèle de plus brûlant. Le grand saint Germain traversa plusieurs fois nos contrées allant à Tonnerre. En 448, il perdit en cette ville son disciple saint Micomer, Irlandais de naissance, dont la mémoire reçut promptement les honneurs d'un culte public. Lorsqu'on ramena son corps d'Italie, une des pieuses filles qui avaient suivi jusqu'à Auxerre ce convoi triomphal, se retira dans un ermitage sur la limite de notre territoire et y mourut saintement; elle est connue sous le nom de sainte Porcaire. Au rapport d'Héric, une église s'éleva sur son tombeau et y attira de nombreux pèlerins par les miracles dûs à son intercession (1).

A cette époque reculée, qui coïncide avec l'établissement de la monarchie française par Clovis, la vie religieuse était déjà en honneur dans nos pays. Saint Germain bâtit au-delà de l'Yonne le monastère de Saint-Côme et de Saint-Damien, connu depuis sous le nom de Saint-Marien ; on lui attribue également la fondation du monastère de Saint-Julien, et, de son vivant même, on voit poindre sous le vocable de saint Maurice la fameuse abbaye qui doit porter son nom. Sur le mont Volut, qui domine la ville de Tonnerre, s'élève l'abbaye de Saint-Michel ; à Molôme, l'abbaye de Saint-Pierre ; à Chablis, le roi de Bourgogne Sigismond fonde la collégiale de Saint-Martin, où reposeront un jour les restes de cet illustre thaumaturge des Gaules.

Du vi⁰ au ix⁰ siècle, une abbaye de moindre importance prit naissance à Ligny-la-Ville. Elle fut érigée sous le patronage de saint Symphorien, jeune martyr d'Autun, dont la re

---

(1) Héric. de miraculis apud Labbe, t. I, p. 540.

nommée suscita tant d'églises en son honneur dans nos provinces. Dans le même laps de temps, non-seulement à Autun, sa patrie, mais à Vienne, à Clermont, à Bourges, à Beauvais, à Sens, à Metz, à Trèves, on voit éclore des monastères dédiés à saint Symphorien. L'existence de celui de Ligny, constatée d'ailleurs par les traditions locales, nous est révélée par un précepte de l'empereur Louis-le-Débonnaire daté d'Aix-la-Chapelle, la première année de son règne, c'est-à-dire du 9 septembre 814 (1).

Voici le début de cet acte important, bien digne du religieux successeur de Charlemagne : « Au nom de Notre-Sei-
« gneur Dieu et Sauveur Jésus-Christ, Louis, par l'ordre de
« la divine Providence, Empereur Auguste. Nous espérons
« fermement que si nous employons notre pouvoir à venir au
« secours des Évêques dans toutes leurs nécessités et à leur
« fournir les moyens d'accomplir plus librement leur minis-
« tère, Jésus-Christ, le Pontife suprême, nous en récompen-
« sera par d'éternelles rémunérations. Sachent donc tous nos
« fidèles et ceux de la sainte Église de Dieu, présents et fu-
« turs, que le vénérable Betton, évêque de Langres nous a
« présenté des pièces authentiques des rois nos prédéces-
« seurs, dans lesquelles nous avons lu qu'autrefois, par suite
« des ravages des Sarrasins, les titres et immunités royales
« que possédait l'Église de Langres ont complétement dis-
« paru, et que, pour remédier à la perte de tant de docu-
« ments précieux consumés par les flammes, les rois nos pré-
« décesseurs, à la demande des précédents évêques, ont ren-
« du à cette Église d'autres titres où sont relatés tous les do-
« maines dont elle jouissait antérieurement ou qui lui ont
« été donnés depuis par la libéralité des catholiques. »

Suit l'énumération de ces domaines, parmi lesquels nous

---

(1) Gallia Christiana, t. IV, Instrum col. 129 et Cartulaire de l'Yonne, t. I, p, 26.

remarquons, dans le Tonnerrois, le monastère de Molôme, le château de Tonnerre, chef-lieu du Comté et la petite abbaye de Saint-Symphorien à Ligny, avec les églises et les autres biens qui lui appartiennent : *Et in pago Tornetrensi monasterium Melundense, et in eodem pago Castrum Tornetrense, caput videlicet Comitatûs, et abbatiolam S. Symphoriani in Ladiniaco, cum Ecclesiis aliis que rebus sibi adspicientibus.*

Louis-le-Débonnaire, par son précepte, confirme l'Église de Langres dans la possession de tous ces biens, pour l'amour de Dieu, tout-puissant, et de saint Jacques, apôtre, dont le bras est vénéré dans l'église cathédrale de Saint-Mammès, et il fait défense expresse à qui que ce soit d'en usurper la moindre partie, espérant, ajoute-t-il, que l'évêque Betton et ses successeurs, avec le clergé et le peuple qui leur sont soumis, voudront bien implorer en sa faveur la miséricorde divine. Il finit en déclarant qu'il exempte l'Église de Langres de tous les droits du fisc.

Au 1ᵉʳ janvier 889, nouveau précepte confirmatif émané du roi Eudes, conçu à peu près dans les mêmes termes, mais plus explicite encore. Ce prince y rappelle les préceptes des empereurs Louis et Charles-le-Chauve et ceux des anciens rois, contenant donation ou restitution des abbayes, châteaux, villages et terres de l'évêché de Langres, entre lesquels figure, avec les mêmes expressions, l'abbaye de Saint-Symphorien de Ligny et les églises qui s'y rattachent. L'évêque Argrin, qui avait provoqué cette nouvelle reconnaissance, est affermi et protégé dans la pleine jouissance de tous ces domaines (1).

Ainsi, du temps de Charlemagne, l'abbaye de Saint-Symphorien de Ligny-la-Ville existait déjà depuis longtemps, elle était pourvue de revenus, et plusieurs églises étaient sous sa

---

(1) Cartul. de l'Yonne, t. I, p. 124.

dépendance. Quelles étaient ces églises ? Nous l'ignorons. Quels religieux habitaient ce monastère ? Des moines Bénédictins, indubitablement, sortis de la vieille abbaye de Saint-Michel de Tonnerre. C'était une petite colonie de ces hommes de Dieu, que la Gaule franque produisit en si grand nombre et dont la mission providentielle était d'adoucir les mœurs farouches des barbares, de les civiliser progressivement par l'exemple du travail agricole, par la culture des lettres, des sciences et des arts et surtout par le spectacle des plus sublimes vertus. Ligugé, Marmoutiers, Lérins, Luxeuil avaient été les grandes écoles où leurs premiers pères s'étaient formés à la vie cénobitique, mais au VIe siècle une éclatante lumière se leva sur l'Occident, saint Benoit parut, et l'admirable règle dont il fut l'auteur ne tarda pas à se substituer partout aux constitutions incomplètes et défectueuses des âges antérieurs. Munie du sceau de l'autorité apostolique par le pape saint Grégoire, hautement préconisée par le concile d'Autun de 670, elle devint le code universel de l'ordre monastique.

Pendant que le roi Eudes assurait de sa royale protection les villes, les églises et les abbayes soumises à l'évêque de Langres, la France succombait sous un horrible fléau. Les barbares Normands, remontant le cours de la Seine et de l'Yonne, mettaient tout à feu et à sang. Les prêtres, les moines et les établissements religieux étaient surtout l'objet de leur fureur : « Ces païens, écrit un chroniqueur contemporain,
« se précipitant comme un torrent, rasaient au niveau du
« sol des édifices qui s'élevaient jusqu'au ciel. Après leur
« passage, à peine restait-il quelques vestiges de l'ancienne
« splendeur des églises et, de tant de magnifiques monuments
« que nous avaient légués les siècles passés, un très-petit
« nombre subsiste encore. Il n'y a plus qu'une pauvre petite
« église, souvent avec un seul prêtre, là où avaient fleuri de
« nombreux monastères : ça été comme l'agonie de notre

« sainte religion (1). » Saint-Michel de Tonnerre partagea le sort commun, les bâtiments claustraux, l'église, tout fut ruiné, ses pieux habitants tués ou dispersés et plus de quatre-vingts ans s'écoulèrent avant sa réédification. Son humble fille de Ligny-la-Ville fût-elle plus heureuse? Rien ne nous l'apprend ; il n'est plus question d'elle que dans un acte de 1108.

Saint-Michel avait, à cette date, pour abbé, Guy, moine très-vertueux, tiré de l'abbaye de Bèze. « C'était, dit M. Le
« Maistre (2), un homme recommandable par ses connais-
« naissances, son zèle, sa piété et son éloquence ; choisi par
« saint Robert, juste appréciateur du mérite, aimé des évê-
« ques de Langres, des grands du siècle et surtout de Guil-
« laume, comte de Nevers, Auxerre et Tonnerre, qui lui
« concéda quelques coutumes et quelques priviléges ; affec-
« tionné par le pape Pascal II, et, de plus, lié d'amitié avec
« l'abbé de Clairvaux, le grand saint Bernard. » Dans sa sollicitude pour les droits et les intérêts de ses religieux, il pria Robert de Bourgogne, son évêque, de vouloir bien confirmer leurs possessions de son autorité et de son approbation. Ce dernier le fit par une charte dont voici la teneur.

« Au nom de la souveraine et indivisible Trinité, Père, Fils
« et Saint-Esprit. Suivant l'usage fidèlement observé par nos
« prédécesseurs de faire mettre par écrit les choses qui doi-
« vent être transmises à la postérité, nous croyons devoir
« consigner dans cette charte les déclarations suivantes, pour
« les préserver de l'oubli et de peur que plus tard on n'essaie
« de contester ou de diminuer frauduleusement des droits
« légitimement acquis.

« Moi donc, Robert, par la miséricorde divine, évêque de

---

(1) Apud Bolland. xxi januarii.
(2) Annuaire de l'Yonne, 1843, page 65.

« la sainte Église de Langres, fais savoir à tous, présents et
« à venir, et principalement aux fils et fidèles de notre Église,
« que notre cher fils Guy, révérendissime abbé du couvent
« de Saint-Michel-archange de Tonnerre, s'étant présenté
« humblement devant notre Sérénité, nous a supplié d'oc-
« troyer et concéder, pour notre part, et de confirmer par
« notre autorité pontificale certains biens qui ont été
« offerts et consacrés à Dieu et à saint Michel par les mains
« des fidèles.

« Voulant accueillir favorablement une demande si juste et
« si raisonnable, nous nous sommes empressé de lui donner
« satisfaction. Nous donnons donc et concédons au susdit
« monastère de Saint-Michel et aux frères qui y sont et se-
« ront établis, en la personne de leur abbé Guy, tous les biens
« que les fidèles de Dieu et les hommes de condition quel-
« conque leur ont accordés et leur accorderont dans la suite
« des temps. Présentement nous leur donnons et concédons
« l'église d'Ancy fondée en l'honneur de saint Maxence avec
« la moitié de l'*atrium*, toutes les terres qui lui appartiennent
« en propre et la troisième partie de la dîme : l'église de
« Vaupelletaine, avec la moitié de l'*atrium* et le tiers des dî-
« mes : l'église de Ligny, constituée en l'honneur de saint Sym-
« phorien, et autant de l'*atrium* qu'il en sera nécessaire pour
« les usages et les cellules des moines qui voudront y établir
« leur demeure : *Et Ecclesiam de Lageniaco, in honore Sancti*
« *Symphoriani constitutam ; et tantum de atrio quantum ne-*
« *cesse fuerit ad usus et officinas monachorum ibidem com-*
« *manere volentium.* »

« De l'aveu et du consentement de nos bien-aimés archi-
« diacres, nous livrons, par l'entremise de notre frère Guy,
« et pour être justement possédées à perpétuité, au bien-
« heureux Michel et aux frères réunis sous son patronage au
« nom de Jésus-Christ, toutes les choses ci-dessus énoncées
« et nous voulons que le témoignage de la présente charte

« soit remis à nos archidiacres, pour être confirmé et souscrit par eux. (1). »

Les six archidiacres ont en effet signé cette pièce, qui semble nous laisser à entendre qu'il y avait eu interruption dans le séjour des moines de Ligny-la-Ville et qu'il s'agissait de reconstruire des cellules pour ceux qui voudraient s'y fixer. L'*atrium*, dont il est ici question, et sur lequel on permet de prendre le terrain nécessaire, c'était d'après les usages romains une cour entourée de galeries qui précédait le portail des édifices sacrés ; aux XIe et XIIe siècles, on désignait par ce mot une simple cour, une place, une enceinte plus ou moins étendue qu'il fallait traverser pour se rendre à l'église.

Désormais le silence le plus profond se fait sur cette institution primitive. L'église continue de subsister jusqu'au XVIe siècle ; un procès-verbal de bornage des chemins en parle encore en 1587. Au commencement du siècle dernier, une croix en marquait l'emplacement sur la limite d'un terrain dont l'abbaye de Saint-Michel de Tonnerre est restée propriétaire jusqu'à la Révolution.

Outre cette église monastique, Ligny-la-Ville avait une église paroissiale, dont on n'a gardé que de faibles souvenirs : on prétend qu'elle était sous le vocable de saint Pierre, comme celle de Ligny-le-Château. Quant à l'existence des deux paroisses, elle est parfaitement prouvée par plusieurs chartes, et notamment par celle où l'évêque d'Auxerre, Hugues de Mâcon, fondateur et premier abbé de Pontigny, atteste que Bertrand de Seignelay et Gauthier, son fils, ont donné à ce monastère naissant toute la terre qu'ils possédaient dans les paroisses de Ligny-la-Ville et de Ligny-le-Château : *Omnem terram quam in dominio suo habebant in parochiis Lanniaci-Villæ et Lanniaci-Castelli* (2). Cette charte est de 1135.

(1) Cartul. de l'Yonne, t. I, page 215.
(2) Cartul. de l'Yonne, t. I, page 302.

II.

LA PAROISSE.

De qui relevaient les églises de ces deux paroisses, à l'époque où nous sommes parvenus, c'est-à-dire au XIIe siècle? L'église de Ligny-la-Ville relevait de l'abbaye de Saint-Michel, qui en percevait les fruits et nommait les ecclésiastiques chargés de la desservir. Trois bulles des Souverains-Pontifes en font foi : la première datée du palais de Latran, 29 mars 1180, et signée de quatorze cardinaux, est du Pape Alexandre III. Elle est adressée à l'abbé Étienne et à ses religieux, et leur assure la propriété de nombreuses églises, entre lesquelles figurent la chapelle de Maligny, l'église de Vaupelletaine, l'église de Ligny-la-Ville avec ses dépendances et le tiers de la dîme de Ligny-le-Château : *Capellam de Melliniaco cum appenditiis suis, ecclesiam de Vallepelletaná... Ecclesiam de Ligniaco-Villâ cum pertinentiis suis et tertiam partem decimæ de Ligniaco-Castro.* Alexandre III déclare qu'il prend sous sa protection spéciale le couvent de Saint-Michel avec tous ses biens, puis il ajoute :

« Nous avons réglé que tous ceux qui meurent dans la ville
» de Tonnerre et dans la paroisse de Saint-Aignan, soient en-
» terrés dans le cimetière de votre monastère, à moins qu'ils
» n'aient, en pleine connaissance, choisi leur sépulture ailleurs.
» Quant aux églises paroissiales qui vous sont soumises, vous
» aurez droit de nommer leurs prêtres et de les présenter à
» l'évêque, et s'ils sont trouvés idoines, l'évêque leur con-
» fiera la cure des âmes dont ils répondront devant lui ; mais
» ils seront responsables envers vous du temporel (1). »

La seconde bulle est du Pape Lucius III, du 15 septembre 1184 : Elle contient un privilège général adressé à l'abbé Aganon et reproduit *in extenso* la précédente, y joignant le

1) Cartul. de l'Yonne, t. II, p. 304.

don fait par Guillaume, fils du feu comte de Nevers et de la comtesse Mathilde, de divers biens dans le bourg de Saint-Michel. La troisième, du Pape Clément III, de l'an 1190, ratifie les deux autres (1). Voilà les seuls documents que nous avons pu découvrir sur la paroisse de Ligny-la-Ville et qui nous en font entrevoir le régime et la constitution.

Pour ce qui concerne la paroisse Saint-Pierre et Saint-Paul de Ligny-le-Château, alors et depuis, elle a toujours été sous la juridiction immédiate du Chapitre de Langres ; seulement, au commencement du XII⁰ siècle, nous voyons par la bulle d'Alexandre III que Saint Michel touchait le tiers de la dîme et, de plus, jouissait de certains droits qu'une charte de 1116 appelle *consuetudines et cruces*, les coutumes et les croix. Nous traduisons cette pièce qui intéresse, avec Ligny, beaucoup de paroisses du voisinage :

« Au nom de la sainte et indivisible Trinité, Père, Fils et
» Saint-Esprit. Moi, Godefroy, par la grâce divine, évêque de
» Langres, à mon cher fils Adelard, abbé du monastère de
» Saint-Michel, de Tonnerre, et à ses successeurs régulière-
» ment institués, à perpétuité.

» Un désir que nous croyons être inspiré de Dieu pour l'a-
» vantage de la religion et le salut des âmes doit être exécuté
» sans délai. C'est pourquoi, cher fils en Notre Seigneur, ac-
» cédant avec bienveillance à votre demande et à celle de
» vos frères, du consentement unanime de notre clergé, nous
» voulons fortifier par ce présent écrit et par le suffrage de
» notre autorité, le monastère de Saint-Michel, auquel on
» sait que vous présidez par un effet de la providence de Dieu.

» Nous statuons donc que tous les domaines, les églises et les
» biens quelconques, qui sont entre vos mains ou qu'avec
» l'aide de Dieu vous pourrez acquérir dans la suite par les
» libéralités et les offrandes des fidèles ou par toute autre

(1) Cartul. de l'Yonne, t. II, p. 306.

» voie légitime, demeureront fermes et inviolables en votre
» possession et en celle de vos successeurs. Il y a aussi d'au-
» tres coutumes louables, dont jouit votre monastère, au
» nombre desquelles sont *les croix*, qui vous sont dues an-
» nuellement par plusieurs localités, que nous vous confir-
» mons également par les présentes. Parmi ces localités nous
» signalons nommément l'église de Ligny-le-Château, l'é-
» glise de Lignorelles, l'église de Maligny, la chapelle de
» Vaupelletaine, l'église de Mérey-le-Serveux, l'église de
» Carisey, l'église de Villiers-Vineux, l'église d'Ancy-le-
» Serveux, l'église de Pacy, l'église de Lézinnes, l'église de
» Moulins, l'église de Frêne. l'église de Noyers, l'église de
» Cours, l'église de la Rivière, l'église d'Yrouer, l'église de
» Chichée, l'église de Dyé et l'église de Vezannes, l'église de
» Poilly, l'église de Chablis, l'église de Chemilly, l'église de
» Sérigny, l'église de Tissey, l'église de Collan, l'église de
» Fyé et l'église de Poinchy. »

« Nous décernons donc qu'il ne sera permis à aucun hom-
» me de troubler ce monastère dans ses droits ou de lui ra-
» vir ses possessions, ou de lui faire subir des vexations,
» mais tout sera conservé intégralement pour l'usage des
» frères qui l'habitent. Si une personne ecclésiastique ou sé-
» culière osait sciemment contrevenir à cette constitution,
» après avoir été avertie deux ou trois fois, si elle ne se cor-
» rige pas en donnant une satisfaction convenable, qu'elle
» sache bien qu'elle n'échappera point à la justice divine et
» à la peine due à son attentat. Ceux au contraire qui contri-
» bueront à la conservation de ces biens, mériteront dans la
» vie présente la grâce du Dieu tout puissant et la vie éter-
» nelle après leur mort. Amen. »

» Fait en séance publique, à Langres, l'évêque et tous les
» chanoines étant réunis en chapitre où ce privilège a été lu
» et approuvé non seulement de ceux qui ont souscrit, mais
» par l'autorité de toute l'assemblée. l'an de l'Incarnation de

» Notre Seigneur, 1116, indiction 4ᵉ, épacte 15ᵉ, sous le pon-
» tificat d'Innocent II, Louis (le Jeune) fils de Louis (le Gros)
» régnant sur les Francs (1). »

L'assemblée, au sein de laquelle cet acte fut promulgué, n'était pas simplement une réunion capitulaire, mais bien une assemblée synodale composée d'abbés, d'archidiacres, de chanoines, de prêtres, de diacres et de sous-diacres. Saint Bernard y assistait, Clairvaux étant de la juridiction de l'évêque de Langres ; sa signature est la troisième. Le consentement des chanoines était spécialement requis parce que l'église de Ligny-le-Château leur appartenait.

Que faut-il entendre par ces *Croix* dues à l'abbaye de St-Michel ? C'étaient, dit Ducange (vᵒ *Cruces*), les oblations que les fidèles avaient coutume de faire aux processions des calendes de mai, c'est-à-dire, à la procession de St-Marc et à celles des Rogations. Alors, comme aujourd'hui, dans ces solennelles supplications, les fidèles se rendaient, sur deux lignes et précédés de la Croix, aux églises les plus rapprochées ou au pied des Croix érigées dans les champs, pour y invoquer les Saints Patrons. On appelait aussi ces processions *litanies*, parce qu'on y nomme successivement tous les Saints aux suffrages desquels le peuple chrétien se recommande. Dans le cours des siècles suivants ces redevances des *Croix* tombèrent en désuétude et le Chapitre de Langres nous apparaît seul possesseur de l'église de Ligny-le-Château et de ses revenus.

III.

LA CURE.

Le Chapitre de Langres était *Curé-primitif* de l'église St-Pierre et St-Paul. Dans l'ancienne organisation ecclésiastique on attribuait cette dénomination aux abbayes, prieurés, cha-

(1) Cartul. de l'Yonne, t. I, p. 231.

pitres et collégiales qui avaient la cure des âmes et percevaient pour cela les grosses dîmes dans certaines paroisses de leur dépendance. Au commencement, les Bénédictins et quelques autres moines remplissaient par eux-mêmes les fonctions curiales : leur vie plus austère que celle du clergé séculier leur attirait la confiance des populations qui aimaient à les avoir pour pasteurs. Mais ils finirent, comme les autres, par se décharger des sollicitudes du ministère paroissial sur des prêtres amovibles qui n'avaient que le nom de *Vicaires*. Il fut statué que les abbés, prieurs et autres pourvus, soit en titre, soit en commande, de bénéfices auxquels la qualité de Curé-primitif était attachée, pourraient seuls, et à l'exclusion des communautés établies dans leurs abbayes, prendre le titre de Curés-primitifs et en exercer les fonctions, mais en personne seulement et à certains jours, par exemple, aux quatre fêtes solennelles de l'année et à la fête du Patron. Il n'en fut pas de même des chapitres cathédraux qui conservèrent toujours collectivement la qualité de Curés-primitifs.

C'est en assemblée capitulaire que Messieurs les vénérables Chanoines de Langres discutent toutes les affaires qui ont trait à la paroisse de Ligny, nomination et révocation des Vicaires, fixations de leurs émoluments, réparation et entretien de l'église et du presbytère, amodiation du temporel, nomination et révocation des recteurs d'école, autorisation pour les fondations, érections de croix et autres cérémonies extraordinaires, actions en justice, etc., (1). Lorsqu'il s'agit de quelque mesure importante, de quelque négociation grave, ils députent un d'entr'eux pour informer ou présider à l'exécution de leurs ordres. Si la paroisse manque de Vicaires, ils envoient un des leurs, chanoine ou prébendé, tenir momentanément la place vacante, afin que rien ne souffre dans le service paroissial jusqu'à l'arrivée d'un successeur.

(1) Archives de le Haute-Marne. Registres du Chapitre de Langres.

Le nombre des Vicaires n'a pas toujours été le même, il a varié avec les circonstances, avec les ressources du Chapitre, avec l'accroissement et le décroissement de la population, et aussi, on le conçoit, avec le plus ou moins de ferveur religieuse des fidèles. Pendant les XVI*e*, XVII*e* et XVIII*e* siècles, il y a habituellement trois Vicaires, quelquefois quatre, sans compter le Vicaire de Varennes, qui y résidait depuis que ce village avait été érigé en secours ou annexe de Ligny. Celui qui occupait le premier rang s'intitule, dans les actes de baptêmes, mariages et sépultures, tantôt *Premier Vicaire*, tantôt *Recteur* ou *Curé-Vicaire*, et toujours *Curé* depuis 1657. C'est qu'à cette dernière date, il était survenu un changement notable dans sa condition; de Vicaire amovible il était devenu *Vicaire-perpétuel*, investi par conséquent des priviléges d'un véritable pasteur. Les habitants de Ligny s'étaient lassés de la position précaire et de la mobilité de leurs Vicaires. Depuis la mort de M. Pingot, arrivée en 1630, après trente-deux ans d'un ministère honoré et aimé des paroissiens, on avait vu se succéder une quantité de Vicaires qui ne faisaient que passer, et, à plusieurs reprises, Messieurs du Chapitre s'étaient trouvés fort embarrassés pour se procurer des ecclésiastiques qui voulussent accepter la desserte de Ligny.

On lit en effet dans leurs Registres de délibérations : Au 17 novembre 1638 : « Messieurs ont prié M. le Chambrier de s'in-
» former de prêtres pour les envoyer tant à Ligny qu'à Va-
» rennes. » Au 13 avril 1664 : « Messieurs ont ordonné que M.
» le Chambrier s'informe de personnes ecclésiastiques capa-
» bles, pour desservir en leur cure de Ligny, afin de les en-
« voyer incessamment. » Au 6 septembre suivant, sur les pressantes réclamations qui leur arrivent : « M. le Chambrier
» prendra la peine de faire réponse aux habitants de Ligny et
» écrira au sieur Garnier, Vicaire, qu'il ne bouge. Ecrira aussi
» à M. le Prieur de Dyé pour savoir s'il y a moyen d'avoir deux
» prêtres de sa mission pour mettre audit Ligny. » Au 28 juil-

let 1645 : « M. Simony est prié de passer à Ligny et de terminer
» l'affaire avec les habitants, pour un troisième Vicaire, à rai-
» de 90 livres par chacun an, de la part de Messieurs, et ce,
» de grâce spéciale et sans tirer à conséquence. » Enfin au 23
février 1646, un troisième Vicaire se présente et subit l'examen requis (1).

Dans les derniers mois de 1653, nouvelle crise ; il ne reste
plus qu'un Vicaire, le Chapitre envoie M. l'abbé de Thorigny
et M. Joly, prébendier, pour faire le service. Au 4 septembre
1654, on leur écrit de patienter et de demeurer là jusqu'à ce
qu'on ait trouvé des prêtres pour y envoyer. Au 3 novembre,
même année : « Messieurs ont accordé à M. Doulcet, prêtre,
» la somme de neuf vingts livres, par chacun an, pour des-
» servir *in divinis* à la cure de Ligny-le-Châtel : lui accordant
» aussi de faire la charge de premier Vicaire alternativement
» avec celui qu'on y enverra, et percevra la moitié des émo-
» luments de l'autel, suivant qu'il se pratique entre les Vicai-
» res de Bar-sur-Seine. » Fin de novembre, prière réitérée à
M. Joly de ne point abandonner le poste ; ce n'est qu'au 2
septembre 1655 qu'il se présente un autre prêtre du diocèse
d'Autun, M. Urbain Galard, à qui on envoie des lettres d'institution (2).

Le 20 octobre 1653, les habitants avaient adressé au Chapitre la requête suivante, conservée en double exemplaire aux
archives communales et bien précieuse par les renseignements qu'elle contient sur l'état de la paroisse, le chiffre de la
population, le nombre des hameaux et le revenu de la cure.
Nous la transcrivons avec l'orthographe du temps :

« A Messieurs,

» Messieurs les Vénérables Doyen, Chanoynes et Chappitre

(1) Regist. capit. n°ˢ 69 et 71.
(2) Regist. capit. n° 75.

» de Langres, Curés primitifs de l'Eglise St-Pierre de Ligny-
» le-Chastel,

» Supplient humblement les habitans de la Ville et paroisse
» dudit Ligny, disans que leur Ville est composée soubz une
» seulle paroisse de six à sept cens feux et familles, deux mil
» communians et plus de quatre à cinq mil âmes, desservis
» seulement d'un seul Vicaire à temps et soubz luy deux pbres-
» tres tous mercenaires et non titulaires ni perpétuels, les-
» quels se contentent à fort peu de chose, encore que le re-
» venu et valleur de la cure soit de dix huict cens livres ou
» environ, dont il arrive que les saincts Sacremens ne leur
» sont administrés selon leur besoing ; et quand plusieurs
» d'entr'eux se trouvent mallades en mesme temps, ou qu'il y
» a plusieurs enfans à baptiser, ce qui arrive fort souvent, l'on
» ne peult estre secouru selon la nécessité : Joinct mesme
» qu'il y a plusieurs hameaux, qui dépendent de ladite Eglise
» et font partie de ladite paroisse, esloignés les uns d'une de-
» mye lieue, les autres d'une lieue comme la Mouillère, le
» Beugnon, la Rue-Feuillée, Charost, Lordonnois et les Prés-
» du-Bois. Et d'ailleurs n'y a jamais d'hommes lettrés qui se
» veuillent arrester, pour une rétribution si modique et de la-
» quelle ils puissent vivre la moytié de l'année, à instruire le
» peuple et leur enseigner la parole de Dieu, si bien que les
» supplians sont nécessités de demander à Monseigneur de
» Langres, tous les ans, un prédicateur pour les enseigner et
» prescher l'Avand et le Caresme, qu'ils entretiennent et sala-
» rient nonobstant leur pauvreté, causée par divers incen-
» dies desquels vous avez très bonne congnoissance.

» Si bien qu'il leur est non seullement important, mais très
» nécessaire qu'ils ayent un *Vicaire perpétuel* qui soit titulaire
» et comme pasteur, désigné par authorité suppérieure, aye
» soin du peuple comme sien, la différence estant trop grande
» du mercenaire au titulaire, l'un gardant le troupeau d'aul-
» truy, l'autre le sien propre, l'un pour un temps, l'autre pour

» tousjours, l'un sur la foy d'aultruy, l'autre pour en rendre
» luy-mesme compte, faire raison des plaintes, recepvoir et
» soustenir les actions : Et néanmoings vous, Messieurs, qui
» ne pouvez résider ny en corps ny en particullier, leur don-
» nez seullement un Vicaire qui change le plus souvent d'an-
» née à autre ou quand bon vous semble, avec deux pbrestres
» sous luy seullement, et aussy subjects au changement que
» ledit Vicaire, pour le peu de rétribution que vous leur ac-
» cordez, et quoyque le nombre de trois pbrestres ne soit
» pas suffisant pour faire le divin service et administrer bien
» et duement les Sacremens à cause de la grandeur de la pa-
» roisse et nombre des communians, quant bien ledit nombre
» de pbrestres se entretiendroit tousjours, ce qui ne se faict
» n'y ayant bien souvent qu'un, comme il se voit encore de
» présent, qui faict par ce moien juger le deffault qui peult
» estre au service de la dite Eglise et administration desdits
» Sacremens :
» Considéré d'ailleurs les ordinaires qui se doibvent dire et
» qui seroient suffisants, sans les extraordinaires, pour eux
» employer plus de deux pbrestres, joinct aussy sy grand
» nombre d'habitans de la dite Ville et paroisse et le revenu
» et valleur des dixmes que vous en percevez, sans y com-
» prendre le revenu du dedans de ladite Eglise, montant par
» an de quatre à cinq cens livres :
» Il vous plaise, de votre grâce, pour obvier à tel change-
» ment de Vicaires et aux accidents qui pourroient arriver
» aux mallades et petits enfans, faute de l'administration des
» saincts Sacremens, à cause du deffault de pbrestres, et affin
» que le divin service soit dict et célébré comme il appartient,
» commettre et establir un *Vicaire perpétuel et titulaire et six*
» *pbrestres avec luy*, ou tel autre nombre que jugerez néces-
» saire pour y servir *in divinis*, tant pour vostre descharge
» qu'affin que les saincts Sacremens y soient administrés en
» temps opportun et le divin service dict et célébré, et les

« supplians demeureront obligéz à prier Dieu pour votre
» Grandeur et prospérité.
» Présenté le XXme octobre 1653,
» Signé des sieurs Filleu bailly, Servain procureur fiscal,
» Baudry, Villetard échevin sindiqs, M. Jacquinot, André,
» Denombret, Le Blanc, les Blondes et Bezou, particulliers et
» principaux habitans. »

Le Chapitre trouva sans doute la demande des habitants exagérée, les revenus de la cure ne lui parurent point assez considérables pour entretenir un si grand nombre d'ecclésiastiques, mais il fit droit à la première partie de la requête, et Messire Achille-François Bérillon, installé en mars 1657 par M. Haulmonté, chanoine délégué, reçut le titre de *Vicaire-perpétuel* qu'il transmit à ses successeurs.

IV.

REVENUS ET CHARGES DE LA CURE ET DE LA FABRIQUE.

D'après le document que nous venons de reproduire, le revenu de la cure de Ligny, perçu par le Chapitre de Langres, s'élevait au XVIIe siècle à la somme d'environ dix-huit cents livres : il se composait presqu'entièrement du produit des grosses dîmes, dont le recouvrement s'opérait par les soins d'un ou de plusieurs amodiateurs. Quelques jours avant l'installation de M. Berillon, M. Haulmonté et son collègue M. Baout, qui avaient desservi la paroisse par intérim, reçoivent l'invitation de ne pas revenir sans avoir procédé à l'amodiation du temporel de Ligny et de Varennes : on leur fixe le chiffre de 1,600 livres comme base de l'adjudication, qui devra en être faite après trois publications par trois dimanches consécutifs (1). Le territoire, sous le rapport du dîmage, se

(1) Regist. capit. n° 76.

divisait en sections ou quartiers qui s'affermaient quelquefois isolément ou se sous-louaient par le principal amodiateur. Ainsi nous lisons dans les minutes du notariat de Ligny que, le 27 juin 1674, nobles et scientifiques personnes, MM. François Fourier et Simon de Serrey, chanoines, députés du Chapitre de Langres, déchargent M° Jean André procureur au bailliage de Ligny, amodiateur des dîmes et autres biens dudit Chapitre, du bail qui lui avait été fait en 1671; mais le sous-bail du *quartier des dîmes des Côtes* à Nicolas Carsy, Edme Boulliard, Pierre Sautumier et François Barreton, est maintenu à raison de 300 livres par an, payables entre les mains de Mre Achille-François Berillon, curé de Ligny. Le 28 juin, les mêmes chanoines baillent à titre de ferme à pension d'argent, pour trois ans, à quatre particuliers de Ligny, les dîmes de blé et de vin du *quartier des Prés-du-Bois*, dépendant de la cure, moyennant 350 livres, payables aussi entre les mains de M. le curé. Il est dit dans cet acte que « les preneurs du bail recueille-
» ront, à leurs frais, le fruit, profit et émolument qui est de
» 20 gerbes, de tous grains l'une, sur les terres dépendant du-
» dit quartier, et, pour le vin, le prendront et l'auront sur les
» vignes des climats du Méex, Beauregard, Tard-en-Boiras, Sou-
» pechien et le Clos-Berillon seulement, sans rien prendre ni
» lever aux autres climats, et ce, de 20 muids l'un, comme l'on
» a accoutumé de payer. » Le 29 juin, bail pour le même espace de temps, des dîmes de blé et autres grains du climat appelé les *Chaumes*, et des dîmes de vin du climat appelé *le Fournerat* moyennant 320 livres, et encore, du *quartier des Chânoy*, à raison de 250 livres.

La dotation de la cure comptait aussi quelques biens fonds, dont le souvenir s'est perpétué dans le nom du climat dit les *Prés-de-la-Cure*, mais la majeure partie en avait été délaissée et cédée aux habitants par le Chapitre en 1539, lorsque déjà il était question de rétablir le chœur de l'église, à condition qu'ils prendraient l'engagement de contribuer à sa réédification et à son entretien (1). Cette clause pourrait paraître étrange, puisque les habitants étaient les premiers intéressés dans l'œuvre qui se préparait, la vieille église menaçant ruine et n'offrant pas une étendue assez vaste pour contenir la population, mais il faut se rappeler que, d'après l'ancien droit ecclésiastique, la nef seule leur incombait : le chœur restait à la charge des gros décimateurs. Or, le Chapitre de Langres était le principal décimateur de Ligny, et comme tel, obligé pour la plus forte part, de subvenir aux dépenses que nécessitaient la reconstruction du chœur de son église et l'entretien ordinaire de sa toiture, de ses vitraux et de ses ornements intérieurs.

Mais en 1693 une question fut soulevée, qui amena un procès entre le Chapitre et les habitants. Il y avait plus de cent ans que le chœur était rebâti et le besoin se faisait sentir de réparations assez importantes au grand comble et à la toiture des chapelles. Dès 1686, Messieurs les Chanoines avaient prié M. Le Maistre de Tonnerre, leur homme d'affaire, de s'occuper d'un devis : quand il leur fut présenté, ils le trouvèrent trop élevé et les choses en étaient restées là. Les marguilliers de la Fabrique, voyant l'urgence s'accroître à mesure que les années s'écoulaient, entamèrent des poursuites, afin de forcer Messieurs du Chapitre à commencer les travaux : ceux-ci donnèrent ordre à M. Le Maistre de les faire exécuter conformément à son devis, mais en même temps ils soutinrent, contrairement aux prétentions des fabriciens que les dépenses ayant trait aux chapelles devaient être supportées par les habitants. Après avoir recherché dans leurs archives les pièces concernant la construction du chœur, ils firent consulter les plus célèbres avocats de Paris, rédigèrent un mémoire où fut relaté le traité de 1539, et, au bout de trois ans de procédures, ils obtinrent une sentence de condamnation contre les habi-

(1) Regist. capit. n° 92.

tants, qui durent se soumettre à remplir les conditions du traité. D'autre part, Messieurs les Chanoines usant du droit que leur conférait la législation, avaient signifié les poursuites qui leur étaient faites à M. l'abbé de Pontigny et à M. le Prieur des Bons-hommes, leurs co-décimateurs et, par cette démarche, ils les obligèrent à participer aux frais dans la mesure du produit de leur dîmage (1).

Dans le cours du XVIe siècle, le Chapitre avait presque doublé les charges qui pesaient sur lui, en accordant au hameau de Varennes l'érection d'une Église avec un Vicaire résidant. C'était comme une seconde paroisse à pourvoir, et l'on conçoit qu'il ne lui était guère possible de donner à Ligny autant d'ecclésiastiques qu'en réclamait la requête de 1653, et surtout de leur allouer de gros traitements.

Jusqu'à la révolution de 89, la position pécuniaire des Vicaires perpétuels n'était pas brillante. De droit commun, les prêtres qui avaient la cure effective des âmes, qui possédaient la juridiction, devaient jouir de la dîme de tous les fruits de la terre, selon l'antique coutume des peuples chrétiens de pourvoir à la subsistance du clergé paroissial par des dons en nature. Leur titre pour cette jouissance, c'était leur clocher, c'est-à-dire, leur qualité de pasteur. On distinguait les *grosses dîmes* qui atteignaient les produits les plus importants du sol comme le vin et les céréales, les *menues dîmes* qui se percevaient sur les menus grains, et les *vertes dîmes* qui avaient pour objet les fruits qui se consomment en vert. Le mode de perception, la quotité et l'espèce, se déterminaient par les usages locaux. Mais dans les paroisses dont la cure était annexée à la mense d'une abbaye ou d'un Chapitre, il n'en allait pas de même. Le Vicaire perpétuel, véritable pasteur, n'avait droit qu'aux menues et vertes dîmes, habituellement d'assez mince valeur : les revenus principaux appartenaient au Curé-primi-

(1) Regist. capit. nos 88, 92 et 93.

tif. Seulement les canons des conciles et les ordonnances de nos rois prescrivaient aux gros décimateurs de prélever une portion convenable des fruits qu'ils recueillaient, pour venir au secours des ecclésiastiques qui desservaient leurs églises, *portionem congruam* d'où le nom de *portion congrue* attribuée à ces sortes de traitements supplémentaires. Longtemps les Curés-primitifs restèrent juges de la convenance, et alors ils faisaient leurs conditions avec les intéressés, ménageant le plus possible leurs finances. A mesure que le pouvoir de l'argent baissait, de nouveaux arrangements devenaient nécessaires : il en résultait des tiraillements préjudiciables au service régulier de la paroisse et aussi à la dignité des deux parties.

En parcourant le Registre des délibérations du Chapitre de Langres, on trouve qu'en 1646, M. Philippe Blanvillain, premier Vicaire, ne recevait que 450 livres à partager entre lui, le second Vicaire et le Vicaire de Varennes (1). On a vu plus haut qu'il n'était accordé que 90 livres au troisième Vicaire. Les habitants n'étaient donc pas mal fondés à faire observer dans leur supplique « qu'il n'y a jamais d'hommes lettrés qui se veuil-
» lent arrester, pour une rétribution si modique et de laquelle
» ils puissent vivre la moytié de l'année, à instruire le peuple
» et leur enseigner la parole de Dieu. » Le Chapitre se décida à faire un sacrifice, et en même temps qu'il reconnut à Mre Achille-François Berillon la qualité de Vicaire-perpétuel ou de Curé, il augmenta ses appointements, lui constituant 600 livres par an pour la desserte des deux églises de Ligny et de Varennes (2).

Déjà, à plusieurs reprises, la puissance royale était intervenue pour essayer d'améliorer le sort des Vicaires-perpétuels, mais les édits de 1571 et de 1629 n'avaient pas été observés.

---

(1) Regist. capit. n° 72.
(2) Regist. capit. n° 76.

Ce fut Louis XIV qui fixa la jurisprudence sur ce sujet par sa déclaration du 29 janvier 1686. Il y est dit que la portion congrue des Curés ou Vicaires-perpétuels sera élevée à 300 livres, avec la jouissance exclusive des offrandes, des honoraires, droits casuels et dîmes novales : que celle des Vicaires ne devra pas être inférieure à la somme de 150 livres et que l'une et l'autre seront prises sur les décimateurs ecclésiastiques et subsidiairement sur les dîmes inféodées. On y règle aussi le mode de répartition de cette dette entre les décimateurs. Le Chapitre de Langres se soumit à ces dispositions et appela le révérendissime abbé de Pontigny et M. le Prieur des Bons-Hommes à prendre part au paiement des portions congrues. Des actes de 1728 et de 1755 portent que ce dernier, dont le dîmage était situé sur le finage de Varennes, se reconnaissait redevable de 120 livres par an. Les choses demeurèrent dans cet état jusqu'à la fin du siècle dernier.

Voici maintenant quelles étaient les ressources de la Fabrique d'après un compte d'administration pour l'année 1766, rendu par Jean Laproste, procureur fabricien de l'église Saint-Pierre et Saint-Paul, par-devant le Doyen en cours de visite. Les recettes s'élèvent à 619 livres 15 sols 6 deniers, les dépenses à 492 livres 7 sols 6 deniers, reste en caisse 127 livres 8 sols. Le revenu des biens fonds entre dans les recettes pour 360 livres, les rentes pour 75 livres, le surplus provient des droits, oblations, quêtes et menus produits : une quête de chanvre y figure pour 9 livres 17 sols (1). Parmi les minutes du notariat, on en rencontre plusieurs qui ont trait à un vieil usage appelé *la Miche à Dieu*. Chaque ménagère, avant de cuire son pain au four banal, prélevait la part à Dieu, et, de toutes ces portions de pâte réunies, on confectionnait un pain qui était vendu au bénéfice de l'église. Le 10 juin 1650, Pierre Berillon, fabricien, amodie moyennant 15 livres par an « les

1 Papiers de la famille Laproste, arpenteur

« pastes qui se donnent au four bannal pour Dieu et au proffit
« de l'église de Ligny, charitablement par les habitants, se-
« lon la coustume ordinaire. » On voit que ce n'était point un
droit rigoureux, mais un don spontané.

Les terres labourables et les pièces de pré que les fidèles
avaient léguées d'âge en âge, pour le remède de leurs âmes
et pour contribuer à la splendeur du culte divin, composaient
un petit patrimoine que les procureurs-marguilliers affermaient ordinairement à prix d'argent et pour six ans. On l'appelait *le Labourage de l'Église*. Sa contenance était de 50 arpents 26 cordes, dont 35 arpents 59 cordes de terres en culture et 14 arpents 77 cordes de pré, tant sur le finage de
Ligny que sur les finages circonvoisins. Quelques-unes de ces
terres devaient les droits seigneuriaux. Le prix du bail de
ce labourage ne s'était augmenté que de 6 livres en 1768, mais
en 1774, il passe tout à coup de 366 livres à 478 (1). En 1778,
il est question d'en détacher une partie que l'on vendrait à
rente rachetable : il se tient pour cet effet, le 22 février, une
assemblée des habitants au banc d'œuvre de l'église, par-
devant MM. Jean Bresson, curé, Jean Berrué, Jean Laproste
et Pierre Villetard, membres de la Fabrique. Les marguilliers
exposent qu'il y a dans le labourage de l'église plusieurs
terres et prés stériles et d'un produit insignifiant qu'il serait
avantageux de vendre à rente rachetable, pour être, les terres
labourables, converties en vignes, et les prés, complantés de
saules et de peupliers ; que, la culture de la vigne prenant
beaucoup d'extension, ces terres seraient très-recherchées
des particuliers qui en donneraient un bon prix. Cette proposition est unanimement approuvée. Une demande en autorisation est adressée à Mgr l'évêque de Langres et réponse favorable est faite le 23 mars 1778, par M. Forget, vicaire-général
et archidiacre du Tonnerrois. Puis, le 5 avril suivant, jour

---

1) Papiers de la famille Laproste, arpenteur.

de dimanche, à l'issue des Vêpres, on procède à la vente de huit pièces de terre, formant ensemble 7 arpents 7 cordes et de deux pièces de pré ensemble de la contenance de 2 arpents et demi (1).

Cette opération nous donne une idée de la manière dont la Fabrique était constituée et fonctionnait jadis à Ligny. Les membres électifs n'étaient qu'au nombre de trois, on réservait au marguillier en charge le titre de Fabricien, le plus ancien sortait chaque année, le Curé présidait. Ils traitaient et décidaient seuls le courant des affaires, mais dans les cas extraordinaires, ils convoquaient les habitants et requéraient leurs suffrages. Deux ans après la séance que nous venons de relater, il fallut faire un nouvel arpentage du patrimoine de l'église ainsi réduit et, vingt ans plus tard, tout avait disparu dans le gouffre révolutionnaire.

V.

SUITE CHRONOLOGIQUE DES VICAIRES ET CURÉS DE LIGNY.

Le cartulaire de Pontigny nous révèle les noms de plusieurs ecclésiastiques contemporains de la fondation de cette célèbre abbaye, qui nous paraissent avoir été attachés à la paroisse de Ligny à divers titres. Les deux premiers en date sont deux Milon, *Milo capellanus Laniaci Castri et alter Milo presbyter*: ils signent comme témoins la charte par laquelle, en 1149, Jean du Moulin, Osile sa femme et leurs enfants, donnent aux religieux de Pontigny, entre autres biens, tout ce qu'ils possèdent depuis le rû de Seneçon jusqu'au sentier qui va de l'église de Sainte Porcaire à Venouse. *Capellanus* ne signifie pas seulement chapelain, mais encore desservant d'une église, Curé ; Ducange en donne d'incontestables exemples. Une autre charte de la même époque, des mêmes personnages et

(1) Papiers de la famille Laproste, arpenteur.

sur le même sujet, datée de Ligny, cite comme témoins les notables habitants du lieu, le vicomte Barthélemi et Ulric, son frère, le prévôt Guy et les deux prêtres Milon et Anségise.

En 1138, Garnier de Ligny et son épouse Ermengarde firent aux moines plusieurs donations et échanges de biens. L'acte fut passé à la grange du Beugnon, en présence du bienheureux Hugues de Mâcon, évêque d'Auxerre et premier abbé de Pontigny, de Milon, doyen, Achard, vicaire, et de Poard, leur frère. Ce Milon est appelé formellement Doyen de Ligny, *Lagniaci Decanus*, dans la Charte de Guillaume II. comte de Nevers, Tonnerre et Auxerre, donnée à Ligny, l'an de l'Incarnation 1140. Dans d'autres pièces de 1153, 1157 et 1167, on voit figurer Ulric, clerc de Ligny, *clericus de Lenniaco*, Dominique chapelain ou desservant de Ligny, *capellanus Lanniaci*, et le clerc Geoffroy, notaire à Ligny, qui rédige en cette ville une donation du comte Guillaume, *Gaufridus clericus qui hanc cartam composuit*. Le cartulaire de Pontigny sous la date de 1237, fait encore mention de deux ecclésiastiques, Guy et Pierre, frères du vicomte de Ligny, *Guido et Petrus, clerici de Lagniaco Castro, fratres vicecomitis ejusdem castri*.

A cette dernière mention près, les renseignements nous manquent sur toute la durée des XIIIe et XIVe siècles, mais à partir de la fin du XVe, il nous a été possible de recueillir la série presque complète des Vicaires et Curés de Ligny jusqu'à nos jours. Nous la mettons sous les yeux de nos lecteurs, en faisant remarquer que la colonne des chiffres indique l'entrée en fonction, excepté pour les dix premiers noms. Des notes biographiques suivront sur quelques-uns d'entr'eux.

JEAN MOTET, premier Vicaire ou recteur	1418	qu'à sa mort : il vivait encore en 1556	
JEAN CHANTEREAU, Vicaire en puis premier Vicaire jus-	1511	Henri Cottin	1511
		Jacques Malaquin	1511

Philippe Cottin	1511	jusqu'en 1640.	
François Jollivet	1511	Jessé Fleuché	1638
Jean Bonard	1511	Jean-Baptiste Pigeon	1639
Jean Servain	1551	JEAN GUENIEURE, premier Vicaire de	1642
Toussaint Martin	1551	jusqu'en 1646.	
JEAN BERILLON, premier Vicaire de	1569	Denis Esprit	1643
jusqu'en 1588		Edme Guillegot	1644
C... Dupas	1569	Pierre Jaillard	1644
Claude Mathieu	1572	Nicolas Langlois	1645
V... Villain	1572	Edme Vasse	1646
Claude Rousseau	1573	Pierre Colas	1646
EDME PERSON, Vicaire en puis premier Vicaire de 1588 à 1596.	1582	PHILIPPE BLANVILLAIN, premier Vicaire de jusqu'en 1650.	1646
Pierre Mathey	1589	Henri Nicolle	1654
Nicolas Ner	1595	EDME GARNIER, premier Vicaire de	1654
J... Robin	1595	jusqu'en 1656.	
J... Massonyer	1596	Jean Prévost	1654
FRANÇOIS PINGOT, premier Vicaire de jusqu'en 1630.	1598	MICHEL DOULCET, premier Vicaire de jusqu'en 1656	1654
Claude Beau	1598		
E... C... Maisière	1605	Urbain Galard	1654
Jean Dromon	1606	Michel, Vic. porte-chappe	1656
J... Jayen	1606	ACHILLE-FRANÇOIS BERILLON, Curé de jusqu'en 1684.	1657
J... Morisot	1608		
Claude Mouchotte	1609		
Nicolas Berthenot	1610	Antoine Pougy	1658
.... Guyot	1613	F..... Trébuchet,	1658
Edme Crochot, Vic. porte-chappe	1620	Jean Girard	1668
		Damien Giraudin	1669
J.... Dumercy-Michaut	1621	Honoré Hermelin	1676
Jean Mignard	1621	FRANÇOIS DE SERREY, Curé de jusqu'en 1694.	1684
Jacques de St-Quentin	1625		
JEAN CHAPPERON, premier Vicaire de jusqu'en 1637.	1630	André Bellon	1685
		Martin-Antoine de Maziers	1685
		François Tonnerre	1686
JEAN CARLIER, premier Vicaire de	1637	Jacques Joubert	1686
		Jean Colin	1686

Jean Hélye	1686	JEAN BRESSON, Vic. en 1762,	
Henri Hélyot	1690	Curé de	1765
..... de Rosières	1692	jusqu'en 1786.	
Pierre Garnier	1692	Pierre-Gaspard Mulson	1765
Nicolas Sevré	1692	Joseph Benoit	1768
Auguste Caillet	1693	.... Soubert	1769
NICOLAS SÉGUIN, Curé de jusqu'en 1702.	1694	.... Lavisée	1772
		Etienne-Augustin Benoist	1777
.... De Maillet	1694	.... Dubois	1779
François Pagot	1698	François Huguenin	1785
SIMON SAUVAGE, Curé de jusqu'en 1715.	1702	LOUIS BOUTEILLE, Curé de jusqu'en 1802.	1787
Antoine Mareschal	1702	Jean-Baptiste Maugras	1791
Jean Guyot	1705	MARCEL ANDRIOT, desservant de jusqu'en 1805.	
Pierre Sotyveau	1708		1803
Etienne Clerget	1714		
EDME CAUSARD, Curé de jusqu'en 1717.	1715	NICOLAS-ANTOINE SAGET, desservant de jusqu'en 1814.	1805
Antoine Canet	1717		
ANTOINE DE COURTIVE, Vicaire de 1699 à 1702, Curé de jusqu'en 1743.	1717	Thomas-Louis Jouan	1811
		M. l'abbé GUENIN,	1814
		JACQUES – MODESTE BRIGAND, desservant de à 1825, Curé - doyen de 1825 à 1840.	1814
Félix Bresson	1719		
André-Thomas Aubertin	1729		
Edme de Courtive	1730	Jacques Chapron	1818
JEAN-BAPTISTE AGNUS, Vicaire en 1738, Curé de jusqu'en 1765.	1743	Jacques-Prosper Vallot	1827
		Nicolas-Modeste Sicardy	1834
		JEAN-BAPTISTE GOURLOT, Curé-doyen	1840
... Jolly	1756		
Nicolas Villeminot	1757	Basilide Ballaccy	1843
François Bourgeois	1759	Anthyme-Constant-Clément Bergé	1853
Nicolas Trémisot	1764		

Jean Chantereau était originaire de Ligny : sa famille habitait la rue des Moulins, lui-même y avait son logis avec une issue sur le cimetière. En 1511, il était déjà Vicaire ; nous lisons en effet sous cette date, dans un terrier de l'abbaye de Pontigny : « Vénérables et discrètes personnes Maistres Jehan

» Chantereau et Philippe Cottin, prestres, Vicaires de Ligny-
» le-Chastel, confessent debvoir à l'église de Pontigny la
» somme de 25 sols tournois que ladite église a droit de
» prendre par chacun an sur les grandes dixmes des vins du-
» dit Ligny. » La même année nous trouvons dans le grand cartulaire un bail à cens et rente perpétuelle fait par Messire Jacques de Viry, abbé de Pontigny, de plusieurs arpents de bois, friches et prés, à Me Jean Chantereau, prêtre, demeurant à Ligny. Il avait un frère du même nom qui jouissait déjà de cinquante arpents qu'il tenait à bail des religieux (1). Dans un acte du 2 mai 1519, Me Jean Chantereau est qualifié prêtre, notaire en la Châtellenie de Ligny. Devenu premier Vicaire, il vécut jusqu'à l'extrême vieillesse et, dans ses dernières années, il fit construire à la partie la plus élevée du cimetière, derrière la croix, une chapelle funéraire sous le nom de Sainte-Avoie. Elle subsistait encore dans le siècle dernier : on l'appelait la Chapelle-aux-Chantereaux parce qu'elle servit de sépulture au fondateur, et à tous les membres de sa famille. Par un acte entre vifs du 6 décembre 1556, ce vénérable ecclésiastique céda sa métairie des Prés-du-Bois, dite Métairie-Chantereau, à son frère Edmond, avec substitution en faveur des aînés dans sa descendance, pour l'entretien de la chapelle et pour l'acquit des services qu'il y avait fondés (2).

François Pingot se distingua par son zèle, sa piété et son dévouement. L'épouvantable catastrophe de 1611, qui réduisit en cendre toute la ville, fournit ample matière à l'exercice de sa charité : il lui fallut pendant longtemps venir au secours d'une foule de pauvres ménages tombés dans la plus profonde indigence. Il mourut en 1630, à l'âge de 60 ans, au milieu de cette population reconnaissante dont il avait été l'ange consolateur, et son corps fut inhumé à l'église, dans

---

(1) Archives de l'Yonne. Fonds de Pontigny. Invent. p. 164 et 165.
(2) Fonds du Notariat de Ligny : minutes de 1643, 1657 et 1691.

la chapelle St-Vincent, où se voit encore son épitaphe. Par son testament il fonda un salut solennel du Saint-Sacrement le jour de la fête de la Purification de la Sainte-Vierge et tous les jeudis de l'année avec le chant du répons *Ne recorderis* sur sa fosse et du *Libera* sous les cloches, pour les défunts de la confrérie du Saint-Sacrement.

Jacques de Saint-Quentin, après avoir été cinq ans Vicaire sous M. Pingot, de 1625 à 1630, devint curé de Crusy et chanoine de Saint-Pierre de Tonnerre. Sa sœur, Esther de Saint-Quentin, avait épousé Mᵉ Etienne Lenoir, procureur au baillage de Ligny.

Jessé Fleuché était déjà avancé en âge quand il prit part au service de la paroisse. Nous avons encore son testament daté du 17 avril 1645 ; il mourut trois jours après, à 76 ans, et fut enterré sous les cloches.

Pierre Colas, qui débute en mars 1646, était de Ligny. On le trouve plus tard curé de Vaux et de Champs au diocèse d'Auxerre.

Edme Garnier, Vicaire inférieur de 1644 à 1650, gouverna en qualité de Recteur jusqu'en 1654. C'était un ecclésiastique de grand mérite, qui passa de Ligny à la cure de Flogny, où il se signala par son zèle évangélique et par d'importants travaux pour la restauration de son église. « On lui doit, dit M.
» Le Maistre dans sa notice sur Flogny, la tour, la chapelle de
» la Vierge, la voûte du transsepts et le retable. Il fit acheter
» une horloge et fondre trois cloches (1). » En 1686, il résigna sa cure en faveur d'un neveu du même nom. La dernière année de son séjour à Ligny, il s'était fait aider dans ses fonctions par frère Nicolas Blanvillain, religieux cordelier d'Auxerre et parent de Philippe Blanvillain son prédécesseur.

Achille-François Berillon appartenait à une des plus honobles familles du pays Les Berillon , pendant le cours des XVIIᵉ

---

(1) Annuaire de l'Yonne, 1849.

et XVIIIe siècles, exercent à Ligny les professions de marchands, de chirurgiens, d'apothicaires, de greffiers, de notaires, de receveurs de la Seigneurie. Une branche s'établit à Chablis : Edme Berillon, frère d'Achille-François y occupe la place de prévôt royal ; son fils Simon lui succède ; son second fils, filleul de notre curé et portant le même nom, est chanoine et chantre de la collégiale de Saint-Martin. Une autre branche s'implante au Mont-Saint-Sulpice et y forme la souche des Berillon, régisseurs de cette terre, dont le dernier, en 1770, bâtit pour sa résidence le château qui subsiste encore, obtint la charge de héraut d'armes de France avec des lettres de noblesse et prit le titre de Seigneur de Bouineuf, Bouivieux, Bouilly et autres lieux. Achille-François fut ordonné prêtre en 1645 et pourvu de la cure de Nitry : ce fut de là qu'il vint prendre la direction spirituelle de son pays natal. Le presbytère n'étant pas logeable, il acquit en propre la maison occupée actuellement par M. Hermelin, au bas de la Grande-Rue et près de laquelle s'ouvrait alors un passage étroit qui conduisait directement à l'église, en cotoyant la chapelle Sainte-Avoie. A son arrivée à Ligny, il fit un arrangement avec le chef de la famille Chantereau pour le service de cette chapelle ; il s'engagea, moyennant l'honoraire de 72 livres, d'acquitter annuellement, par lui et ses Vicaires, les charges imposées par le fondateur, savoir : 1° trois messes basses par semaine, suivies du *De profundis* et de la collecte des morts ; 2° un salut à l'issue des vêpres, avec la collecte selon le temps ; 3° l'office complet le jour de Sainte-Avoie et, le lendemain, un service funèbre à trois grandes messes pour les Chantereaux défunts ; 4° pareils office et service le jour et le lendemain de la fête du Saint Nom de Jésus (1). Nous avons vu plus haut que M. Berillon fut le premier qui fut reconnu Vicaire-perpétuel ou Curé. Le Chapitre de Langres, dans une délibé-

(1 Fonds du Notariat, acte du 26 mars 1657.

ration du 19 août 1664, lui rend ce témoignage qu'il remplit ses fonctions pastorales « au contentement et satisfaction de tous les habitants. » Il continua de les remplir ainsi pendant 27 ans, au bout desquels il alla recevoir la récompense de ses vertus. Nous lisons dans le registre des sépultures de 1684 : « Messire Achille-François Berillon, curé de Ligny-le-Chastel, » âgé de 63 ans, est mort le 22 mars et enterré dans le cime- » tière de cette paroisse, où vivant il a demandé sa sépulture, » le 23ᵉ des susdits mois et an, par moy soussigné prestre, » curé de Mérey : auquel enterrement étaient présents mais- » tres Achille-François Berillon, prestre, chanoine à Cha- » blies, Elye Berillon diacre, Simon Berillon, prévost royal de » Chablies et Louis Laurent lieutenant en cette justice de Li- » gny, tous nepveux dudit défunt. » Elie Berillon dont il est ici question, fut élevé à la prêtrise l'année suivante et nommé curé de Mérey.

François de Serrey, né à Langres et frère d'un chanoine de cette ville, est installé au mois d'avril 1684. Sur dix années de pastorat, il en compte à peine deux de résidence. Les ecclésiastiques qui le remplacent se disent *desservant pour l'absence de M. le Curé* : la plupart du temps ce sont des religieux Cordeliers d'Auxerre ou Capucins de Saint-Florentin. En 1693, il revient avec le grade de Docteur en l'Université de Toulouse et reprend momentanément l'administration de sa paroisse. Jean Hélye, qui le suppléa de 1686 à 1690, était natif de Ligny et neveu de Jean-Marguerite Hélye, ancien bailli du lieu : il fut d'abord Vicaire à Chablis : il était prêtre habitué à Maligny et venait d'être promu à la cure de Carisey, quand il mourut en 1694. Il fut enterré selon son désir dans l'église où il avait été baptisé.

Antoine de Courtive était déjà connu favorablement des habitants de Ligny, lorsqu'il fut nommé leur Curé, en 1717. On l'avait vu simple Vicaire de 1699 à 1702, sous « Vénérable et discrète personne Mᵉ Nicolas Séguin bachelier en Théologie », et l'on avait appris à l'estimer. Selon toute apparence il tirait son origine d'Ancy-le-Franc où son frère, M⁰ Adrien de Courtive, était bailli. A partir du 8 octobre 1719, il signe sur les registres de catholicité, *Curé de Ligny et Doyen de Mélisey*. Comme ses prédécesseurs MM. Pingot, Carlier et de Serrey, il eut la douleur de voir éclater, en 1728, un violent incendie qui acheva de ruiner sa paroisse : comme eux aussi, il s'employa de tout son pouvoir au soulagement des pauvres incendiés. Il avait beaucoup d'ardeur et de goût pour la décoration de son église : ce fut lui qui baptisa la seconde cloche actuelle, qui n'était alors que la quatrième et servait de timbre à l'horloge, tout en faisant sa partie dans le carillon des fêtes solennelles. M. de Courtive termina sa carrière le 12 janvier 1743, à l'âge de 68 ans, après avoir été 25 ans Curé de Ligny : il fut inhumé dans son église, au bas des marches du sanctuaire, côté de l'Évangile. L'année qui suivit sa mort, Anne de Courtive sa nièce, fille du bailli d'Ancy-le-Franc, épousa M⁰ Louis Regnaut Le Blanc, procureur fiscal au baillage de Ligny. Edme de Courtive, qui figure au nombre de ses Vicaires, était son neveu.

Félix Bresson arrive en qualité de Vicaire, en 1717, en même temps que M. de Courtive. Il était fils de Nicolas Bresson et d'Anne Coudrier de Lévécourt au diocèse de Toul. En 1726, il passe à la cure de Chéu et l'occupe pendant de longues années.

Jean-Baptiste Agnus, dernier Vicaire de M. de Courtive, lui succéda immédiatement. Une note des registres capitulaires nous fera connaître les sages précautions que prenait l'autorité ecclésiastique pour ne donner aux paroisses que de dignes pasteurs : « Le sieur Agnus, est-il dit sous la date du
» 23 janvier 1743, présenté à cette cure (de Ligny) par MM.
» du Chapitre de la Cathédrale, s'étant présenté pour subir
» l'examen dans lequel il a satisfait, visa luy en sera délivré
» et reviendra pour faire la retraite de dix jours au séminaire

» suivant l'usage ordonné dans le diocèse et ce, sur les pre-
» miers ordres qu'il en recevra (1). » Le 28 janvier, M. Agnus
était de retour et mis en possession. Depuis lors jusqu'en
1756, il se fait aider dans son ministère par des religieux Capucins du couvent de Saint-Florentin : citons entre autres les
RR. PP. Théodose d'Assigny, Laurent de Paris, Clément
d'Auxichâteau, Esprit Damien, Nicolas de Perronne, Augus-
tin-Joseph de Béthune, André et Urbain. En 1745, la croix du
château étant tombée de vétusté, il en bénit une nouvelle le
18e jour de juillet. En 1760, le 13 du même mois, il rétablit
celle de la Grande-Rue : la cérémonie fut très-pompeuse, le
procès-verbal en est signé de Me Gabriel Bonin, avocat au parlement et bailli de Ligny, de Me Louis Regnaut Le Blanc, procureur fiscal, Edme André et Pierre-Louis-Jacques Le Blanc,
aussi procureur fiscal, Edme Pain, marchand, et Pierre Pithou.
M. Agnus, dont le nom semblait symboliser le caractère, était
d'humeur douce, pacifique et conciliante. Il mourut à 57 ans,
le 12 mars 1765, après 23 ans d'exercice, et fut inhumé parallèlement à son prédécesseur, au bas des marches du sanctuaire, côté de l'Epitre.

Jean Bresson, né à Dampierre en Bassigny, Vicaire sous le
précédent Curé depuis 1762, fut choisi pour le remplacer par
le vénérable Chapitre de Langres et installé au mois de mai
1765. Il avait été quelque temps vicaire de Pargues. C'était un
ecclésiastique de grande taille, d'un extérieur imposant et toutefois très-paternel, aimé et vénéré de ses paroissiens, parmi lesquels il a laissé d'excellents souvenirs. Il appartenait à une de
ces anciennes familles de laboureurs, nombreuses et vraiment
patriarcales, où la foi et la vertu étaient héréditaires. Plusieurs
de ses sœurs l'avaient suivi et édifièrent le pays par l'exemple
d'une solide piété : la dernière, Mme Mignard, est décédée vers
1840. M. Bresson, qui depuis son entrée en fonction habitait

(1) Regist. Cap. n° 118.

les bâtiments de la Maison-Dieu, faute de presbytère, vit avec joie construire celui qui existe aujourd'hui et y établit sa résidence vers 1784. Il s'occupa avec zèle de la bonne tenue de son église, avec plus de zèle encore de l'édifice spirituel des âmes. Comme son devancier, il affectionnait les Pères Capucins et les employait à prêcher l'Avent et le Carême. Lui-même prêchait avec entraînement et non sans fruit. Il finit par acquérir un empire absolu sur sa paroisse ; tout cédait à son autorité bienveillante et révérée. En ce temps l'impiété n'était pas encore descendue dans le peuple : tous se montraient fidèles à la pratique de leur religion et, pour leur faciliter l'accomplissement du devoir pascal, il avait assigné aux jeunes filles le dimanche des Rameaux, aux femmes le Jeudi-Saint, aux hommes le saint jour de Pâques et aux jeunes gens le dimanche de Quasimodo. Il est le dernier pasteur à qui il fut donné de jouir du spectacle d'une population unie dans les mêmes sentiments au pied des autels. La Révolution arrivait à grands pas : Dieu lui en épargna les horreurs. Invité, en 1786, à porter la parole le jour de Saint-Jacques à Rebourceaux, il fut trempé de sueurs, subit un refroidissement et contracta en rentrant chez lui une fluxion de poitrine, à laquelle il succomba, à l'âge de cinquante et quelques années. Ce fut dans la paroisse un cri universel de douleur à la mort de ce bon prêtre. Son corps reçut la sépulture devant la grande croix du cimetière.

Louis Bouteille, originaire de Langres, était premier Vicaire de la cathédrale de cette ville et avait un frère déjà Vicaire à Varennes, lorsqu'il fut pourvu de la cure de Ligny. On l'accueillit d'abord avec froideur ; le vœu des habitants se portait sur M. l'abbé Huguenin, Vicaire du lieu, que tout le monde connaissait et estimait. Ces impressions défavorables ne tardèrent point à s'effacer : M. Bouteille était jeune, instruit, doué de bonnes manières, fleuri dans ses sermons ; il conquit bientôt l'affection publique et cette affection le soutint à tra-

Libenter igitur gloriabor in infirmitatib; meis. ut inhabitet in me: uirtus xpi.

GR Seiant gentes quoniam nomen tibi de us tu so lus altissimus super om nem ter ram V Deus me us pone illos ut ro tam sicut sti pulam ante fa ciem uen ti

vers les jours mauvais qui vinrent fondre sur le clergé. Au plus fort de la tempête, sur la fin de 1793, il procède paisiblement à la bénédiction solennelle de la grosse cloche et à la translation des reliques de saint Prix que l'église venait d'acquérir. Il resta plus longtemps que ses confrères dans le plein exercice de ses fonctions, mais il faut avouer qu'il avait eu la faiblesse de prêter le serment schismatique à la Constitution civile du clergé et que ses complaisances pour les patriotes furent poussées un peu loin. A la fin, les églises ayant été fermées, il lui fallut suspendre son ministère et la persécution l'atteignit comme elle avait atteint les prêtres fidèles. Nous l'avons entendu raconter comment les gendarmes étant venus l'arrêter, il s'évada par une fenêtre pendant qu'on leur offrait des rafraîchissements, franchit le jardin du presbytère et les fossés de la ville, se réfugia par une brèche dans un grenier à fourrage de son bedeau et y demeura blotti jusqu'à ce que le danger fut passé. Il comprit qu'il n'y avait plus désormais de sécurité pour lui à Ligny ; il se cacha tantôt à Paris, tantôt à Langres et ne reparut que quand la tolérance lui permit de le faire impunément. Il reprit ses fonctions de 1797 à 1802. Pendant son absence, le presbytère avait été aliéné, mais l'acquéreur était le maire d'alors, M. le docteur Bresson, parent du précédent curé, qui ne l'avait acheté que pour le rendre à la commune : ce qui fut exécuté à la restauration du culte catholique. A cette époque à jamais célèbre par la proclamation du Concordat, M. l'abbé Bouteille qui avait déjà rétracté son serment, se mit en règle avec l'autorité supérieure et fut nommé à la cure de Crusy : il devint plus tard Archiprêtre de de Tonnerre. Dans sa vieillesse, il subit avec succès l'opération de la cataracte. Il est mort chanoine de l'église métropolitaine de Sens, le 17 août 1844, à l'âge de 86 ans.

Marcel Andriot, natif des environs de Langres, était un des derniers prêtres ordonnés avant la Révolution ; il dirigeait la paroisse de Chichée, lorsque la nouvelle autorité ecclésiastique, qu'il fallait aller chercher à Troyes, le transféra à Ligny, sur les pressantes instances de M. le docteur Bresson, qui avait fait sa connaissance et le croyait propre à cicatriser les plaies que les consciences avaient reçues pendant la persécution. C'était en effet un homme d'esprit et d'éminente piété : il passait pour bon théologien, travaillait beaucoup, parlait bien, se donnait tout entier à ses devoirs. On concevait donc les meilleures espérances, mais elles ne se réalisèrent point. M. l'abbé Andriot avait entrepris d'abord avec ardeur l'œuvre de la réforme : catéchismes, instructions multipliées, associations pieuses, il met tout en œuvre pour arriver à son but. Il appelle à son secours le vénérable M. Fromentot de Brienon qui vient prêcher une station à Ligny. Bientôt une opposition se dresse contre lui, on lui suscite des tracasseries à propos de quelques statues qu'il crut devoir déplacer dans son église. Il n'était point né pour la lutte, il aima mieux céder et demander son changement. Ses supérieurs l'envoyèrent à Lantages dans le département de l'Aube. Il n'avait desservi que deux ans, de 1803 à 1805. Dans la nouvelle organisation ecclésiastique, Ligny quoique chef-lieu de canton civil, était descendu au rang de simple succursale : le Doyen ou Curé de canton résidait à Maligny. En 1819, M. l'abbé Andriot s'associa avec un digne prêtre, voisin de Lantages, M. Boisgegrain, curé de Pargues, pour la fondation de la communauté des Sœurs de la Providence de Troyes. Il contribua à la rédaction des Règles et Constitutions de cette estimable congrégation, qui rend de grands services pour l'éducation de l'enfance et le soin des malades.

Nicolas-Antoine Saget, ancien curé de Villacerf, avait été aumônier de la comtesse de Bavière, dont les largesses lui procurèrent d'abondantes ressources pour les nombreuses œuvres de religion et de charité auxquelles il prit part. De 1805 à 1814, il déploya une grande activité pour le bien spirituel de sa paroisse de Ligny, malheureusement ses efforts furent en partie paralysés par l'originalité de son caractère. On ne pouvait s'empêcher de respecter sa vertu, mais on n'aimait point sa façon de prêcher, de catéchiser, d'agencer les cérémonies du culte divin. En 1808, il fit blanchir l'église; en 1810, il la dota de précieuses reliques ; vers le même temps, il créa de ses deniers l'établissement des Ursulines pour l'éducation des jeunes filles. Cette fondation éminemment utile le place au rang des bienfaiteurs insignes de la commune. M Saget donna sa démission aussitôt après la première invasion des troupes alliées, et se retira à Troyes, où il fut fait chanoine de la cathédrale. Il y est mort, plein d'années et de mérites, en septembre 1838, à l'âge de 85 ans.

Jacques-Modeste Brigand, né à Ville-sur-Arce près de Bar-sur-Seine, le 27 mars 1784, ordonné prêtre en 1810 par Mgr de Boulogne, fut d'abord vicaire de Bar-sur-Seine et desservant de Bourguignon, puis vicaire de la cathédrale de Troyes. En le voyant arriver sur la fin de 1814, les habitants de Ligny crurent voir reparaître M. Bresson, le bon pasteur dont la mémoire était restée en vénération. C'était le même extérieur imposant, la même gravité calme, simple et bienveillante, une grande force physique, une énergie contenue jointe à plus de mansuétude. Il prêchait avec âme, il apportait dans ses fonctions une dignité et une modestie remarquables, il se montrait serviable et accessible à tous ses paroissiens. On fut bientôt convaincu qu'on avait reçu du ciel un saint prêtre. Un incendie qui éclata peu de semaines après son installation mit en relief son dévouement et sa charité. Le peuple de Ligny et du voisinage resta persuadé qu'il avait arrêté par ses prières le progrès des flammes. Aussi vit-il bientôt son ministère entouré de beaucoup de considération et d'affection, et lorsqu'on apprit, en 1824, qu'un ecclésiastique député en secret par l'évêché de Troyes, venait solliciter M. Brigand pour qu'il acceptât une cure importante dans son ancien diocèse, toute la paroisse accourut et l'assiégea au presbytère, le suppliant avec larmes de ne point se laisser gagner et lui promettant la plus parfaite docilité à ses avis. M. Brigand, vivement touché de cette démonstration spontanée, renonça à l'avancement qui lui était offert. Les habitants voulurent l'en dédommager, autant qu'il était en leur pouvoir : le Conseil de Fabrique et la Municipalité, M. Garnier son excellent maire en tête, demandèrent et obtinrent, en 1825, de l'Autorité ecclésiastique et du Gouvernement l'érection de Ligny en cure inamovible. L'année suivante eut lieu le grand Jubilé dont les processions et les autres pieux exercices furent suivis par toute la population avec une admirable ferveur. Ce furent les beaux jours de M. Brigand. Mais après 1830, il assista avec douleur au déclin du sentiment religieux ; il était toujours vénéré, mais un grand nombre d'hommes commençaient à échapper à son influence. En 1840, Mgr de Cosnac, qui lui avait déjà conféré les titres de Doyen et de Chanoine honoraire, l'appela à Sens pour succéder à M. Darcimoles, en qualité de Vicaire-Général. Il accepta et s'arracha, non sans efforts, à cette paroisse qu'il avait gouvernée avec bonheur pendant 25 ans. Son neveu, M. l'abbé Sicardy, à la fois Curé de Pontigny et son Vicaire, le suivit et devint secrétaire particulier de Sa Grandeur. M. Brigand est le fondateur de la Congrégation des Sœurs enseignantes et hospitalières de la Providence. Il l'a dirigée depuis 1818 jusqu'à sa mort arrivée en 1857, le 16 octobre. En 1851, il transféra la maison-mère de Ligny à Sens, et l'installa dans l'ancienne abbaye de Notre-Dame-lez-Sens, qui appartenait avant la Révolution aux Bénédictines de la Pommeraie. C'est là, à la partie orientale de l'enclos, que reposent ses restes mortels, dans une chapelle dédiée à Notre-Dame-des-Sept-Douleurs. Il y est représenté de grandeur naturelle, couché sur son tombeau, revêtu des insignes du canonicat et les mains jointes. Les sculptures de ce tombeau, de l'autel et du groupe de Notre-Dame sont dues au ciseau de M. Jean Guillaumet, de Ligny.

M. l'abbé Gourlot, né à Avallon, en premier lieu desservant de Varennes, puis de Nitry, est présentement Curé-doyen de Ligny. L'église lui est redevable de nombreux embellissements. Il est le dernier anneau de cette longue série de respectables ecclésiastiques qui n'ont légué à la postérité que des traditions d'honneur et de vertu.

VI.

LE CULTE LOCAL.

Liturgie. — Lorsqu'en 1851, par ordonnance en date du 1er novembre, Mgr Mellon Jolly cédant au mouvement providentiel qui tend à relier plus intimement les églises de France à l'Église-Mère, prescrivit dans son diocèse le retour aux usages romains, Ligny n'eut point d'évolution à faire : la liturgie romaine y règnait depuis son introduction dans les Gaules. Bien qu'englobées dans la circonscription du nouveau diocèse de Sens depuis 1821, les paroisses distraites de l'évêché de Langres étaient généralement demeurées fidèles à leur ancien rite. Ce n'est pas qu'au XVIIIe siècle le clergé Langrois eût complètement échappé à la manie réformatrice qui s'était emparée des meilleurs esprits : un travail de refonte liturgique y avait été entrepris et en partie exécuté. En 1731, Mgr Pierre de Pardaillan de Gondrin d'Antin avait publié un bréviaire conçu dans les idées d'alors : quels obstacles surgirent depuis? par suite de quelles difficultés l'œuvre ne put-elle recevoir son complément? Nous l'ignorons. Toujours est-il qu'avant comme après la Révolution de 93, chaque paroisse se maintint en possession du Missel, du Graduel et de l'Antiphonaire, c'est-à-dire de ce qui constitue plus particulièrement le culte public aux yeux des populations. MM. les curés, qui usaient du nouveau bréviaire, avaient bien opéré çà et là quelques modifications en harmonie avec leur office privé.

mais c'était plutôt en procédant par retranchement que par addition ou par substitution ; le fond restait le même.

Quant aux livres de chant, l'église de Ligny se servait de ces éditions de Paris et de Lyon, dont les mélodies à notes égales ont été réimprimées à Dijon en 1840, sous le patronage de l'illustre évêque de Langres, Mgr Parisis, qui les a adoptées pour son diocèse. Troyes a imité cet exemple : l'archidiocèse de Sens a préféré se rallier à l'édition donnée par la commission de Reims et de Cambray : c'est, comme on le sait, un essai de restauration du chant grégorien primitif d'après les anciens manuscrits. En faisant des recherches dans les archives communales de Ligny, nous avons découvert un faible mais toutefois précieux débris d'un de ces anciens manuscrits. C'est un feuillet d'un Missel en parchemin dont un Vicaire du XVIe siècle s'était servi pour envelopper le registre des baptêmes. Ce feuillet contient l'Épître, le Trait et une partie de l'Évangile du jour de la Sexagésime. L'écriture est du XIIe siècle, l'Épître et l'Évangile sont en grosse minuscule, le Graduel et le Trait en petite, avec la notation neumatique de la seconde période, celle que M. de Coussemaker désigne sous le nom de *Neumes à points superposés.* Nous donnons ci-joint le fac-simile du Graduel. On voit par ce specimen combien la lecture du plain-chant était difficile, incertaine à cette époque reculée. Il fallait un temps considérable pour former un chantre passable. Et cependant il y a ici un progrès manifeste sur la période précédente : les signes sont moins compliqués, un grand nombre de ligatures ont disparu, chaque neume affecte une position de hauteur ou d'abaissement déterminée, les neumes commencent à parler aux yeux aussi bien qu'à l'intelligence. Advienne la ligne à note fixe de l'âge suivant, puis la clef et la portée tout entière de Gui d'Arezzo et bientôt, comme le disait ce célèbre moine, « les » neumes deviendront tellement faciles à lire qu'un enfant » pourra, après un mois d'étude, déchiffrer à première vue

» un chant inconnu (1). » Si la méthode guidonienne de notation a mis la musique sacrée à la portée de tout le monde, le vieux système neumatique n'est pas moins resté jusqu'ici un mystère impénétrable, au dire des savants (2). De louables tentatives ont déjà eu lieu, de nouveaux essais d'interprétation s'annoncent avec confiance, espérons qu'ils seront couronnés de succès et que nos églises recouvreront un jour les mélodies grégoriennes dans toute leur pureté native.

FÊTES DE FONDATION. — Outre les fêtes chômées d'obligation que l'Église catholique, dans sa sagesse, avait multipliées lorque les peuples étaient profondément chrétiens, chaque pays possédait encore ses fêtes spéciales, destinées à rappeler quelque événement ou à honorer quelque relique insigne, suscitées par un élan de ferveur populaire, où fondées par la libéralité des fidèles. C'est ainsi que nous avons vu messire Jehan Chantereau, premier Vicaire de Ligny, ordonner la célébration solennelle de la fête du *Saint Nom de Jésus* dans la chapelle de Sainte-Avoie et en assurer la perpétuité par les charges qu'il imposa à ses héritiers. C'était en 1556 : nous relevons cette date, parce qu'elle touche à l'origine de cette fête ; l'office du saint Nom de Jésus, composé par Bernardin de Burtis, religieux franciscain, n'avait fait son apparition dans l'Église que depuis 1530, année où il fut approuvé par le pape Clément VIII et fixé au 14 janvier. Il fut d'abord concédé par privilège à l'ordre des Frères-Mineurs, ensuite aux Chartreux pour le deuxième Dimanche après l'Epiphanie,

---

(1) Epist. ad Theobaldum.

(2) M. *Coussemaker* : « La traduction des neumes en notation moderne offre, selon nous, des difficultés telles qu'on aura toujours la plus grande peine de les résoudre d'une manière satisfaisante. »

M. *Théodore Nisard* : « Les anciennes notations musicales de l'Europe sont pour la science un impénétrable mystère : moins heureuses que les hiéroglyphes, elles n'ont pas encore leur Champollion. »

Rev. Archéol. Etude sur les anciennes notations.

puis à toute l'Espagne, et enfin par Benoît XIII en 1710 à l'Église universelle (1).

Par acte notarié du 15 avril 1710, Huguette Bezou, femme d'Edme Cottin, marchand boulanger à Ligny, laissa à l'église St-Pierre et St-Paul, la somme de 150 livres pour fonder l'office de *Sainte Marie-Madeleine*, premières Vêpres, Matines et grande Messe, avec *Libera* sur sa fosse et service le lendemain pour elle et les défunts de la famille Cottin. Cette fondation fut acceptée par Antoine de Courtive, Curé de Ligny, et par les trois marguilliers en charge « et sera, dit l'acte, ladite fondation écrite au Registre ou Martyrologe de ladite église (2). » Il ne reste plus de trace de cette fête qui a disparu avec la rente qui la soutenait.

La fête de l'*Invention de la Sainte Croix* a été célébrée avec zèle par la population jusqu'en 1830. Voici à quelle occasion elle prit rang parmi nos solennités les plus fréquentées. Au commencement de l'année 1757, un sieur Edme Coquille, marchand de vin à Paris, originaire de Ligny, s'étant procuré une parcelle de la Vraie Croix, la fit enfermer dans une croix d'argent, annonçant l'intention d'en enrichir l'église où il avait eu le bonheur de recevoir le baptême. La sainte Relique fut envoyée à Mgr Gilbert de Montmorin de St-Hérem, évêque de Langres, qui en reconnut l'authenticité et permit qu'elle fut exposée à la vénération des fidèles. On fit à Ligny de grands préparatifs pour la recevoir. Au jour marqué, il y eut un concours immense de tout le voisinage ; le clergé très-nombreux se rendit processionnellement à l'église de Varennes où elle avait été déposée et la rapporta au chant des hymnes et des cantiques dans l'église paroissiale, où l'on exécuta un office pompeux. Touchée de cette belle cérémonie, dame Marie-

---

(1) Benoît XIV. De Festis D. N.-J. C. — Godescard, Traité sur la fête du St-Nom de Jésus.

(2) Fonds du Notariat.

Anne Hélye, vint le soir même, proposer à M. le curé Agnus et aux membres de la Fabrique de fonder à perpétuité la fête de la Sainte-Croix, le 3 mai. Sa proposition fut acceptée et transmise à l'évêché de Langres qui donna les autorisations nécessaires, à la condition que la fondatrice servirait un honoraire de trois livres à M. le Curé et d'une livre quatre sols à la Fabrique jusqu'à ce qu'elle pût constituer un fonds suffisant(1). Tous les ans donc à partir de cette époque, les ecclésiastiques des paroisses voisines étaient convoqués et l'on réitérait cette procession triomphale, où la Vraie Croix, portée par les mains du célébrant, recueillait les hommages de tous les assistants. Ce même jour, immédiatement avant la grand'messe, avait lieu la bénédiction des croix feuillées et verdoyantes que les cultivateurs plantaient dans leurs champs ensemencés pour appeler les bénédictions du ciel sur leurs récoltes. De l'Invention à l'Exaltation de la Sainte-Croix, c'est-à-dire du 3 mai au 14 septembre le pasteur ne manquait jamais de faire précéder la messe du récit de la Passion qu'accompagnaient le tintement de la cloche et les prières sympathiques des fidèles. On se prosternait et on baisait la terre à l'expiration du Christ, avec la ferme espérance que les mérites de ses souffrances et de sa Croix feraient contrepoids aux iniquités du monde et détourneraient les fléaux de la justice divine. On lisait encore la Passion à l'approche des orages, on la lisait aussi quand un chrétien livrait son dernier combat et entr'ouvrait les portes de l'éternité. Une quête de vin, à l'époque de la vendange, rémunérait le pasteur de sa sollicitude pour la prospérité temporelle de ses ouailles.

DÉVOTIONS POPULAIRES. — Les noms de baptême d'une localité, surtout aux époques de foi où le choix de ces noms avait une signification, nous révèlent les dévotions populai-

---

(1) Papiers de la famille Laproste, arpenteur. — Archives de la Haute-Marne. 5ᵉ Registre Cap. n° 151.

res du temps, nous font connaître les Saints en qui les fidèles plaçaient une confiance plus explicite, soit à raison du vocable de l'église, soit à raison des statues vénérées ou des reliques devant lesquelles on s'agenouillait dans la maison de Dieu, soit par suite de quelque pélérinage grandement en vogue. Ainsi pour peu qu'on se donne la peine de jeter un coup d'œil sur le répertoire des baptêmes, à la fin du plus ancien registre de Ligny, on aperçoit immédiatement quels étaient, au XVI° siècle, les Saints de prédilection parmi nos ayeux (1).

Dans ce répertoire les noms de baptême, rangés par ordre alphabétique, occupent la place d'honneur, comme il se pratiquait au moyen âge : le vrai nom c'était celui qui désignait le chrétien ; la plupart du temps on ne signait que celui-là, le nom patronique n'était qu'un surnom. Ensuite il n'y a pour chaque individu qu'un seul nom ; ce n'est que dans les premières années du XVIII° siècle que l'on commence à remarquer plusieurs noms de Saints attribués à la même personne. De plus, ce sont toujours les mêmes Saints dont on se réclame ; à peine voit-on poindre çà et là quelque nouveau nom dans les temps les plus rapprochés de nous.

Or, de 1569 à 1585, sur 1767 enfants qui sont baptisés, 327 sont mis sous le patronage de St-Jean, 251 sous celui de St-Edme, 187 sous celui de St-François, 107 sous celui de St-Pierre, 106 sous celui de St-Claude, 97 sous celui de la Ste-Vierge Marie, 87 de Ste-Marguerite, 48 de St-Laurent, 41 de St-Nicolas, 30 de St-Simon et autant de St-Jacques, 27 de St-Etienne et pareil nombre de Ste-Catherine, 25 de Ste-Barbe, 21 de St-Michel et autant de St-Louis, 20 de Ste-Anne, 19 de St-André, 18 de St-Hugues, 16 de Ste-Madeleine, 15 de St-Guillaume, 13 de St-Germain et autant de St-Didier, 11 de Ste-Reine et autant de Ste-Avoie : le reste se partage

---

(1) Archives communales.

entre St-Joseph, Ste-Elisabeth, St-Paul, St-Philippe, St-Thomas, St-Sébastien, Ste-Brigide, St-Antoine, St-Roch, St-Vincent, Ste-Marthe, Ste-Radegonde, St-Lazare, St-Gabriel, St-Henri, St-Gaspard, Ste-Geneviève, St-Espain, St-Blaise, St-Florentin, St-Fiacre, St-Christophe, St-Denis et St-Damien.

Essayons maintenant de nous rendre compte des convictions, de l'attrait, des souvenirs et des faits qui ont motivé ces préférences. Et d'abord il ne faut pas perdre de vue l'immense intérêt qui s'attachait autrefois à la vie des Saints, considérée avec raison comme la réalisation et la mise en pratique de la doctrine évangélique. Point de famille où l'on ne rencontrât de ces pieuses et naïves hagiographies, si aimées du peuple, si efficaces pour affermir la foi et les bonnes mœurs, que la presse de nos jours reproduit avec succès. Ces admirables récits charmaient l'enfance, dominaient la pensée à l'âge même des passions, suivaient l'homme dans l'âge mûr et consolaient sa vieillesse. Un chrétien, quelque peu soucieux de sa religion, eût été honteux d'ignorer la vie et les actions du Saint dont le nom lui fut imposé au baptême. Certains noms de Saints, adoptés par les familles, se transmettaient d'aîné en en aîné ; la mémoire de leurs vertus et des grâces obtenues par leur intercession faisait partie des traditions du foyer domestique. On était donc généralement plus instruit que nous ne le sommes sur ce sujet et les dévotions populaires étaient la plupart du temps parfaitement raisonnées.

Parcourons sommairement la liste de celles qui avaient cours à Ligny.

Nous ne nous étonnerons pas de voir les noms de la Sainte Vierge, de S. Joseph, de Ste-Anne, de S. Jean, de Ste-Elisabeth et de presque tous les apôtres usités parmi nous, et leur auguste patronage ardemment recherché : il en est ainsi dans tous les pays catholiques.

Le nom prédestiné de *Marie* est une bénédiction enviée de toute âme qui a le sentiment de la foi, et la piété chrétienne s'est ingéniée de mille manières pour l'honorer dignement. Notre église possédait une chapelle qui lui était dédiée sous le titre de Notre-Dame-du-Rosaire, et deux confréries rivalisaient de zèle pour sa gloire.

Saint-Joseph avait aussi son autel et sa confrérie. On l'invoquait comme le protecteur des agonisants, ayant eu le bonheur de mourir entre les bras de Jésus et de Marie. Il était le patron des charpentiers, et ailleurs des menuisiers et des charrons, et ce patronage s'appuyait sur la similitude de profession, car on sait que cet illustre descendant des rois de Juda vécut dans l'humble condition d'artisan : il était ouvrier en bois, *faber*, comme porte le texte sacré (1). Le Sauveur du monde ne dédaigna pas de participer à ses travaux : « Joseph et Jésus, dit St-Justin, faisaient des charrues et des jougs pour les bœufs (2). » On le représente tenant à la main une tige de lys, mémorial de son élection et emblème de son inviolable pureté.

Sainte-Anne, épouse de St-Joachim et mère de la Sainte-Vierge, avait également sa confrérie et on lui avait assigné une chapelle particulière, où se voyaient sa statue et sa légende peinte sur les verrières. Elle était assise dans une chaire, ayant devant elle Marie, enfant, à qui elle faisait lire les divines Écritures et, dans cette attitude, elle semblait inviter les mères chrétiennes à ne jamais négliger l'instruction de leurs enfants et les enfants à imiter la docilité de Marie. A Ligny les menuisiers fêtaient Sainte-Anne, comme la protectrice de leur état. De temps immémorial sa statue décorait la maison qui forme l'angle nord de la Grande-Rue et de la rue du Carrouge.

On a pu remarquer que *Saint-Jean*, le précurseur de Jésus-Christ, est de tous nos Saints celui qui a le plus de clients.

---

(1) S. Math. XIII. 55.
(2) Edit. Benedict. Dial. n° 9. II° siècle.

C'est que la fête de sa nativité, dorée des plus beaux rayons du soleil, annonce du bienheureux avénement de celui qui est appelé « la lumière du monde », a toujours été célébrée par le peuple avec une véritable explosion d'allégresse : « *Et erit gaudium tibi, et exultatio,* avait dit le messager des bonnes nouvelles, *et multi in nativitate ejus gaudebunt : erit enim magnus coràm Domino.* « Entre les enfants des femmes, ajoute le Sauveur lui-même, nul n'est plus grand que Jean-Baptiste. » C'était le jour des feux de joie, de l'hymne mère des notes musicales, des processions nationales ; c'était la grande date du milieu de l'année pour les affaires civiles ; c'était, en particulier, la fête patronale de l'église de Varennes, annexe de celle de Ligny.

La gloire de Saint-Jean rejaillissait sur *Sainte-Élisabeth,* sa mère, la première confidente du mystère de l'Incarnation.

Bien que notre église fut sous le vocable de *St-Pierre* et de *St-Paul,* on peut dire que, dans l'usage ordinaire, St-Pierre était seul en évidence, ce qui explique la différence numérique qui existe entre leurs protégés. Même observation pour la liturgie, il n'y est presque pas question de St-Paul le 29 juin : un office commémoratif lui assure un juste dédommagement le lendemain. Tous deux avaient leurs images sculptées aux piliers du fond du sanctuaire et peintes sur la fenêtre supérieure du rond-point sous les voûtes. On sait quels signes iconographiques les distinguent : à St-Pierre les clefs, symbole du pouvoir souverain, *dabo tibi claves* ; à St-Paul, l'épée, instrument de son supplice en sa qualité de citoyen romain, *civis sum romanus.*

Un autre apôtre, *Saint-Jacques,* avait chez nous les honneurs d'un autel. C'est celui que l'on surnomme le *Majeur,* et dont le pèlerinage à Compostelle, venait au troisième rang après Rome et Jérusalem. Les fidèles le reconnaissaient au costume de pèlerin que lui donnaient les naïfs imagiers du moyen-âge.

L'archange *Saint-Michel*, dont le nom signifie : « Qui est comme Dieu ? *Quis ut Deus ?* » terrassa les anges rebelles au jour des combats du Seigneur. La France catholique le tenait pour son défenseur : la sainte liturgie nous apprend à l'invoquer comme introducteur des âmes auprès de Dieu : *Signifer sanctus Michaël representet eas in lucem sanctam.* Il est encore le protecteur des moissons, et, en général des biens de la terre, ce qui nous explique l'usage où l'on est à Ligny et dans beaucoup d'autres lieux, de faire bénir, au jour de sa fête (29 septembre), les grains destinés aux semailles.

St-Lazare, Ste-Marthe, Ste-Marie-Madeleine. Rien de plus profondément gravé dans l'esprit du peuple autrefois, que cette admirable histoire de Lazare et de ses sœurs, histoire puisée en partie dans l'Évangile, en partie dans les souvenirs traditionnels des temps primitifs de l'Église. Lazare, l'ami de Jésus-Christ, ressuscité d'une manière éclatante, Marthe qui se donne beaucoup de peine pour servir le Sauveur et Marie qui a choisi la meilleure part ; cette pécheresse que le repentir amène aux pieds du bon Pasteur et qui les arrose de ses larmes ; la fureur avec laquelle les juifs s'élèvent contre cette famille dévouée, après la mort de notre Seigneur ; leur abandon sur un navire sans rames, sans voiles et sans gouvernail, leur arrivée providentielle à Marseille, leur apostolat dans la Provence (1) ; l'épiscopat de St-Lazare, la destruction du grand dragon par Ste-Marthe, les trente années de pénitence et de contemplation passées par Ste-Marie-Madeleine dans la grotte de la Sainte-Baume ; leur mort précieuse devant Dieu, enfin tout cet ensemble de traits touchants, de circonstances dramatiques et miraculeuses, laissait de vives impressions, alimentait la foi, entretenait la piété et excitait une confiance sans bornes en la protection de ceux que Jésus avait honorés

---

(1) M. l'abbé Faillon dans ses *Monuments inédits* etc., a vengé les traditions provençales des attaques de la fausse critique.

de son amitié. Ajoutez à cela, pour nos contrées, la renommée qu'avait acquise l'église monumentale de Vézelay, qui depuis le x⁰ siècle se flattait de posséder le corps de la Madeleine.

Trois lévites martyrs occupent une place hors ligne dans le cycle des fêtes et dans la mémoire des nations catholiques, *St-Etienne, St-Laurent* et *St-Vincent*. Ligny, où la culture de la vigne fut toujours en honneur, avait consacré une chapelle à ce dernier. « Vincent n'appartient pas à l'Espagne seule-
» ment, dit le savant Dom Guéranger : Comme Etienne, com-
» me Laurent, il est le héros de l'Église entière. C'est à tra-
» vers les pierres qui pleuvaient sur lui, comme sur un blas-
» phémateur, que le diacre Etienne a prêché le Christ ; c'est
» sur un gril embrasé, comme le diacre Laurent, que le
» diacre Vincent a confessé le Fils de Dieu. Ce triumvirat de
» martyrs fait l'ornement de la litanie sacrée et leurs trois
» noms symboliques et prédestinés, *Couronne*, *Laurier* et
» *Victoire*, nous annoncent les plus vaillants chevaliers de
» l'Emmanuel..... Une ancienne tradition de la chrétienté as-
» signe à St-Vincent le patronage sur les travaux de la vigne
» et sur ceux qui les exercent. Cette idée est heureuse et nous
» rappelle la part que le Diacre prend au divin Sacrifice. C'est
» lui qui verse dans le calice ce vin qui va bientôt devenir le
» sang du Christ.... Pour se rendre digne d'un si haut minis-
» tère, le saint Diacre a fait ses preuves en mêlant son pro-
» pre sang, comme un vin généreux, dans la coupe qui con-
» tient le prix du salut du monde (1). »

Trois vierges martyres, illustres entre toutes : *Ste-Catherine*, *Ste-Barbe*, *Ste-Marguerite*, attiraient la dévotion des personnes de leur sexe. Leurs merveilleuses légendes remontent à l'ère des grandes persécutions et nous attestent qu'elles obtinrent de Dieu un pouvoir d'intercession extraordinaire. Toutes trois avaient leurs statues dans notre église : Ste-Ca-

---

(1) Année liturgique. Temps de Noël, page 405 et 406.

therine, l'habile dialecticienne d'Alexandrie, patronne des des jeunes filles, y était représentée avec la roue de son supplice qui vole en éclats au contact de sa main ; S{ie}-Barbe, patronne des femmes, s'adossait à la tour aux trois mystérieuses fenêtres, dans laquelle un père inhumain la retint captive; S{ie}-Marguerite posait le pied sur le cou du monstre qui lui apparut dans sa prison ; on l'invoquait pour l'heureuse délivrance des femmes enceintes.

Une chapelle était dédiée à *St-Nicolas*, l'éminent archevêque de Myre, dont la gloire jetait d'aussi vifs rayons en Occident qu'en Orient, surtout depuis que son corps avait été apporté à Bari, en 1087. Saint Bonaventure et d'autres auteurs racontent que saint Nicolas ressuscita trois jeunes écoliers qu'un hôtelier avare et cruel avait égorgés et dont il se disposait à vendre la chair hachée pour de la viande commune. C'est, à leur avis, ce qui a donné lieu aux peintres et aux sculpteurs de le figurer avec trois enfants à ses côtés sortant à mi-corps d'une cuvette, et aussi aux garçons, et spécialement aux écoliers, de se réfugier sous ses auspices révérés.

Contre les épidémies et les maladies pestilentielles, par lesquelles la justice divine châtie les péchés du monde, on avait recours aux suffrages et aux mérites de *St-Sébastien*, de *St-Antoine* et de *St-Roch*. Il est peu d'églises dans nos villages où l'on n'aperçoive tout d'abord un saint Sébastien, attaché à un arbre, les mains liées derrière le dos, et le corps hérissé de flèches. Ce valeureux capitaine des gardes de l'empereur Dioclétien, qui savait si bien relever le courage des chrétiens parmi les maux dont on les accablait, souffrit deux fois le martyre. Si on le supplie d'intervenir dans les temps de contagion, dit un auteur cité par les Bollandistes, c'est qu'il triompha miraculeusement des flèches qui le transpercèrent. Or les fléaux sont les flèches du Seigneur, suivant cette parole du psalmiste : *Nisi conversi fueritis, arcum suum vibrabit et paravit illum et in eo paravit vasa mortis, sagittas suas arden-*

tibus effecit. (Ps. VII 13). S. Roch ne se rencontre pas moins fréquemment, et toujours avec son costume de pèlerin, sa plaie vive et le chien qui le nourrissait dans la forêt. Innombrables étaient les pestiférés qu'il guérit pendant sa vie par le signe de la croix, innombrables ceux qui lui dûrent la santé après sa mort. Il avait chez nous sa chapelle et sa confrérie. Nos cultivateurs appelaient sa bénédiction jusque sur les animaux associés à leurs fatigues : le 16 août était presque partout dans nos campagnes un jour de fête, où le pasteur ne dédaignait point d'asperger d'eau bénite le troupeau du métayer et l'humble ressource du pauvre ménage. St-Antoine, le patriarche des cénobites, habile à dissiper les influences diaboliques, présidait aux Maisons-Dieu et aux Léproseries. Le petit hôpital de Ligny avait mis sa chapelle sous son vocable. On le représente communément avec la robe, le capuchon et la clochette d'un ermite, l'Évangile à la main et ayant à ses pieds le pourceau qui symbolise les assauts qu'il eut à endurer de la part de l'esprit immonde. Au XIe siècle plusieurs provinces reconnaissantes lui attribuèrent leur délivrance de l'horrible fléau qu'on nommait le *Feu sacré*.

A ces trois bienfaiteurs de nos populations, il faut joindre *Saint Blaise*, évêque de Sébaste en Arménie, qui avait chez nous tout à la fois sa confrérie, sa chapelle, sa statue et sa légende peinte sur les vitraux. Il fut décapité avec deux petits enfants vers l'an 287 : « Sur le point d'être immolé, dit » Jacques de Voragine, Blaise fit sa prière à Notre Seigneur » lui demandant que quiconque, dans les maux de gorge ou » dans quelque autre souffrance, requerrait son aide, il fut » aussitôt exaucé. Et une voix lui répondit qu'il serait fait » comme il avait requis. » Les Arméniens, les Grecs et les Latins lui ont érigé une quantité prodigieuse d'églises, de chapelles et d'autels. Dans l'Avallonnais, c'est le patron des bouviers, à Ligny c'était le patron de ceux qui travaillent la laine, cardeurs, tixiers, etc.

Grande était aussi en France la réputation de *Saint-Claude*, qui, d'archevêque de Besançon se fit simple religieux. L'abbaye où son corps se conserva longtemps sans corruption et opéra une multitude de miracles, devint le but d'un célèbre pèlerinage et donna naissance à la ville qui porte son nom. Sa vieille statue orne encore un des piliers de notre chœur, et la liste qui précède ces détails rend manifeste la dévotion de nos pères envers lui.

Nous en dirons autant de *Saint-François-d'Assise*. Qui n'avait lu et relu son incomparable vie? Qui ne s'était senti embrasé de l'amour de Dieu sous le souffle de ce Séraphin? Ses disciples, ceux qu'il appela par humilité les *Frères-Mineurs*, remplissaient à Ligny les fonctions de prédicateurs, de catéchistes et de confesseurs pendant l'Avent et le Carême, prêchaient des Missions et remplaçaient au besoin le Recteur et ses Vicaires. Ils auraient trahi l'esprit de leur état, s'ils n'avaient propagé la gloire et les maximes de leur sublime fondateur, s'ils ne s'étaient efforcés de relier par les liens de son Tiers-Ordre les âmes les plus avancées dans la vertu.

Ste-*Avoie* ou *Havoie*, titulaire de la chapelle aux Chantereaux, est la même que Ste-*Hedwige*, illustre veuve dont l'Église romaine fait l'office le 17 octobre. Elle vécut au XIIIe siècle et fut duchesse de Pologne. C'était, comme Ste-Elisabeth de Hongrie, sa nièce, une de ces héroïques princesses des siècles de foi, qui pratiquaient sur le trône plus d'austérités que les plus fervents religieux dans le cloître, et dont la vie, pleine de bonnes œuvres, était entièrement consacrée au service des pauvres qu'elles révéraient comme les membres souffrants de Jésus-Christ.

Le pèlerinage par excellence de nos pays, c'était celui de Ste-*Reine*. Voici en deux mots l'histoire de cette vierge martyre. « Elle vivait au IIIe siècle et était originaire d'Alise, capitale des Mandubiens, fameuse par son antiquité, sa grandeur et sa longue résistance à Jules César, qui ensevelit dans ses ruines la liberté gauloise. Reine, privée de sa mère en naissant, confiée ensuite à une nourrice chrétienne, fut persécutée pour sa religion par son propre père et réduite malgré sa haute naissance à garder les troupeaux. Olybrius, président de la province, l'ayant rencontrée fut épris de sa beauté et n'ayant pu vaincre la résistance qu'elle opposa courageusement à sa passion, il lui fit trancher la tête (1). » Dès le ve siècle on bâtit une église sur son tombeau près d'Alise qui n'est plus depuis longtemps qu'un village de l'Auxois, auquel Ste-Reine a communiqué son nom. Le 21 mars 864, ses reliques furent transférées à l'abbaye de Flavigny et néanmoins le lieu de son martyre continua d'être fréquenté par les pèlerins. Au XVIIe siècle, l'affluence des pieux visiteurs était telle qu'un vaste hôpital y fut construit par les soins de St-Vincent de Paul et de la reine Anne d'Autriche. Chaque année, trois ou quatre cents malades et près de vingt-mille voyageurs pauvres y recevaient l'hospitalité. Avant la Révolution de 89, jamais le mois de septembre n'arrivait sans voir partir de Ligny quelques pèlerins pour Ste-Reine et l'on en rapportait des bouquets bénits que l'on fixait au dais du lit ou à l'endroit le plus apparent de la maison. On remarque dans nos archives locales qu'il est plusieurs fois fait mention de voyageurs morts sur la paroisse, allant à Ste-Reine ou en revenant (2).

---

(1) Légendaire d'Autun, page 240.

(2) Dans son *Manuel du Pèlerin de Ste-Reine*, M. l'abbé Tridon de Troyes a réimprimé plusieurs Itinéraires du XVIe siècle à l'usage des Pèlerins dont le nombre s'élevait alors de 60 à 70,000 par chaque année. Nous lui empruntons une partie de celui qui est intitulé :

LE DROICT CHEMIN PAR TERRE DE PARIS A SAINTE REINE.

De Villeneuve la Guerre (la Guyard)		
A Champigny	1 lieue.	
A la Chapelle, demye lieue,		
A Ville Manoche, demye lieue.		
A Pont-sur-Yonne, demye lieue.		
A Sainct Denis		1 lieue.

Quant à *St-Edme* ou *Edmond*, archevêque de Cantorbéry, on conçoit que son nom brille au second rang sur notre liste de patronage. Réfugié dans l'abbaye de Pontigny, qui touche à notre territoire, il est venu exercer son zèle à Ligny, il y a prêché, il y a opéré des miracles pendant sa vie et après sa mort. Nos ancêtres avaient assisté à ses funérailles lorsqu'on ramena son corps de Soisy ; ils étaient là lorsque St-Louis, la reine Blanche sa mère, et toute la cour vinrent s'unir au clergé et au peuple pour rehausser par leur présence les pompeuses cérémonies de sa translation. Et depuis, deux fois l'année, (le lundi de la Pentecôte et le 16 Novembre), leurs descendants accouraient en foule contempler à travers l'étroite grille de sa châsse cette tête vénérable, que la vie, au bout de

A Ste-Erlombe, (Ste-Colombe) demye lieue.
D'Erlombe à Sens, ville ancienne : Archevesché
A la pleine de Véron, chapelle sur le chemin   2 l.
A Villeneuve le Roy,   1 l.
A Ormoy (Armeau)   2 l.
A Ville Vallière   1 l.
A Villechien, demye lieue.
A Sainct Aubin, demye lieue.
A Joigny, ville.
Le plus court pour aller à Saincte Reine et le plus beau, il faut passer à Chiny (Cheny)   2 l.
A Autreserve (Hauterive)   1 lieue
A Pontigny, abbaye, voy les Religieux de Saint-Edme et ceux qui ne voudront aller à ladite Abbaye, il faut aller tout droict à *Legny Châtel*, une grande lieue.
A Dié, 2 l. Tonnerre   3 l.
A Lizine, 2 l. à Ancy-le-franc   2 l.
Le plus court il passera le Pont en été par Fuluy : mais le plus beau en tout temps est par Ravière   1 l.
A Rougemont, 1 lieue.
A Buffon   1 l.
A St-Remy passe le Pont, ou bien de l'autre costé à Montbard,   2 l.
A Soigny   2 l.
A Saincte Reine, voy la Fontaine miraculeuse et les autres choses particulières.

420 ans, semblait n'avoir abandonnée que depuis huit jours, selon le témoignage de l'abbé Louis Martel (1). On venait de très loin apporter à son autel les enfants morts-nés en faveur desquels de pauvres mères sollicitaient l'étincelle de vie suffisante pour leur procurer le baptême. Ses images nous le montrent bénissant et ressuscitant un de ces enfants. Inutile de dire que St-Edme ne pouvait manquer d'avoir sa chapelle à Ligny.

A l'abbaye de Pontigny se rattache aussi la mémoire du bienheureux *Hugues* de Mâcon, compagnon de St-Bernard, qui mourut évêque d'Auxerre et fut inhumé dans l'église du monastère dont il avait été le premier abbé. Son tombeau existe toujours entre deux colonnes, au côté de l'Évangile, non loin du Maître-autel. — *Saint-Guillaume*, avant de devenir archevêque de Bourges, avait pris l'habit des Cisterciens et fait profession à Pontigny. — A cinq cents pas à l'ouest de l'hermitage où Ste-Porcaire termina sa vie, on avait élevé une chapelle où *Sainte Radegonde*, reine de France, était honorée, le 13 août, par le concours de tous les environs.

Outre les motifs intrinsèques, cette même raison de pieux voisinage recommandait à la ferveur de nos pères le culte de *Saint Germain*, dont ils se plaisaient à visiter les catacombes et le glorieux sépulcre : celui de *Saint Florentin*, martyr dont on vénérait les reliques dans la ville qui porte son nom, et celui de *Saint Espain*, *(Spanus)*, qui versa son sang pour

---

(1) Dom Martel, en 1667, rencontrant à Clairvaux un religieux allemand, l'invite à visiter Pontigny : « *Asserens divi Edmundi sacras exu-*
« *vias, imo sacrum corpus ibi asservari, quo thesauro mirabiliorem*
« *Gallia planè ignoret, si quidem non in aliam ea sacra membra speciem*
« *esse à morte mutata hactenùs, quàm si octo antè dies paucioresve ab*
« *animá fuissent relicta, cum tamen ultrà quadringentos ac vigenti an-*
« *nos corpus integrum et incorruptum perseveret.* » — *Descript. itin. Cisterc. à F. Joseph Meglinger, relig. sacerd. Monast. B. M. de Vettingen.* Patrolog. de Migne, Tom. CLXXXV. col. 1588.

la foi dans la Touraine du IVe au Ve siècle, et dont le corps fut plus tard transféré dans la collégiale de Saint-Martin de Chablis.

Saint Didier, troisième évêque de Langres était un des protecteurs de ce diocèse. On raconte de ce pontife martyr, qu'ayant été décapité par les barbares, son corps se leva de lui-même et, prenant sa tête entre ses mains, la porta jusqu'au lieu où il devait recevoir la sépulture. On rapporte le même prodige de *Saint Denis*, premier évêque de Paris : une statue, respectable par son antiquité, le représentait ainsi dans la nef de notre église.

Il ne nous reste plus, pour compléter ce tableau des dévotions populaires, qu'à signaler : *Sainte Géneviève*, la libératrice de Paris ; *Sainte Brigide*, la thaumaturge d'Irlande ; *Saint Gaspard*, l'un des trois mages de l'Évangile ; *Saint Fiacre*, le royal solitaire de Meaux, patron des jardiniers ; *Saint Christophe*, le géant au bâton fleuri, porteur de l'enfant Jésus ; *Saint Damien*, l'arabe, frère de Saint Côme, martyr comme lui et comme lui muni contre les maladies du double pouvoir de la science et de la foi ; et enfin *Saint Louis*, le grand roi et le grand saint, et *Saint Henri*, le défenseur dévoué du Saint-Siége, l'empereur catholique qui, après Charlemagne, a le mieux rempli la destination du Saint-Empire romain.

VII.

LES CONFRÉRIES.

Au commencement du XVIIe siècle, alors que Ligny-le-Châtel comptait de quatre à cinq mille âmes, les confréries étaient très-nombreuses. Nous en avons déjà mentionné quelques-unes dans l'article précédent. En tout, il n'y en avait pas moins d'une quinzaine dont l'existence est constatée par des documents authentiques (1). On en distinguait de trois sortes, savoir : les Confréries de simple patronage, les Confréries d'états ou corporations, les Confréries de piété.

I° CONFRÉRIES DE SIMPLE PATRONAGE. Nous rangeons sous ce titre les Confréries de *Saint Nicolas* pour les garçons, de *Sainte Barbe* pour les femmes et de *Sainte Catherine* pour les filles. C'est un pur patronage, sous lequel on se trouvait naturellement placé par sa naissance ou par sa condition. On en célébrait la fête, dont les frais se couvraient par une quête à la messe : la personne qui acceptait le chanteau, c'est-à-dire la part d'honneur du pain bénit, avait droit de porter le bâton du Saint ou de la Sainte, et devait rendre le pain bénit et se charger de la cérémonie l'année suivante. Mais il n'y avait point de réglement, partant point d'obligations spéciales pour les membres, point d'existence légale, ni au regard de la Religion ni au regard de la Société civile.

II° CONFRÉRIES D'ÉTATS OU CORPORATIONS. L'esprit d'association est inné dans le cœur humain : le christianisme s'en est emparé, l'a dirigé, sanctifié et fécondé. L'incomparable siècle de Saint-Louis, qui a produit une si abondante floraison de saints, d'âmes héroïques, d'artistes, de chefs-d'œuvres en tout genre, a fait épanouir ce nouveau fruit de l'Évangile, ces associations chevaleresques, bourgeoises, populaires, si variées dans leur but, leurs usages et leur physionomie, mais toutes désignées par le nom générique de Confréries, *Confratriæ*, *Confraternitates*. C'est le génie chrétien qui a créé cette dénomination, sortie des entrailles de la doctrine de ce Dieu qui s'est fait notre frère et qui a apporté au monde l'exemple et le précepte de la vraie fraternité. Avec le progrès du temps, les Confréries prirent une extension si considérable, qu'il n'y eut pas de villes, de bourgades, de

---

(1) Archiv. commun. Regist. des sépult. — Fonds du Notariat, Testam. du XVII° siècle. — Arch. de la fabrique.

villages qui n'en possédassent, constituées sous l'invocation de Dieu, de la bienheureuse Vierge Marie ou d'un Saint et revêtant ainsi un caractère moral et sacré, non moins utile au maintien de la pureté des mœurs qu'à la diffusion et à l'exercice de la charité. « Si elles imposaient de sévères obligations et des devoirs nombreux, les membres en étaient récompensés par des bienfaits quotidiens ; car en compensation des sacrifices qu'elles demandaient, elles présidaient, pour ainsi dire à tous les moments de la vie de chacun des confrères, prenaient soin de leurs intérêts et leur venaient en aide dans le danger et l'affliction. Affligés, malades ou mourants, elles ne les quittaient jamais sans secours : et c'est assurément en donnant une douce parole de paix et de fraternité aux malheureux et en jetant une bénédiction sur la tombe des morts, que les confrères ont conquis leur plus beau titre à la reconnaissance de la postérité (1). »

Pour prévenir les abus, la fondation de ces sociétés religieuses était soumise à la sanction de l'autorité ecclésiastique. D'après les canons des conciles et les décrets des papes, c'était un droit réservé aux évêques d'ériger ou de supprimer les Confréries, d'en modifier ou d'en rejeter les statuts. En France, pour les corporations d'art et de métier, il fallait en outre l'approbation du roi. Les Confréries légalement établies et approuvées pouvaient posséder des biens, et recevoir les dons et legs des fidèles, en observant les formalités concernant les gens de main-morte. Elles élisaient leur échevin, prévôt ou bâtonnier, chargé de veiller à la conservation de leurs privilèges et à l'exécution des réglements, de présider leurs réunions et de faire célébrer leurs offices. Chaque Confrérie avait dans l'église paroissiale sa chapelle particulière, ou du moins l'autel et l'image du patron, que les confrères ornaient de leur mieux.

---

(1) Diction. des Confrér. Nouv. Encyclop. Théol. de Migne, t. L, p. 25.

Les archives locales font mention de neuf Confréries d'états à Ligny.

1° Confrérie de *Notre-Dame*, les drapiers, sergiers, merciers, épiciers, quincailliers.

2° — *Sainte-Anne*, les menuisiers, ébénistes, huchers, tourneurs.

3° — *St-Joseph*, les charpentiers, couvreurs, marchands de bois et bûcherons.

4° — *St-Eloy*, les orfèvres, serruriers, maréchaux-ferrants, taillandiers, bourreliers, laboureurs.

5° — *St-Blaise*, les cardeurs, tixiers, fabriquants et marchands de laine.

6° — *St-Crespin*, les cordonniers, carreleurs, tanneurs, mégissiers, corroyeurs.

7° — *St-Vincent*, les vignerons, tonneliers, cercliers, marchands de vin.

8° — *St-Honoré*, les boulangers, pâtissiers, bouchers, hôteliers.

9° — *St-Roch*, les possesseurs de troupeaux, de bestiaux.

Ces Confréries étaient-elles régulièrement organisées ? Avaient-elles des statuts approuvés ? Nous ne sommes pas en mesure de l'affirmer. Il est probable que non, au moins pour une partie d'entr'elles. Notre petite ville n'avait pas assez d'importance pour offrir de ces fortes corporations qui eussent besoin d'être régies par des règlements écrits. Elles se gouvernaient vraisemblablement par des usages et des traditions. Toutefois elles étaient reconnues aptes à recevoir des dons et legs, car les testaments contiennent fréquemment des dispositions en leur faveur. Nous avons compulsé beaucoup de ces actes de dernière volonté (1) ; nous y avons remarqué

---

(1) Fonds du notariat.

que les membres des Confréries se faisaient presque toujours un devoir de laisser de pieux souvenirs aux survivants. Une même personne appartenait souvent à plusieurs associations et, alors, toutes avaient part à ses libéralités. D'autrefois, c'étaient des étrangers qui apportaient ainsi leur concours et leurs témoignages d'estime et de bienveillance.

Citons en quelques exemples : ce sera pour nous l'occasion de faire ressortir le caractère profondément religieux de ces sortes d'actes, qui sont autant d'énergiques professions de foi, où perce l'espérance d'une meilleure vie fondée sur la pratique des bonnes œuvres. Ce sera aussi l'occasion de noter les coutumes funéraires de ce temps déjà si loin de nous.

5 Juillet 1641. Testament d'honnête femme Madeleine Mathieu, veuve d'Adrien Davally « laquelle saine d'esprit et d'entendement, jaçois qu'elle soit détenue d'aucune maladie, affin qu'elle ne soit surprise par la mort, sachant par elle qu'il n'est rien plus certain que la mort, ne rien plus incertain que l'heure d'icelle, affin qu'elle ne meure *ab intestat*, sans confession ni testament, a faict, dicté et ordonné son testament et ordonnance de dernière volonté en la forme et manière que s'ensuict :

« Premièrement recommande son âme à Dieu, à la Sainte Vierge Marye et à tous les Saincts et Sainctes du Paradis, les priant vouloir intercéder et prier Nostre Seigneur, à ce qu'il luy plaise, après la séparation de son âme d'avec son corps, la faire jouir de luy éternellement. »

La testatrice prescrit le paiement de ses dettes « s'aucunes y a », nomme son exécuteur testamentaire, puis elle ajoute : « Item, veult et ordonne estre donné à la chapelle du *Rosaire*, où elle sera enterrée, la somme de troys livres tournois. — Item, la somme de troys livres au fabricien de la susdite Église pour le droict ordinaire suivant la coutume de ce lieu. — Item, sera donné et payé par ledit exécuteur au bastonnier de la *Confrérye Nostre-Dame* la somme de vingt-deux sols six deniers pour son droict ordinaire. — Item, veult et ordonne que les sonneurs qui sonneront les lais et celui qui ira crier et dire la *Pâtenoste* suivant la coustume, soient raisonnablement payés. »

6 Septembre 1641. Jeanne Boucheron, femme d'Edmond Villetard, lègue à la chapelle du *Saint-Rosaire* 3 livres ; 20 sols à la Confrérie et chapelle de *Saint-Roch* ; 22 sols 6 deniers à la Confrérie *Notre-Dame*.

18 Octobre 1641. Didière Berillon, « veult luy estre dict deux traizaines de messes. — Item, qu'il soit cryé la *Pâtenoste* suivant la coustume des confrères *Nostre-Dame* et payé le droict au bastonnier et à la fabrice de l'église troys livres. — Item, donne et lègue aussi semblable somme de troys livres aux troys chapelles et Confréries du *St-Rosaire*, de *St-Roch* et de *Ste-Anne*. — Item, ladite testatrice a déclaré avoir faict vœu d'accomplir et faire le voyage de *Nostre-Dame-de-Liesse*, ce que n'ayant accomply, ordonne qu'il soit faict et sera payé pour celuy qui l'accomplira pour elle la somme de dix livres. »

13 Avril 1643. Laurent Villetard donne et lègue à la fabrique 20 sols ; pareille somme à la chapelle du *Rosaire*, à celle de *Ste-Anne*, à la chapelle et Confrérie de *St-Roch* ; 10 sols à la Confrérie de *St-Joseph* et autant à celle de *St-Eloy*. « Item, donne et délaisse vingt sols tournois pour estre employés à faire célébrer une messe à *Nostre-Dame-de-Liesse* au dict lieu de Liesse en Picardye, par les premiers qui se transporteront au dict lieu et se voudront charger de ce exécuter. »

20 Octobre 1644. Jean Maslou donne et lègue 3 livres à la chapelle du *St-Rosaire* ; autant à la Confrérie de *St-Roch*, autant à celle de *Ste-Anne*, et 20 livres à la Confrérie du *Saint-Sacrement de l'Autel*, qui seront employés à avoir une chappe pour ladite confrérie.

17 Décembre 1644. Testament d'honorable homme Claude

Rousseau, marchand, fondateur de la chapelle du Rosaire.
« *In nomine Domini. Amen*..... Premièrement, a recommandé et recommande son âme à Dieu le Père tout-puissant, à la glorieuse Vierge Marye, à Monsieur Sainct Pierre, Sainct Paul et Sainct Claude, ses particulliers patrons et à tous les Saincts et Sainctes du Paradis, les priant estre ses intercesseurs envers Nostre Seigneur et Rédempteur Jésus-Christ, affin que quand son âme sortira de son corps, elle soit mise et colloquée en la gloire avec les Bienheureux.

« Veult que quand il aura pleu à Dieu de faire la séparation de son âme à son corps, estre inhumé en la *chapelle du Rosaire qu'il a cy-devant faict bastir* en l'Église parochiale dudict Ligny, à laquelle il donne et lègue la somme de troys livres tournois. — Item, veult que son dict corps soit mis et enségulturé dans un cercueil de boys et estre mis au devant de la porte de son logis, où il sera dict Vigiles à neuf leçons et Recommandises des trépassés et les Pbrestres estre sallariés raisonnablement. — Item, qui lui soit faict son luminaire de six sierges et six torches pesant troys livres de sire, ou plus s'il en convient d'avantage. — Item, qui luy soit dict et célébré quatre services de chascun troys grandes messes, savoir : le premier au jour de l'obit, le second à la huictaine, le tiers au quarantal et le quatriesme au bout de l'an. — Item, ordonne estre distribué aux pauvres, à chascun de ses services, la somme de vingt-cinq sols tournois. — Item, qui luy soit dict tous les dimanches de l'année de son décès un Anniversaire et *Libera* sur sa fosse. — Item, donne à la chapelle de *St-Roch* dudict Ligny vingt sols tournois. — Item, qui luy soit célébré et chanté un salut de la Vierge en la chapelle du *St-Rosaire*, où il sera inhumé, au bout de l'année et au dernier service de son dict décès. »

3 Novembre 1647. Testament d'Edmée Vailler : « Premièrement, a recommandé et recommande son âme à Dieu le Père tout puissant, suppliant sa divine bonté de n'entrer point

en jugement contre elle et de luy pardonner ses fautes par l'application du précieux sang de Jésus-Christ, son fils, mort en croix pour la rédemption des hommes, par l'intercession de la Saincte Vierge, sa mère, et de tous les Saincts, qui après avoir vescu en l'Église catholique, apostolique et romaine, en laquelle seule on peut faire son salut, sont maintenant glorieux en Paradis. »

« Item a déclaré estre de la Confrairye de *Nostre-Dame* et à laquelle sera payé le droict selon l'ordinaire. Item, donne et lègue à la chapelle du *St-Rosaire* la somme de troys livres, pareille somme à celle de *St-Roch*, à celle de *Ste-Anne* et à la chappelle de *St-Blaise*. Et d'autant que la testatrice a déclaré que elle n'a aucun héritier au pays et que tout ce qu'elle a vient de ses acquests et conquests, labeur et travail, a de sa bonne vollonté, par donnation testamentaire, légué et délaissé à la fabrice de l'église de Ligny, sa paroisse, une maison consistant en une chambre basse à chauffoir, grenier dessus, place attenant etc., assis en la fermeture dudict Ligny, lieu dict au bas de la rue du Château, proche le puits Bouchard, pour jouir et appartenir en propre à ladicte église, perpétuellement, à charge de par les fabriciens faire célébrer annuellement, au jour de son décès, une grande messe pour le salut et le remède de son âme. »

14 Juin 1646. Etienne Villain, marchand, tixier en toile, « veult et entend que au lieu d'un cercueil, il soit faict une *bière de bois* pour y porter son dict corps en terre et l'a faicte pour icelle demeurer en l'église de Ligny, affin de servir à porter le corps des trépassés en terre par après, et ce d'un bois bon et le plus léger que se pourra trouver. — Ordonne que sera faict pour luy un voyage à *Madame Saincte-Reyne*, qu'il doibt s'y estant voué. — Plus, en oultre, qui luy soit faict aussy un voyage pour luy à la *bonne Nostre-Dame-de-Liesse*, qu'il veult être accomply, ou, s'il revient en bonne santé, l'accomplira luy mesme, s'il plaist à Dieu. »

18 Avril 1650. Louise Boullé « donne et lègue à la Confrairye du *St-Nom de Jésus*, à celles du *Rosaire*, de *St-Roch*, de *St-Blaise*, de *Ste-Anne* dudict Ligny, à chascune douze sols tournois. »

14 Mars 1651. Marie Foulon « veult et entend qu'il soit faict à la décharge de sa consiance un voyage à *Nostre-Dame-de-Montsarat* au-dessus de Tonnerre, où elle est vouée. » Un autre testament prescrit un pèlerinage à *Ste-Syre*, proche Troyes.

Nous ne voulons pas pousser plus loin ces citations : celles qui précèdent suffisent pour le but que nous nous sommes proposé. Venons maintenant aux Confréries de Piété.

III° Confréries de Piété. Elles étaient au nombre de quatre : la Confrérie du Saint-Sacrement, celle du Rosaire, celle du Saint Nom de Jésus et celle du Saint-Scapulaire. Ces associations, d'un intérêt purement spirituel, n'étaient point exclusives ; toutes les classes de la société y avaient accès, à la seule condition de se soumettre au règlement. Les personnes qui s'y engageaient se proposaient, les unes d'exprimer par des marques plus manifestes et plus multipliées, leur reconnaissance et leur amour pour le Sauveur du monde, d'exciter ou de nourrir leur dévotion envers la très-sainte Vierge ; les autres de gagner les indulgences accordées par le Saint-Siége ou d'en faire bénéficier les âmes de leurs chers trépassés ; d'autres, de s'assurer à elles-mêmes d'utiles suffrages après leur mort ; toutes, de mettre en commun leurs prières et leurs œuvres pies et de s'édifier mutuellement par la pratique des vertus chrétiennes.

1° *La Confrérie du Saint-Scapulaire*, la dernière en date, fut introduite à Ligny par M. l'abbé Bresson, vers 1780. Elle établit une communauté de mérites, de faveurs et de privilèges avec l'Ordre des Carmes, dont elle est une dépendance : c'est comme un Tiers-Ordre où l'on porte, en signe d'affiliation, un diminutif de l'habit religieux. Les confrères célèbrent leur fête, qui est celle de Notre-Dame du Mont-Carmel, le 16 juillet.

2° *La Confrérie du Saint Nom de Jésus* est née à l'époque de la Ligue, autrement dit de la Sainte-Union des Catholiques pour empêcher le calvinisme de s'asseoir sur le trône de France, et elle se rattachait à cette grande manifestation nationale. Elle eut par conséquent une couleur politique à son origine. C'était, ce semble, une ramification de l'association centrale instituée à Paris, en l'église Saint-Gervais, vers le mois de juin 1591. Un extrait du serment que les Confrères prononçaient à leur réception, nous donnera une idée de la fin que l'on voulait atteindre :

» Nous jurons et promettons à Dieu le Père, Créateur du
» ciel et de la terre, sur le corps très-sacré de son Fils Jésus
» Christ, notre Rédempteur, que nous avons tous unanime-
» ment reçu par manducation réelle, de vouloir vivre et mou-
» rir pour la conservation et défense de notre Religion catho-
» lique, apostolique et romaine et du repos de ce royaume.
» Et pour cet effet, ne souffrir ni endurer jamais aucune do-
» mination d'hérétique, ainsi nous opposer de tout notre pou-
» voir et employer toutes nos forces et moyens à l'extirpation
» des hérésies, à la ruine et extermination de ceux qui en
» font profession et nommément de Henri de Bourbon, né
» roi de Navarre, manifestement relaps et excommunié par
» Notre Saint-Père et de tous autres hérétiques, sans vouloir
» entendre ou prêter consentement à aucun traité de paix,
» alliance, réconciliation, trève ou suspension d'armes avec
» eux.... Promettons pour cet effet nous aimer et secourir et
» supporter les uns les autres, selon le devoir auquel nous
» oblige notre conscience, par le serment ci-devant fait de la
» Sainte-Union, lequel encore maintenant nous renouvelons.
» Ainsi le jurons de tout notre cœur et affection devant Dieu
» et les Saints, sur le Saint-Sacrement d'union et sur la part
» que nous prendrons en Paradis. (1). »

(1) Dictionn. des Confréries, col. 868.

Après la conversion d'Henri IV et son absolution par le Pape, la Confrérie du Saint-Nom-de-Jésus ne fut plus qu'une réunion de prières pour la prospérité de l'Église catholique, la conservation de la foi, l'extirpation des hérésies et la paix entre les princes chrétiens. Puis elle s'éteignit et disparut vers la fin du XVIIe siècle.

3° *La Confrérie du Saint Rosaire* est, selon toute apparence, la plus ancienne de nos associations de pieté. On sait avec quelle rapidité les enfants de St-Dominique propagèrent partout l'usage de cette mystérieuse couronne, à la fois déprécative et commémorative, qui, entre les mains de leur Patriarche, avait été un si puissant instrument de conversion. L'Ordre des Frères-Prêcheurs, glorieusement restauré dans notre patrie par le R. P. Lacordaire, d'illustre mémoire, est demeuré en possession de créer et de confirmer dans les paroisses l'Institut du Rosaire : il est probable que celui de Ligny est dû à l'intervention des Dominicains du couvent d'Auxerre, qui venaient de temps en temps rendre service à MM. les Vicaires, et cela, pas plus tard qu'au XVe siècle, car dans la première moitié du XVIe, il nous apparaît florissant et lorsqu'on rebâtit le chœur de l'église, on ne manqua pas de dédier sous le vocable du Rosaire une des chapelles du pourtour. Ce fut un confrère zèlé, Claude Rousseau, comme nous l'avons appris par son testament, qui se chargea des dépenses. On a pu observer en outre que la Confrérie du Rosaire a toujours sa part dans les legs pieux des fidèles.

4° *La Confrérie du Saint-Sacrement* parut dans nos contrées vers 1551, dans le temps où l'hérésie de Luther commençait à y pénétrer, nous dit le savant Lebeuf (2). C'est qu'en effet au moment où la négation surgissait, l'Église sentait le besoin d'une plus puissante affirmation. Elle faisait alors ce qu'elle fit à toutes les époques de son histoire. Toutes les fois

(1) Lebeuf, mém. hist. sur Auxerre, t. I, p. 590.

que des esprits téméraires ont révoqué en doute quelque article de son symbole, elle a élevé la voix et par les décisions de ses conciles, proclamé plus hautement que jamais la saine doctrine. Aux écrits des novateurs, elle a opposé les lumineux ouvrages de ses Pères et de ses Docteurs contemporains ; à leurs conciliabules, les imposantes assemblées de ses évêques ; à leurs intrigues et à leurs efforts pour corrompre les fidèles, de populaires institutions propres à réveiller et à soutenir la foi sur le point contesté. Quand, pour la première fois, Béranger osa porter atteinte au dogme de l'Eucharistie, quand les Albigeois eurent jeté leur venin dans nos provinces méridionales, Dieu suscita une humble fille qui suggéra la pensée du *Corpus Domini*, que nous appelons la Fête-Dieu, et bientôt cette solennité, préconisée par le Saint-Siége, alla porter jusqu'aux extrémités du monde catholique sa triomphante réponse à l'hérésie. Au XVIe siècle, d'épaisses fumées montent du puits de l'abîme, et parmi les nombreuses vérités qu'elles s'attachent à obscurcir, la présence de Notre Seigneur au Sacrement tient le premier rang. Le sophisme, l'outrage et la dérision débordent sous la plume et dans le langage des hérétiques. A Auxerre, les calvinistes portent la fureur jusqu'à tirer un coup d'arquebuse contre la radieuse Eucharistie dans une procession publique. Confiante dans les promesses de son fondateur, l'Eglise ne faiblit point devant cette tempête ; au contraire, ranimant toute son ardeur, en même temps qu'elle foudroie l'erreur par les décrets du concile de Trente, elle multiplie, de toutes parts, ces ferventes associations qui ont pour but de venger l'honneur du divin mystère en l'entourant des plus éclatants hommages.

Dans ce mouvement réparateur, Ligny ne resta point en arrière. Sa Confrérie du Saint-Sacrement, érigée de bonne heure, composée de l'élite de sa population, prit le pas sur toutes les autres, et elle s'est continuée jusqu'à nos jours où nous la voyons avec douleur sur son déclin. Espérons que nos concitoyens, mieux inspirés, raviveront dans leurs cœurs l'antique foi de leurs aïeux, et ne laisseront pas périr une œuvre trois fois séculaire.

Les archives de la fabrique ont conservé le vieux registre petit in-folio, en tête duquel ont été imprimés, en 1645, les Statuts, que nous reproduisons ici comme un document traditionnel :

LES STATUTS ET ORDONNANCES DE LA CONFRAIRIE DU TRÈS-SAINT, TRÈS-AUGUSTE ET TRÈS-ADORABLE SACREMENT DE L'AUTEL, INSTITUÉES ET OBSERVÉES DE TOUT TEMPS IMMÉMORIAL, CONTINUÉES ET APPROUVÉES PAR LES RÉVÉRENDISSIMES PÈRES EN DIEU, MESSIRE SÉBASTIEN ZAMET, ÉVÊQUE ET DUC DE LANGRES, PAIR DE FRANCE, NOTRE PRÉLAT ET PASTEUR, ET DE MESSIRE GUENIEURE, PREMIER VICAIRE DE L'ÉGLISE PAROCHIALE DE LIGNY-LE-CHATEL ; ET D'UN COMMUN ACCORD ET CONSENTEMENT DE TOUS LES CONFRÈRES ET CONSEURS DE LADITE CONFRÉRIE, A LA POURSUITE ET DILIGENCE DE LOUIS LANGLOIS, L'UN DESDITS CONFRÈRES ET MARGUILLIER DE LADITE CONFRAIRIE, EN LA PRÉSENTE ANNÉE MIL SIX CENT QUARANTE CINQ.

Premièrement, lesdits Confrères et Conseurs sont obligés de faire dire et célébrer une messe à leurs frais, faire mener la procession à l'entour du cimetière de l'Eglise de Ligny tous les jeudys de l'année annuellement, et payeront, lesdits Confrères et Conseurs alternativement, autant la veuve comme le mesnage entier, pour la rétribution de chascune messe desdits jeudys, la somme de cinq sols tournois.

Item. Seront tenus lesdits Confrères faire dire un Salut qui se sonnera à trois diverses fois avec les cloches en carillon tous les jeudys, deux heures auparavant la nuit, qui se chantera par le premier Vicaire et les deux autres Prestres avec luy dans ladite Eglise dudit Ligny, avec un *Libera* sous les cloches, pour la rémission et salut des âmes des deffuncts

Confrères et Conseurs de ladite Confrairie, ensemble un *Ne recorderis* sur la sépulture de feu vénérable et discrette personne Messire François Pingot, en son vivant, premier Vicaire de ladite paroisse, et fondateur dudit Salut et *Libera*, et le tout au désir du testament dudit feu sieur Pingot.

Item. Seront tenus tous lesdits Confrères et Conseurs d'assister à ladite messe des jeudys et aussi audit Salut et *Libera*, du moins une personne de chaque maison, à peine de contrevenir au serment et promesse par eux faite lors de leur réception en ladite Confrairie.

Item. Si l'un desdits Confrères ou Conseurs vient à décéder, tous les Confrères et Conseurs seront tenus d'assister au convoy dudit deffunct, à peine de pareille désobéissance que dessus, et seront tenus les derniers receus en ladite Confrairie porter le corps desdits deffuncts en l'Eglise et, icelluy enterrer, s'il n'y a excuse légitime.

Item. Tous les Confrères et Conseurs seront tenus payer entre les mains du Marguillier de ladite Confrairie, lors du décez de quelqu'un desdits Confrères, la veuve deux sols six deniers, le mesnage entier la somme de cinq sols tournois qui seront employés par ledit Marguillier, à faire dire et célébrer deux services chascun de trois grandes messes, auquel service il sera aumosné aux pauvres à chascun desdits services par ledit Marguillier la somme de cinq sols tournois, à condition toutesfois que les héritiers seront tenus et obligez payer entre les mains dudit Marguillier la somme de vingt sols tournois auparavant que faire célébrer lesdits services.

Item. Si aucun veut estre admis et enrollé en ladite Confrairie, il s'adressera audit Marguillier, qui en fera le rapport à M. le premier Vicaire et à tous lesdits Confrères, du moins aux plus capables de ladite Confrairie, laquelle réception se fera le jour de la feste de l'Octave de Feste-Dieu, qui est la grande feste desdits Confrères, pour laquelle réception et bienvenue ledit nouveau Confrère payera trois livres tournois et deux livres de cire avec vingt sols tournois (1) et la veuve à proportion : le tout suivant l'ancienne et louable coustume, avec serment, en présence de M. le premier Vicaire et de tous les Confrères, de satisfaire de poinct en poinct aux statuts de ladite Confrairie.

Item. Sera choisi et éleu par lesdits Confrères estant assemblés le jour dudit Octave Feste-Dieu, l'un d'entre eux des plus capables et propres pour faire la charge de Marguillier pendant deux années, au bout desquelles il sera tenu rendre compte aux Confrères, par un bref estat et sans frais, de l'administration de sa charge.

Item. Il sera payé par lesdits Confrères, entre les mains du Marguillier, tous les ans, chascun cinq sols tournois pour la Confrairie et pour la veuve deux sols six deniers que ledit Marguillier sera tenu rendre compte, ensemble des bienvenues et aumosnes que l'on pourrait faire en ladite Confrairie.

Item. Il sera faict registre de tous les Confrères et de ceux qui s'y mettront, et veiller ceux qui manqueront à payer les droits, tant pour les messes que services des deffuncts, affin qu'en cas de refus, que soit permis audit Marguillier, après en avoir communiqué ausdits Confrères, les rayer sur le registre et expulser de ladite Confrairie, sans qu'ils puissent prétendre aucune part ny mérite au sacrifice de la Sainte Messe et prières desdits Confrères, comme estant du tout retranchés de ladite Confrairie.

Item. Sera dict et célébré une trézaine de messes pour le repos de l'âme de chascun Confrère ou Conseur qui décédera : et sera payé pour la rétribution d'icelles la somme de trois livres cinq sols tournois.

Faict ce vingt-huit février mil six cent quarante-cinq. »

A la suite de ce règlement sont imprimés les noms et qua-

---

(1) Ou une *Torte*, disait l'ancien règlement.

lités des Confrères et Consœurs de cette époque. Les assemblées générales se tiennent chez le Marguillier sortant : en 1689, la séance a lieu *devant la porte de Pierre Henrion;* plus tard, on se réunit au presbytère. En 1698, il est question, pour la première fois, d'un Marguillier adjoint ; à partir de 1758, il y a constamment deux Marguilliers. A la fin de la tourmente révolutionnaire, en 1797, M. l'abbé Bouteille préside une séance de réorganisation, dans laquelle la redevance annuelle est fixée à 15 sols : deux services seront célébrés pour chaque défunt à la condition que la famille paiera à la Confrérie 3 livres 10 sols.

En 1652, la Confrérie fit imprimer, pour être distribuée aux associés, une pancarte dont voici la suscription :

VIVE JÉSUS !\
LA CONFRAIRIE DU SAINCT-SACREMENT, ÉRIGÉE EN L'EGLISE POROCHIALE DE LIGNY-LE-CHASTEL\
DE L'AUTORITÉ\
DE MONSEIGNEUR L'ILLUSTRISSIME ÉVÊQUE DE LANGRES.\
— LES RAISONS ET LA FIN DE LA DITE CONFRAIRIE. —

Suit une Instruction sur l'Eucharistie et l'adoration qui lui est due, puis un abrégé des Statuts qui se termine par cette observation :

« Tous lesquels exercices de piété (sinon en ce qui est
« commandé par l'Église) sont entièrement libres, ainsi qu'en
« toutes les autres Confrairies, qui, hors le mépris, ne peu-
« vent obliger, sous peine de péché mesme véniel, quoiqu'ils
« ne doivent pas estre négligés, estant certain que ceux qui les
« pratiqueront en retireront beaucoup de fruit et attireront
« sur eux les bénédictions de Notre Seigneur. Amen. »

Au bas se lit l'approbation de Mgr Sébastien Zamet, qui accorde 40 jours d'indulgence, à ceux qui seront fidèles aux devoirs de la Confrérie. Cette approbation est datée du château de Mussy, le 30 octobre 1652.

VIII.

LES ÉTABLISSEMENTS RELIGIEUX.

Le plus ancien établissement religieux de Ligny, est cette petite Abbaye bénédictine de *St-Symphorien*, dont nous avons rappelé la mémoire aux premières pages de cette Notice, et qui est antérieure au IXe siècle. Nous n'y reviendrons pas. Un autre surgit au XIIe siècle, c'est la Celle ou le Prieuré des Bons-Hommes : Le XIIIe donne naissance à la Léproserie et à la Maison-Dieu : Le couvent des Ursulines et celui de la Providence appartiennent au temps présent.

LA CELLE OU LE PRIEURÉ DES BONS-HOMMES.

On donnait le nom de Bons-Hommes aux religieux de Grandmont, disciples de St-Etienne de Muret. C'est le peuple, témoin de leur vie pauvre, retirée, pénitente, qui leur décerna cette qualification dès l'origine. Le Prieur Gérard, qui a écrit la vie de St-Etienne, rapporte qu'à son décès, une grande multitude du voisinage accourut et, frappant à la porte du monastère, criait : « Bons-Hommes, Bons-Hommes, « ne nous cachez point la mort du Seigneur Etienne : nous « savons à n'en pouvoir douter que notre aimable Père est « mort! *Boni viri, Boni viri, nolite nobis celare domni Ste-« phani mortem : verè scimus, verè scimus quia mortuus est* « *noster amabilis Pater !* » (1) On appelait *Boni-hominiæ* ou *Bonominæ* les maisons qu'ils habitaient, ou encore *Cellæ*, Celles, parce qu'elles se composaient de cellules comme pour des ermites. (2)

---

(1) *Vita St Stephani*, Patrol. de Migne, T. CCIV col. 1026.
(2) « *Cellulæ ipsorum Bonhominæ appellantur.* » Epist. Steph. Tornacen. Epist. ad Robert. Pontiniac. Patrol. de Migne, T. CCXI. Col. 368.

La Règle laissée par St-Etienne est très-austère : ses religieux ne pouvaient posséder ni biens ecclésiastiqnes, ni revenus fixes, ni terres, ni troupeaux : il leur était interdit de se plaindre ou de rien revendiquer devant les tribunaux : « Vous
« devez, leur disait-il, s'il est possible, être en paix avec tous
« les hommes, selon la maxime de l'apôtre. Il faut que vous
« soyez inoffensifs pour les Eglises et pour les populations
« voisines ou éloignées, comme les arbres des forêts que vous
« habitez. » (1) Quand le travail de leurs mains n'aura pas suffi à les nourrir, ils ne recourront aux aumônes des fidèles que pour un jour. L'usage de la viande est défendu même aux malades : le jeûne est prescrit depuis l'Exaltation de la Sainte-Croix jusqu'à Pâques, excepté les dimanches et le jour de Noël, avec cette différence que, pendant le carême, l'unique repas se fait après Vêpres, et dans les autres saisons après Nones. Le silence s'observait comme chez les Chartreux. Après la mort du saint fondateur, en 1124, plusieurs modifications furent apportées, à cette Règle si rigoureuse, par les souverains Pontifes. Le pape Innocent IV, en 1247, la révisa entièrement au concile de Lyon, et y introduisit la faculté de posséder des biens et des revenus. La Maison-Mère, transférée de Muret, près de Limoges, à Grandmont qui n'en est éloigné que d'une lieue, était gouvernée seulement par un *Prieur*, et les maisons dépendantes, par un *Correcteur*. Jean XXII, en 1317, ordonna que le Supérieur général aurait, à l'avenir, le titre d'Abbé; et les Supérieurs locaux, celui de Prieur. La plupart des Celles, depuis cette décision, reçurent le nom de *Prieurés*.

Dans la seconde moitié du XIIe siècle, l'Ordre des Grandmontains prit de grands accroissements : en moins de trente ans, plus de soixante Maisons furent édifiées sur divers points de la France. C'est pendant cette période que Ligny vit se

(1) *Vita Steph*. Patr. de Migne, T. ccIV. Col. 1142 et 1150.

fixer, sur son territoire, une colonie de ces religieux, sans qu'on puisse exactement préciser l'année. Lebeuf, dans ses Mémoires sur l'histoire civile et ecclésiastique d'Auxerre, tout en se trompant sur l'emplacement, cite cette fondation comme un des faits remarquables de la vie du comte Guillaume IV. (1) En ce temps-là, une vaste forêt, dont les différentes sections avaient des dénominations particulières, couvrait le plateau qui sépare les vallées du Serain et de l'Armançon, depuis Hauterive et le Mont-Saint-Sulpice jusqu'aux villages de Jaulges et de Chéü : on l'appelait, dans son ensemble, la forêt de *Contest*. Des défrichements successifs l'ont considérablement amoindrie, et néanmoins ce qui en reste aujourd'hui forme encore une masse imposante connue sous le nom de Forêt de Pontigny. On appelait *Bois de St-Etienne* la partie sud-est, qui, des finages de Chéü et de Vergigny, s'étendait jusqu'à demi lieue du hameau de Varennes en s'inclinant sur Ligny. C'est dans cette partie, la plus voisine de Ligny, sur laquelle les moines de Pontigny avaient déjà des droits, que les Bons-Hommes de Grandmont s'installèrent. De peur qu'il ne survint des contestations entre ces deux Ordres religieux, le comte Guillaume désintéressa les Cisterciens par une nouvelle libéralité consignée dans la charte suivante :

« Qu'il soit fait à savoir à tous les enfants de la sainte Église
» notre mère, présents et futurs, que moi Guillaume, comte
» de Nevers, ai donné et concédé aux frères de Grandmont,
» dans la forêt de Contest, le canton que l'on nomme Bois-de-
» Saint-Étienne, pour leur fournir un lieu d'habitation dont
» ils jouiront de plein droit et à perpétuité, dans toute l'éten-
» due de l'enceinte qu'ils se sont tracée. Mais parce que dans
» cette partie de la forêt que j'avais assignée aux Bons-Hom-
» mes pour leur demeure, les moines de Pontigny ont leur
» part, je donne à ces derniers en échange la forêt de Gui-

(1) Edit. de MM. Challe et Quantin, T. III, p. 101.

» baud, depuis le ruisseau de Seneçon jusqu'au chemin de
» Maligny et jusqu'aux terrains dits les Communaux, et il y
» aura dorénavant une chaussée entre le bois de Maligny et
» cette forêt. »

Tous ceux qui avaient des droits dans la forêt de Guibaud sont mandés à comparaître et donnent leur assentiment et, de plus, Guy frère du comte et Aanor son épouse. Cet acte est daté de Ligny, en l'année même où Guillaume IV partit pour Jérusalem, c'est-à-dire en 1167. « *Actum est hoc, Lagniaci, anno ab Incarnatione Domini M° C° LX° VII° ; anno illo perrexit comes in Jerusalem.* » Parmi les témoins figurent Jean, vicomte de Ligny, Guillaume de Chéü et Étienne Godard, prévôt de Ligny (1).

Les dispositions exprimées par l'illustre bienfaiteur sont parfaitement en harmonie avec les exigences de la Règle des Bons-Hommes : leur Celle doit s'élever au sein d'une forêt, et la circonscription de son enceinte être assez vaste pour contenir, outre les bâtiments, un espace de terre que les frères défricheront et cultiveront pour leur nourriture : « Ne suffit-
» il pas dit St-Étienne de Muret au chapitre IVe de ses Con-
» stitutions, ne suffit-il pas que vous ayiez autant de terrain
» qu'il en faut pour former le cloître servant à votre habita-
» tation? Je considère comme votre cloître la forêt qu'on vous
» a départie et dans les limites de laquelle vous devez vous
» renfermer, y travaillant de vos mains pour éviter l'oisiveté
» et construisant vous-mêmes les édifices qui vous sont né-
» cessaires. Hors de ces limites n'acceptez ni champs, ni prés,
» ni bois, de peur d'encourir la malédiction dont parle le pro-
» phète Isaïe : *Væ vobis qui conjungitis domum ad domum et
» agrum agro copulatis usque ad terminum loci* (2) ! »

Il y avait environ vingt ans que la Celle de Ligny était fon-

---

(1) Cartul. de l'Yonne, t. II. p. 190.
(2) *Regul. S. Steph.* Patrol. de Migne t. CCIV. col. 1141

dée, lorsque l'Ordre de Grandmont faillit être renversé par des dissensions intestines. St-Étienne avait statué que le gouvernement temporel serait entièrement entre les mains des frères convers, afin que les prêtres, débarrassés de toute sollicitude, pussent vaquer en paix à leurs fonctions spirituelles. Mais il arriva que les frères convers, devenus très-nombreux, exercèrent une domination intolérable sur les clercs et portèrent l'audace jusqu'à déposer et incarcérer Guillaume de Traynac, sixième Prieur général ; des troubles très-graves éclatèrent, par suite desquels les clercs furent expulsés de presque toutes les Maisons. L'autorité du Saint-Siége invoquée ne parvint à rétablir la paix qu'après de longues négociations et en supprimant le malencontreux article de la Règle qui avait produit des fruits si amers.

Pendant la durée de la crise, les Cisterciens s'étaient empressés d'offrir une généreuse hospitalité aux bannis. Pontigny, qui a toujours mérité cet éloge : « *Est Pontiniacus pons exulis, hortus, asylum,* » avait ouvert ses portes à tous ceux du voisinage : il en vint aussi de plus éloignés, entre autres St-Guillaume, issu de la famille des comtes de Nevers (1). Tous admirèrent l'édifiant spectacle que présentait alors cette célèbre abbaye et ne la quittèrent qu'avec regret lorsque les troubles de leur Ordre furent apaisés. St-Guillaume et quelques-uns de ses compagnons d'exil, demandèrent instamment qu'il leur fût permis de rester et qu'on voulût bien les admettre au noviciat. Cet exemple amena encore d'autres postulants, transfuges de Grandmont, de sorte que le Maître des novices, le vénérable Robert, aussi distingué par sa naissance que par l'éminence de ses vertus, inquiet sur la légitimité de ces admissions, crut devoir consulter Étienne, abbé de S^{te}-Ge-

---

(1) La comtesse Mathilde, dans la charte de 1223, par laquelle elle donne à l'église de Bourges 12 livres de revenu annuel pour faire brûler un cierge, perpétuellement, devant le tombeau de S. Guillaume, l'appelle son oncle. (Apud Bolland, x januarii, p. 639) note (a).

neviève, docteur renommé dans les sciences ecclésiastiques et qui s'était employé avec zèle à la pacification des Grandmontains. Étienne lui répondit par une lettre magnifique où il relève le mérite des deux Ordres, et toutefois conclut en faveur de l'Ordre de Cîteaux dont il regarde la vie et l'organisation comme plus parfaites. « Si vos novices, dit-il, étaient
» encore dans leur premier état, je ne les engagerais point
» à l'abandonner, mais ils sont à Pontigny sous votre direc-
» tion ; qu'ils y restent. On ne peut pas les empêcher de rem-
» placer un vœu excellent par un vœu meilleur. L'Esprit de
» Dieu souffle où il veut, et là où est l'Esprit de Dieu, là est
» la liberté (1). » St-Guillaume devint en peu de temps un modèle achevé de la perfection monastique. On l'élut bientôt prieur de Pontigny, puis abbé de Fontaine-Jean au diocèse de Sens, puis de Châlis et enfin archevêque de Bourges. Il mourut dans cette dernière ville, de la mort des Saints, le 10 janvier 1209.

Depuis le milieu du XIIIᵉ siècle les Bons-Hommes de Ligny, autorisés à posséder des biens, achetèrent ou reçurent à titre de dons presque toutes les terres qui avoisinaient leur monastère, obtinrent les droits de décimateurs sur la partie du finage qui se rapproche de Varennes et quelques autres avantages, sans cependant arriver à une grande importance domaniale. La comtesse d'Auxerre, Mathilde ou Mahauld, les marque sur son testament, en 1257, parmi les nombreuses Maisons religieuses et hospitalières auxquelles elle lègue des revenus pour faire célébrer à perpétuité dans leurs églises son anniversaire et celui de ses ancêtres : « *Domus Bonorum-*
» *Hominum de Grandimonte propè Lignacum, XL solidos ;* à

---

(1) *Epist. Tornacen. episc. ad Robert. Pontiniac.* — Patrol. de Migne, t. CCXI. Col. 302. — Etienne devint plus tard Evêque de Tournay. M. l'abbé Henry dit, par erreur, dans son Hist. de Pontigny que cette lettre fut adressée au prieur Pierre.

» la Maison des Bons-Hommes de Grandmont près de Ligny,
» 40 sols de rente annuelle. » (1). L'hospice de Tonnerre leur
paie 12 livres de rente sur ses moulins de Ligny. En 1296,
frère Pierre de Cor était supérieur de cet établissement (2),
sur lequel nous n'avons plus découvert aucun renseignement
jusqu'au XVIIe siècle.

Dans cette dernière phase de son existence on l'appelle
toujours le *Prieuré des Bons-Hommes-lès-Ligny*. Est-il encore
habité par des religieux ? Rien ne l'indique. Dans nos archives communales, dans les actes du Notariat, il n'est plus question que d'une *Métairie*. Le 5 décembre 1647, Edmond Chapelle fermier de la métairie des Bons-Hommes-lès-Ligny, vend
à un boulanger d'Auxerre « trois cents bichets de blé froment
bon, loyal et marchand, à la mesure d'Auxerre, les boisseaux
racles, trois bichets sur le cent non comptés, moyennant quarante-trois sols pour chaque bichet, payables au jour de la
livraison. » Le 2 août 1655, amodiation des dîmes de blé et
vin du Prieuré des Bons-Hommes à Edme Chapelle fils d'Edmond. En 1663, la métairie est dite *dépendante de Varennes*
et néanmoins les fermiers ont leur sépulture en l'église de
Ligny (3).

A vrai dire, depuis le commencement de ce siècle, le Prieuré
de Ligny n'a plus d'existence propre, les biens et revenus en
sont unis au Prieuré de l'Enfourchure-les-Bons-Hommes, au
diocèse de Sens (4). Cette Maison de l'Ordre de Grandmont

---

(1) Lebeuf. t. IV. Instrum. p. 111.

(2) Cartul. de l'Hôtel-Dieu de S.-Florentin.

(3) Fonds du notariat. — Regist. paroiss.

(4) Comme il n'y avait dans l'ancien diocèse de Sens que deux Maisons
de Grandmont, l'*Enfourchure* et *Vieupou*, près de St-Maurice-Thizouaille,
et que les fondateurs de cette dernière sont connus, il nous semble que
l'on ne s'éloignerait pas de la vérité en attribuant la fondation de l'Enfourchure au chanoine de Sens, dont il est fait mention dans la vie de
St-Etienne de Muret. Gérard raconte que du temps du Prieur Guillaume
de Traynac (de 1167 à 1185), il y avait à Sens un chanoine nommé Gé-

était située à l'extrémité occidentale de la forêt d'Othe, sur la paroisse de Dixmont, non loin de l'endroit où l'on a découvert récemment un gisement de lignites. Ces deux bénéfices réunis valaient alors de 3 à 4,000 livres (1). Une minute du Notariat nous apprend qu'en 1668, Messire Nicolas de Colbert, évêque et baron de Luçon et depuis évêque d'Auxerre, était tout à la fois Prieur commendataire de l'Enfourchure et des Bons-Hommes-lès-Ligny. En 1693, l'agent du Chapitre de Langres va trouver M. le Prieur qui habite Paris, au sujet des réparations de l'église et de la portion congrue des vicaires de Ligny. En 1728, le titulaire était M. l'abbé Senin, à qui le Chapitre fait réclamer six années arriérées du traitement supplémentaire qu'il doit aux vicaires en qualité de Prieur de l'Enfourchure, voulant bien se relâcher de deux années, « et » ce par considération pour mondit sieur l'abbé Senin. » (2).

Son successeur fut M. l'abbé Sallier (Claude), bibliothécaire du roi, membre de l'Académie française et de celle des Inscriptions, auteur d'ouvrages estimés (3). Nous lisons dans les Registres capitulaires de Langres, n° 106, « du 6 mars 1755,

---

nulfe qui, par vénération pour le bienheureux Etienne, et par affection pour ses religieux, avait fait construire, à ses frais, une maison de Grandmontains. Un violent incendie ayant éclaté à Sens, sa propre maison fut enveloppée par les flammes, et tandis que ses serviteurs le suppliaient de se soustraire au danger par la fuite, il s'y refusa obstinément, disant qu'il se mettait, lui et son logis, sous la protection de St-Etienne, qu'il voulait voir si tous les miracles dont il avait entendu parler étaient vrais, et si Dieu agréait les sacrifices qu'il avait faits en faveur de l'Ordre de Grandmont. Sa confiance fut récompensée par une complète préservation. » *Et quid plura? Depopulata est igne isto civitas et ultra quam credi potest omnino destructa est, et canonici istius domus sola divino nutu et auxiliante B. Stephano illæsa et incombusta permansit.* » (Patrol. de Migne, t. cciv. col. 1038). La chronique de St-Marien, d'Auxerre, dit que cet incendie arriva, en 1184, le jour de la fête de St-Jean.

(1) Dom Beaunier, en 1726, dit 4,000 livres; un Pouillé de Sens, de 1732, porte 3,000 livres.

(2) Regist. Capit. n° 100.

(3) Voy. Biograph. univers. la liste de ses ouvrages.

Messieurs ont prié le sieur Legoux, notre receveur, d'envoyer à M. Gaudin, notre confrère et agent de nos affaires à Paris, deux copies collationnées pour engager M. le duc de Luxembourg, seigneur de Ligny, à nous passer reconnaissance de la redevance de trente livres qu'il nous doit annuellement sur les revenus de ladite seigneurie, et M. l'abbé Sallier. bibliothécaire du roi, comme Prieur du Prieuré de l'Enfourchure-les-Bons-Hommes et qui en cette qualité est codécimateur avec nous de la paroisse de Varennes, et qui nous doit annuellement la somme de cent vingt livres pour son cinquième dans le paiement des portions congrues du vicaire perpétuel de Ligny-le-Chastel, de son vicaire et du vicaire de Varennes ; lequel sieur Prieur doit aussi entrer pour un cinquième dans les réparations des chœurs des églises desdits lieux de Ligny et de Varennes. » M. l'abbé Sallier fit droit à cette requête. Il était originaire de Saulieu, au diocèse d'Autun et mourut à Paris, en 1761, âgé de 76 ans. De son temps, on voyait encore quelques ruines du vieux Prieuré des Bons-Hommes ; la carte topographique du diocèse de Langres de 1769 en marque l'emplacement ; aujourd'hui le nom seul subsiste parmi les lieux-dits, et la légende populaire s'est emparée des souvenirs qui s'y rattachent.

LA LÉPROSERIE.

La Lèpre, cette maladie horrible qui a disparu de nos pays depuis près de deux cents ans, existait dans les premiers siècles de la monarchie française : les décrets de plusieurs conciles et les capitulaires de Charlemagne en font foi. Mais ce qu'il y a de certain, c'est qu'aux XIe, XIIe et XIIIe siècles, le contact de nos populations avec celles de l'Orient, lors des Croisades, amena une recrudescence du mal dans des proportions si effrayantes que bientôt les villes et même la plupart des villages en furent infectés. C'était une maladie contagieuse : la société dut pourvoir à sa sûreté et séquestrer les malheureux qui en étaient atteints. De nombreux établissements sont créés sous le nom de *Léproseries*, de *Méselleries*, de *Maladeries* ou *Maladières*, comme on disait en Bourgogne, par les rois, les évêques, les seigneurs ou les communautés d'habitants. La piété des fidèles les multiplie sur tous les points et les dote de biens considérables (1). Sous le règne de Louis-le-Jeune, on en comptait déjà jusqu'à deux mille. Auxerre, Seignelay, Brienon, Chablis, St-Florentin, Venisy, Dyé, Maligny, ont leur Léproserie : Ligny a la sienne, à un demi-quart de lieue, au nord, sur le chemin de Lordonnois.

On les met fréquemment sous le patronage de St-Lazare, en vieux langage *St-Ladre*, au souvenir de ce pauvre couvert d'ulcères qui n'eut que des maux ici-bas et fut transporté après sa mort par les Anges dans le sein d'Abraham. Les Lépreux eux-mêmes sont appelés Ladres, *Lazari*, ou bien Mésels, Méseaux, *Miselli*, quand ils n'ont que la Lèpre blanche, dont l'aspect est moins repoussant et le contact moins dangereux. Aussi permet-on à ces derniers de circuler et de demander l'aumône en annonçant leur présence par une cliquette en bois. Les autres sont généralement tenus en réclusion, mais pour adoucir leur sort, la religion intervient et suscite des âmes charitables qui veulent bien se consacrer à leur service. Ils ont une chapelle, des offices quotidiens, un prêtre pour les gouverner et les consoler, des frères et des sœurs pour les soigner et, de par le monde, il se rencontre des femmes héroïques jusque sur les marches du trône, comme la chère Ste-Élisabeth, qui ne craignent point de panser leurs plaies et qui se prosternent à leurs pieds.

Les évêques s'occupent d'eux avec sollicitude et leur tracent

---

(1) Dict. d'Économie charitable par M. Martin-Doisy. Migne, Encycl. Théol. 3e série, t. 8.

des Règlements qui les assimilent presque à des religieux et leur en assurent les mérites. On en cite un curieux exemple de la part de Guy de Noyers, archevêque de Sens, par rapport à la Léproserie de Meaux, vers 1180. En voici quelques articles :

« Je, Guiot, par la grâce de Dieu, archevêque de Sens,
» vueil et commande que la Riegle et la manière de vie que
» tiennent les Ladres du Popelin, que ceux de Meaux la tien-
» nent en toutes manières. Laquelle Riegle se commence
» ainsi : Premièrement que ils n'aient point de propriété, si
» ce n'est par la dispensation de leur Maistre, et se il est ainsi
» que un se muire (meurre) et que on treuve auchune pro-
» priété, que il ne soit enterré en terre sainte avec les frères
» mesmes... Que les hommes soient du tout séparés des fem-
» mes... Aussi me plaist bien que ils voisent (aillent) à
» l'aumosne, mais je vueil que ils ne la dépendent (dé-
» pensent) point sans le congié de leur Maistre... Aussi je
» vueil que en l'Église ils tiennent silence et en la table et
» en dortouère, qu'ils parlent peu ou nient, et encore qu'ils
» parlent bien bas... Mesme je vueil que le Maistre ne donne
» ne vende les choses des frères, sans le assentiment de
» tous... »

Guy de Noyers spécifie les châtiments qui seront infligés aux délinquants, puis il ajoute :

« Ce sont (voici) li serment que sont tenus faire les Méseaux de S. Ladre. »

« Je, N, donne et rens moy et les biens que j'ai apportez avec
» moy à l'Ostel et Maladerie de céans, et renunce à toute pro-
» priété d'iceulx et quelconques autres que cy-après porrai
» avoir, tant d'aumosne que par mon industrie et autrement,
» soit meuble ou non meuble. Et si promets toute obéissance et
» loyauté au Maistre de la Maladerie, lui porter révérence, gar-
» der ly honneur et profit de ly et dudit hostel ; et vivre par et
» dessous la Riegle et ordonnances d'icel hostel. Ainsi je jure.

— 89 —

» et ainsi Dieux me soit en ayde en corps et âme. Amen (1). »

En 1263, le Maître de la Léproserie de Ligny se nomme Barthélemi. Dans un grave différent entre l'abbaye de Pontigny et la communauté des habitants de Ligny, les parties le choisissent pour arbitre ; un compromis a lieu « *mediantibus bonis viris, videlicet fratre Petro Autissiodorensi monacho Pontiniaci et Domno Bartholomœo, presbytero, magistro domus Leprosariæ Ligniaci.* »

La plus ancienne charte en langue vulgaire que nous possédions est de 1284 ; nous la transcrivons comme un monument précieux du patois local. C'est un acte par lequel l'administration de la Léproserie déclare renoncer à tous droits sur un pré situé près de l'écluse de Pontigny, que l'on appelait alors le Boutoir ou l'Écluse de Boy.

« En non de N. S. Amen. An l'an de l'incarnacyon d'ice-
» luy 1284, ou mois de janvyer, gie mestre Nycolas de Ligny
» lou Chastel, Mestre et porvoierres de la maison au malades
» de ce chastel, et nos li frère de cele dite maison, fazons à
» savoir à touz cels qui verront et orront ces presentes leittres,
» que cum constanz fut entre nos, par nos et nostre maison
» de une part ; et religieux homes l'abbé et lou Couant de
» Ponteigny d'autre part, sur ce que nos disoyens, en non de
» nos et de nostre dite maison, lou pré de Boy contigüe de
» çay et de lay, au terres, au foussez et au plaissiez au diz re-
» ligieux, estre dou propre héritaige de nostre dite maison ;
» et il, en affermant lou contraire, deissient ce pré espartenir
» au droit et à la propriété de leur monastère, à la quelle chose
» prouer il montroient et présantoient leittres autantiques,
» qui sont feites sur ce : an la fin ces leittres vehues et regar-
» dées diligenmant et approuées de nos en ce fait ; nos con-
» fessons d'un assentiment senz force et senz decevemant,
» que nos ne avons droit ne raison au dit pré, par cause de

(1) Hist. de l'Eglise de Meaux, t. II. Pièces justif. p 67.

» nostre maison dessusdite, ne par autre raison queis que
» elle soit ; einçois espartient de droit au dix religieux et à
» leur monastère, par que nos en nom de nos et nostre dite
» maison, renonçons de tout en tout expressemant au plait et
» à la chose et à quant qui porrait nos ou noz successeurs ai-
» dyer en ce feit et nuire au diz religieux ; et voulons estre
» contraint à garder et à tenir ceste ordonnance aussi comme
» de chose ajuigié par la cort de Tornuerre à très noble Roy
» de Jherusalem et de Sézile, à cui juridicion et de ses succes-
» seurs, seigneurs de Tornuerre, quant à ce, nos nos sometons
» et touz nos successeurs. An tesmoin de laquelle chose nous
» avons requis, suplié et optenu que li seaux de ladite cort soit
» mis en ces présentes leittres, sauf lou droit dou Roy en toutes
» choses. C'est feit en la présence Pierre dit de Maligno notcor
» juré de ladite cort, mestre Jahan, dit dou Mex, et Adam de
» Charny, tesmoinz à ce apelez et demandez en l'an et ou mois
» dessuz diz, lou leundi apreis la conversion Seint Pol (1). »

L'original de cette charte est déposé aux archives de notre département avec le sceau bien conservé de Charles d'Anjou, roi de Jérusalem et de Sicile. Une expédition en latin a été vidimée par l'official d'Auxerre en 1287. Messire Nicolas y est dit : « *Presbyter, Magister et Provisor domûs Leprosariæ de Leignaco castro.* » Il vivait encore en 1296, comme le prouve une note tirée des archives de l'hospice de Tonnerre.

Le terrier de l'abbaye de Pontigny de 1150, fait mention de terres appartenant à la Maladière de Ligny, au lieu dit Méré-sur-l'eau. Nous ne connaissons ni l'emplacement ni la valeur des autres biens composant le patrimoine des Lépreux. A cette époque, la Lèpre avait cessé d'être contagieuse ; on ne rencontrait plus que des cas isolés, et, quand arrive le grand siècle, la plupart des Léproseries devenues inutiles tombent

---

(1) Cartul. de Pontig. Arch. de l'Yonne. — M. Henry, hist. de Pontig. pièces justif. p. 384.

en ruines. Leurs possessions sont amodiées et les revenus, quand ils ne sont pas gaspillés, viennent s'adjoindre à ceux des hôpitaux. Il en est ainsi à Ligny où nous voyons en 1665 l'amodiateur de la Maladière solder, sur l'ordre de la dame douairière du Château, des réparations faites à la Maison-Dieu (1).

Louis XIV résolut de donner une destination à ces anciennes fondations désormais sans but. Par un édit de 1672, il les incorpora toutes à l'Ordre du Mont-Carmel et de St-Lazare, afin d'en former des commanderies dont il se proposait de récompenser ses officiers; en ordonnant toutefois que sur ces Commanderies serait prélevé ce qui serait nécessaire pour le soulagement des Lépreux, s'il s'en présentait encore. Mais sur les remontrances qui lui furent faites que l'on ne pouvait sans injustice ravir ces établissements aux villes qui les avaient fondés, le roi revint sur son édit et prescrivit la création d'hôpitaux auxquels on fournirait des ressources en y annexant toutes les Maladeries voisines. Des commissions spéciales étudièrent les besoins et les convenances locales et c'est sur leur avis que le nouvel édit de mars 1693 fut mis à exécution. Par arrêt du conseil royal du 15 avril 1695 et lettres patentes du Parlement de Paris du 20 mars 1698, il fut établi à Maligny un hôpital auquel sont attribués les biens et revenus de la Maladerie et de la Maison-Dieu de Maligny, et des Maladeries de Dyé et de Ligny-le-Châtel, à la condition que les pauvres et les malades de ces deux localités y recevront l'hospitalité en nombre proportionné à l'apport de chaque Maladerie. Cette union n'est opérée, comme il est évident, que par un acte purement administratif qui ne transfère pas la propriété. Si les conditions ne sont pas remplies, les communes intéressées peuvent toujours se faire autoriser à rentrer dans l'administration et la jouissance des biens de leurs anciennes Léproseries, au profit de leur Bureau de bienfaisance.

(1) Fonds du notariat.

LA MAISON-DIEU.

Dans la langue administrative de nos jours le nom d'*hôpital* s'applique aux lieux où l'on prend soin des malades, celui d'*hospice* aux établissements qui servent d'asile aux vieillards, aux infirmes, aux enfants, aux aliénés : autrefois le mot *hôpital*, qui rappelle la vertu d'hospitalité si recommandée dans les Saintes Lettres, désignait indifféremment les uns et les autres. Le moyen âge, sous l'inspiration de la foi, a créé un nom plus doux encore, celui de *Maison-Dieu* ou d'*Hôtel-Dieu*. « Le bien que vous ferez au plus petit d'entre mes frères, c'est à moi-même que vous le ferez » avait dit le Sauveur du monde. Recueillir et soigner les malades, les pauvres, les enfants, c'était donc recueillir et soigner Jésus-Christ dans leur personne. Voilà le point de départ de toutes les œuvres de charité qui s'épanouissent sur le sol des chrétiens ; voilà ce qui établit une ligne de démarcation entre les sociétés antiques si barbares envers les pauvres et les sociétés où brille la lumière de l'Évangile ; voilà ce qui inspire tant de dévouements et une si tendre commisération !

Les hôpitaux des grandes villes furent fondés par les évêques, par les monastères, par les chapitres. Ils sont soutenus par la libéralité du roi, des ducs et des comtes et à mesure que le Tiers-État acquiert de l'importance, par les dons des riches bourgeois. Dans les campagnes ils sont l'œuvre des seigneurs. Le clergé, les Ordres religieux et la bourgeoisie les administrent. La papauté et la royauté les réglementent et les défendent à l'envi, les enrichissent par des privilèges et les favorisent par des immunités.

C'est à une grande Dame du xiii° siècle, à une pieuse Comtesse de Tonnerre, à une Reine, que remonte l'institution de la Maison-Dieu de Ligny. Le peuple de nos contrées qui n'a pas perdu la mémoire de ses bienfaits, la connaît sous le nom de la *Reine-Sézile*, prononçant aujourd'hui ce mot com-

me l'écrivait la charte de 1284 que nous avons relatée plus haut. Il s'agit de la Reine de Sicile, Marguerite de Bourgogne, seconde femme de Charles d'Anjou, belle-sœur de St-Louis. « Après la mort de son mari, arrivée en 1284, dit M. Le Mais-
» tre (1), la Reine quitte le royaume de Naples et entre en
» France. Elle se retira dans la ville de Tonnerre, accompa-
» gnée de Marguerite de Beaumont, princesse d'Antioche, et
» de Catherine, sa parente, impératrice de Constantinople,
» belle-sœur de Philippe-le-Bel. Elle avait alors quarante ans.
» Elle se consacre tout entière au service des pauvres ; fait
• construit et dote richement le magnifique hôpital que pos-
» sède encore la ville de Tonnerre. Elle soignait les mala-
» des comme une simple religieuse. Ayant entièrement ou-
» blié le faste et les grandeurs, elle finit ses jours dans les
» exercices soutenus d'une piété sincère et d'une ardente
» charité. Cette Reine, si admirable sur le trône, plus admi-
» rable encore dans la retraite, mourut le 4 septembre 1308. »
Nous aurons plus d'une fois l'occasion de parler de ses œuvres dans cette Notice.

La Maison-Dieu de Ligny avait à sa tête, selon l'usage, un prêtre chargé de la gouverner. Les personnes charitables des deux sexes qui, pour l'amour de Dieu, se faisaient servants et servantes des pauvres malades, prenaient le titre de Frères et de Sœurs. En 1350, le maître était Pierre de Fléhit ; une charte, exécutive du testament de Guy du Mez, se termine ainsi : « Présens Mr Pierre de Fléhit, prestre, maistre de la
» Maison-Dieu dudit Leigny et Girard de Volainnes demorant
» audit Leigny, tesmoings à ce appelez et demandez, le ven-
» redi après la feste de Touz-Saints, l'an de grâce 1350 (2). »

Parmi les biens de la Maison-Dieu, le terrier de Pontigny de 1511 cite une pièce de pré au hameau des Prés-du-Bois.

---

(1) Biogr. de Marguerite de Bourgogne ; Ann. de l'Yonne, 1837.
(2) Cartul. de Pontigny.

Lors de l'incendie total de 1611, Louis de Donon, conseiller du roi, procédant à une enquête sur les lieux, constate que, dans la rue de la Maison-Dieu, il a trouvé toutes les maisons brûlées « à la réservation de l'hostel-Dieu, autour de » laquelle y a eu grandes atteintes par le feu. »

Au XVIIe siècle, l'importance de notre petit hôpital est bien diminuée. Dans nos archives locales nous ne rencontrons plus de prêtre qui en soit titulaire. C'est un bourgeois qui l'administre avec la qualité de Recteur. On lit dans une des minutes du notariat que, le 27 février 1653, « les amodia-« teurs du revenu de la Maison-Dieu, consistant en terres, » prés et domaine d'icelle, conformément au bail fait entr'eux » et Me Claude Rollet, receveur, au nom et comme se faisant » fort pour le Recteur, bail reçu au château de Ligny par M^e » Philippe Bertin, notaire tabellion, commis à la confection » du terrier dudit Ligny, ont fait procéder par des prud'hom-» mes à la visite des bâtiments de la Maison-Dieu. » On remarque dans ce procès-verbal que la chapelle et les autres parties de l'établissement étaient construits en pans de bois, que l'intérieur de la chapelle laissait voir les poutres transversales et qu'une portion de l'enclos était occupée par une chenevière. Le devis des réparations à faire monte à deux cents livres.

Lorsqu'il fut question de l'union des Léproseries par suite de l'édit de 1693, les commissaires ecclésiastiques et laïques, chargés de l'information, trouvèrent sans doute les bâtiments en trop mauvais état pour placer à Ligny l'hôpital central et ils préférèrent Maligny, parce que sa Maison-Dieu était mieux conservée. Dans le siècle suivant on en fit la résidence de MM les Curés et Vicaires. Du temps de M. Bresson, il n'y avait plus qu'un petit corps de logis et la chapelle sur la rue ; son Vicaire habitait une des tourelles de la ville à l'extrémité de l'enclos. La chapelle, dédiée à St-Antoine, était précédée d'un auvent terminé par un clocheton et servait à réunir les enfants pour les catéchismes.

Le 11 mars 1768, le labourage de la Maison-Dieu est adjugé à Jean Regnard, laboureur, au prix de 235 livres à la charge par lui « d'acquitter ladite Maison-Dieu des cens et
» rentes dont lesdits héritages peuvent être grevés envers le
» seigneur dont ils sont mouvants et notamment 6 bichets
» d'avoine et 20 sols en argent; de fournir et délivrer, par
» chacune des six années du bail et à commencer le Vendredi
» Saint prochain, la quantité de 120 livres de pain, de pur
» froment et bien conditionné, pour être la distribution faite
» en la manière accoutumée, présence du Sr Jean Bresson
» curé de ce lieu; de nous (notaire) et du procureur fiscal,
» comme Recteurs de ladite Maison-Dieu, aux pauvres de la
» paroisse de Ligny, issue du Service. » L'adjudication avait été annoncée au prône le dimanche précédent par M. Bresson en l'église de Ligny et par M. Mathieu, vicaire, en celle de Varennes. Le sieur Valentin Burat, marchand cirier, en sa qualité d'administrateur de l'établissement est chargé de veiller à l'exécution des clauses de ce contrat. Ce labourage se composait alors de 6 arpents et 50 cordes de prés et de 20 arpents et 87 cordes de terres labourables, parmi lesquelles figurent deux arpents et demi, lieu dit la *Maladière*, entourés de fossés au levant, au midi et au septentrion (1).

Depuis la création des Bureaux de bienfaisance, les biens de la Maison-Dieu ont été attribués à celui de Ligny qui jouit, grâce à cette dotation, d'un revenu de 15 à 1600 francs.

LE COUVENT DES URSULINES.

Les Ursulines, spécialement vouées à l'enseignement des jeunes filles, reconnaissent toutes pour fondatrice Ste-Angèle Merici, qui vivait au XVIe siècle et dont la fête vient d'être étendue à l'Église universelle par un décret de Pie IX en date

---

(1) Papiers de la famille Laproste, arpenteur.

du 11 juillet 1861. Autorisées à s'établir à Paris et par toute la France, en 1612, elles se multiplièrent rapidement et formèrent diverses Congrégations, sous la Règle de St-Augustin, mais avec des Constitutions particulières.

Une de ces Congrégations fut érigée à Mussy-sur-Seine, en 1757, par Mgr de Montmorin, évêque de Langres, pour l'utilité de son diocèse. Elle comptait déjà un certain nombre de maisons, lorsque la Révolution vint la dissoudre. Pendant les mauvais jours, les religieuses dispersées se montrèrent fidèles à leur vocation et continuèrent d'enseigner isolément. En 1805, plusieurs d'entr'elles se réunirent à Troyes sous la protection de Mgr de la Tour du Pin Montauban, de douce et sainte mémoire, qui obtint du gouvernement impérial la permission de les réorganiser. En constituant une nouvelle Maison-Mère, elles gardèrent leur nom d'*Ursulines hospitalières, Sœurs de l'Instruction chrétienne.*

La Maison de Ligny fut un de leurs premiers établissements, dû, comme nous l'avons dit, à l'initiative et à la générosité de M. l'abbé Saget, dont les bienfaits ne cessèrent qu'avec la vie. Les Sœurs envoyées pour ouvrir les classes en 1808, furent Mesdames Elizabeth Gilleton de Ste-Ursule, Philiberte Bridat de Ste-Croix et Anne Pésé de St-Bernard. Depuis 1827, le pensionnat, annexé à l'école primaire, devint très florissant sous la direction de dame Éléonore Bouillet de St-Raphaël. Une des compagnes de cette dernière, dame Julie Renaudin de Ste-Emilienne est encore à l'œuvre, entourée de l'estime générale ; l'autre, dame Thérèse Barbier de St-Anselme a été élue supérieure de la Congrégation, vers 1857.

La chapelle du couvent des Ursulines a été bénite le 20 octobre 1809 et placée sous l'invocation de St-Antoine, patron du bienfaiteur de la Maison. Six messes ont été fondées, en 1811, pour le repos de l'âme de M. Bresson.

Tout récemment, l'administration municipale a confié aux Ursulines la salle d'Asile qu'elle vient d'ajouter à ses écoles.

LA PROVIDENCE.

Le plus beau titre de gloire de Ligny-le-Châtel, c'est d'avoir été le berceau de la Congrégation de la Providence. Raconter les origines de cette œuvre qui a acquis aujourd'hui de grands développements, c'est répéter l'histoire de toutes les œuvres de Dieu au sein de son Église. On y retrouve toujours l'application de la parabole du grain de senevé de l'Évangile.

Il y avait déjà quelques années que M. Brigand exerçait les fonctions curiales, lorsque M*me Anne-Sophie Berrué* (1), restée veuve sans enfants, en 1806, de M. Bresson, docteur en médecine et maire de la ville, se sentit inspirée de donner à Dieu tout ce qu'elle possédait et de se consacrer au service des pauvres et des malades, en instituant dans sa résidence un modeste hôpital. Ce pieux projet, suffisamment mûri, fut approuvé du pasteur et des supérieurs ecclésiastiques. Trois jeunes personnes du pays, touchées de la grâce, offrirent spontanément leur concours et, après un an de noviciat, furent admises à prononcer leurs vœux entre les mains du vénérable auteur du *Memoriale vitæ sacerdotalis*, M. l'abbé ARVISENET, vicaire-général de Mgr de Boulogne, évêque du diocèse de Troyes, dont Ligny faisait alors partie. C'était le 23 mars 1819. L'année précédente avait eu lieu la bénédiction de la nouvelle Maison-Dieu et de sa petite chapelle.

Ce fut sous l'influence et par les pressantes exhortations de M. ARVISENET que le plan primitif de Mme Bresson fut transformé. Ce saint prêtre avait compris les nécessités de l'époque. Une affreuse Révolution avait passé sur le sol de la France et y avait laissé des traces profondes ; le long abandon des pra-

(1) Née le 25 février 1774, fille de Jean Berrué, régisseur de la terre de Ligny, et d'Anne Pernot. Après la mort de son mari, elle s'était retirée dans une propriété à l'angle N. O. de la ville et habitait une des tourelles des anciennes fortifications.

tiques religieuses avait amené l'indifférence ; dans beaucoup de localités l'impiété levait ouvertement la tête ; un grand vide s'était fait dans le clergé et de nombreuses paroisses demeuraient abandonnées ; presque partout le ministère pastoral était devenu très difficile et on peut dire que l'éducation de famille avait péri. L'avenir se présentait sous des couleurs effrayantes et il était temps de venir au secours des nouvelles générations, en pourvoyant à leur instruction chrétienne. Au prêtre, il fallait des auxiliaires pour ressaisir ce qui échappait à son action bienfaisante ; à la mère de famille, des suppléantes pour remplir envers les enfants des devoirs qu'elle négligeait. La Sœur de Charité, la Sœur de la Providence ! Voilà ce qu'il falla instituer et répandre parmi le peuple, comme un sel évangélique destiné à le préserver de la corruption.

Ces prévoyantes idées que M. ARVISENET avait à cœur de propager et qui venaient déjà de susciter une autre Congrégation de la Providence dans le diocèse de Troyes, furent pour M. Brigand et Mme Bresson un trait de lumière : évidemment c'était là ce que Dieu demandait d'eux. Ils se mirent donc à l'œuvre, sans considérer la faiblesse de leurs moyens, confiants dans cette divine Providence qui leur ouvrait ainsi la voie.

Un autre homme de Dieu, un ancien confesseur de la foi, M. l'abbé Soudais, curé de Beugnon, dont la mémoire est restée en bénédiction, s'offrit de leur procurer des sujets, et réclama pour sa paroisse et pour son pays natal les prémices de leurs fondations. En effet, le 31 décembre 1849, deux humbles sœurs de la Providence furent installées à Champlost pour l'enseignement des petites filles et le soin des malades, et, au mois d'octobre de l'année suivante, deux autres furent placées à Beugnon. Bientôt les vocations se multiplièrent ; de nouvelles demandes amenèrent d'autre établissements, et l'Institut commençant à s'affermir, le costume fut définitivement fixé. Puis aussitôt que le nouveau diocèse de Sens fut érigé, le règlement fut soumis à son Eminence Mgr le cardinal de la Fare, qui donna son approbation le 16 octobre 1822.

Les premiers temps de cette petite Congrégation furent bien durs et bien pénibles. Les ressources manquaient, mais le courage et la bonne volonté ne firent jamais défaut. Les sœurs n'oublièrent point cette parole de Jésus-Christ, qu'en cherchant d'abord le royaume de Dieu et sa justice, le reste arrive comme par surcroît. Elles attirèrent les bénédictions du ciel par la ferveur de leurs prières ; par leur travail et leurs privations, elles pourvurent à tous les besoins de leur Communauté naissante. Plusieurs d'entr'elles y ont usé leur vie et sont allées recevoir la couronne qu'elles ont si bien méritée. Nous croyons devoir citer nommément la respectable sœur *Marie Tremblay*, de Ligny, la première compagne de Mme Bresson, cette admirable fille, si pieuse, si simple, si dévouée, si laborieuse, et dont les exemples de vertu demeureront comme le plus précieux patrimoine de la Congrégation.

Au bout de quelques années, les Maisons dépendantes tendant à s'accroître de plus en plus, on sollicita, du Gouvernement, la reconnaissance légale. Patronée par Mgr l'archevêque de Sens, la demande eut une issue favorable et l'autorisation royale fut délivrée le 2 mai 1830. Vingt ans plus tard, il fallut songer à transférer la Maison-Mère ; le berceau de la Congrégation ne suffisait plus à l'extension qu'elle avait prise, et l'administration sentait le besoin de trouver, sous les yeux de l'autorité diocésaine, un appui qui lui était indispensable. Une occasion propice s'étant rencontrée, on fit, à Sens, l'acquisition de l'ancienne abbaye de Notre-Dame-lez-Sens, au faubourg St-Antoine, et la translation de la Maison-Mère y fut opérée au mois d'octobre 1851.

Depuis cette époque, la prospérité de cet établissement va toujours croissant. Le Manuel et Directoire des sœurs a été imprimé en 1854 ; la Règle l'a été en 1855 : ce n'est qu'après trente-sept ans d'expérience que les constitutions qui la composent ont été arrêtées. La Congrégation compte aujourd'hui 75 Maisons dépendantes dans les diocèses de Sens, de Troyes, de Meaux, de Nevers et d'Orléans. La digne fondatrice, bientôt nonagénaire, la gouverne encore, et, quant à la direction spirituelle, Mgr Mellon Jolly, par ordonnance en date du 1er janvier 1857, a nommé pour continuer l'œuvre de M. Brigand, le supérieur des Prêtres auxiliaires de St-Edme de Pontigny.

Qu'il nous soit permis d'exprimer, en terminant, le regret que les religieuses de la Providence, dont le nom de *Sœurs de Ligny* n'est pas effacé, n'aient point conservé une résidence dans cette ville qui leur a donné naissance. C'était le vœu de Mme Bresson; elle eût voulu, avant de mourir, voir se réaliser son projet primitif d'une Maison-Dieu. Elle était prête à faire tous les sacrifices possibles, si sa pensée eut été comprise et secondée. La nécessité de payer les constructions de la nouvelle Maison-Mère la contraignit d'aliéner l'ancienne, dont les bâtiments se détérioraient. Les deux sœurs, qui en étaient restées gardiennes, furent retirées, et la vente consommée sur la fin de 1857.

LIGNY-LE-CHATEL

AU POINT DE VUE DE L'HISTOIRE CIVILE.

LIGNY-LE-CHATEL

AU POINT DE VUE DE L'HISTOIRE CIVILE.

I.

LES SEIGNEURS DE LIGNY.

Sous la domination romaine, Ligny fait partie de la Ire Lyonnaise ; son territoire touche aux confins de la Sénonie. Depuis l'an 407, en même temps que les Francs se jettent sur la Gaule, les Bourguignons s'établissent définitivement sur les bords du Rhône et de la Saône ; de là ils poursuivent leurs conquêtes vers la Seine et l'Yonne. Ligny partage le sort du Tonnerrois ou *Pagus Tornodorensis*, il est envahi par les barbares Ariens et incorporé au royaume de Bourgogne. En 613, il passe avec Tonnerre et toute la Bourgogne sous l'autorité de Clotaire II, roi des Francs. Depuis cette époque, la ville de Tonnerre, le *Castrum Ternodorense*, que St-Grégoire de Tours nous représente comme le siège d'un Archiprêtré, devient aussi, dans l'ordre temporel, le chef-lieu d'un comté, dont il nous faut suivre les vicissitudes à travers les siècles, pour avoir un tableau, aussi complet que possible, des familles seigneuriales auxquelles a été soumise la petite ville dont nous retraçons l'histoire. Il est bien entendu que nous ne nous appesantirons point sur les détails étrangers à notre sujet. Nous voulons parcourir la série des Seigneurs de Ligny, nous n'écrivons pas les annales du comté.

On peut distinguer cinq périodes : la 1re, de 616 à 954, sous les comtes gouverneurs de Tonnerre à titre précaire ; la 2e, de 954 à 1260, sous les comtes propriétaires féodaux, ayant à Ligny un vicomte particulier ; la 3ᵉ, de 1260 à 1412, sous l'autorité directe et exclusive des comtes de Tonnerre ; la 4ᵉ, de 1412 à 1690, la vicomté de Ligny étant démembrée de Tonnerre et érigée en apanage distinct ; la 5ᵉ, de 1690 à 1789, lorsque la terre de Ligny est réunie au marquisat de Seignelay.

Iʳᵉ PÉRIODE (DE 616 A 954)

LIGNY SOUS LES COMTES GOUVERNEURS DE TONNERRE A TITRE PRÉCAIRE.

On n'a que des données incertaines sur le premier comte de Tonnerre qu'on dit avoir été de la race royale de Bourgogne. On l'appelle BELLON, et quelques-uns prétendent que c'est le même que BETTON, père de St-Loup, archevêque de Sens. Il vivait en 616.

La chronique de St-Pierre-le-Vif nous a conservé la mémoire de deux autres comtes, qui après avoir abdiqué les grandeurs du siècle pour prendre l'habit religieux dans ce célèbre monastère, furent élevés sur le siège métropolitain de Sens et sont honorés parmi les Saints. L'un, connu sous le nom de GÉRIC ou GUÉRIC, *Gœricus* ou *Guericus*, fut choisi pour coadjuteur par St-Wulfran, pendant sa prédication chez les Frisons, et remplaça ce pontife missionnaire, lorsqu'il se fut retiré dans l'abbaye de St-Vandrille. Le second, neveu de Géric, est St-EBBON, qui lui succéda vers 710. On sait avec quel courage et quel succès il repoussa les Visigoths, d'autres disent les Sarrasins, dont une colonne s'était avancée jusqu'aux portes de Sens. Dans sa vieillesse, il s'enferma, près d'Arces-en-Othe, dans une solitude qu'il ne quittait que pour venir chaque dimanche célébrer les Saints-Mystères dans sa cathédrale. Il existait encore en 740.

St-Honobert, et St-Honulfe, son père et son successeur, étaient de la même famille. Tous deux furent archevêques de Sens, après avoir fait profession à St-Pierre-le-Vif, tous deux moururent de la mort des justes ; St-Honobert en 755 et St-Honulfe en 764 ; mais on ignore s'ils avaient administré le comté de Tonnerre avant d'entrer dans le clergé.

Outre ces nobles Seigneurs, en qui brille l'auréole de la sainteté et qui laissèrent de si beaux exemples à nos contrées, on cite encore parmi les gouverneurs du Tonnerrois le comte Raoul en 820, Gérard en 845, et Eudes en 871. Pendant cette première période, Ligny ne nous est signalé que par ses rapports avec l'abbaye de St-Michel et avec l'évêché de Langres, dont le domaine temporel prend de continuels accroissements.

IIe PÉRIODE (DE 954 A 1260)

LIGNY SOUS LES COMTES PROPRIÉTAIRES FÉODAUX AYANT SON VICOMTE PARTICULIER.

Famille Milon.

Sous l'empereur Charles-le-Chauve, le comté de Tonnerre était annexé au duché de Bourgogne. Il en fut distrait en 943, et réuni au duché de France, en faveur de Hugues-le-Grand. Par suite de cette dernière réunion, il a été regardé comme mis spécialement sous l'autorité et la justice des rois de France par l'avénement au trône de Hugues-Capet, fils de Hugues-le- Grand. Celui-ci voulant récompenser les services que lui avait rendus un seigneur nommé Milon, lui donna, en 954, à titre héréditaire, le comté de Tonnerre.

Milon, premier comte propriétaire, s'occupa avec zèle des

intérêts religieux du Tonnerrois : ce fut lui qui rebâtit l'abbaye de St-Michel que les Normands avaient ruinée. De concert avec Vidric, évêque de Langres, il fit venir pour la repeupler, en 980, des religieux de St-Bénigne de Dijon et à leur tête Dodon, qui en reçut le gouvernement. Il lui donna des biens, la plaça sous la règle de St-Benoit et finit par s'y retirer lui-même et y prendre l'habit monastique vers 987. Il y mourut et y fut enterré.

Guy, fils de Milon Ier et d'Ingeltrude de Montreuil, succède à son père et meurt, au plus tard, l'an 992. Il laisse ce comté à son propre fils, Milon II, dont il est fait mention jusqu'en 1016. Ce dernier le transmet à Renaud, l'aîné de ses enfants, mort en 1038. Le frère de Renaud, Milon III, gouverne après lui ; il avait épousé Azéka, héritière du comté de Bar-sur-Seine, dont il eut cinq fils et ce fut le cinquième, déjà pourvu de l'évêché de Langres, qui entra en possession des comtés paternel et maternel. Mais ce prélat, désigné dans les listes épiscopales sous le nom de Hugues-Rainard, se démit de celui de Tonnerre, en faveur de sa parente Ermengarde, fille de Renaud, qui le porta dans la famille des comtes de Nevers (1). Toutefois, il retint, pour lui et ses successeurs, le droit de suzeraineté, que les coutumes féodales attribuaient de temps immémorial à l'évêque de Langres sur les terres de son diocèse ; et ce droit, nous le verrons exercé pendant toute la durée du moyen âge et encore rigoureusement appliqué, par rapport à la châtellenie de Ligny, sur la fin du XVIIe siècle.

Famille des comtes de Nevers.

Guillaume Ier (2).

Le roi de France Henri Ier, en parvenant à la couronne,

---

(1) Ann. hist. de 1856, publié par la Société de l'hist. de France.
(2) C'est *Guillaume Ier* pour les comtés de Tonnerre et d'Auxerre, et *Guillaume II* pour le comté de Nevers ; et ainsi des autres qui suivent.

céda la Bourgogne en propriété à son frère Robert, qui lui avait quelque temps disputé le trône. Ce nouveau duc de Bourgogne fixa sa résidence à Dijon. Il fut continuellement en guerre avec Renaud, son beau-frère, comte d'Auxerre, sur la possession de ce comté qu'il prétendait lui appartenir au même titre que le duché. Ils en vinrent aux mains, en dernier lieu, près de *Saligniacum*, que l'on croit être Sauvigny en Bourbonnais, et la victoire resta au duc Robert; Renaud y perdit la vie. Robert ne put se faire reconnaître du clergé, bien qu'il fut appuyé de la puissance du roi son frère et, dès que Guillaume, fils de Renaud, fut devenu grand et en âge de se marier, il se mit en état de venger la mort de son père. Issu de seigneurs qui possédaient non seulement le comté d'Auxerre, mais encore celui de Nevers, il trouva moyen de se procurer en outre celui de Tonnerre par son mariage avec Ermengarde (1). Cette adjonction accrut tellement les forces de Guillaume que le duc Robert fut bientôt hors d'état de lui résister. « Ce glorieux maître des trois comtés, est-il dit dans
» un fragment de la Chronique de Vézelay, fut si magnifique
» durant toute sa vie que, pendant cinquante ans, il eut tou-
» jours à sa suite au moins 50 chevaliers, ce qui n'empêcha
» pas qu'il ne tint continuellement en réserve dans ses coffres
» 50,000 écus pour s'en servir dans l'occasion. » Il finit ses jours en l'an 1100 et fut inhumé à Nevers, dans le monastère de St-Etienne qu'il avait rebâti. Renaud, son fils aîné, à qui il avait assigné le comté de Tonnerre, mourut avant lui. Ce fut Guillaume II, son petit fils, qui recueillit l'héritage des trois comtés (2). On remarque que dans presque toutes les chartes les seigneurs de cette maison sont qualifiés simple-

---

(1) Lebeuf, mém. sur l'hist. civ. et eccl. d'Auxerre, t. III, p. 62, édit. Challe et Quantin.

(2) Nous suivons ici Lebeuf qui ne reconnait pas comme comte de Tonnerre un autre Guillaume, frère de Renaud, et deuxième fils de Guillaume Ier.

ment *comtes de Nevers* ; c'est parce que ce dernier comté était leur propriété la plus ancienne et leur servait de nom patronymique.

Guillaume II avait pour frère Robert, comme lui fils d'Agnès de Beaugenci, la première femme de Renaud : l'*Art de vérifier les dates* lui donne la qualité de vicomte de Ligny. C'est le premier que nous connaissions ; il est probable que l'institution remontait plus haut, mais les documents nous manquent sur l'âge précédent. En général, les vicomtes dont l'existence est constatée du Xe au XIIe siècle paraissent n'avoir été que des officiers, des lieutenants des comtes, comme leur nom l'indique, chargés de rendre la justice, de lever les tailles, de conduire les gens d'armes à la guerre ; dans la suite le titre de vicomté est resté attaché à la terre, et les vrais seigneurs du lieu ont été qualifiés de vicomtes. A Ligny, les vicomtes que nous rencontrerons jusqu'à la seconde moitié du XIIIe siècle nous apparaissent bien comme jouissant d'un domaine féodal, avec d'autres fiefs qui en dépendent, mais les comtes de la maison de Nevers sont toujours possesseurs de la majeure partie des terres, des forêts, des pâtis, des cours d'eau, dont ils disposent en maîtres. Ils gardent leur manoir seigneurial, leur donjon devant lequel se minutent les actes authentiques émanés de leur cour : *Actum Lanniaci, antè turrem meam*, est-il dit dans une charte de Guillaume III, en 1154. Les vicomtes ne deviennent seigneurs effectifs que pendant le cours des XVe, XVIe et XVIIe siècles.

Guillaume II.

Aussitôt après la mort de son aïeul, Guillaume II prit la croix et partit avec 15.000 hommes, pour aller au secours des Chrétiens du nouveau royaume de Jérusalem. Il était de retour en 1104. Dix ans plus tard, il fut fait prisonnier dans un combat et livré à Thibauld IV, dit le Grand, qui l'enferma dans son château de Blois et, malgré l'intervention de Conon, légat du pape, ne le relâcha que vers 1120. Il fit beaucoup de bien aux églises et aux monastères. Dégoûté des grandeurs humaines, il quitta ses dignités et se réfugia à la grande Chartreuse où il mourut le 20 août 1147, sous l'habit de frère convers, avant que l'année de son noviciat fût révolue (1).

Ce fut dans les commencements du règne de ce comte et par son concours que Ligny vit s'élever, à ses portes et dans la circonscription de sa châtellenie, la célèbre abbaye de Pontigny, dont l'influence civilisatrice a été si puissante sur nos pays et dont les archives sont la source où nous puisons presque tous les éléments de notre histoire locale. Ébauché par St-Robert, abbé de St-Michel de Tonnerre et les sept ermites de Colan, vers l'an 1040, affermi à Molesme, définitivement constitué à Citeaux, l'Ordre des Cisterciens reçoit, à l'époque où nous sommes parvenus, une vigoureuse impulsion par l'arrivée de St-Bernard et de ses trente compagnons. Au bout de cinquante ans, il comptera 500 abbayes; au bout de cent ans, il en aura 1800, destinées à continuer sur toute la surface de l'Europe l'œuvre des enfants de St-Benoît, c'est-à-dire le défrichement du sol et l'éducation religieuse des populations rurales. Sans doute on n'était plus au temps où la Gaule était entièrement sillonnée de masses de bois, sombres, impénétrables, couvrant monts et vallées et descendant jusqu'au bord des rivières et des grands fleuves, mais il en restait encore considérablement, comme nos chartes en font foi.

« C'était à lui seul un bienfait capital, dit l'éloquent auteur
» des *Moines d'Occident* (2), que le défrichement des forêts
» entrepris successivement sur tous les points de la Gaule et
» poursuivi avec une infatigable constance par la bêche et la
» cognée du moine. Le déboisement, qui est devenu aujour-
» d'hui une menace et quelquefois une calamité réelle, était

---

(1) Lebeuf, *ibid.* p. 80.
(2) Tom. II. p. 391, 403 et 404.

» alors la première des nécessités. Il s'opérait d'ailleurs avec
» prudence et mesure. Des siècles s'écoulèrent avant que la
» disette des bois se fît sentir... et pendant ces siècles, les
» moines continuaient à entamer sans relâche les grandes
» masses forestières, à les percer, à les diviser, à les éclaircir
» et à les remplacer çà et là par de vastes clairières, qui s'a-
» grandissaient sans cesse pour être livrées à une culture ré-
» gulière. Ils apportaient le travail, la fécondité, la force et
» l'intelligence humaines dans ces solitudes jusqu'alors aban-
» données aux bêtes fauves et au désordre stérile de la vé-
» gétation spontanée. Ils consacraient leur vie entière à trans-
» former en gras pâturages, en champs soigneusement labou-
» rés et ensemencés, un sol hérissé de bois et de halliers...
» L'influence de tels travaux et de tels exemples se faisait
» promptement sentir sur les populations rustiques qui avoi-
» sinaient ces cultures naissantes... Mais il ne leur eût certes
» pas suffi de les initier à des habitudes plus laborieuses et
» à de meilleurs procédés d'agriculture. Ils avaient encore
» plus à cœur de cultiver tant d'âmes infiniment précieuses
» aux yeux de Dieu.... Leurs oratoires devenaient avec le
» temps des églises; autour d'elles se groupaient les chau-
» mières des paysans : ceux-ci étaient sûrs désormais d'avoir
» part à tous les bienfaits de la paternité spirituelle, conférés
» par des hommes souvent issus des races les plus nobles et
» les plus puissantes parmi les maîtres et les conquérants du
» pays, qui partageaient volontairement leurs fatigues et leurs
» privations, qui menaient une vie aussi rude et plus rude
» même que la leur, et qui ne leur demandaient, en échange
» de ces services et de ces exemples, que de se joindre à eux
» pour louer le Seigneur. »

Voilà quel a été parmi nous le rôle de l'abbaye de Pontigny. Fondée en 1114, sur une terre de franc alleu donnée
par un chanoine d'Auxerre; gouvernée par Hugues de Mâcon,
l'ami de St-Bernard, elle prospéra rapidement. Le comte

Guillaume II, à la prière de l'abbé, lui accorda immédiatement un droit d'usage dans tous les champs, eaux et forêts qui étaient de son domaine. Sur sa recommandation, une pieuse veuve nommée Gilla et ses deux filles cédèrent aux religieux une terre de l'autre côté du Serain. Tous les nobles du voisinage suivirent cet exemple : les meilleurs familles de Ligny se distinguèrent par leur générosité.

En 1119, Jean Dumoulin, Osile sa femme, leur fils Geoffroy et leur fille Létitia, font donation à Dieu et aux frères du couvent de Pontigny, à perpétuité, de tout ce qu'ils possèdent depuis le ru de Seneçon jusqu'au sentier par où on va de l'église de Ste-Porcaire à Venouse. Mais ils déclarent garder la propriété de la forêt de la Queue, (*Silva de Caudâ*), située à gauche et au-dessus du vieux chemin qui conduit de Ligny à Venouse ; les religieux pourront y prendre tout ce qui sera nécessaire pour leur usage ; ce qu'ils défricheront autrement qu'avec la charrue leur sera acquis, mais s'ils emploient la charrue, ils paieront aux propriétaires la redevance qu'on appelle les *tierces*. Le vicomte BARTHÉLEMY, de qui relèvent ces biens, reçoit pour cette concession dix sols des donateurs et un demi marc d'argent des moines. Lui et son frère Ulric figurent au premier rang parmi les témoins, comme ayant autorisé cette libéralité : *Bartholomæus qui hoc fieri præcepit*. L'acte est daté de Ligny, l'an de l'Incarnation de Notre-Seigneur, 1119, sous le pape Gélase II, et Louis, roi de France (1).

En 1133, par suite d'un échange, Brunon, prévôt de la collégiale de St-Martin de Chablis, cède à l'église de Pontigny toutes les terres et les censives que son église possédait dans la châtellenie de Ligny, excepté deux sols de cens (2). En 1135, Bertrand de Seignelay et Gauthier son fils, qui depuis

---

(1) Cartul. de l'Yonne, t. II, p. 47.
(2) Ibid. t I, p. 292.

se fit moine à Pontigny, se dessaisissent en faveur de ce monastère de tout ce qui est dans leur domaine sur les paroisses de Ligny-la-Ville et de Ligny-le-Châtel, et aussi de ce qui leur appartient tant en bois qu'en plaine aux Ormées qui sont proche les bains de St-Aignan (1). L'année suivante, Jean, surnommé Capelle, fait don à Dieu et à Notre-Dame de Pontigny, au profit des frères qui y demeurent, de tous ses biens et ses droits sur la paroisse ou le territoire de Ligny, excepté une ouche et six deniers de cens qu'il tient du vicomte Barthélemi, leur transférant son domaine entier dès maintenant et pour toujours. Il ajoute que les frères pourront acquérir des *casamenta* sans aucun obstacle et qu'il ne se réserve rien sur cette nature d'héritage, sauf le service des serfs *casati* qui y ont leur habitation ; lesquels serfs tiendront de l'église de Pontigny une hâte (*hastam*) et le pré du fils de Garnier, moyennant un cens raisonnable suivant la coutume du pays. Cette concession, écrite à Auxerre devant l'autel de St-Etienne, est reconnue par Jean Capelle, louée et confirmée par Josbert son père et, du consentement de l'un et de l'autre, munie du sceau de l'évêque Hugues de Mâcon qui était présent et qui, de l'autorité de Dieu, des bienheureux apôtres Pierre et Paul et de la sienne, excommunie tous ceux qui oseraient y contrevenir au préjudice de l'abbaye, jusqu'à ce que, par la grâce de Dieu, ils viennent à résipiscence (2).

A propos des ecclésiastiques de Ligny dont les noms se lisent au bas des chartes du xiie siècle, nous avons déjà mentionné celle de Garnier, qui porte la date de 1138. Voici quelle en est la teneur : « Au nom de la Sainte et indivisible Trinité. » Il est important que les bienfaiteurs qui cèdent des biens » aux pauvres du Christ à titre d'aumône, d'échange ou de

---

(1) Ibid. p. 303. — Dans le siècle dernier on appelait encore les *bains* l'endroit où le biez se coude entre Ligny-le-Châtel et Ligny-la-Ville.
(2) Ibid. p. 308.

» vente, en fassent une déclaration nette, appuyée par des
» témoins et consignée par écrit, de peur que la négligence
» de ceux qui vivent aujourd'hui n'entraîne des contestations
» parmi ceux qui viendront après nous. C'est pourquoi, moi
» Garnier de Ligny, je veux exprimer clairement dans cette
» charte ce que les moines ont acquis de ma terre par ces dif-
» férents moyens. J'ai donc donné à Dieu et à Notre-Dame et
» aux religieux de Pontigny, avec le consentement d'Ermen-
» garde, mon épouse, tout ce que j'avais de terres laboura-
» bles depuis le ru de Fontaine-Létard jusqu'à Pontigny,
» pour le champ des Hauts-Bords *(altæ ripæ)* qui est situé au-
» dessous. Les moines m'ont donné l'hâte de Drogon et qua-
» tre livres et, de plus, une certaine terre que Aldric et Jean
» Muscherun ont cultivée, de l'autre côté de la Fontaine-Lé-
» tard, vers Ligny; et, pour trois autres petites pièces de
» terre qui sont dans le même climat, ils m'ont payé cent sols.
» Ceci a été fait et conclu à la grange du Beugnon, en présence
» d'Hugues, évêque d'Auxerre, jadis abbé de Pontigny et de
» ses serviteurs. — J'ai donné, dans une autre occasion, aux
» mêmes religieux, tout ce que j'avais de terres labourables
» depuis la voie d'Auxerre jusqu'au Beugnon, avec l'appro-
» bation de ma femme exprimée auprès de la Fontaine-Le-
« tard : les témoins ont été Poard, Mathieu, Dominique, Um-
« bert-le-Tord, fils d'Anséric.— Je leur ai encore concédé la
» moitié de mon pré des Essarts, moyennant neuf livres
» moins deux sols, avec la faculté de racheter et de joindre
» au reste, la portion de ce pré qui a été mise en gage entre
» les mains d'Itier, prévôt de Ligny; et ce, de l'aveu d'Ermen-
» garde, ayant pour témoins Poard, Marc son fils, Guibert de
» Villiers et Constance de Ligny la-Ville, l'an de Jésus-Christ
» 1138, sous le pontificat d'Innocent II et le règne de Louis,
» roi de France et duc d'Aquitaine. Cette présente recon-
» naissance a été passée à Chablis, en présence de Godefroy,
» évêque de Langres, accompagné de Pierre, abbé de St-Jean,

» de Guillaume, moine et médecin, de Ponce archidiacre de
» Langres et d'Hugues Trousselle chanoine (1).

Le comte Guillaume II était à son château de Ligny en 1140; il date de là un acte par lequel il charge le vicaire Achard, le prévôt Ebrard et d'autres de ses serviteurs de faire un échange avec les moines, de terres en partie censables et en partie seigneuriales, situées à Ligny même et dans l'intervalle qui sépare cette ville de Pontigny, de manière que les moines, pour être plus à l'abri de toute contestation, auraient les siennes qui sont les plus voisines de leur monastère, et lui, les leurs qui sont plus proches du château de Ligny. Il veut qu'à l'exception de la voie qui, du pont neuf (2), se dirige vers Auxerre et Seignelay, il ne soit permis à personne d'en établir une autre qui aille de Ligny à Pontigny, ou de renverser les barrières que les religieux ont fait mettre pour interdire les autres issues. Il fortifie cet acte de son sceau et de l'approbation de son fils Renaud, qu'il avait pourvu du comté de Tonnerre, de son vivant, et qui périt à la croisade de Louis-le-Jeune quelques années après, dans les défilés de Laodicée. Une charte de ce temps, sans date précise, mais donnée à Ligny, en présence du comte de Nevers, a pour témoins Marc de Ligny et constate l'échange que firent les Cisterciens avec Gauthier-le-Fauconnier de dix-neuf sols de cens qu'ils avaient dans la châtellenie de Ligny (3).

Il n'entre pas dans notre cadre d'énumérer toutes les do-

---

(1) Ibid. p. 334.

(2) Dans le sommaire qui précède cet acte, à la p. 344, t Ier du Cartul. de l'Yonne, M. Quantin dit qu'il s'agit du pont de Pontigny, mais c'est une erreur. Le *pont neuf*, c'est le pont à un demi kilom. de Ligny, appelé le *Pont des Planches*, bien souvent renouvelé dans la suite des siècles. De là part en effet ce qu'on nomme encore aujourd'hui la *voie d'Auxerre*, sur laquelle embranche le vieux chemin de Seignelay par Venouse. Les issues interdites, ce sont les sentiers qui traversent les lames du Beugnon.

(3) Petit Cartul. de Pont., t. III, p. 231.

nations qui arrivent à notre illustre voisine, appelée la seconde fille de Citeaux et bientôt mère elle-même de 45 autres abbayes. Nous nous restreignons à ce qui intéresse la châtellenie de Ligny. Mais on voit suffisamment avec quelle faveur cet établissement est accueilli dans nos pays. Sous les auspices du comte Guillaume et des évêques d'Auxerre, de Langres, de Sens et de Troyes qui lui accordent l'exemption de toute dîme dans leurs diocèses, Pontigny envoie, partout où il y a de grandes forêts, dans un rayon de dix lieues, des frères cultivateurs sous la direction d'un moine prêtre, fonder de petites colonies agricoles connues sous le nom de *Granges*. La première en date est celle du Beugnon : une bulle d'Innocent II du 24 mars 1138, cite les granges de Crécy et de Duchy, sur les bords de l'Armançon, de Chailley, vers la forêt d'Othe ; une autre du pape Adrien IV, du 8 mai 1156, y ajoute Ste-Porcaire, Bœurs, Villiers, Aigremont, Champtrouvé, Fouchères et Egriselles (1). Puis surgissent les granges de la Varande, Beauvais, les Basses-Noues, Ste-Radégonde : Roncenay était un don du Chapitre d'Auxerre de 1120, complété plus tard par la famille du vicomte de Ligny.

Un autre puissant protecteur de Pontigny, ce fut Thibauld-le-Grand, l'ancien adversaire de Guillaume et maintenant son émule dans la pratique des bonnes œuvres. Depuis 1125, il avait joint à ses comtés de Blois et de Chartres celui de Champagne et était devenu l'ami intime de saint Bernard. « Entre tous les grands qui s'attachèrent au saint abbé de « Clairvaux, dit Geoffroy son secrétaire et son biographe, il « faut placer en première ligne le comte Thibauld, qui se re- « mit complètement entre ses mains, pour être son coadju- « teur en toutes ses entreprises. On le voyait déposer la di- « gnité princière et se mêler avec les serviteurs de Dieu, non « comme leur seigneur, mais comme un d'entre eux, toujours

(1) Cart. 'e l'Yonne, t. I, p. 326 et 549.

« disposé à faire la volonté des plus humbles. Il achetait donc
« des fonds, construisait des maisons, se chargeait de la dé-
« pense des nouvelles abbayes et partout où l'ordre de Cîteaux
« étendait ses rameaux, il y faisait passer de l'argent. Il n'a
« pas seulement érigé un temple comme Salomon à Jérusalem,
« mais dès qu'un essaim religieux s'arrêtait quelque part, il
« n'avait point de repos qu'il ne lui eût bâti une habitation
« convenable, y mettant le même zèle que s'il se fût agi de
« loger Jésus-Christ descendu sur la terre (1). » La magnifique église abbatiale de Pontigny est son ouvrage : les bâtiments claustraux, dont il ne reste plus que les celliers ; l'enceinte de murs et le canal qui y introduit un bras du Serain,
sont dus à sa munificence. Il ne survécut au comte Guillaume
que de quatre ans. On lit dans un document touchant la Cor-
delle de Vézelay, imprimé dans l'Annuaire de l'Yonne (année
1845), au sujet d'Henri-le-Libéral, comte de Champagne, qui
fut un des plus ardents à se croiser lors de la prédication de
saint Bernard : « Il estoit vaillant jeune homme et de grand
« cœur ; fut filz du bon conte le vieil Thibault, qui lors vivoit
« encore et, depuis sa mort, feust enterré à Laigny. » M. l'abbé
Henry, dans son Histoire de Pontigny, dit que l'opinion commune est que Thibauld-le-Grand fut inhumé dans l'église de
cette abbaye, où la reine Adèle, sa fille, femme de Louis-le-
Jeune et mère de Philippe-Auguste, reçut la sépulture en
1206.

Guillaume III.

Comme son père et son frère Renaud, Guillaume III se
croisa pour la terre sainte. Il en revint en 1149. Le reste de
sa vie se passa en discordes avec l'évêque d'Auxerre, en
guerre avec les seigneurs de Toucy, de Saint-Vérain et de
Dampierre. Saint Bernard fait de lui un portrait qui n'est pas

(1) Opera St-Bern. Ed. Bened. t. II, ejus vitæ lib. 2. cap. 8.

flatteur, dans lettre qu'il écrivit au pape Eugène, à l'occasion de l'élection d'un nouveau prélat pour le siége épiscopal d'Auxerre : « Le comte de Nevers, dit-il, ne marche pas sur les « traces de son père. Il est opposé non-seulement au bien « de cette élection, mais encore à tout autre bien. Il ne songe « qu'à envahir les terres et les revenus des Églises, comme « un lion qui se prépare à se jeter sur sa proie. » L'abbé Lebeuf cite pourtant, à sa décharge, plusieurs églises auxquelles il fit des largesses, entre autres celle de Pontigny, qui reçut de lui, en 1153, divers héritages situés dans les environs de Noyers. Le cartulaire de cette abbaye nous fournit d'évidentes preuves de son bon vouloir.

Ainsi, en cette même année 1153, Godefroy, évêque de Langres, atteste que Guillaume, comte de Nevers, ayant donné en pleine propriété et pour toujours, aux frères qui servent Dieu à Pontigny, tout ce qu'il avait et ce que d'autres tenaient de lui à Sainte-Porcaire, l'a supplié, comme son seigneur suzerain, de vouloir bien ratifier cette donation : ce qu'il accorde de grand cœur, ajoutant qu'il approuve et concède tout ce qui appartient aux moines dans le village de Sainte-Porcaire, et autour de leur grange du Beugnon, attendu que ces deux localités relèvent de sa juridiction féodale (1).

En 1154, charte de Guillaume, qui notifie l'abandon que fait Barthélemi de Ligny de ce qu'on pouvait tenir de lui dans tout le territoire de Sainte-Porcaire et sa renonciation au droit de pêche dans les eaux de l'abbaye, tant en son propre nom qu'au nom de ses successeurs. Barthélemi fait intervenir le consentement de sa femme Ermeniarde et de ses deux fils Jean et Daimbert. Guillaume se trouvait à Ligny quand il fit rédiger cette charte qu'il date de devant sa tour (2).

---

(1) Cartul. de l'Yonne, t. I, p. 510.
(2) Ibid. p. 519.

Mais en voici une autre plus importante que nous traduisons littéralement, au moins quant à sa première partie (2).

« Au nom de la sainte et indivisible Trinité, moi Guillaume,
« par la grâce divine, comte de Nevers, fais savoir à tous,
« présents et à venir, que Guichard, abbé de Pontigny, les
« frères de cette église et moi, pour notre avantage réciproque,
« avons fait échange de la grange de Lorant, en retour de la-
« quelle j'ai donné aux religieux ce qui est contenu au pré-
« sent écrit, savoir : Tout ce que j'avais et qui m'appartenait
« auprès du village de Sainte-Porcaire, et ce que d'autres y
« tenaient de moi, avec l'assentiment des possesseurs eux-
« mêmes qui en ont fait également la concession. Tout ce que
« possédaient donc Guyard-le-Chat, Barthélemi, alors vicomte
« de Ligny-le-Châtel, et tous autres, avec droit de transmis-
« sion à leurs successeurs et à leurs enfants, sur l'ensemble
« du territoire de ce village, soit en qualité de domaine ou
« de dépendance féodale (*sivè in dominio, sivè in casamento*);
« tout ce que d'autres tenaient d'eux comme arrière-fief, en
« bois, terres labourables, prés et eaux ; de leur consente-
« ment, de celui de leurs épouses et de leurs enfants, et no-
« tamment de celui d'Aramburge, fille de Guyard, moi,
« comte de Nevers, je l'ai donné à l'église de Pontigny, qui
« en aura la jouissance libre, paisible et perpétuelle, à l'ex-
« ception des cinq sols de cens sur l'eau du Serain, que le
« susdit Guyard s'est retenus : à la condition toutefois que les
« moines ne défricheront point et ne mettront point en cul-
« ture les bois de Revisy, de Vaupaine (*Vallis Pagana*) et de
« Saint-Étienne, ni la forêt de Contest, dans toute son éten-
« due. J'ai assigné à Guyard, en dédommagement des biens
« qu'il avait sur le susdit territoire, douze livres, monnaie de
« Provins, sur mon péage d'Auxerre, lui octroyant que, sur
« ces douze livres, sept représentent le *casamentum* de Bar-

(1) Cartul. de l'Yonne, t. I, p. 540.

« thélemi, en raison de ce qu'il tenait du même Barthélemi
« auprès de Sainte-Porcaire.

« Mais comme il paraissait trop dur aux frères de Pontigny
« de voir, à cause d'eux, les habitants de ce village exclus
« de leurs possessions, j'ai accordé à ceux-ci une compensa-
« tion équitable qui les a déterminés à se retirer amiable-
« ment et à céder la place aux moines. Et parce que le calme
« et la paix sont absolument nécessaires aux serviteurs de
« Dieu, voulant empêcher que les frères ne soient troublés
« ou molestés par les passants; j'ai fait reporter, du bas de
« la plaine au bois qui est dans le haut, la route qui se dirige
« sur Ligny en traversant Revisy et Vaupaine, et, d'accord
« avec l'abbaye de Pontigny, je veux que cette transposition
« ordonnée par moi, soit exécutée et demeure à jamais irré-
« vocable.

« En conséquence de la même convention, que je con-
« firme, il a été statué par moi que personne, à l'avenir,
« ne pourra introduire ses bestiaux dans la circonscription
« suivante, savoir : dans les limites des territoires de Sainte-
« Porcaire, de la grange de la Varande et de celle du Beu-
« gnon, et de là, en suivant une ligne qui, partant de l'endroit
« ou le biez de Boy tire son eau du Serain, remonte le cours
« de la rivière jusqu'à la tête du fossé, accompagne le fossé
« jusqu'à la Fontaine-Létard, le reprend ensuite dans sa di-
« rection vers la Tuilerie et enfin s'en va rejoindre le che-
« min qui conduit de Pontigny à Auxerre : dans l'intérieur
« de ces limites, j'affirme de nouveau et décide qu'il ne sera
« permis à qui que ce soit de mener paître ses troupeaux,
« mais la libre et paisible possession en est attribuée aux
« frères de Pontigny. »

Guillaume III énumère encore et décrit d'autres biens qu'il
concède aux Pontiniaciens et qui paraissent, pour la plupart,
se rattacher à leurs colonies d'Aigremont et de Villiers-la-
Grange. Itta ou Ide, sa femme, et ses fils, Guillaume et Guy,

approuvent toutes ces dispositions qu'il munit de son sceau et de celui d'Alain, évêque d'Auxerre, déclarant que si quelqu'un ose y contrevenir et chercher à s'emparer par violence des dons qu'il a conférés aux frères de Pontigny, il se fait fort lui et ses successeurs de les protéger et de les défendre. Que si on le troublait, lui ou ses héritiers, dans la jouissance de la ferme de Lorant, que les moines lui ont abandonnée en échange, ces derniers devraient attester qu'elle lui appartient légitimement, mais sans être obligés à aucune autre garantie. Les signataires de cette pièce, qui est de 1156, sont, pour l'abbaye, le célerier Etienne et un chanoine d'Auxerre, et, pour le comte, plusieurs officiers de sa cour, entre lesquels figure le vicomte Barthélemi.

Ulric de Ligny, père de Barthélemi et sa femme, s'étaient montrés, jadis, très-généreux envers les moines. Ils étaient propriétaires d'une partie du domaine de Roncenay, et de trois autres pièces de terre non loin de là : par dévotion, et pour le remède de leurs âmes, ils avaient bien voulu s'en dépouiller en faveur de l'église de Pontigny. Barthélemi et son frère Guillaume d'Asnières avaient déjà ratifié cette libéralité, en 1146, pardevant l'évêque d'Auxerre, en son manoir de Regennes. De concert avec Ulric, leur plus jeune frère, ils prièrent le comte Guillaume de confirmer le tout par une charte en bonne forme. Ce qui eut lieu en 1157 : les témoins furent Pierre de Bennes, Odolric, Geoffroy, clerc du comte, Garnier de Ligny, Richard, maire, Jean, maire de Chablis, et Pierre, chevecier. Godefroy, évêque de Langres, et, comme tel, seigneur suzerain, délivra une charte approbative dans les mêmes termes et à la même époque (1).

Guillaume III mourut le 21 novembre 1161, et fut enterré à l'abbaye de St-Germain d'Auxerre. Le vicomte Barthélemi le suivit de près au tombeau. Après lui, la charge de vicomte

---

(1) Cartul. de l'Yonne, t. II, p. 82.

devient héréditaire dans sa descendance; l'était-elle avant lui? Nous l'ignorons. De son vivant, le petit cartulaire de Pontigny fait mention d'un personnage appelé GILBERT, qui, dans un acte de 1146, prend le titre de *vicomte de Ligny, de l'église Notre-Dame de Pontigny, et gardien noble de l'abbaye*, sans doute au nom des comtes de Nevers, qui en étaient les véritables protecteurs. Ce même Gilbert aurait remis aux habitants de Ligny plusieurs droits de mainmorte.

Guillaume IV.

Guillaume IV succéda à son père dans les trois comtés. Il assista, en 1162, au parlement qui eut lieu pour régler les affaires de l'Etat; soutint opiniâtrement les habitants de Vézelay, qui avaient créé une commune en opposition avec les droits de l'abbé et des religieux de la Madeleine; fut excommunié, pour ses violences dans cette affaire, par le pape Alexandre III, qui résidait alors à Sens, et forcé, par l'arrivée de Louis-le-Jeune, à la tête d'une armée, à faire sa paix avec les moines. Le Roi l'employa depuis à d'importantes négociations. Guillaume, après avoir agrandi la ville d'Auxerre, par une nouvelle enceinte de murs, prit la croix en 1167, et partit en Palestine. A peine débarqué à Saint Jean-d'Acre, il y fut atteint de la peste; se sentant mourir, il ordonna que son corps fût inhumé à Bethléem, et légua à l'église de cette ville, si chère aux chrétiens, l'hopital de Panténor, au faubourg de Clamecy, avec toutes ses dépendances, pour servir de refuge à l'évêque de Bethléem, dans le cas où les infidèles redeviendraient maîtres de la Terre-Sainte. Ce qui advint effectivement. Il expira le 24 octobre 1168.

Nous n'avons de ce comte que deux chartes qui nous intéressent. Dans la première, Guillaume certifie que JEAN, vicomte de Ligny, fils de Barthélemi, a engagé à l'abbé Arduin et aux moines de St-Germain, pour cinq ans, et moyennant trente livres, tout ce qu'il possédait en propre, et les droits

qu'il partageait avec son oncle Guillaume d'Asnières et Hervé de Frazin, sur le finage de Rouvray, sans que ni lui ni aucun autre puisse racheter ce gage avant le terme marqué. Passé cinq ans, il pourra le racheter, lui ou le comte Guillaume. Si, à cette échéance, la monnaie d'Auxerre a perdu de sa valeur, l'abbé et ses religieux recevront, à leur choix, ou trente livres ou quatorze marcs. La taille que les deux chevaliers susnommés percevaient sur ces biens, avec le vicomte, sera perçue désormais de concert avec le chambrier de St-Germain, à la satisfaction de cet officier et des serviteurs du vicomte. Jean fait serment d'observer ces conventions, et s'en porte garant contre tous. Erméniarde, sa mère, Hersende, son épouse, et son frère Daimbert y donnent leur consentement, et aussi Obert, son parent, de qui dépend une partie de ces biens. « Guillaume d'Asnières, ajoute le comte, a formelle-
« ment exprimé son approbation en ma présence, et j'y joins
« la mienne, avec l'apposition de mon sceau, parce qu'il s'a-
« git d'un domaine qui relève de mon autorité. » Cet acte est de 1165 (1).

L'autre charte, de 1167, concerne l'établissement des Bons-Hommes, de Grandmont ; nous l'avons relatée en son lieu : elle porte la signature du vicomte Jean, et est datée de Ligny.

C'est vers ce temps que nos populations virent avec admiration l'ancien chancelier d'Angleterre, l'illustre archevêque de Cantorbéry, saint Thomas Becket, exilé à Pontigny, revêtir l'habit des religieux, et se livrer humblement, avec eux, aux travaux de la fauchaison et de la moisson dans les champs qui avoisinent l'abbaye. C'est devant l'autel de Pontigny, qu'étant prosterné en oraison, après avoir célébré la sainte messe, il reçut de Dieu la révélation de son martyre (2).

---

(1) Lebeuf, t. IV, pièces justif. p. 17, n° 57.
(2) D. Tillemont, hist. de Cîteaux, t. VI.

Guy,
Mathilde de Bourgogne, sa femme, et Agnès, leur fille.

Guillaume IV étant mort sans postérité, sa succession échut à Guy, son frère puîné, qui, bien jeune encore, l'avait accompagné à la croisade, et lui rendit les derniers devoirs à Bethléem. Rentré en France, en 1169, Guy entreprit, avec succès, une guerre contre le baron de Donzy, dans laquelle il fut aidé par le roi Louis-le-Jeune ; il exerça, contre l'abbaye de Vézelay, des vexations qui lui attirèrent l'excommunication ; peu de temps après, il fut fait prisonnier dans un combat contre le duc de Bourgogne, mais sa captivité ne fut pas de longue durée. Les habitants de Tonnerre lui doivent leur première charte d'affranchissement, qui est de 1174 : Jean, vicomte de Ligny, y est nommé parmi les témoins. En 1175, il donna aux moines de Pontigny son clos de St-Martin, situé au delà du pont d'Auxerre : dans le cours de la même année, étant tombé malade à Tonnerre, il y mourut le 18 octobre, âgé de 26 ans, et reçut la sépulture à St-Michel.

Il avait épousé Mathilde ou Mahauld, petite-fille du duc de Bourgogne, veuve d'Eudes, baron d'Issoudun, en Berry, et en eut deux enfants, Guillaume et Agnès, qu'il laissa en bas âge. Guillaume, V^e du nom, hérita des comtés de Nevers et d'Auxerre ; sa mère garda celui de Tonnerre pour son douaire et prit l'administration des deux premiers en qualité de tutrice. En 1176, elle fonda l'anniversaire de son mari, à Pontigny (1), et convola ensuite à de troisièmes noces avec Pierre de Flandre, qui trépassa l'année même de son mariage, puis à de quatrièmes avec Robert de Dreux, neveu du roi, dont elle fut bientôt obligée de se séparer pour cause de parenté. Jean, vicomte de Ligny, lui sert de témoin pour une charte qu'elle fait écrire, en 1179, en faveur du monastère de

(1) Cartul. de l'Yonne, t. II, p. 282.

St-Michel ; il remplit le même office auprès de son fils Guillaume, à l'occasion d'une donation, que celui-ci fit à l'abbaye de Crisenon, au commencement de 1181. Ce jeune comte, qui n'avait encore que 17 ans, ne vit pas la fin de cette année : une maladie l'emporta, comme son père, au château de Tonnerre, et il partagea son tombeau à St-Michel. En lui s'éteignit la ligne masculine des comtes de Nevers.

Philippe-Auguste, étant venu à Auxerre, s'empara de ce comté et de celui de Nevers, au nom d'Agnès, sœur de Guillaume, dont il se fit le tuteur. Depuis cette époque, Mathilde ne prit que la seule qualité de comtesse de Tonnerre et de Mailly. Vers 1192, elle se retira à l'abbaye de Fontevrault, et y finit ses jours dans la pratique de toutes les vertus. Agnès, élevée à la cour, fut mariée, en 1184, à Pierre de Courtenay, petit fils de Louis-le-Gros, à qui elle apporta en dot les trois comtés.

Famille de Courtenay.

Pierre de Courtenay.

Le comte Pierre, la première année de son mariage, ratifia les donations du clos de St-Martin, et de 40 arpents dans la forêt de Bar, qui avaient été faites à l'abbaye de Pontigny, par la comtesse Mathilde, pour fonder des prières en faveur de ses chers défunts, Guy et Guillaume. Le vicomte Jean assiste encore comme témoin à la rédaction de cet acte. Pierre employa les années suivantes à visiter ses terres, et particulièrement celles qui avaient le titre de châtellenies, puis il partit en Palestine avec le roi, et, pendant son absence, il eut la douleur d'apprendre, en 1192, la mort d'Agnès, sa femme, qui ne lui laissait qu'une fille appelée Mathilde, comme son aïeule. La croisade terminée, il s'occupa d'achever la clôture des murs d'Auxerre, et soutint la guerre contre Guillaume de Brienne et contre Hervé de Donzy ; mais Philippe-Auguste s'interposa entre eux, et fit épouser Mathilde à Hervé, qui devint ainsi comte de Nevers. Il fut réglé que Pierre conserverait les comtés d'Auxerre et de Tonnerre sa vie durant. Cette dernière ville lui fut redevable de chartes très-libérales qui complétèrent les franchises dont elle jouissait déjà. Un document, provenant de l'abbaye de St-Marien, nous prouve qu'il passa les fêtes de Noël, de l'an 1206, à son château de Ligny (1). De 1210 à 1212, il se croisa contre les Albigeois ; en 1214, il prenait une part brillante à la bataille de Bouvines ; en 1216, il ajoutait de nouveaux bienfaits à ceux dont il avait comblé l'abbaye de Pontigny, et y choisissait sa sépulture. Mais les événements en disposèrent autrement : après la mort d'Agnès, il avait contracté alliance avec Yolande de Flandre, troisième fille de Baudoin V, comte de Flandre et de Hainaut, sœur de Baudoin et de Henri empereurs de Constantinople. Ce dernier prince étant venu à mourir, Pierre, son beau-frère, fut élu pour le remplacer. Il se rendit donc à Rome pour la fête de Pâques, 1217, et y fut sacré empereur par le pape Honorius III. Il prit ensuite la route de Constantinople, accompagné de Guillaume, comte de Sancerre et de 160 chevaliers, l'élite de la noblesse des comtés de Tonnerre et d'Auxerre. Mais il ne put atteindre son but : étant tombé dans les embûches que lui tendit Théodore Lascaris, il fut fait prisonnier, et périt entre les mains de ses ennemis en 1218.

Selon toute apparence, Jean, vicomte de Ligny, l'avait précédé dans la tombe, car il n'est plus question de lui depuis 1210. Dans sa longue carrière, il se trouva mêlé à toutes les affaires importantes de nos pays ; son nom se lit au bas d'une quantité de chartes. Outre celles que nous avons citées, on le rencontre encore en 1182, à la suite de l'approbation conférée par Renaud de Nevers à la pieuse fondation que la comtesse Mathilde avait faite à St-Michel de Tonnerre, en mémoire de

---

(1) Lebeuf, t. III, p. 140, note 3.

son fils Guillaume V (1) ; en 1192, dans une transaction entre Clarembault, de Noyers, et les religieux de Pontigny, au sujet de leur grange d'Aigremont (2) ; en 1202, dans une sentence arbitrale rendue contre les habitants de Venouse, par Eudes, évêque de Paris et Dreux de Mello, connétable de France, qui s'étaient transportés sur les lieux : Jean était au nombre des arbitres. Innocent III, dans une bulle du 8 mai 1210, le compte parmi les bienfaiteurs de l'église de Pontigny (3). Il avait un fils nommé Guillaume qui n'était pas aussi bienveillant envers les moines, et qui leur chercha querelle à propos des biens émanant de la libéralité de ses parents. Il céda enfin à l'intervention de l'évêque d'Auxerre, Hugues de Noyers, et reconnut par-devant lui que c'était injustement qu'il avait molesté les frères de Pontigny par le passé, promettant de vivre en paix à l'avenir, et consentant à ratifier toutes les bonnes œuvres de son père et de sa mère. Acte fut dressé de cette reconnaissance à la chancellerie épiscopale en 1184 (4).

Mathilde de Courtenay ou Mahauld-la-Grande.

Avant son départ pour Constantinople, Pierre de Courtenay avait engagé, à Hervé, son gendre, le comté de Tonnerre et le marquisat de Cruzy. Aussitôt que le bruit de sa fin lamentable se fut répandu, Hervé se mit en possession du comté d'Auxerre, mais il ne jouit pas longtemps des trois comtés réunis, étant mort lui-même le 22 janvier 1222. Du château de St-Aignan, en Berry, son corps fut apporté à Pontigny, et inhumé dans l'ancienne chapelle de St-Thomas, l'apôtre, tombée en ruines au XVIIe siècle, et démolie en 1715. La dalle,

(1) Cartul. de l'Yonne, t. II, p. 339.
(2) Petit cartul. de Pont., t. II, p. 421.
(3) Ibid. p. 24.
(4) Ibid. t. III, p. 14.

ornée d'une frise richement sculptée, qui couronnait son tombeau, existe encore aujourd'hui ; elle a été transformée en table d'autel.

Mathilde de Courtenay, restée veuve avec une fille unique, gouverna par elle-même ses vastes domaines et le fit avec tant de sagesse et de munificence que ses contemporains lui décernèrent le surnom de *Mahauld-la-Grande*. Un des premiers actes de son administration fut de rendre, à Ligny, foi et hommage à Hugues de Montréal, évêque de Langres, pour son comté de Tonnerre, reconnaissant que c'était par tolérance qu'il avait bien voulu les recevoir ailleurs que sur son propre territoire seigneurial (1). Ce fut aussi de Ligny qu'elle data la fameuse charte, par laquelle elle délivra de toute servitude ceux des habitants d'Auxerre qui n'avaient pas été affranchis jusque-là, tant dans la ville que dans les faubourgs, et constitua solidement les droits de la bourgeoisie : *Actum apud Ligniacum castrum meum, anno Incarnationis Domini, M° CC° XX° III°, mense augusto, die beati Petri ad vincula* (2). L'année suivante, elle accorda les mêmes grâces aux bourgeois de Tonnerre, et confirma les franchises que leur avaient octroyées les comtes ses prédécesseurs.

En 1226, Mathilde épousa, en secondes noces, Guy, comte de Forèz, qui s'associa entièrement à ses desseins et à ses louables efforts pour le bien de ses sujets. Ce seigneur fut un de ceux qui se liguèrent contre Thibauld-le-Posthume, comte de Champagne. L'armée s'était réunie près de Tonnerre, et cependant on ne voit point que le comté ait souffert de cette guerre, malgré la proximité de la Champagne. La paix fut signée en 1229, par les bons offices de Boniface, cardinal de St-Ange, légat apostolique. Guy a quelquefois séjourné au château de Ligny, comme le prouve l'attestation qui suit :

(1) Lebeuf, t. III, p. 159.
(2) Ibid. p. 160.

« A tous ceux qui ces présentes lettres verront, frère Jean,
« abbé de Quincy, salut en Notre Seigneur. Nous certifions que
« l'illustre Gui, comte de Nevers et de Forèz, étant à Ligny-
« le-Châtel, dans son manoir, a requis, en notre présence, le
« vénérable Jean, abbé de Pontigny, de lui vendre ou de lui
« céder de son bois de Vaupaine pour couvrir une certaine
« maison. En foi de quoi nous avons apposé notre sceau aux
« présentes lettres. Fait à Ligny, l'an de Notre-Seigneur
« 1233 (1). »

Guy de Forèz prit la croix pour la terre sainte avec Louis IX, mais comme ce saint roi fut arrêté par des obstacles qui lui survinrent, les croisés se mirent en route, en 1239, sous la conduite de Thibauld, comte de Champagne. Notre comte fit partie de cette expédition : il avait employé deux ans à se préparer et à régler une foule d'affaires dans ses domaines. Immédiatement avant de partir, il termina une contestation qui s'était élevée entre la communauté ou, comme porte le texte, l'université (*totam Universitatem*) des habitants de Ligny et les religieux de l'abbaye de Pontigny. Nous couchons ici tout au long cette sentence. On y remarquera que Ligny est, pour la première et unique fois, désigné sous le nom de Ligny-le-Sec, *Ligniaci sicci castri nostri* ; Mathilde y figure avec son mari.

« A tous ceux qui liront ces présentes lettres, Guy, comte
« de Nevers et de Forèz, et Mathilde, aussi comtesse de Ne-
« vers et de Forèz, salut dans le Seigneur. Nous faisons
« savoir qu'une contestation ayant été agitée par-devant
« nous entre les vénérables et religieuses personnes, l'abbé
« et le couvent de Pontigny, d'une part ; et toute la
« communauté des habitants de Ligny-le-Sec, notre châ-
« teau, et autres tant clercs que laïques et religieux, d'autre
« part ; sur ce que ceux-ci réclamaient unanimement desdits

(1) Petit cartul. de Pont. t. II, p. 362.

« abbé et couvent de Pontigny un droit d'usage dans les bois
« appelés vulgairement de Saint-Etienne ou du Fay, de Vau-
« paine et de Revisy et, de plus, un droit de passage par la
« grange de Sainte-Porcaire : droits que les moines leur dé-
« niaient absolument, disant que les demandeurs n'avaient
« ni usage, ni jouissance quelconque dans les bois ci-dessus
« dénommés et que leur prétention à un chemin, exclusive-
« ment affecté aux possesseurs de la susdite grange, était
« sans fondement. A l'appui de leur dire, les moines exposè-
« rent sous nos yeux une charte de Guillaume, d'heureuse
« mémoire, autrefois comte de Nevers, notre prédécesseur (1).
« Cette pièce ayant été parcourue et soigneusement examinée,
« ouïes et consciencieusement pesées les raisons que la par-
« tie adverse y opposait, de l'avis du conseil de notre cour,
« toute forme requise de procédure parfaitement observée,
« approuvant et confirmant la susdite charte dans toutes et
« chacune de ses dispositions, nous définissons et prononçons
« que la communauté des habitants de Ligny et autres inté-
« ressés n'ont aucun droit d'usage, ni aucun autre droit sur
« les bois en question, ni sur le chemin de Sainte-Porcaire,
« tous ces biens étant déclarés appartenir aux religieux de
« Pontigny francs et quittes. Nous libérons ces derniers de
« toute poursuite de la part de ladite communauté et consorts,
« à qui nous imposons sur ce sujet un perpétuel silence.

« Mais, à notre prière et sur nos instances, les frères de
« Pontigny ont donné et concédé à toute la communauté de
« Ligny, notre château, et autres tant clercs que laïques qui
« avaient élevé des réclamations par rapport au droit d'usage,
« la moitié de leur bois connu sous le nom de Saint-Étienne
« ou du Fay, sauf le pâturage qui demeure comme il était
« accoutumé entre les deux parties. Nous, de notre côté, con-
« sidérant le dévouement que lesdits frères témoignent et ont

(1) Voyez plus haut la charte de Guillaume III, de 1156.

« toujours témoigné envers nous, et aussi pour le remède de
« nos âmes, nous leur avons donné et concédé, de notre vo-
« lonté propre et spontanée, notre bois situé vers Souilly (1),
« entre le bois du vicomte de Ligny et celui desdits religieux
« de Pontigny, pour être, à perpétuité, tenu et possédé par
« eux librement et paisiblement, sans contradiction de notre
« part ou de la part de nos héritiers, de telle sorte qu'ils
« puissent s'en servir à leur volonté comme de leur bien
« propre. Fait l'an de Notre-Seigneur 1238, au mois de fé-
« vrier. » (N. S. 1239) (2).

Guy de Forèz ne revint point de son voyage en Orient: il y mourut le 31 juillet 1242. La comtesse Mathilde avait repris l'administration des trois comtés pendant l'absence de son mari. Devenue veuve une seconde fois, elle continua de les régir avec la prudence et la générosité dont elle avait déjà donné tant de preuves. Elle favorisa de tout son pouvoir l'établissement des disciples de saint Dominique et de saint François d'Assises dans la ville d'Auxerre. En 1257, voyant sa fin approcher, elle consigna ses dernières volontés dans un testament remarquable, qui a été publié par Dom Martenne (*Thesaur. Anecd. T. I.*) et par l'abbé Lebeuf *Tom. IV. Preuves, n° 191.*). A propos des Bons-Hommes de Grandmont, nous avons relevé l'article qui contient le legs qu'elle fit à leur Prieuré de Ligny. Elle y révoque le choix qu'elle avait fait jadis de l'abbaye de Pontigny pour sa sépulture et demande à être inhumée dans celle de Notre-Dame de Reconfort, près de Monceaux au diocèse d'Autun, dont elle était la fondatrice. Elle passa à une vie meilleure le 29 juillet de cette même année 1257. Au mois de novembre précédent, elle se trouvait à son château de Ligny et y data du mardi avant la Saint

---

(1) Hameau près du château de Montfort, commune de Montigny. C'est par erreur que Lebeuf (t. III, p. 173) met *Suilly en Donziois*.

(2) Petit cartul. de Pont. t. II, p. 363.

André un acte par lequel elle dispose, en faveur de Pontigny, pour son anniversaire et pour celui du comte Hervé, son premier mari, d'une somme de dix livres nivernaises de revenu annuel, que lui devaient à l'échéance de la Saint-Remi, les serfs de Chichée, proche Chablis. Elle charge les baillis de Tonnerre de toucher cette somme et de la remettre entre les mains de l'abbé ou de son mandataire, sans difficulté, ni opposition, ni réduction, ni délai, priant son vénérable père et seigneur, l'évêque de Langres, de prononcer, contre elle ou contre ses héritiers et successeurs, une sentence d'excommunication, si elle ou quelqu'un d'entre eux osait revenir sur cette pieuse donation (1).

Pendant sa longue et bienfaisante administration, la vicomté de Ligny passe successivement en plusieurs mains. Nous voyons d'abord paraître la vicomtesse JEANNE, que nous croyons être la veuve de Guillaume, fils du vicomte Jean. En février 1227, elle approuve et ratifie l'aumône d'un setier de froment pour la confection des hosties, qui a été faite à l'église de Pontigny par le chevalier Guillaume, surnommé le Villain, et par son épouse Hélyonore : lequel setier sera perçu chaque année par le sacristain de Pontigny sur leurs tierces de Lignorelles (2). En 1229, elle cède, à prix d'argent, à Renaud de Joceval, abbé de Saint-Germain, le droit de haute justice et plusieurs autres droits sur le village de Rouvray (3). En 1233, Henri, doyen de Tonnerre, atteste que Jeanne, vicomtesse de Ligny, s'étant présentée pardevant lui, a donné à l'église de Pontigny, en pure aumône et à perpétuité, pour le remède de son âme et des âmes de ses prédécesseurs, 52 sols et 6 deniers, monnaie courante, lesquels seront payés chaque année en deux ter-

---

(1) Petit cartul. de Pont. t. III, p. 364.
(2) Ibid. p. 283.
(3) Cartul. de Saint-Germain, f° 67.

mes, moitié à l'octave de Noël et moitié à l'octave de saint Jean-Baptiste (1).

Aliénor, fille de la vicomtesse Jeanne, épousa un chevalier de la maison de Clairy : elle en eut trois fils ; EUDES, qui hérita du titre de vicomte ; Guy et Pierre qui entrèrent dans le clergé et sont appelés *Clerici de Lagniaco Castro* dans plusieurs actes de cette époque. Voici par ordre chronologique les documents qui concernent cette famille.

En 1233, le doyen de Tonnerre certifie que Pierre Strabon, prévôt de Lignorelles, a reconnu en sa présence avoir reçu l'ordre d'Eudes, vicomte de Ligny, son seigneur, de payer chaque année, la veille de la Toussaint, aux frères de Pontigny vingt sols de monnaie courante, à prendre sur les revenus que ledit vicomte possède à Lignorelles : et ce, pour remplir les intentions de noble femme Aliénor, sa mère, qui a fondé son anniversaire à Pontigny, moyennant cette somme. Eudes veut et entend que cette obligation passe à tous les prévôts qui se succéderont dans ce village (2).

En 1237, Guy et Pierre de Clairy déclarent devant l'official d'Auxerre que Jeanne, leur aïeule, leur a donné toute sa dîme de Montigny, excepté deux setiers de froment dont elle avait disposé antérieurement en faveur des religieuses des Iles et des moines de Pontigny, pour l'entretien d'une lampe. Sa volonté, clairement exprimée, est que ses deux petits-fils aient le bénéfice de cette dîme pendant le cours de leur vie, mais, à leur décès, l'église de Pontigny en sera mise en possession paisiblement et pour toujours. Guy et Pierre font plus, ils renoncent à leur jouissance et l'engagent aux cisterciens au prix de vingt livres tournois, selon les us et coutumes d'Auxerre (3). Une charte du mois de juillet 1239, scellée du sceau de Geoffroy,

---

(1) Petit cartul. de Pont. t. III, p. 15 et 16.
(2) Ibid. p. 18.
(3) Ibid. p. 17.

doyen de Saint-Florentin, vient fortifier ces arrangements du témoignage de frère Conon, moine de Pontigny, de Gauthier du Mez et de messire Colin, chevalier de Ligny, qui s'était croisé et partit cette année-là même en Palestine à la suite du comte Guy de Forèz. Avant son départ, le noble chevalier fonda son anniversaire et celui de ses ancêtres à Pontigny, en assignant à cette église une rente de vingt sols sur son four banal de Vergigny (1).

En 1243, Guy de Clairy est devenu chanoine de St-Étienne de Troyes. Il abandonne, en pure et perpétuelle aumône, à l'abbé et au couvent de Pontigny, toute la dîme de blé et de vin qu'il disait tenir, à Ligny-le-Château, de dame Jeanne, son aïeule, en son vivant vicomtesse de cette ville (2). Il résulte des termes de cette charte et de la précédente que Jeanne et sa fille Aliénor étaient décédées toutes deux avant 1239. Guy, par un acte de même date, mais distinct, passé devant l'official de Troyes, ajoute à ces libéralités deux muids d'avoine, à la mesure de Ligny (3), qui seront recueillis annuellement, l'un sur la dîme dudit Ligny, l'autre sur le terrage, les coutumes et le four de Mérey-le-Serveux (4).

Dans le temps que la famille de Clairy multipliait ses bienfaits à l'égard de la vénérable abbaye de Pontigny, celle-ci ouvrait ses portes à un illustre exilé, dont la gloire et la sainteté devaient rejaillir sur elle pendant une longue suite de siècles. C'était saint Edme, archevêque de Cantorbéry qui ve-

---

(1) Petit cartul. de Pont. t. III, p. 17, 18 et 19.
(2) Ibid. p. 73.
(3) On lit dans une charte de 1247 : « Guy, dit le Roux, chevalier, et Elisabeth, son épouse, reconnaissent avoir donné à l'église de Pontigny *quatuor bichetos frumenti boni et legitimi ad mensuram Legniaci castri*, sur leur four de Villeneuve-sur-Buchin. » La mesure de Ligny avait cours dans les pays circonvoisins et notamment à l'abbaye, comme le prouve son cartulaire. C'était le bichet, qui, en blé, pesait 90 livres ... vaut à 58 litres.
(4) Petit cartul. de Pont. t. III, p. 73 et 74.

nait, comme saint Thomas son prédécesseur, demander un asile aux religieux et répandre sur nos contrées la bonne odeur de ses vertus. Heureux de vivre de la vie du cloître, « il voulut, dit son moderne historien (1), être traité comme un simple frère et sans distinction... Il participait à tous les labeurs des moines ; vêtu et nourri pauvrement comme le dernier d'entre eux, il ne permettait pas qu'on lui apportât aucun adoucissement à la règle commune : il en embrassait les plus rudes exercices, et, quoiqu'il n'eût jamais été habitué aux travaux corporels, il cultivait de ses mains les champs du monastère. Non content d'assister aux offices du chœur, il prolongeait ses veilles, selon sa coutume, pendant la plus grande partie du temps consacré au repos. Il s'adonnait à l'étude et à la méditation de l'Écriture-Sainte.... Il écrivit alors un livre connu des ascètes et venu jusqu'à nous. Il l'adressa à ses chers frères les religieux de Pontigny, sous le titre de *Miroir de l'Église*. »

« Mais ce n'était pas assez pour Edme d'édifier les religieux par sa parole et ses écrits : les exercices quotidiens de la vie monastique n'eussent pas suffi à contenter son cœur, s'il n'eût pu y joindre l'apostolat, noble passion de sa jeunesse qui le suivit jusqu'au tombeau. Le zèle lui rendait chère la culture des âmes, et, comme saint Chrysostome exilé, ne pouvant plus annoncer la parole de Dieu à son troupeau, il la portait au peuple dont l'exil l'avait rendu le concitoyen. Apôtre jusqu'à la fin, quelques jours avant d'aller mourir à Soisy, il évangélisait les paroisses voisines de Pontigny, Venouse, Ligny, Montigny. Il ne dédaignait pas de faire entendre aux plus humbles villages cette voix éloquente qui avait enseigné les savants dans les Universités, prêché des missions et la croisade dans les plus grandes villes d'Angleterre. »

« Ici, comme en sa patrie, les miracles accompagnaient sa

(1) Vie de saint Edme, par le R. P. Massé, p. 263 et 271.

parole. Un jour qu'il prêchait à Ligny-le-Châtel, une pauvre femme vient lui présenter sa fille, minée lentement, depuis ses premières années, par une fièvre que les médecins n'avaient pu guérir. Elle le pria de la bénir. « Croyez-vous fermement, lui dit-il, que je puisse, par la vertu de Dieu, lui rendre la santé ? — Oui, je crois, répondit-elle, que votre bénédiction avec le signe de la croix pourra la guérir. » Edme traça, avec le pouce, le signe la croix sur le front de la malade, en lui disant : « Que le Seigneur vous rende la santé ! » Elle ressentit aussitôt l'efficacité de cette voix aimée de Dieu ; elle fut guérie si parfaitement qu'il ne lui resta plus aucune trace de sa langueur. »

S. Edme expira au prieuré de Soisy, près de Provins, le 16 novembre 1240, et, le 25 du même mois, son corps était ramené à Pontigny et enterré en face du maître autel. Le premier des miracles qui éclatèrent parmi les funérailles, s'opéra sur un enfant de Ligny, nommé Thomas. « Il avait les membres tellement contournés et rétrécis, qu'il ne pouvait ni sortir de son lit, ni marcher, ni se tenir debout. Dès que sa mère eut appris que le saint qu'elle avait entendu prêcher était ramené à Pontigny, elle apporta son fils sur ses épaules et le plaça sur une pierre à la porte de l'église. Maître Herbert, archidiacre d'Auxerre, le fit conduire jusqu'au tombeau, où on le laissa couché par terre, avec la ferme confiance qu'il recouvrerait l'usage de ses membres. Un religieux l'exhorta à réciter, avec une espérance entière, l'oraison dominicale. En achevant cette prière, l'enfant ressentit dans tout son être une action mystérieuse, et se trouva capable de marcher seul et sans soutien. Il se leva donc et se tint debout en présence de l'assemblée ravie ; il s'avança ensuite sans aucun appui et fit plusieurs fois le tour du maître autel, pour ne laisser aux assistants aucun doute sur le changement miraculeux qui venait de s'opérer en ses membres (1). »

(1) Vie de saint Edme, par le R. P. Massé, p. 301.

Plusieurs habitants, de Ligny-le-Château et de Ligny-la-Ville, furent encore l'objet des faveurs du bon saint. Le *Liber miraculorum S. Edmundi*, édité par Dom Martenne (Thes. anecd. t. III.) cite un enfant qui fut ressuscité, un autre à qui la vue fut rendue, un nommé Guillaume qui fut guéri d'une fistule, Robert de Ligny-la-Ville qui recouvra ses animaux de labour, etc. Aussi quand, sur les instances des évêques de France et d'Angleterre, et par ordre du pape Innocent IV, une enquête solennelle s'ouvrit à Pontigny, pour procéder à la canonisation de St-Edme, de nombreux témoins arrivèrent de notre ville et déposèrent, sous la foi du serment, des grâces qu'ils avaient obtenues par son intercession.

Reprenons maintenant la suite de notre histoire seigneuriale.

Vers 1245, le vicomte de Ligny s'appelle PIERRE DE CLAIRY, et sa femme Ermeniarde ou Ermengarde. Est-ce le fils du vicomte Eudes, ou bien son frère qui, n'étant point engagé dans les ordres sacrés, aurait quitté la carrière ecclésiastique? Nous n'avons pu éclaircir ce problème. Toujours est-il que Pierre de Clairy est le dernier de nos vicomtes dont le nom soit connu, et qu'il paraît avoir prolongé ses jours jusqu'à l'époque où cette charge fut abolie, et la vicomté de Ligny confondue avec le comté de Tonnerre.

En mai 1248, il reconnaît, devant le chapitre de Langres, qu'il tient de l'évêque de cette ville quatre fiefs militaires et, de plus, qu'il a la garde du prieuré de Ligny, le tout en fief lige; il s'avoue homme lige de l'évêque de Langres, après le comte de Champagne et la comtesse de Nevers (1). En 1250, il confirme le droit de pacage qu'avait la maladerie de St-Florentin, sur le territoire de Chéu, dont il était seigneur en partie (2).

---

(1) Cartul. de la ville de Tonnerre, p. 15.
(2) Cartul. de l'Hôtel-Dieu de Saint-Florentin.

En 1257, Erméniarde, vicomtesse de Ligny, fait don, à la maison de Pontigny, de trente sols de rente, à percevoir sur ses revenus du château de St-Maurice-Thizouaille, pour la fondation de son anniversaire et de celui de ses parents (1).

Une charte de Thibauld-le-Jeune, comte de Champagne et roi de Navarre, datée du mois d'août 1259, approuve les rentes concédées à Pontigny, sur les moulins de Maligny, sur les terres de Poinchy, de Bennes, de Jaulges, etc., comme relevant de ses fiefs et, parmi les bienfaiteurs de ce monastère, il cite les nobles seigneurs de Maligny, et le vicomte de Ligny (2). C'est la première fois que nous rencontrons la main des comtes de Champagne sur des fiefs de notre voisinage. Le comté de Tonnerre n'a été compris dans la Champagne, que depuis 1274, lorsque cette province fut réunie à la couronne par le mariage de Jeanne de Navarre avec Philippe-le-Bel, roi de France.

IIIᵉ PÉRIODE (DE 1260 A 1412)

LIGNY SOUS L'AUTORITÉ DIRECTE ET EXCLUSIVE
DES COMTES DE TONNERRE.

FAMILLE DE BOURGOGNE.

Eudes de Bourgogne et Mathilde de Bourbon, sa femme.

Mahauld-la-Grande n'avait pas eu d'enfants de son second mariage avec Guy de Forèz, mais, du premier, avec Hervé de Donzy, était issue une fille du nom d'Agnès, qui fut mariée

(1) Petit cartul. de Pont. t. III, p. 20.
(2) Ibid. t. II, p. 334.

à Guy de Châtillon, comte de St-Paul, vers 1223. Guy fut tué, en 1225, en combattant contre les Albigeois; Agnès mourut la même année. Yolande, leur fille, épousa Archambaud X de Bourbon, qui périt en Chypre, en 1260, laissant à sa veuve deux filles, Mathilde et Agnès.

Agnès de Bourbon épousa Jean de Bourgogne, second fils du duc Hugues IV; ils eurent une fille qui porta dans la maison de France le titre de Bourbon, par son mariage avec Robert-le-Fort, fils de S. Louis.

Mathilde de Bourbon avait contracté alliance, en 1247, avec Eudes, fils aîné du duc de Bourgogne. Yolande de Châtillon étant morte avant son aïeule la comtesse Mahauld, Mathilde succéda directement à sa bisaïeule dans la possession des trois comtés, mais elle n'en jouit que peu de temps, car il est prouvé qu'elle n'existait plus en 1263. C'est pendant que Eudes de Bourgogne, son mari, les gouvernait seul, que fut signée, entre la communauté des habitants de Ligny et l'abbaye de Pontigny, une importante transaction qui a servi de de titre prépondérant dans les débats survenus de nos jours entre les communes de Jaulges, Chéü, Varennes et Ligny, et terminés à l'avantage de ces deux dernières.

On se rappelle que les comtes de Nevers avaient donné primitivement le bois de Saint-Étienne aux moines de Pontigny et qu'à l'arrivée des Bons-Hommes de Grandmont, ils en détachèrent la partie la plus rapprochée de Ligny, pour les y installer, en indemnisant les moines. Plus tard, le comte Guy de Forèz, aussi moyennant indemnité, avait déterminé les Pontiniaciens à partager ce qui restait avec les habitants de Ligny. Depuis lors, des difficultés s'étaient élevées sur les limites de leurs portions respectives: d'autres contestations troublaient encore la bonne harmonie à propos du bois de Lordonnois, de l'eau du Serain, de la Noue-Parjean, du chemin de Méré-sur-l'eau et des clos ou plessis qui existaient entre le ru de la Varande, qui longe le hameau des Prés-du-Bois, et l'écluse de Pontigny, autrement dite l'écluse de Boy. Le désir de la paix amena un compromis : l'acte en fut rédigé au mois de juin 1263, par un des notables de Ligny, Guy du Mez, qui était alors bailli d'Auxerre et de Tonnerre, sous l'autorité du comte Eudes. On élut pour arbitres frère Pierre, de la conventualité de Pontigny, et messire Barthélemy, prêtre, maître de la léproserie de Ligny. L'affaire arriva à bonne fin et la charte suivante promulguée au mois de novembre par Guy de Rochefort, évêque de Langres, termina tous les différents.

« Guy, par la grâce de Dieu, évêque de Langres, à tous
« ceux qui liront ces présentes lettres, salut en Notre-Sei-
« gneur, Nous faisons savoir que la discorde s'étant mise en-
« tre religieuses personnes l'abbé et le couvent de Pontigny,
« d'une part, et les bourgeois, clercs et toute la communauté
« de Ligny, d'autre part, touchant certaine partie de la forêt
« de Contest (1), que l'on appelle *li Ardenois* et certaine par-
« tie du bois de Saint-Étienne contiguë à ladite forêt de
« Contest, et aussi au sujet des plessis, de l'eau du Serain et
« de son cours, de la Queue de la Seuz attenant au mont
« Sainte-Marie, et de tous autres litiges qui existaient ou ont
« pu exister entre eux par le passé jusqu'à la confection des
« présentes lettres ; enfin, une transaction est intervenue,
« grâce à la médiation des prud'hommes frère Pierre l'Au-
« xerrois, moine de Pontigny et messire Barthélemy, prêtre,
« maître de la léproserie de Ligny, qui ont été choisis pour
« arbitres et pacificateurs par les parties, comme celles-ci
« l'ont reconnu en présence de notre mandataire juré, spé-
« cialement député par nous pour entendre cette cause et
« muni à cet effet de nos pleins pouvoirs, et comme il est

(1) Ce nom que l'on écrit aujourd'hui *Contais*, ne s'applique plus guère qu'à la portion du bois de Saint-Etienne, échue à la commune de Ligny et qui a été l'objet d'un procès avec les communes voisines.

« contenu dans les lettres de compromission qui en ont été
« faites. »

« Laquelle transaction porte que les bourgeois, clercs et
« communauté de Ligny-le-Château posséderont, à l'avenir,
« paisiblement et en toute propriété, cette partie du bois de
« Saint-Etienne qui est du côté de Ligny, dans toute son éten-
« due, depuis le haut du ru de la Varande jusqu'au chemin
« public de Chéü que l'on nomme le chemin du Faîte, con-
« formément au partage qui a eu lieu jadis ; et cette partie
« du bois que l'on appelle Fontaine-l'Ardenois, dans toute
« son étendue, depuis ledit chemin jusqu'à ladite fontaine et
« jusqu'au bois desdits religieux que l'on nomme bois de la
« Seuz, toujours du côté de Ligny. Il est bien entendu que
« les Pontiniaciens ne seront tenus fournir aucune garantie
« par rapport à la portion dévolue auxdits bourgeois et que
« les pâturages communs aux deux parties resteront saufs.
« Sont également exceptés les plessis qui descendent du ru
« de la Varande jusqu'à l'écluse de Boy et ces plessis, avec
« toute la contenance des terres et des champs qui appar-
« tiennent aux religieux, demeureront assurés entre leurs
« mains.

« Tout le reste, ensuite, du bois de Saint-Étienne qui fait
« face à Sainte-Porcaire, dans toute son étendue, depuis le
« chemin du Faîte et selon que ce chemin se continue vers
« la carrière de Sainte-Porcaire, sera possédé pareillement
« en toute propriété, franc et quitte, par les Pontiniaciens,
« de telle sorte qu'ils puissent en faire leur pleine volonté ; et
« de même, et au même titre, ils jouiront de cette partie du
« bois de Fontaine-l'Ardenois qui regarde Sainte-Porcaire,
« dans toute son étendue, depuis ledit chemin de Chéü jus-
« qu'à ladite fontaine et au delà, en longeant le mont Sainte-
« Marie, jusqu'au bois desdits religieux dit le bois de la
« Seuz.

« D'autre part, lesdits bourgeois, clercs et communauté

« pourront pêcher librement dans l'eau qui descend de l'écluse
« de Boy, appartenant aux religieux, vers le champ de la Va-
« rande, jusqu'à l'endroit qui correspond directement au
« grand chêne qui est dans les prés du Beugnon, endroit où
« des bornes ont été plantées dans ledit champ de la Varande,
« et il ne sera jamais permis de les troubler dans leur droit
« de pêche, de quelque manière que les Pontiniaciens dispo-
« sent du cours de la rivière : au-dessous desdites bornes,
« l'eau sera totalement aux religieux, aussi bien que leur biez
« qui de l'écluse se dirige vers l'abbaye et y entre. Sur cette
« eau et sur le biez les habitants de Ligny ne pourront dé-
« sormais réclamer aucun droit ; les religieux seuls s'en ser-
« viront à leur gré pour pêcher, faire des écluses et les ré-
« parer et en détourner le cours quand et comme il leur
« plaira, mais eux aussi n'auront et ne pourront réclamer au-
« cun droit de pêche sur la part réservée aux habitants de
« Ligny, c'est-à-dire entre l'écluse et les bornes. Que s'il ar-
« rive que quelqu'un des gens de l'abbaye ou de ladite ville
« passe les bornes, soit pour la pêche, soit pour l'usage des
« bois ci-dessus mentionnés, et qu'on le surprenne à causer
« du dommage, il sera tenu de payer une amende à la partie
« lésée pour chaque transgression.

« Lesdites parties sont tombées d'accord que les voitures
« de Ligny auront purement et simplement un droit de pas-
« sage le long d'un des fossés de l'abbaye contigu aux vignes
« de la Fontaine-Létard, sans que ledits bourgeois, clercs et
« communauté puissent rien prétendre à titre de voie, de
« passage, ou pour tout autre motif le long de l'autre fossé qui
« aboutit sur le précédent : le passage accordé s'étendra de-
« puis la Fontaine-Létard pardevant le Beugnon jusqu'au
« chemin public qui va de Pontigny à Souilly ; sauf en tout
« les chartes et libertés des Pontiniaciens, et, de plus, le pré
« que feu Gauthier du Mez a donné autrefois à l'Église de
« Pontigny et que l'on appelle *Noue-Parjean*, sur lequel les

« hommes de Ligny avaient un droit de pâturage, sera à l'a-
« venir affranchi de toute servitude et les moines pourront,
« quand ils le voudront, le clore de fossés, comme ils ont fait
« pour le territoire du Beugnon.

« Enfin lesdits bourgeois, clercs et communauté de ladite
« ville ont promis de faire approuver et ratifier la présente
« transaction par le comte de Nevers qui existe aujourd'hui,
« et d'en obtenir des lettres authentiques qu'ils remettront
« audits religieux. S'ils n'exécutent point cette promesse,
« ceux qui en ont pris l'engagement au nom de la commu-
« nauté de Ligny, savoir : Guy du Mez, fils de défunt Bernard,
« bailli d'Auxerre; Guy du Mez, autrefois bailli de Décise;
« Jean Morelli; Jean, dit Pilart; Garnier et Jacques, frères,
« dits Ferron; Barthélemy et Colin, fils de Bernard du Mez;
« Philippe, fils de défunt Echard; Maurice, fils de Guillaume
« de Perreuse; Alexandre le Tanneur; Godard; Alexandre
« le Cordonnier; Herbert, dit Pilart; Arnoul; Regnaud de Re-
« boursiau; Guillaume, fils de Thomas le changeur; Tho-
« mas, fils de feu Guillaume de Armes; Jobert, drapier; Hu-
« gues de Méré; Jobert, dit Picher; Jean, fils de celle qu'on
« nomme la Comtesse, et aussi les clercs et la communauté
« de ladite ville, leurs héritiers ou leurs successeurs, pour-
« ront être contraints par les Pontiniaciens, ou par un des
« seigneurs suzerains, à déposer en nantissement, aux ter-
« mes du compromis, deux cents marcs d'argent; et nous,
« évêque de Langres, fulminerons contre eux, à la requête
« des moines ou de leur mandataire, une sentence d'excom-
« munication, qu'ils s'engagent à observer fidèlement jusqu'à
« ce qu'ils aient donné pleine satisfaction aux Pontinia-
« ciens en payant les dommages, pertes, coûts et dépens.
« Renonçant lesdits bourgeois, clercs et communauté
« de ladite ville de Ligny, en ce fait, à toute exception de
« for, de dol, etc. En foi de quoi, et sur leur demande
« expresse, nous avons apposé notre sceau aux présentes

« lettres. Daté de l'an de Notre-Seigneur 1263, au mois de
« novembre (1). »

L'original de cette charte avec le sceau bien conservé est aux archives de l'Yonne. Nous n'avons pas trouvé la charte confirmative du comte Eudes de Bourgogne. Quelques années après, ce seigneur prit la croix et partit en Palestine : il y mourut en 1267.

Marguerite de Bourgogne, Reine de Sicile.

Du mariage d'Eudes avec Mathilde de Bourbon, il ne naquit que des filles, Yolande, Marguerite et Alix, mais toutes trois eurent de brillantes alliances. Yolande, l'aînée, épousa, en 1266, le sixième fils de S. Louis, Jean, surnommé Tristan, parce qu'il vint au monde à Damiette pendant la captivité du saint roi ; deux ans après, Alix, la plus jeune, fut mariée à Jean de Chalon, et Marguerite, à Charles d'Anjou, frère de S. Louis, roi de Naples, de Sicile et de Jérusalem. Pendant l'absence du comte Eudes, Jean Tristan reçut, d'un commun accord, le gouvernement des trois comtés, mais ayant pris part à la dernière croisade de son père, il succomba au camp de Tunis, au mois d'août 1270. Yolande, sa veuve, s'unit en secondes noces à Robert de Béthune, comte de Flandre, et prétendit avoir le droit de conserver non-seulement le comté de Nevers, en sa qualité de fille aînée, mais encore les comtés de Tonnerre et d'Auxerre qu'un long usage avait retenus dans la même main, et qui semblaient ne plus former qu'un seul comté. Un procès s'en suivit devant le parlement de Paris qui, après enquête, rejeta cette prétention, et ordonna le partage entre les trois sœurs : la cour adjugea à Marguerite le comté de Tonnerre *utpotè meliorem et redditibus pinguiorem*; Alix eut celui d'Auxerre (2).

(1) Petit cartul. de Pont. t. II, p. 185 et suiv.
(2) Cartul. de Tonnerre, p. 5.

Marguerite, née en 1247, passa les premières années de son enfance à la cour de son aïeul, Hugues IV, duc de Bourgogne. Elle fut mise ensuite à l'abbaye de Fontevrault, où elle puisa ces principes d'une vraie et solide piété qui en firent une des princesses les plus accomplies de son siècle. Devenue reine de Naples et de Sicile, elle suivit son époux et n'usa de son influence que pour adoucir les mesures acerbes qui rendaient les Français odieux dans ce royaume. Après la mort de Charles d'Anjou, elle remit à Charles II, son beau-fils, les rênes de l'Etat qu'elle avait tenues pendant sa captivité et vint fixer sa résidence à Tonnerre. Sa vie ne fut plus qu'une longue suite de bonnes œuvres, ce qui ne l'empêcha pas de défendre, au besoin, les droits de sa seigneurie, comme divers actes le prouvent, spécialement par rapport à la vicomté de Ligny.

Sur la fin du XIIIe siècle, nous voyons poindre chez les moines de Pontigny une tendance qui ne s'était pas encore révélée, et qui se dessinera plus nettement à mesure que nous avancerons. Ils veulent se soustraire, dans l'ordre temporel, à l'autorité et à la garde des comtes de Tonnerre, et se réfugier sous les auspices du pouvoir royal, qui ne demandait pas mieux que de battre en brèche la juridiction féodale. Ils suivent en cela la marche du temps, et la manière dont la protection des comtes s'exercera à leur endroit dans les siècles suivants ne sera pas de nature à changer leurs idées. Un jour leur monastère s'appellera *l'Abbaye royale de Pontigny*, mais alors ils tomberont dans un autre inconvénient : le fléau de la Commende les mettra à la merci des distributeurs de grâces à la cour, et la discipline religieuse en recevra de mortelles atteintes.

En 1288, il y avait donc contestation entre la pieuse reine et les Pontiniaciens. Marguerite affirme qu'elle a droit de justice et de garde sur l'abbaye et sur les granges de Ste-Porcaire, du Beugnon, de Beauvais et d'Aigremont. Elle dit qu'en particulier l'église de Pontigny et la grange de Ste-Porcaire, avec ses dépendances, sont situées dans les limites de son comté de Tonnerre, et de sa châtellenie de Ligny et en relèvent. Elle pose en principe que de droit commun, en France, les églises, les abbayes et maisons religieuses, fondées dans les comtés et baronnies, sont de la garde, de la justice, souveraineté et ressort des comtes et des barons. Elle se plaint qu'à la requête des religieux le bailli de Sens a usurpé son autorité, car elle est en jouissance de la rivière de Ligny-le-Château et de sa justice, et ne fait qu'user de son droit, en détruisant les barrages qu'on se permet d'établir dans ladite rivière et en en punissant les auteurs, et cependant le sergent envoyé par le bailli de Sens y a mis opposition. Autre grief : contre sa défense, les religieux ont construit une maison fortifiée dans leur vigne de St-Porcaire, où la comtesse a droit de justice et de garenne. Ceux-ci répondent que, d'après leurs chartes de fondation et de nombreux priviléges royaux, ils ont toujours été exempts de la justice du comte de Tonnerre : quant à la maison qu'ils ont édifiée dans leur vigne de Ste-Porcaire, ce n'est point un fort, mais une simple maison, et ils ont bien le droit d'en contruire de telles. L'affaire fut portée pardevant le roi Philippe-le-Bel qui, toutefois, donna tort aux religieux et les soumit à la juridiction de la cour de la reine Marguerite, par un arrêt du mois de février 1289 (1).

La sentence royale n'ayant point terminé le différend, on convint de s'en rapporter à deux arbitres, savoir : Robert duc de Bourgogne, et Thibauld, abbé de Citeaux. Dans l'accommodement qui a lieu, et dont on dresse une longue charte, le droit de justice est reconnu à l'abbaye, excepté pour les cas criminels, « dans lesquels cas, si malheureusement il en sur-
« vient, l'exécution se fera sur le chemin de Lardenois, du
« côté des bois des bourgeois de Ligny-le-Château, sur le fond

(1) Petit cartul. de Pont. t. II, p. 266.

« desdits religieux et non ailleurs... En outre, les religieux
« peuvent faire venir l'eau de la fontaine de Ligny-la-Ville, par
« les canaux par où elle a coutume de venir d'ancienneté ou
« par une autre direction, selon qu'il leur paraîtra expédient..
« A nous et à nos successeurs, dit la reine, appartiendront
« dorénavant les droits de garenne et de chasse sur le terri-
« toire de Ste-Porcaire et dans la forêt de Contest... Les pâtres,
« qui conduisent le bétail dans ces lieux, seront tenus de
« prêter serment à nous ou à notre représentant, à nos suc-
« cesseurs ou à leur mandataire, dans l'église paroissiale de
« Ligny-le-Château, un mois après qu'ils auront été institués
« à nouveau... Il est encore convenu et réglé spécialement et
« expressément que notre prévôt de Ligny, les sergents, les
« forestiers ou gardes de notre garenne, ou ceux de nos succes-
« seurs et ayant cause, qui existent ou qui existeront dans la
« suite, lorsqu'ils seront changés, devront prêter, dans le mois
« et solennellement, dans l'église paroissiale de Ligny, en pré-
« sence de notre bailli de Tonnerre ou de son lieutenant, à la
« requête desdits religieux, le serment de n'exercer aucune ju-
« ridiction sur les lieux et finages dont la justice appartient au
« monastère de Pontigny et de ne rien exiger, si ce n'est à l'oc-
« casion des délits commis dans la garenne : l'amodiation du
« péage et les cas criminels nous sont exclusivement réservés...

« Que si, dans les temps à venir, il arrivait que la châtel-
« lenie de Ligny-le-Château fût séparée de notre comté de
« Tonnerre, de quelque façon que ce soit, nous voulons dès
« à présent, en faveur desdits religieux, que les justice, ju-
« ridiction et ressort et tous droits nous appartenant et n'ap-
« partenant qu'à nous seuls, demeurent attachés à notre
« comté de Tonnerre et y adhèrent de manière à n'en pou-
« voir jamais être séparés... *Actum et datum anno Domini*
« 1291, *mense decembri* (1). »

(1) Petit cartul. de Pont. t. II, p. 371 et suiv.

Ainsi fut apaisée cette querelle, pour renaître plus tard sous une autre forme. La circonstance prévue dans ce dernier paragraphe se réalisera au bout de quelques générations et nous en verrons les conséquences.

L'année suivante, Marguerite, voulant montrer sa bienveillance envers la noble abbaye, approuva toutes les acquisitions qu'elle avait faites sur ses domaines, et notamment à Ligny, par une charte en langue vulgaire que nous transcrivons pour être conservée comme une relique de notre comtesse de sainte mémoire :

« A touz ces qui verront et orront ces présentes lettres,
« Marguerite par la grâce de Dieu jadis Reyne de Jhérusalem
« et de Sécile, orandroit contesse de Tornuerre, salut en nos-
« tre Seignor. Saichent tuit que cum religieuses personnes
« l'Abbés et le Convenz de Pontigny, de l'ordre de Cystiaux
« et de la dyocèse d'Aucerre, aent aquis en nostre conté de
« Tornuerre et ès appartenances plusors redevences, posses-
« sions, rentes, aumosnes et héritages... voulons et otroions
« que li diz religieux aient et percevient, franchement et per-
« durablement, en mainmorte et sans coaction de metre
« hors de lor main, toutes les propriétés et les possessions,
« touz les droits et toutes les actions, les redevences, touz les
« dons et toutes aumosnes aquises dedenz les termes de nos-
« tre conté de Tornuerre, desdiz religieux dou temps tres-
« passé jusques à la confection de ces présentes lettres, par
« quelque titre que ce soit et en quelcunque manière, et mes-
« mement une place séant à Tornuerre... De rechief vint solz
« de rente à Leigni sur le four; de rechief à Leigni nostre
« chastel dessus nomé et à Méré-sus-l'iau seisante solz de
« même cens et de coustume, portanz los et ventes et quatre
« livres sus la vigne Guy dou Mez, séant en Chamvier et
« sexante et cinc solz sus les molins de Leigni, et vint et cinc
« solz sur le disme de vin de Leigni, et quatre bichez de frou-
« mant sus le four de Buchien, et cinc solz dou don et de

« l'aumosne feu Robin le boçu assis sus sa maison à Leigni,
« et cinc solz dou don feu Doumangé des Bordes sus la vigne
« de Chamvier assise de costé la vigne Guy dou Mez et de
« costé la vigne Potet, qui est maintenant Tévenin Thomas,
« et deus solz dou don Guillaume Fillote assis sus sa terre de
« Leigni-la-Ville... Lesquex choses dessusdites, expresses et
« non expresses, toutes et une chascune, par soi aquises en
« nostre conté desusdit et ès appartenances, par quelque
« titre que ce soit, nous amortissons as diz religieux,
« sauf à nous la garde des choses dessusdites et la jus-
« tise, en tant seulement come il appartient à nous... En
« tesmoing de laquel chose nous avons données ces lettres
« saalés de nostre sael, en l'an de l'Incarnation Nostre Sei-
« gnor mil deus cenz quatre vinz et douze, landemain de
« Pasques (1). »

Le principal bienfait de la reine de Sicile est la création de l'hôpital de Tonnerre, connu sous le nom de Notre-Dame-de-Fontenilles. Elle en posa elle-même la première pierre et l'acheva en trois ans. La charte de fondation, qui est du jeudi d'après Pâques 1293, fut rédigée par maître Robert de Luzarche, son chapelain, en qui elle avait une grande confiance. On y admire l'esprit de foi de cette princesse, sa sage prévoyance et son inépuisable charité. Elle veut qu'on exerce dans sa Maison-Dieu les sept œuvres de miséricorde, savoir : donner à manger à ceux qui ont faim, à boire à ceux qui ont soif, recevoir les étrangers et les pèlerins, et les héberger, vêtir les uns, visiter les malades, consoler les prisonniers et ensevelir les morts. Elle désigne les biens qu'elle donne, les règles d'administration qu'on doit suivre ; elle prend surtout les plus vigilantes précautions pour assurer la durée de son œuvre.

Dans l'énumération des biens, on remarque ce qui suit :

---

(1) Petit cart. de Pont. t. II, p. 278.

« Item le grand estang de Leigny (1) et notre bois d'Essal-
« gelant (2). — Item les molins avec les fiez d'iceux, avec la
« rivière et nos prés de Leigny. — Item toute la justice et sei-
« gnorie de tous lesdits lieux et des appartenances d'iceux,
« sauf à nous et nos successeurs comtes de Tourneurre la con-
« dicion devant dite desdits malfaiteurs à estre baillés et li-
« vrés au prévost de Tourneurre qui par le temps sera, ou à
« son lieutenant, si comme dessus est dit. — Et aussy la
« haute justice ès autres héritaiges donnés de nous audit
« hospital, assis tant à Leigny comme à Tourneurre, hors les
« mètes (bornes) de l'hospital devant dit et en la chasse ès
« bois dessusdits. — Et aussy volons et ordonons les homes
« dudit hospital estre francs et délivrés du tout en tout de
« tout oust et chevauchie, tant en temps de guerre comme
« de paix, fors tant seulement pour la deffence espéciale de
« la conté de Tourneurre, se laquelle chose ne soit ennemis ve-
« noient à bataille contre icelle, quar adonc ils soient tenus
« deffendre icelle conté, si comme nos autres homes de la-
« dite conté (3). »

Après avoir ainsi tout réglé avec la plus belle ordonnance, elle quitta son château de la ville haute de Tonnerre, et vint occuper celui qu'elle avait fait bâtir dans l'enceinte de son

---

(1) Cet étang a été converti en prés vers 1609. Le climat où il était situé s'appelle encore *l'Etang-la-Reine*. Le ru de la Varande lui servait de décharge.

(2) Le bois d'Essalgelant contenait 589 arpents. En 1550, l'hôpital obtint la faculté de les défricher et de les donner à bail à rente, moyennant un boisseau de froment par arpent et six deniers de cens. Les détenteurs qui contestèrent cette redevance en 1756, y furent condamnés en 1777 par le bailli de Sens. La révolution fit passer cette propriété aux mains des possesseurs, au détriment de l'hospice. (Note de M. Quantin). Les titres plus récents écrivent *Essargerant* et *Essergerant*. Cette forêt, maintenant en culture, était située sur le finage de Varennes, entre la Rue-aux-Vaches et la Métairie-Chaudron, et s'étendait jusqu'au finage de Jaulges.

(3) Cartul. de l'hôpital de Tonnerre.

hôpital. Elle y demeura treize ans servant elle-même les pauvres, leur lavant les pieds et pansant leurs plaies.

Nous avons parlé ailleurs de la Maison-Dieu de Ligny, dont elle fut la fondatrice, et qu'elle pourvut d'une dotation qui est parvenue jusqu'à nous et fait encore bénir sa mémoire.

Cette digne belle-sœur de St. Louis, héritière des maisons de Nevers, de Bourgogne et de Bourbon, s'éteignit en 1308, pleurée des habitants de Tonnerre et de tous ses vassaux. La reconnaissance publique lui érigea, devant le maître-autel de l'hospice, un monument en bronze, qui fut détruit lors de la Révolution et refait en marbre blanc par Bridan fils en 1826. On continue de célébrer, tous les ans, son anniversaire le 4 septembre.

Famille de Chalon.

Guillaume de Chalon.

La maison de Chalon, illustre par elle-même et par ses alliances, vient des comtes de la ville de Chalon-sur-Saône, qui étaient aussi comtes de Bourgogne, et elle se divise en deux branches, la branche des princes d'Orange et la branche des comtes d'Auxerre et de Tonnerre.

Jean de Chalon, premier du nom, devint possesseur du comté d'Auxerre, comme nous l'avons vu, par son mariage avec Alix, la troisième des filles d'Eudes de Bourgogne. Il vécut jusqu'en 1309, mais, dès 1291, il s'était dessaisi de ce comté en faveur de son fils Guillaume, surnommé le Grand, qu'il venait de marier avec Eléonore fille d'Amédée, comte de Savoie. L'année suivante, Marguerite, reine de Sicile, tante maternelle de Guillaume, l'institua héritier du comté de Tonnerre et il commença dès lors à en prendre le titre. Il est appelé « Baron très noble Monseigneur Guillaume de Chalon, « comte d'Auceurre et de Tourneure. » dans le testament par lequel Marguerite du Mez légua aux religieux de Pontigny, en

1299, une rente sur sa maison de Ligny (1). Il confirma et signa en cette qualité l'acte de fondation de l'hôpital de Tonnerre. En 1304, il partit à la suite de Philippe-le-Bel pour la guerre de Flandre, et périt glorieusement à la bataille de Mons-en-Puelle. Son père et sa tante, qui lui survécurent, gardèrent jusqu'à la fin de leur vie les dénominations honorifiques, l'un de comte d'Auxerre, l'autre de comtesse de Tonnerre.

Il laissa deux enfants d'Éléonore de Savoie, Jeanne, qui épousa Robert de Bourgogne et Jean, qui suit.

Jean de Chalon II.

Éléonore, veuve de Guillaume, eut d'abord la tutelle de ses enfants, mais comme elle ne tarda pas à se remarier, l'administration des comtés d'Auxerre et de Tonnerre passa au grand-père qui vivait encore, puis au grand-oncle, Hugues de Chalon, archevêque de Besançon, puis à Louis, comte de Flandre, de Nevers et de Réthel.

Pendant la minorité de Jean de Chalon II, les clercs et les bourgeois de la communauté de Ligny cherchèrent chicane à leurs voisins de Pontigny sur l'interprétation de la transaction de 1263. Ils prétendaient avoir le droit de pêche, non-seulement dans la rivière, mais même dans le biez des moines, depuis l'écluse jusqu'à la borne de pierre, qui faisait face au grand chêne des prés du Beugnon. Cette prétention n'était point fondée, comme on peut s'en assurer par l'inspection du titre qu'ils invoquaient. Il fallut en venir à un nouvel arbitrage. Les parties convinrent de s'en rapporter à la décision de sage et honorable homme Jean Ménier de Villeneuve-le-Roi, sous peine de cent livres tournois petits, bonne monnaie. Le compromis des habitants de Ligny est daté du 1er dimanche

---

(1) Petit cartul. de Pont. t. III, p. 278.

d'avril 1309 ; celui des Pontiniaciens du jeudi après le dimanche où l'on chante *Oculi*. L'arbitre élu « amiable compositeur du discord » rend son jugement dans une charte de grande étendue, donnée l'an de grâce 1310, le lundi après les semaines de Pâques, au mois de mai. Il y relate d'abord le paragraphe de la transaction de 1263, sur lequel on disputait ; les compromis des deux parties ; les lettres de procuration de frère Henri d'Ervy, député de l'abbaye, de Thiebaut-le-Ferron, Jean Pilart et Étienne Mignon, représentant la communauté des habitants de Ligny. De tous les noms des bourgeois qui étaient déduits au long sur la minute, le cartulaire ne cite que les premiers, savoir : Regnaud du Mez, Étienne, Gaubert et Jehannau ses frères et Guillaume Fillote. Vient ensuite l'assignation, faite aux fondés de pouvoir, de comparaître à Auxerre « le lundi après les troys semaines de Pasques nouveilment passées, » assignation « donnée à Leigni-le-Chastiau, l'an 1310, le jeudi après Pasques commençanz ; » Puis le prononcé de la sentence, qui donne gain de cause aux religieux, confirme l'ancienne transaction et tout ce qu'elle contient, enjoignant généralement et indéfiniment aux parties de se renfermer dans les bornes qu'elle leur prescrivait (1).

En 1314, Jean de Chalon atteignit sa majorité. Une fois majeur, il promit avec serment au Maître de l'hôpital de Tonnerre de soutenir l'établissement formé par la reine de Sicile et d'en respecter les priviléges. Il se fit ensuite représenter le dénombrement des fiefs et arrière-fiefs qui dépendaient de lui et exigea qu'on lui en rendît les hommages. Il se mit à la tête des ligues que formaient alors les nobles et les communes de Champagne et de Bourgogne pour se soustraire aux exactions des gens du roi et pour arrêter l'altération continuelle des monnaies. Ces manifestations produisirent le résultat qu'on

---

(1) Petit cartul. de Pont. t. II, p. 189, 191 et suiv.

s'était proposé : Louis-le-Hutin, craignant de voir bientôt le royaume entier soulevé contre lui, fit cesser les falsifications et retira les nouveaux impôts. Rouvier rapporte que l'an 1315, Jean de Chalon étant à Ligny-le-Château, accorda aux moines de Moutier-Saint-Jean qu'ils tinssent de lui une maison à Ricé, sans en payer aucune finance, et, la même année, Jean, sire de Lignières, lui fit aveu pour ce qu'il possédait en fief à Ligny et à Varennes (1).

Les religieux de Pontigny ayant fait de nouvelles acquisitions sur le territoire de Ligny, le jeune comte les reconnut et les confirma par la charte suivante :

« Nous Jehanz de Chalon, cuens d'Auceurre et de Tornuerre
« cognissons et faisons assavoir à touz ceuz qui verront et
« orront ces présentes lettres, que comme religieuses per-
« sonnes li abbé et li convanz de l'église de Pontigny, de l'or-
« dre de Cyteaux, de la dyocèse d'Auccurre, aient acquis
« plusieurs chouses en nos contéez d'Auceurre et de Tor-
« nuerre, ès ressorz et ès appartenances desdiz lieux en nos
« fiez et rièrefiez, en nos justises et en nos seignories par plu-
« sieurs manières et de lonc temps, si comme par achapt,
« par don, par aumosne, par eschange ou autrement ; et de
« novel haient acquis une pièce de terre à sauciz, contenant
« environ demi arpent, tenant d'une part à la grant escluse de
« Pontigny et d'autre part au sauciz qui fut Martin Vincent,
« laquelle terre à sauciz fu feu Jehanneit lou Ferron, fils feu
« Thiebaut lou Ferron ; de rechef vint solz à petiz tournois de
« rante annuele et perpétuele, assis sus la maison et lou pour-
« pris veuve Pelaporte séant à Ligny-le-Chastel, tenans d'une
« part à la maison qui fut Alexandre Jeubert et d'autre de la
« porte Tranchepié ; et deuz solz de rante assis sus une vi-
« gne qui est aus hoirs feu Jehan le Changeur : lesquelles

(1) Lebeuf, t. III, p. 217. — Archiv. de l'Yonne, Inv. des titres du comté de Tonnerre, p. 45.

« choses ainsinc acquises li diz religieux ne pouvoient tenir,
« avoir, ne percevoir, si ce n'estoit de nostre auctorité, congié
« et assentemant. Nous, désirant le profit de l'église, pour le
« remède de nostre âme et de nos prédécesseurs, et pour la
« finance de troiz cenz livres de tournois petiz, desquiez nous
« avons receu desdiz religieux deuz cenz livres tournois et
« cenz livres que nous leur rabatons dou debte que nous leur
« devéens et de grâce espéciaul que nous leur façons, voulons,
« loons, octroions et confermons pour nous et pour nos succes-
« seurs, lesdites acquisitions faites par lesdiz religieux.....
« En tesmoing de laquelle chose, nous havons fait meltre
« nostre seal pendant en ces présentes lettres. Donné l'an de
« grâce mil troys cenz dix-sept ou moys d'aoust (1).

L'abbaye de Pontigny comptait déjà 200 ans d'existence. Les chevaliers du voisinage, les comtes, les évêques, les princes et les rois l'avaient, à l'envi, comblée de leurs faveurs, et de nombreuses bulles des papes lui assuraient la protection du Saint-Siége. « Si comme par achapt, par don, par aumosne, par eschange ou autrement » elle avait vu ses propriétés s'accroître considérablement. Son contact immédiat avec Ligny et les biens qu'elle possédait sur le finage de cette ville ne pouvaient manquer de donner lieu à des conflits et à de fréquentes contestations. Mais jusqu'ici il semble qu'elle n'ait eu qu'à se louer des vicomtes de Ligny et des comtes de Tonnerre. Jean de Chalon, marchant sur les traces de ses dévanciers, s'associe à leurs pieuses intentions et confirme, comme nous venons de le voir, tout ce que les religieux ont acquis sur ses terres et dans ses fiefs et arrière-fiefs.

En 1331, il céda le comté de Tonnerre à sa sœur Jeanne, qu'il venait de marier à Robert de Bourgogne et, depuis lors, il cessa de joindre ce titre à celui de comte d'Auxerre. Jean de Chalon II périt au champ d'honneur comme son père : il

---

(1) Petit cartul. de Pont. t. II, p. 385.

mêla son sang à celui de la noblesse française à la funeste bataille de Crécy, le 26 août 1346. Il avait épousé Alix, fille de Renaud de Bourgogne, comte de Montbéliard, et il en eut cinq enfants, Jean III, qui lui succéda au comté d'Auxerre, et quatre filles.

Jeanne de Chalon et Robert de Bourgogne.

Robert frère d'Eudes, duc de Bourgogne, était fils de Robert II et d'Agnès, fille de saint Louis. La vicomté de Ligny passa entre ses mains du chef de sa femme.

L'Inventaire in-folio de l'abbaye de Pontigny relate, à la date de 1324, une déclaration faite par « Guillaume le Changierre (Changeur), le mercredi de devant Pasques fleuries pardevant Henri de Crécy, notaire juré de la cour et prévosté de Ligny. » Guillaume y reconnaît que dans le testament de feu Jean-le-Changeur son père, il y a une clause par laquelle ce dernier laisse aux religieux deux sols tournois d'aumône, à perpétuité, sur une vigne sise au lieu dit Montigny (finage de Varennes). Le testament, signé du Curé de Ligny et la déclaration « ont été, ajoute Guillaume, scellées du scel de la prévosté de Ligny, sauf le droit du seigneur. » (1)

Cette rente et les autres acquisitions faites par l'église de Pontigny, « puis quarante ans en ça », déjà énumérées plus haut dans la charte de Jean de Chalon, sont reproduites dans une longue pièce émanée de Jacques Gaussart « commissaire du Roy en la Baillie de Senz. » Aux exigences du fisc seigneurial succèdent les exigences du fisc royal. La taxe sur les nouveaux acquêts des églises était très-pesante, mais par un édit de Philippe de Valois, du 24 juillet 1328, « fut amodérée et attrempée l'ordonnance faite par nostre très-chier seigneur le Roy Charles, que Dieu absoille » et le célerier ne dut payer que onze livres quatre sols six deniers tournois pour les biens

(1) Arch. de l'Yonne.

que l'abbaye possédait sur le territoire de Ligny-le-Château (1).

« En 1333, Robert de Bourgogne intenta un procès considérable aux religieux, à l'occasion de la justice des terres de Pontigny, de Ste-Porcaire, de Beauvais, du Beugnon et d'Aigremont, prétendant qu'il était seul seigneur justicier. Quarante-deux ans auparavant, cette contestation avait été réglée par arbitre avec Marguerite, comtesse de Tonnerre : le comte rejeta cet accord ; les religieux firent évoquer leur affaire au Parlement par-devant le roi de France. Le comte affirmait que, de temps immémorial, l'abbaye de Pontigny avait été du ressort du comté de Tonnerre ; l'abbé et les religieux disaient, au contraire, que dès le temps de leur fondation, les rois de France, les comtes d'Auxerre les avaient affranchis de toute juridiction étrangère ; qu'ils avaient toujours joui de la justice haute, moyenne et basse ; que dans les affaires importantes leur ressort avait toujours été à Sens et à Villeneuve-le-Roi. Philippe de Valois ordonna que l'on fît une enquête et finit par condamner l'abbé et les religieux par un arrêt du Parlement, le 24 avril 1333. »

« L'abbé Thomas, continue M. Henri (2), à qui nous empruntons cette page d'histoire, se soumit au jugement. Le comte en fut si satisfait qu'il lui fit grâce des dommages et intérêts : « Nous, dit-il, mehuz en pitié et considéranz la poureté de ladite abbaye et la bonne voulenté que lidiz religieux ont à nous, leur avons fait grâce desdiz dépenz. » L'abbé consentit également à le reconnaître pour protecteur et gardien de l'abbaye. »

Le comte Robert mourut peu de temps après la décision de cette affaire, et il ne laissa point de postérité. Jeanne, son épouse, continua de jouir du comté.

---

(1) Petit cartul. de Pont. t. II, p. 383 et suiv.
(2) Hist. de l'abbaye de Pont. p. 147.

Dans l'Inventaire des titres du comté de Tonnerre (1), on trouve une copie d'aveu rendu par Gauthier du Mez à Dame Jeanne de Chalon, comtesse de Tonnerre, en l'an 1335, pour raison de la moitié de la *Villa Meriaci* et de sa justice, ses hommes, ses femmes taillables, ses tierces, ses censives, ses coutumes, les mesures de vin, la moitié de la vente de Ligny, et cent livres tournois sur la prévôté de Ligny-le-Châtel. La *Villa Meriaci*, dont il est ici question, était le village ou hameau de Méré-sur-l'eau, dépendant de Ligny.

Même année, autre aveu à la comtesse par Jean le Baïf de Ligny, à raison de ce qu'il tenait en fief et hommage au minage dudit lieu.

Après la mort du comte Robert, l'abbaye de Pontigny chercha de nouveau à échapper à la tutelle de la comtesse de Tonnerre. Il faut avouer que cette tutelle, toute gracieuse et dévouée dans l'origine, était devenue une véritable servitude pour la maison qui la subissait. Les seigneurs la revendiquaient comme un droit féodal, et l'exerçaient avec un cortège de formalités onéreuses et souvent vexatoires. On sait que l'esprit des clercs et des légistes du XIVe siècle n'était ni moins ingénieux, ni moins inventif que celui des bureaucrates de nos jours. Ajoutez à cela la turbulence militaire, le sans façon des chevaliers et des hommes d'armes, à l'égard des moines, et vous comprendrez ce qui se passait à la mort d'un abbé. La nouvelle n'en était pas plus tôt sue que les agents du comte de Tonnerre, ordinairement le bailli de Ligny, le procureur fiscal, le garde du scel et les sergents arrivaient avec fracas, s'emparaient de l'abbaye, posaient les scellés et prenaient la régie des biens. Puis, en fin de compte, il fallait financer. Admirable genre de protection, dont il n'est pas étonnant que les religieux désirassent ardemment d'être délivrés!

(1) Arch. de l'Yonne.

Ce n'est pas tout : chaque nouveau comte, à son avènement, prétendait aux honneurs d'une entrée solennelle dans l'abbaye. Il venait faire reconnaitre ses droits de garde-gardienne, comme on disait alors, et si dans l'aveu, par lequel on se résignait à le tenir pour souverain protecteur et conservateur, quelques expressions semblaient malsonnantes ou peu explicites, les clercs ne manquaient point de verbaliser et, gare un procès !

Donc à la mort de l'abbé Jean, V^e du nom, Guillaume, qui fut élu pour lui succéder, osa briser les scellés que la comtesse avait fait poser, et réclamer la liberté de son église. Jeanne de Chalon déféra le cas au Parlement et n'eut pas de peine à gagner son procès, en prouvant que dix ans auparavant Robert de Bourgogne, son époux, avait été reçu par l'abbé Thomas en qualité de gardien de l'abbaye.

Jeanne vivait encore en 1350 : on le voit par une charte de Jean du Mez, faite par-devant « Perrinot dou Perronne, clerc, notaire juré de la court Madame la Comtesse de Tournerre, en la prévosté de Leigny, datée du samedi après la feste de Touz-Saints, l'an de grâce mil troys cenz cinquante et scellés par Guillaume-li-Chaingierre, garde dou Scel de la dite prévosté » (1). Une querelle qu'elle suscita aux seigneurs de Maligny, à propos de la chasse de leurs bois, nous permet de suivre la trace de son existence jusqu'en 1356 (2). Mais vivait-elle encore en 1358, au moment où les Anglais s'emparèrent de Ligny et ravagèrent ses domaines ? Nous ne saurions l'affirmer, seulement, il est certain, comme le démontre Lebeuf, qu'au plus tard, en 1361, les deux comtés d'Auxerre et de Tonnerre étaient administrés par son petit neveu Jean de Chalon IV, fils du grand Bouteiller de France.

---

(1) Petit cartul. de Pont. t. III, p. 379.
(2) Fragment de l'hist. de Maligny, par M. Léon de Bastard.

Jean de Chalon III et Jean de Chalon IV.

La comtesse Jeanne, n'ayant pas d'enfants, le comté de Tonnerre tout naturellement fit retour au chef de la famille, à Jean III. Ce jeune seigneur, par sa valeur et ses hautes qualités, s'assura bientôt un rang distingué parmi les grands du royaume, et, après avoir été conseiller du roi Jean dans l'administration de la Bourgogne, il fut honoré de la charge de grand Bouteiller de France, qui le retint constamment à la cour. Ses Etats eurent beaucoup à souffrir de son absence et plus encore de sa captivité, comme le montre la suite des événements.

Nous touchons à une des époques les plus désastreuses de notre histoire. On sait qu'à propos des prétentions d'Edouard III, roi d'Angleterre, au trône de France, il s'alluma entre les deux royaumes une guerre longue, acharnée, sans cesse renaissante, qui réduisit plusieurs fois notre belle patrie à deux doigts de sa perte. Nous avons déjà signalé la fatale journée de Crécy, en 1346. Dix ans plus tard, la défaite de Poitiers mit le comble à nos malheurs. Le roi Jean y fut fait prisonnier et conduit en Angleterre, et, avec lui, notre comte et l'élite des chevaliers français. Depuis une vingtaine d'années, les provinces avaient été successivement foulées et ravagées par de grandes armées amies et ennemies ; elles avaient été pressurées par les gens du roi, rançonnées par l'étranger, mais après la catastrophe de Poitiers, la ruine, la désorganisation fut complète. L'héritier présomptif de la couronne, Charles V, enfermé dans Paris était aux prises avec les Etats-généraux. Le roi de Navarre, Charles d'Evreux, que ses contemporains ont flétri de l'épithète de *Mauvais*, oubliant qu'il était gendre du roi de France, n'avait point rougi de profiter des circonstances pour essayer de lui ravir le trône. Les bandes de partisans, qu'il trainait à sa suite, étaient formées de la lie des nations voisines : elles se répandaient comme un torrent dévastateur jusqu'au cœur du royaume. Donnant la main aux troupes anglaises, commandées, la plupart, par des officiers anglais, ce fut à qui commettrait le plus de crimes et de brigandages. Alors un découragement profond s'empara de la nation : ce mot de l'Ecriture était vrai : « *Omne caput languidum, omne cor mœrens*. Chaque seigneur courut se renfermer dans son castel, n'osant tenir la campagne ; la résistance devenait inutile et souvent impossible.

« Ainsi, dit le chroniqueur Froissard, estoit embesoigné et
« guerroyé de tous lez le royaume de France en toutes ses
« parties en ce temps, au titre du roi de Navarre ; et furent priz
« et conquis et échellés plusieurs forts chasteaux en Brie, en
« Champaigne, en Valois... Par devers Pont-sur-Saine, vers
« Prouvins, vers Troyes, vers Aucerre et vers Tonnerre, es-
« toit le pays si entrepris de forts guerroyeurs et de pilleurs,
« que nul n'osoit issir des cités et des bonnes villes... Ni rien
« ne duroit devant eux ; ni aussi nul ne leur alloit audevant ;
« mais estoient les barons, chevaliers et escuyers tous em-
« besoignés de garder leurs maisons et forteresses... Et che-
« vauchoient à val le pays par troupeaux, ci vingt, ci trente,
« ci quarante, et ne trouvoient qui leur détournât, ni encon-
« trât, pour eux porter dommages (1). »

Le célèbre Robert Knolles, « avec grand'compaignies de pilleurs et de robeurs Anglois et Navarrois, desquels il estoit maistre et chef », arrivant par l'Orléanais se jette dans l'Auxerrois, prend d'assaut le château de Malicorne, où il établit son quartier général, s'empare de la Motte-Chanlay, de Regennes, qui appartenait à l'évêque d'Auxerre, et dirige ses incursions jusque sous les murs de cette dernière ville. D'autres bandes, venues par la Champagne, saccagent le Tonnerrois et, trouvant dans Ligny, une place suffisamment fortifiée, un point central d'opérations entre Auxerre et Tonnerre, Chablis et

(1) Livre 1er, 2e partie, ch 80.

Saint-Florentin, elles s'y installent et en font leur repaire. Que sont devenus les malheureux habitants de Ligny ? Les plus courageux ont été égorgés, les autres sont en fuite, quelques-uns ont cherché un refuge dans les souterrains de la ville et y ont rencontré la longue agonie de la faim. Ceux qui restent, devenus le jouet du vainqueur, sont traités comme des esclaves. Les vivres sont épuisés, le commerce est détruit, la terre sans culture. Il en est de même par toute la France, et bientôt la famine arrive.

« La famine alors, dit l'auteur de l'intéressante notice sur Malicorne, insérée dans l'Annuaire de 1837, ce n'était pas comme dans notre siècle une simple hausse de moitié ou du double dans le prix des grains. C'était le manque presque absolu de nourriture pour la population pauvre, d'horribles angoisses pour tous. les émeutes sanglantes dans les villes, les assassinats partout, les chemins couverts de mourants et de cadavres, et souvent, chose horrible à penser, la chair des morts servant de pâture aux vivants pour prolonger leur existence ou plutôt leur agonie. Alors aussi, l'inévitable fille de la famine, c'était la peste, triste résultat des privations et des tortures du besoin. »

Cependant Robert Knolles, à qui rien ne résiste, a formé le projet d'emporter la ville d'Auxerre ; il donne un premier assaut le 10 janvier 1359, mais il est vigoureusement repoussé. Il feint de renoncer à son entreprise et prend quelque temps pour se concerter avec les capitaines Navarrais qui occupaient Ligny-le-Châtel et quelques autres places du côté de Troyes. Puis ils accourent tout-à-coup et surprennent la ville au point du jour, le dimanche des Brandons, 5 mars 1359. Tout fut livré au pillage : le butin fut immense, on l'évalua à 500,000 florins, environ 6 millions de notre monnaie. Jean de Chalon IV, le fils aîné du comte d'Auxerre, qui gouvernait pendant la captivité de son père, s'était retiré dans le château. On le fit prisonnier avec sa femme et quelques autres,

Les hordes anglaises et navarraises, gorgées de richesses enlevées aux églises, aux monastères et aux habitants, s'écoulèrent peu à peu et disparurent entièrement de la ville à l'arrivée de Robert de Fiennes, connétable de France, qui venait au secours du pays avec 50,000 hommes armés, dont une partie était sous la conduite de Henri de Poitiers. évêque de Troyes, homme très-entendu au métier de la guerre. Le connétable laissa à Auxerre une forte garnison et, à la prière des habitants, qui voyaient avec crainte les Anglais toujours maîtres de forteresses aussi rapprochées que celles de Regennes, Ligny et la Motte-Chanlay, il fit pour leur éloignement les conventions suivantes avec les capitaines Jean de Dalton et Dauquin de Hatton. C'est Rymer qui nous a conservé ce traité (1).

« Robert, sires de Fiennes, connestables de France, à
« ceux qui ces présentes lettres verront et orront, salut.

« Saichent tous que nous avons fait et traitié et fait traitier
« avec Monsieur Jehan de Dalton chivalier et Dauquin de Hatton,
« Englois, capitaines de Regennes et de la Mote de Chanlay,
« lesquelles forteresses ils arderont, gasteront et destruiront,
« par les traitiés avant dis, au départir du pays ; et départi-
« ront eux et leurs gens et gaigiers par les maniers et condi-
« tions qui s'ensuyt :

« Est assavoir que à leur départir, ils prendront dix jours
« de terme pour les ardoir, gaster et détruire en la manière
« que il semblera bien. Et toutes manières de vivres, de vi-
« tailles et autres biens quelconque que ils soient, qui sont
« dedens les dites forteresses, ils porrynt vendre ou donner,
« ardoir ou destruire à leur volonté. Et quant ils départi-
« ront des dites forteresses, eux et tous leurs gens et gaigiers
« des garnisons avant dites, porront franchement aller quel-
« que part qu'il leur plaira, armés ou désarmés, aveux leurs

(1) Fœdera, convent. etc. t. VI, p. 447.

« vallets, chevaux, harnois, or et argent, joyaux, pillages,
« vivres et toutes manières de biens, sûrement, salvement,
« sans aucun autre empeschement. Et nous sommes tenus
« par notres fois et serments, que nous leur avons donnés en
« ce cas, de les convoier et faire convoier sûrement et sau-
« vement par chivaliers et escuyers bons et souffisans de
« notre compaignie, jusqu'à Nogent-le-Retrob, ou autant
« de chemin, quelque part qu'ils vaurront aler, sans mal
« engien.

« Et que, dedans un an après la date de ces lettres, ils
« ne pueent demourer, prendre fort, chastel, ne ville, em-
« parée ou à emperer par lairecin ne autrement, ne porter
« domaige, ne faire guerre aucune ès pays raençonnez aux
« dictes forteresses de Regennes et de la Mote de Chanlay, ne
« au pays raençonné à la forteresse de Ligny-le-Chastel, ne
« chevaucher ès dits pays, si ce n'est en la compaignie du Roy
« d'Engleterre et de ses enfans ou du duc de Lancastre, ou
« d'autre lieutenant du Roi d'Engleterre, sans mal en-
« gien. »

« Et durant le temps que ils seront ès dites forteresses,
« porront chevaucher désarmés, sûrement et sauvement,
« partout où il leur plaira, sur bonnes trièves que entre nous
« et eux soit accordés ledit temps durant. Et, avecq ce, doi-
« vent lesdits capitaines, tant comme ils seront à Regennes
« et à la Mote, laisser passer et repasser, tant par eau comme
« par terre, toutes manières de marchandises paisiblement.
« Et dès maintenant ils lairront paisiblement vendangier et
« labourer toutes manières de gens ès pays dessusdits, de
« quelconque labeurs que ils soient, sans eux faire ne donner
« aucun empeschement par eux ou par personne de leurs
« garnisons. »

« Et pour toutes les choses dessusdites faire, tenir et ac-
« complir de point en point, sommes et serons tenus devers
« lesdits capitaines en la somme de 26 mil florins d'or ou

« Moutons, lesquelx se paieront aux termes en la manière
« qui s'ensuyt, est assavoir : que dedans un mois prochain
« venir après la date de cestes, 16 mil Moutons d'or ; et de-
« dens cinq septemaines prochains ensuivant, 10 mil Mou-
« tons d'or.

« Et pour ce tenir et payer aux termes dessusnommés,
« nous nous obligie et obligeons nous et dix-neuf chivaliers
« de notre compaignie. »

Suivent les noms des 19 chevaliers, parmi lesquels nous remarquons le seigneur d'Esnon, Messire Itier de Flogny, M Erard de Vauchemain, le sire de Seignelay, le sire de Maligny, le sire de Montigny et M⁰ Jehan de Migé. Quatre de ces chevaliers devront se rendre à Regennes et y demeurer en otages « sans vilaines prisons tenir » jusqu'à ce que la somme soit payée intégralement. Et après le paiement fait, les capitaines anglais, à leur tour, « bailleront hostaiges souffisans par de-
« vers nous de wuider les dites forteresses dans le terme de
« dix jours et de nous rendre nos hostaiges. Donné à Au-
« çoirre, le 1ᵉʳ jour du mois de décembre, l'an de grâce
« 1359. »

Cet arrangement, qui nous peint les mœurs du temps, reçut à peine un commencement d'exécution. La forteresse de Ligny continua d'être sous le joug de l'étranger. Il y eut même, les premiers mois de l'année suivante, aggravation de maux pour nos contrées, car le roi d'Angleterre en personne y pénétra à la tête d'une armée formidable, assiégea Saint-Florentin sans le prendre, mais prit et pilla Tonnerre (1) et vint établir ses quartiers d'hiver à Montréal et à Guillon sur Serain, où il resta près d'un mois. « Et toujours,
« dit Froissard, couroient ses maréchaux et coureurs le pays,
« ardant, gastant et exillant tout autour d'eux et raffraichis-

---

(1) Froissard dit que les Anglais prirent à Tonnerre plus de trois mille pièces de vin.

» saient souvent l'est de nouvelles pourvéances (1). » Les archives de l'hôpital de Tonnerre attestent que Ligny fut mis à feu et flammes (2).

Cette longue et cruelle guerre entre les deux plus nobles royaumes de la chrétienté avait depuis longtemps attiré l'attention du Saint-Siége. On trouve dans la collection de Rymer de nombreuses bulles par lesquelles les Souverains-Pontifes, usant de la haute influence morale que les siècles de foi leur reconnaissaient, s'efforcent de ramener la paix. On remarque spécialement une admirable lettre du pape Innocent VI, dans laquelle il conjure, avec toute la tendresse du père commun des peuples et des rois, les deux princes d'avoir pitié du pauvre peuple chrétien et de cesser leurs luttes fratricides. Les cardinaux et les évêques joignirent leurs supplications à celles du pape. Enfin, au mois de mai 1360, un traité de paix fut commencé au château de Brétigny et conclu définitivement le 24 octobre.

La délivrances des forteresses occupées par les Anglais est accordée par lettres d'Edouard, datées du même jour. « Premièrement délivrons et ferons délivrer... au plus tard « dedens la Chaindeleure prochain venant, à notre frère le « roi de France ou à son mandement, toutes les forteresses « qui s'ensuient... Item en Auceurrois et en Bourgoigne, Re- « gennes, Legny, Malicorne et la Mote de Chanloye et toutes « autres forteresses occupées et détenues pour ladicte cause « ou ochaison en Bourgoigne et en Auceurrois. » Sont assignés par le roi d'Angleterre, le 28 octobre suivant, et reçoivent commission de délivrer les forteresses, William Graunson et Nichol de Tamworth, chevaliers, pour la Champagne, l'Orléanais, le Gâtinais, la Bourgogne, l'Auxerrois, et là sont de nouveau et seules citées en Auxerrois

---

(1) Froissard, liv. Ier, 2e part. Ch. 119 et 120.
(2) Annuaire de l'Yonne, 1849, p. 346.

et Bourgogne, « Regennes, Leigny, Malicorne et la Mote de Chanloie (1). »

Le comte d'Auxerre et de Tonnerre rentra en France en même temps que le roi Jean, mais il demeura infirme le reste de ses jours. Jean de Chalon IV, son fils, échappé aussi des mains des Anglais, soutint noblement la gloire de sa famille. « Dès que la guerre recommença, et ce fut bientôt, il releva la bannière de ses ancêtres et se lança à la chasse des Anglais. En 1363, on le voit courir le pays, repoussant les archers d'Edouard jusqu'à Corbeil, marchant sur Chartres et rejoignant Duguesclin à Rolleboise, à Mantes et à Meulan ; puis se mettant à la suite de Philippe de Bourgogne, frère du roi, et du maréchal de Boucicault et écrasant avec eux les Anglais et les Navarrais. Le voici maintenant à Cocherel : les troupes de Charles V sont en présence de celles de Charles-le-Mauvais; c'était le jour du sacre du roi de France et Duguesclin voulait lui offrir une victoire pour étrennes. Un instant les chevaliers hésitent ; à qui donnera-t-on le commandement? quel cri de guerre servira de ralliement dans la mêlée? *Nostre-Dame Aucerre!* s'écrièrent tout d'un coup les hommes d'armes « marquant, dit Froissard, qu'ils vouloient Jehan de Chaalon pour général ce jour-là. » Jean s'en défendit énergiquement, s'excusant sur sa jeunesse et reportant l'honneur du commandement sur Bertrand Duguesclin. Les chevaliers redoublaient leurs instances: « Comte d'Aucerre, disaient-ils, vous êtes de plus grant mise de terre et lignaige qu'icy soit ; si pouvez bien estre nostre chef. » Jean résista et il se contenta de déterminer par sa bravoure le gain de la bataille (2). »

Il marcha ensuite sur Valognes et se trouva aux champs

(1) Rymer, t. VI, p. 273 et 296.
(2) Henri de Riancey, dans le *Correspondant*, n° du 15 décembre 1843, p. 351.

d'Auray en Bretagne, le 29 septembre 1364. Blessé d'un coup de lance qu'il reçut par l'ouverture de son casque et qui lui creva l'œil gauche, le sang l'aveuglait et l'étouffait sous sa visière ; il fut obligé de se rendre comme Duguesclin. Avec lui fut fait prisonnier son frère Louis le *chevalier vert*, un des plus brillants paladins de la cour armée du roi Charles. On sait la douleur que causa la perte de la bataille d'Auray et l'enthousiasme et le dévouement que suscitèrent les prisonniers. Chaque fille de Bretagne voulut filer une quenouille pour la délivrance de Duguesclin ; les vassaux d'Auxerre ne demeurèrent point en reste. « On assure, dit Lebeuf, que les bourgeois de Tonnerre voulurent aussi contribuer au paiement de sa rançon la somme de 3,200 livres. C'est une marque que ce seigneur était également aimé dans les deux comtés (1). »

Jean de Chalon IV, surnommé le *chevalier blanc*, une fois libéré, ne put se tenir en repos ; il se remit à guerroyer contre le duc de Bourgogne à propos de certains droits qu'il réclamait dans la Franche-Comté. Mais la fortune le trahit et il mourut captif au château de Poligny, vers 1369. Il prenait dans les chartes le titre d'*Aisné fils de Mgr le conte d'Auxerre et de Tonnerre, ayant l'administration d'icelles contés*. Jean III, son père, réduit à un état d'infirmité voisin de la démence, prolongea sa carrière jusqu'en 1379. Outre le jeune héros dont nous venons de raconter les exploits, il eut de Marie Crespin du Bec, dame de Louve et de Bouthevan, sa femme, deux filles, Marguerite et Henriette et Louis Ier, le *chevalier vert*, qui hérita du comté de Tonnerre (2).

---

(1) Lebeuf, t. III, p. 248.
(2) Voyez pour les dernières années de Jean III et de Jean IV, le Mémoire de M. Quantin, sur les comtes de la maison de Chalon, t. VI du Bulletin de la société des sciences de l'Yonne.

Louis de Chalon I{{er}}, Louis II et ses frères.

Louis de Chalon, dont l'humeur n'était pas moins belliqueuse que celle de son frère, voulait venger sa mort en ravageant la Franche-Comté : il se mit pour cela à la tête des bandes de routiers, qui couraient toute la France. Mais le roi Charles V, afin de débarrasser le royaume des grandes compagnies, fit proposer à leurs chefs de porter les armes en Espagne contre Pierre-le-Cruel, roi de Castille. Ils acceptèrent avec empressement, et le Chevalier Vert, associé au connétable Duguesclin, signala de nouveau sa bravoure par d'éclatants faits d'armes, notamment au siége de Briviesca.

De retour en France, il fit encore la guerre contre les Anglais et retomba entre leurs mains. Sa captivité dura longtemps, car il ne reparut dans son comté de Tonnerre, qu'en 1376. Ses vassaux lui accordèrent généreusement la dîme de leur vin pendant un an pour payer sa rançon, et, en action de grâce de sa délivrance, il fonda la confrérie de St-Didier, dans l'église Saint-Pierre de Tonnerre (1).

Depuis la mort de son frère, il s'intitulait « Fils et curateur de M. et chier seigneur et père le comte d'Auxerre et de Tonnerre. » Ce fut, selon toute apparence, le vieux comte Jean III, dont la raison était affaiblie, qui vendit au roi le comté d'Auxerre, moyennant 31,000 livres. Aussi quand il vint à mourir, Louis, déjà comte de Tonnerre, s'attribua sans hésiter le titre de comte d'Auxerre, regardant comme nulle la vente faite par son père. Un procès s'ensuivit avec la couronne, mais Louis n'en vit pas la fin, étant mort vers la fête de la Nativité de l'an 1397 (2).

Sa femme, selon les uns, s'appelait Marie, selon les autres, Jeanne de Parthenay. Lebeuf leur donne six enfants, le car-

---

(1) Mémoire de M. Quantin, p. 465.
(2) Cartul. du comté de Tonnerre, p. 6.

tulaire du comté de Tonnerre en compte sept, savoir : Louis de Chalon II, l'aîné et l'héritier du comté ; Jean, chevalier, seigneur de Ligny ; Hugues, aussi chevalier, seigneur de Crusy ; Marguerite ; Jeanne ; Guillaume, qui fut religieux de St-Jean de Jérusalem et Marie qui mourut en bas âge. Ces enfants, l'aîné en tête, reprirent le procès commencé par leur père pour le recouvrement du comté d'Auxerre. Mais le 13 août 1404, ils consentirent à donner leur désistement moyennant la somme de 35,750 livres que le roi leur paierait à certains termes.

Le roi, c'était alors l'infortuné Charles VI. Qui ne sait l'histoire de ce règne de lamentable mémoire ? Un monarque insensé, une cour corrompue, deux partis acharnés qui ne reculent ni devant la guerre civile, ni devant les assassinats et les massacres pour arriver au pouvoir ou pour le conserver, le trésor public dilapidé, les provinces dévastées, la misère du peuple à son comble, et, pour dernier trait à ce lugubre tableau, une reine, une mère dénaturée qui deshérite son propre fils et livre la couronne de France au roi d'Angleterre. Voilà dans quel temps et parmi quelles calamités devait s'éteindre la noble famille de Chalon ! Fidèles comme leurs pères à l'honneur et à la patrie, les trois frères Louis, Jean et Hugues, se rangèrent dès le commencent du parti des Armagnacs et ils eurent beaucoup à souffrir de leur redoutable voisin Jean-sans-Peur, duc de Bourgogne, qui sous prétexte de trahison et de félonie, fit confisquer leurs terres et tenta de se les approprier (1). En 1414, ils eurent la douleur de voir ce même Jean-sans-Peur, qui ne leur pardonnait pas de n'être pas de son parti, porter le fer et le feu dans leurs domaines, saccager et détruire entièrement la ville de Tonnerre. Mais rien ne put les détourner de la ligne du devoir ; le dauphin, depuis Charles VII, les compta parmi les plus intré-

---

(1) Cart. du comté de Tonnerre, p. 7. — D. Plancher, t. IV, Preuv. p. 1.

pides défenseurs de ses droits, et tous trois périrent les armes à la main en combattant contre les Anglais, Jean à la bataille d'Azincourt en 1415; Louis II, à celle de Verneuil en 1424; et l'autre, on ne sait en quelle déplorable affaire, car la France alors ne comptait plus que des défaites.

Malheureusement, tous trois moururent sans postérité légitime. Ce beau nom de Chalon, si bien porté par cette branche, ne se rencontre plus dans nos annales que dans la personne des princes d'Orange. De la nombreuse famille de Louis Ier, il ne restait plus que deux filles, Marguerite et Jeanne. Marguerite, qui était l'aînée, fut mariée à Messire Olivier de Husson, premier chambellan du roi Charles VII, dont elle eut Jean de Husson, qui forma une nouvelle tige des comtes de Tonnerre. Jeanne épousa Jean de La Baume II, et porta dans cette maison la seigneurie de Ligny.

Disons-le, en terminant cette période de notre histoire, « il y eut peu de capitaines plus hardis, de batailleurs plus déterminés que ces sires de Chalon. Il n'y a pas un champ d'honneur qui n'ait été teint de leur sang. Dans la lutte héroïque de la nationalité française, il n'y a pas une victoire à laquelle ils n'aient contribué, pas une de nos glorieuses défaites qu'ils n'aient illustrée de leur bravoure et de leur mort. Sans doute pour mener ce train de guerrier, il fallait des hommes, et surtout il fallait de l'argent; sans doute les vassaux payaient; sans doute les bourgeois, les citoyens, et les paysans étaient rançonnés; mais, de bonne foi, les infatigables chevaliers qui couvraient de leurs armures et le roi et les provinces, qui défendaient pied à pied le territoire national, qui semaient leurs cadavres comme autant de barrières devant l'étranger, ne compensaient-ils pas par les prodiges de leur dévouement l'or et les tributs de ceux dont ils sauvaient l'indépendance? Et l'artisan des villes, le bûcheron de la forêt ou le laboureur de la plaine, pouvaient-ils se plaindre des maux de la guerre, quand leurs seigneurs payaient de leur sang et de leur vie la liberté et le salut du pays » (1). Si nous chantons aujourd'hui : « Jamais en France l'Anglais ne régnera », c'est grâce à ces preux chevaliers.

IVᵉ PÉRIODE (DE 1412 A 1690)

LA VICOMTÉ DE LIGNY SÉPARÉE DU COMTÉ DE TONNERRE.

FAMILLE DE LA BAUME-MONTREVEL.

Jean de la Baume II et Jeanne de Chalon.

La Balme ou la Baume est le nom de plusieurs nobles lignées de Dauphiné, de Bresse, de Bugey et de Bourgogne. Celle dont il s'agit ici se distinguait par le surnom de *Montrevel* et par corruption *Maurever*, qui vient de la ville de Montrevel, à trois lieues de Bourg en Bresse. Le plus ancien membre connu de cette maison vivait en 1140. Le premier qui porta le nom de Jean fut le fameux maréchal de la Baume, qui mourut vers l'an 1435, après une longue carrière militaire. Il avait fait alliance, en 1384, avec Jeanne de la Tour, dont il eut six enfants (2).

L'ainé, Jean de la Baume II, épousa, ainsi que nous l'avons dit, Jeanne de Chalon, le 10 août 1400. Il s'attacha, comme son père, au parti Bourguignon : en 1404, il était échanson et écuyer de Jean-sans-Peur. En 1420, Charles VI le fit prévôt de Paris, et ensuite son conseiller et son chambellan ordinaire. Dès les premières années de son mariage, il avait été obligé d'intenter un procès à son beau-frère Louis de Chalon II, pour faire régler l'apanage de sa femme. Un premier arrêt du Parlement de 1407 n'ayant pas été mis à exé-

---

(1) Henri de Riancey, *ubi suprà*, p. 348.
(2) Moreri, art. Baume.

cution, il en obtint un second en date du 7 mai 1412, dans lequel on trouve de curieux renseignements. Il y est dit, entre autres choses, que les droits du comte de Tonnerre sont : la dignité du titre de comte, la garde des églises, le ressort, les successions des bâtards, la connaissance des chemins dans tout le comté et les droits de bourgeoisie ; qu'à sa mort arrivée en 1397, Louis de Châlon Ier était comte de Tonnerre et seigneur des terres de Saint-Aignan, de Celles en Berry et de Valençay ; que dans leur partage d'hoirie, les deux frères Jean et Hugues, chevaliers, avaient eu l'un, la terre de Ligny, l'autre, celles de Crusy et d'Argenteuil avec d'autres terres dépendantes du même comté. Jean de la Baume et sa femme réclamaient le cinquième de la succession ; la cour leur accorda le septième dans le comté de Tonnerre, notamment la terre de Ligny, puis les domaines de Saint-Aignan, de Celles et de Valençay (1).

A partir de ce moment, la vicomté de Ligny cesse d'être confondue avec le comté de Tonnerre. Elle a son existence à part ; elle est constituée en apanage spécial, relevant toujours, sans doute, à plein fief du comte de Tonnerre, et en arrière-fief de l'évêque de Langres, mais ayant son vicomte particulier, vrai seigneur du lieu. Or, maintenant que la prévision de la reine de Sicile se trouve réalisée : « *Verùm si futuro tempore contingeret castellaniam Leigniaci Castri quoquo modo à comitatu nostro Tornodorensi separari* », une question se présente : à qui appartiendra dorénavant la haute justice et la garde de l'abbaye de Pontigny, puisque, d'après la charte de 1288, ce monastère était du ressort de la châtellenie de Ligny ? La réponse se lisait dans la transaction de 1291. Mais on l'avait probablement oubliée de part et d'autre, car en 1421 la dame de la Baume fit dresser le procès-verbal suivant :

(1) Cartul. du comté de Tonnerre, p. 6 et 7.

« A tous ceux qui ces présentes lettres verront et orront,
« Nous Jeanne de Chalon, dame de Bon-Repous et de Ligny-
« le-Chastel, salut. Comme dès le 19ᵉ jour du mois de no-
« vembre l'an 1421, messeigneurs les religieux, abbé et cou-
« vent de l'église Notre-Dame de Pontigny, au diocèse
« d'Auxerre, de l'ordre de Cyteaux, c'est assavoir, feu frère
« Jehan, de Bulmeville, maistre en théologie, lors abbé et le
« couvent d'iceluy lieu, qui pour lors estoient, fussent venus
« au devant de nous en procession et nous eussent advohée et
« receue en ladite église comme leur gardienne, souveraine
« protectresse, conservatresse de ladite église et des mem-
« bres, droits et appartenances d'icelle, mouvans, ressortis-
« sans, et estans de nos châtellenie, ressort, souveraineté et
« baronie dudit Ligny-le-Chastel ;

« Après ce que leur eussions fait apparoir comment ladite
« terre et seigneurie dudit Ligny avait été ostée et séparée
« de la conté de Tonnerre, où elle souloit estre adjointe, et
« qu'elle nous avoit esté baillée, adjugée et délivrée par dé-
« cret, par le moyen de certain arrest donné en la cour de
« Parlement à nostre prouffit et à l'encontre de nosseigneurs
« et frères messires Loys, Jehan et Hugues de Chalon, et par
« le consentement desdits messires Loys et Hugues et de
« dame Marguerite de Chalon nos frères et sœur, pour cer-
« taine somme d'argent, qui avoit esté levée et receue par
« messire Loys, de nostre droit, part et portion des fermes
« et revenus de ladite conté de Tonnerre, durant certain
« temps précédent ledit arrest, ainsi qu'il estoit et est déclaré
« plus applain ès lettres d'iceux arrest et consentement ; et
« eussent lesdits feu frère Jehan, abbé et couvent qui pour
« lors estoit avec lui en ladite église, fait serment sur le
« grant autel d'icelle de nous tenir et advoher pour leur sou-
« veraine protectresse, gardienne et conservatresse, ensem-
« ble nos successeurs et ayant cause à tousjours, sans jamais
« prendre ne advoher autre seigneur ès cas dessusdit ....

« Savoir faisons que nous, audit nom, avons dès le 19ᵉ jour
« de novembre 1421, juré et promis et encore audit jour ju-
« rons et promettons auxdits religieux, abbé et couvent de
« Pontigny, de les maintenir, conserver et garder par nous et
« par nos successeurs seigneurs dudit Ligny, à tousjours, en
« tous leurs bons droits, prérogatives, franchises, libertés et
« possessions .. En tesmoing de ce nous avons scellées ces
« lettres de notre scel, faites et données audit Pontigny, en
« présence de maistre Jehan Paillard, Jean de Marcenay,
« Michelet de Pacy, escuyers, Henriot et Ithier Loctur frères,
« Antoine Symart et autres le 19ᵉ jour de novembre, l'an de
« grâce 1421 (1). »

Après un tel antécédent, on conçoit que les seigneurs de Ligny ne se feront pas faute de réclamer la garde de Pontigny, et comme les comtes de Tonnerre, appuyés sur les anciens titres, la revendiqueront également, les religieux auront à subir une double vexation à la mort de chaque abbé. Messire Jean de Bulmeville, meurt le 8 décembre de la même année, et aussitôt Jeanne de Chalon se présente à Etienne, son successeur, pour se maintenir en possession de faire son entrée solennelle. Les moines se soumirent, bien à regret ; mais les temps étaient mauvais, il fallut plier. Heureux encore si celle qui se proclamait leur *gardienne et souveraine protectresse* eût pu leur assurer une protection efficace !

L'anarchie régnait dans nos pays comme dans tout le reste de la France. C'était l'époque où Charles VII voyait successivement toutes les places fortes de son royaume tomber au pouvoir des Anglais. Les Bourguignons, pour venger la mort de Jean-sans-Peur, aidaient de leur mieux au démembrement de la Monarchie. Après la funeste bataille de Cravant (1423) et la déroute de Verneuil (1424), le roi de France se vit tellement resserré que, dit un vieil auteur :

(1) Petit cartul. de Pont. t. II, p 395.

Les Anglois avec leurs croix rouges,
Voyant lors sa confusion,
L'appelèrent le roi de Bourges
Par forme de dérision.

En passant dans la famille des la Baume, Ligny suivit le parti de ses maîtres et reçut garnison Bourguignone. Les archives de l'hospice de Tonnerre font souvent mention du capitaine de Ligny. Tout y était sur le pied de guerre : on y faisait le guet; les murailles étaient soigneusement entretenues, les portes closes et les tourelles garnies de gens d'armes. Il en était de même de toutes les localités un peu importantes. Aussitôt qu'on avait des nouvelles de l'ennemi, on en donnait avis aux villes et villages menacés, et chacun de se tenir sur ses gardes, et de se préparer au combat. Ainsi, au mois de février 1424, le capitaine de Saint-Bris écrivait aux capitaine, gouverneur, bourgeois et habitants de la ville de Noyers, la lettre suivante, que Dom Plancher nous a conservée (1) :

« Mes très-chers seigneurs, je me recommande à vous et
« vous plaise savoir que les ennemis de mon très-redoubté
« seigneur monsieur le duc de Bourgogne sont sur les champs,
« au nombre de six ou huit cens hommes d'armes, pour
« venir contre le pays de mondit seigneur et de ses alliés ès
« parties de par deçà, et bouter tout à feu et à flame, comme
« il a esté sceu par la voix d'un grand seigneur, lequel
« vous congnoissez bien, et ne vous escript point son nom
« pour le présent; et aussi ont esté sceües lesdites nouvelles
« par la bouche du traistre bastard de la Baulme, lequel est
« bien pugni, loué soit Nostre Seigneur Jésus-Christ, que je
« vous certiffie qu'il est en la tour de Saizy en deux paires de
« fer, en la main des Anglois. Si veuillez avoir vostre bon
« advis sur ce, et estre sur vostre garde, que je fais doubte

(1) T. IV, Preuves, n° xxxviii.

« que vous ne les ayez prouchainement près de vous, et le
« veuillez faire savoir hastivement à M. le gouverneur de Bour-
« gogne et à tous ceulx à qui il appartiendra. Et veuillez sa-
« voir que Hostelin de Montagu et le gouverneur ont la charge
« de le faire savoir à Montréaul, à Lille, à Avallon, à Vezelay,
« et je le fais savoir au Tonnerrois et èz parties de Champa-
« gne. Si faites vostre devoir au surplus, afin que un chascun
« se mette sus, pour leur porter le plus grand dommage que
« faire se pourra. Escript à grand haste à Saint-Bris, le xv^e
« jour de febvrier. »

« Vostre serviteur le capitaine de Saint-Bris. »

Le *traistre bastard de la Baulme*, dont il est ici question, est le frère du seigneur de Ligny, fils naturel du maréchal de la Baume, et qui joue un très-grand rôle dans l'histoire de Charles VII. Seul de la famille, il demeura inviolablement attaché au roi légitime. Les Bourguignons ne lui pardonnaient pas l'habile coup de main par lequel il avait surpris la ville de Cravant, et quand elle eut esté reprise par le sire de Châte-lux, l'acharnement avec lequel il en poursuivit le siége. Malgré des prodiges de valeur, il fut fait prisonnier à la sanglante bataille qui se donna sur les bords de l'Yonne, et l'on voit avec quels transports de joie le capitaine de Saint-Bris annonce qu'il est « en la tour de Saizy, en deux paires de fer, en la main des Anglois. »

Le capitaine de Ligny s'appelait Jean de Marcenay : nous l'avons vu figurer dans le procès-verbal de Jeanne de Chalon. Il se montra zélé protecteur des biens que la Maison-Dieu de Tonnerre possédait sur le finage de Ligny et dans les pays circonvoisins. Pendant les années 1423 et 1424, il donna la chasse aux bandes de pillards qui se succédaient continuellement. Les comptes de Messire Jean Brullé, chapelain de l'hôpital, témoignent de ses services en mentionnant les marques de reconnaissance qui lui furent accordées. Une fois c'est le Maître qui lui donne un festin ; une autre fois on lui envoie une feuillette de vin pour avoir empêché, à diverses reprises la rupture des étangs de Ligny et de Villiers-Vineux par les gens d'armes (1).

En 1430 et les années suivantes, le brigandage ne connut plus de bornes : on ne rencontrait que troupes de partisans occupées à prendre et à reprendre des villages et à dévaster la campagne. Ligny tomba entre leurs mains et son sort fut misérable au delà de tout ce qu'on peut exprimer. Dans les comptes de l'hôpital, à l'article des recettes de Ligny, on lit : « De la rivière, de la pêche, des moulins, des prés de Ligny, de la Troille, et pour ce que tout a esté détruit, gasté et abandonné pour l'occasion de la guerre, pour ce rien reçu. » Le maître et les religieux vont plusieurs fois à Ligny et à Maligny pour empêcher la destruction des étangs de Villiers. Les gens d'armes de Maligny étaient venus jusque dans les prés de l'hôpital, près de la porte des Prés, enlever les bestiaux (2). Pour la circulation des denrées, il faut payer des sauf-conduits à tous les capitaines des villages et souvent encore ce que l'un a laissé passer l'autre le pille.

Les villes n'étaient pas mieux partagées, car les garnisons des villages environnants s'avançaient jusqu'au pied de leurs murs, ravageant les propriétés, saisissant les troupeaux, enlevant les convois de vivres et les forçant par la famine à leur ouvrir leurs portes ou à leur payer de grosses contributions. Ce fut ce qui arriva à Joigny, à Sens, à Villeneuve le-Roi. Auxerre était aux abois : les principaux du clergé et de la bourgeoisie écrivirent au duc de Bourgogne pour le supplier de les ravitailler. Ils avaient fait couper leurs blés tout verts pour empêcher l'ennemi de les brûler, mais cette provision

---

(1) Bulletin de la Société des sciences hist. et nat. de l'Yonne, t. III, p. 331 et 332.
(2) Ibid. p. 334 et 336.

ne les avaient sustentés qu'environ l'espace de deux ou trois mois « et de présent, disent-ils, a en icelle ville telle et si grande famine, qu'il leur est impossible de la longuement endurer. » Philippe manda à son chancelier de venir à leur secours. Parmi les garnisons qui causaient tous ces désordres, l'historien de la Bourgogne cite spécialement celles de Chablis et de Gy-l'Évêque (1).

Grâce à la merveilleuse intervention de la Pucelle d'Orléans, les affaires du roi de France commençaient à s'améliorer. La renommée publiait partout comment cette héroïne, suscitée de Dieu, avait terrassé la puissance de l'Angleterre sous les murs d'Orléans, comment elle avait conduit son roi par Gien, Auxerre, Saint-Florentin et Troyes jusqu'à Reims pour le faire sacrer. Le parti royaliste levait la tête et regagnait pied à pied tout ce qu'il avait perdu. Dans les années 1432 et 1433, les troupes cantonnées dans l'Auxerrois font des efforts inouïs pour reprendre le château de Regennes, Villemer, Neuilly et Saint-Bris qui étaient tombés au pouvoir de leurs adversaires. « Après le siège d'Ervy-le-Châtel, dit Lebeuf, fait durant l'été 1433, au nom du duc de Bourgogne, Filbert de Vauldré, gouverneur de l'Auxerrois et Tonnerrois, songea à recouvrer d'autres places qui avaient été prises par le parti de Charles VII. Il assiégea la ville de Brienon au mois de janvier et l'obtint aisément. Pierre Aurard, abbé de Saint-Marien, lui avait fourni pour cela des hommes et des chevaux. Brienon s'étant rendu, le gouverneur d'Auxerre prit des mesures pour le siège de Cézy, au delà de Joigny. Il fit transporter de Champlost à Joigny une grosse pièce d'artillerie, d'où elle fut conduite par eau sous les murs de Cézy, avec des pierres à bombarde et de la poudre à canon (2). » Ligny-le-Châtel, Maligny, Chablis, sont comptés

(1) Dom Plancher, t. IV, p. 145.
(2) Lebeuf, t. III, p. 308.

parmi les places qui furent tour à tour prises et reprises par les deux partis.

L'année 1434 ne fut guère plus heureuse que les précédentes. Une charte de l'abbaye de Pontigny porte que les campagnes « estoient telement destruites et domagiéz par le fait des guerres que l'on manquait entièrement de subsistances. » L'année suivante des jours meilleurs commencèrent à luire. Les Souverains-Pontifes Martin V et Eugène IV avaient tout employé pour la pacification de la France, lettres, ambassades, supplications, menaces. En dernier lieu, Eugène IV avait convoqué les parties belligérantes en conférence dans la ville d'Auxerre, mais sans résultat. Enfin, en 1435, une solennelle réunion se tint à Arras, en présence du légat et la paix fut conclue entre le duc de Bourgogne et Charles VII. Cette nouvelle fut accueillie dans nos contrées par des acclamations de joie, et si l'Anglais ne fut pas chassé immédiatement, du moins son influence ne fit plus que décliner jusqu'au jour où le sol de la patrie fut purgé de la présence de l'étranger.

Par suite du traité d'Arras, Philippe-le-Bon, duc de Bourgogne, se désista des prétentions que son père lui avait léguées sur le comté de Tonnerre. Pendant les guerres cruelles qui venaient de prendre fin, Jeanne de Chalon avait perdu non-seulement ses frères, mais aussi son mari, comme il est constaté par un acte de vente de 1431, où elle est dite *Veuve de Jean de la Baume* (1). Depuis la mort du dernier comte Louis II de Chalon, elle et sa sœur Marguerite s'intitulaient toutes deux comtesses de Tonnerre. Un accommodement eut lieu, en vertu duquel Jeanne céda ses droits à son aînée, au prix de 6,000 livres, mais n'ayant pu obtenir le recouvrement de cette somme, elle les vendit en 1440, à son parent Louis de Chalon, prince d'Orange et à son fils Guillaume, qui s'en mi-

---

(1) Cartul. du comté de Tonnerre, p. 35.

rent en possession. On lit dans une note du cartulaire du comté de Tonnerre rédigé par Pierre Pithou (1): « Jehanne de Challon fut dicte *la Périleuse*, à cause des guerres de Bourgogne desquelles on disoit qu'elle avoit esté cause. Marguerite, sa sœur, fut appelée *Margot de Challon*, dont est venu le commun dict. » qu'elle voulait avoir l'argent et la denrée » parce qu'elle acheta la moitié de sa sœur et ne la paya pas. » Plus tard un procès s'engagea avec le prince d'Orange et Jean de Husson, héritier de Marguerite ; ce dernier le gagna et fut investi de la totalité du comté, moyennant remboursement des 6,000 livres.

Jeanne continua toutefois jusqu'à sa mort de porter le titre de comtesse de Tonnerre en partie. En 1446, elle autorisa la construction d'une halle à Ligny, au profit de l'abbaye de Pontigny, par la charte suivante :

« A tous ceulx qui ces présentes lettres verront, Gauthier
« Bonnot, garde du scel de la prévosté de Ligny-le-Châtel,
« salut. Saichent tuit que par devant nous garde dessusdits
« et Guion Haynot, notaire juré et établi à ce faire audit
« Ligny, fut présente en sa personne noble et puissante
« dame Madame Jehanne de Chalon, comtesse de Tonnerre,
« dame de Bonrepos, et doudit Ligny ; laquelle de son bon
« gré et bonne volonté, recognut avoir baillé et assency,
« cédé, transporté et délaissié, dès maintenant et à tousjours
« mais, perpétuellement, à Révérend Père en Dieu et reli-
« gieuses personnes frère Estienne, abbé de l'esglise Notre-
« Dame de Pontigny et Damp Jehan de Malay, célérier et
« procureur d'icelle esglise, preneurs et assencisseurs, pour
« et au nom d'icelle esglise, à tousjours, cinq toises à venir
« au quarré, assis en la foiteresse neuve dudit Ligny, c'est

---

(1) Pierre Pithou, mort en 1596, est le célèbre légiste auteur du *Traité des libertés gallicanes*, deux fois réédité par le procureur-général Dupin, et mis à l'index par S. S. Pie IX. Il était bailli de Tonnerre quand il rédigea le cartulaire du comté.

« assavoir trois toises ou environ à prenre entre la maison de
« ladite ésglise et la rue qui va de la porte à la maison Gue-
« nelaut, et sont signées et y a des piquaus plantés, et les-
« quelles trois toises sont pour faire une halle pour et au
« proffit de ladite ésglise, et deux toises devant leur dite
« maison et attenant d'icelle; lesquelles places contenant
« cinq toises, ladite ésglise est et sera tenue de édifier bien
« et honorablement de bons édifices et suffisans, tellement
« que la ville se puisse aider, en tant que touche la halle,
« aux jours de marchiés, foires et autrement, du bas de ladite
« halle, et ainsi et comme anciennement soloit estre en la grant
« ville que basse dudit Ligny, ou temps ancien, parmy ce
« que les religieux, abbé et couvent de ladite ésglise auront
« et leveront les droiz, prouffis, et émolumans acoustumés
« d'ancienneté. Ce bail et assencissement fait pour la somme
« de cinq gros tournois, c'est pour chaque toise un gros, que
« les habitans dudit Ligny paient à ladite Dame et pourtent
« lox et vantes, quant le cas y eschiet ; à paier icelle somme
« de cinq gros chascun an, à tousjours mais, perpétuellement
« à ladite Dame, ou aux aians cause d'elle, le jour et feste
« de S. Remy, dont le premier terme et paiement commen-
« cera à la S. Remy prochainement venant et ainsi d'an en
« an à tousjours. Promettant icelle Dame par sa foy, etc...
« En tesmoing de ce, nous garde dessusdits, à nostre rapport
« et dudit notaire, avec nos seings manuels, avons scellées
« ces présentes du scel et contrescel de ladite prévosté ; et
« et ad ce faire fut présent Messire Jehan de Chalon, cheva-
« lier, seigneur de Valensay, le 18ᵉ jour de mars 1445 (N. S.
« 1446.) — Signés Bonnot et G. Hénot (1). »

D'après Moréri et le P. Anselme, Jeanne de Chalon mourut
le 16 mai 1451 et fut enterrée dans l'église de Bonrepos, auprès de Jean de la Baume, son mari. L'*Art de vérifier les dates*

---

(1) Petit cartul. de Pont. t. II, p. 398.

la fait mourir en 1400, l'année même de son mariage, e
ajoute qu'elle fut enterrée à Pontigny. Qu'il y ait erreur dan
cette dernière date, la chose est évidente après les pièces qu
nous venons de produire, mais cette erreur était fondée su
une inscription fautive ou mal lue, qui est rapportée, ave
quelques variantes, par Pierre Pithou dans le cartulaire d
Tonnerre (1) et par M. l'abbé Henry, dans son histoire d
Pontigny (2). Voici ce que dit Pierre Pithou : « Au côté droi
du grand autel de Notre-Dame et Saint-Edme de Pontigny, o
lisait jadis autour d'une tombe :

CY GIST NOBLE ET PUISSANTE DAME MADAME JEHANNE DE
CHAALON,
JADIS COMTESSE DE TONNERRE, DAME DE SAINT-AIGNAN EN
BERRY,
DE LIGNY-LE-CHATEL ET DE BONREPOS EN BRESSE,
LAQUELLE FONDA, EN SON VIVANT, UNE MESSE PERPÉTUELLE
EN L'ÉGLISE DE CÉANS, COMME IL APPERT AU TABLEAU
CI-DESSUS ESCRIPT:
LAQUELLE TRESPASSA L'AN DE GRACE 1400.
DIEU, PAR PITIÉ, VEUILLE AVOIR L'AME D'ELLE. AMEN.

M. Henry dit que le tombeau de Jeanne de Chalon étai
élevé de quatre pieds et portait son effigie, mais il s'est tromp
en faisant de cette noble et puissante dame l'épouse d'Herv
de Donzy, mort près de 200 ans auparavant.

Le bâtard Jean de Chalon

Jean de Chalon, qu'on appelait le *Bâtard de Tonnerre*
était fils naturel du dernier comte de Tonnerre, neveu pa
conséquent de Madame de la Baume. Louis de Chalon l'avai
eue d'une maîtresse qu'il amena de Paris au château de Maulne
où il demeurait alors avec sa mère. Jean fut instruit au

---

(1) Page 2.
(2) Page 165.

écoles de Paris et dès qu'il fut en âge de porter les armes, il fit comme faisaient en ce temps les bâtards de grande famille, il chercha à racheter le défaut de sa naissance par sa bravoure. Suivant les nobles traditions de ses aïeux, il se rangea sous les drapeaux du roi légitime, suivit Charles VII dans toutes ses guerres et assista à Reims à son couronnement (1). Il avait une résidence à Tonnerre : en 1408, il prenait le titre de juge gruyer et gouverneur de cette ville. En 1430, dans cette calamiteuse année où la dévastation fut complète dans nos campagnes, il poursuivit les pillards qui avaient emmené à Champlost les grains de l'hôpital et les força de les rendre (2).

En 1439, Jeanne de Châlon lui abandonna, sa vie durant, la seigneurie de Ligny-le-Châtel, « valant environ deux cens livres et qui en valoit quatre cens avant les guerres, » est-il dit dans une note de Pierre Pithou (3). Elle ne borna pas là ses libéralités à l'égard de ce neveu qu'elle affectionnait comme le dernier débris de sa maison ; elle y joignit la terre de Valençay en Brie, comme nous l'avons vu par la charte citée plus haut, où il est désigné sous le nom de « Messire Jehan de Châlon, chevalier, seigneur de Valensay. » Vers 1440, elle s'acquitta d'une dette qu'elle avait contractée envers lui en lui cédant le revenu d'une année de son fief de Bonrepos. Mais les officiers du duc de Savoie, qui s'en étaient saisis, en ayant refusé la délivrance au bâtard de Tonnerre, celui-ci adressa au duc lui-même des réclamations qui ne furent point écoutées, puis il lui écrivit la lettre suivante que Dom Plancher qualifie d'audacieux défi :

« Haut et puissant prince le duc de Savoye, après tout
« honneur deü. Jà par deux paires de mes lettres, je vous ay

---

(1) Cartul. du comté de Tonnerre, p. 29.
(2) Bull. de la Société des sciences hist. et nat. de l'Yonne, t. III, p. 336.
(3) Cartul. du comté de Tonnerre, p. 6.

« supplié et requis qu'il vous pleust moy bailler et faire déli-
« vrer les fruits et revenuës d'une année de la terre et chas-
« tellenie de Bon-Repos, lesquels ont esté par vous adjugez
« à Madame de Bon-Repos, comme appert par vos sentences
« sur ce données, laquelle madite Dame les m'a transportez,
« pour aucune somme d'argent qu'elle me devait, comme
« aussi est plus à plain contenu en mesdites lettres à vous
« envoyées, èsquelles m'avez fait réponse que ne les pouvez
« délivrer sans offendre justice, pour ce que plaidoirie en est
« pardevant vos gens, dont je me donne merveille, car, après
« sentence, plaidoirie de droit ne peut estre, senon qu'elle
« soit mise par appellation, dont s'aucune en a esté émise,
« madite Dame n'en a point esté acertenée ; pour par moy
« vous requiers de rechief et une fois pour toutes, que
« iceux fruits ou la valeur de mille francs vous plaise moy en
« faire contenter et payer. Et en faute de ce, vous fais savoir
« que je prenray du vostre et de celui de vos subjcts, jus-
« qu'à ce que je sois restitué de mes dommages et intérêts
« que pour occasion de ce souffrir pourrai avoir et soutenir.
« Et, par ces présentes, entends avoir acquitté mon honneur
« envers vous et tous autres à qui elles pourroient toucher,
« desquelles j'ay retenu le double pour en faire foy en tems
« et en lieu, quand et où mestiers sera. Donné soubs le séel
« de mes armes et le seing de ma main, le xxiiij^e jour de
« juillet, l'an mil cccc et xlj. »

               « Jehan de Challon, bastard de Tonnerre,
                  « seigneur de Ligny-le-Chastel, capi-
                  « taine de gens d'armes pour le Roy
                  « nostre Sire, etc. (1). »

Il paraît qu'en envoyant cette pièce Jean de Chalon s'était appuyé de l'autorité du duc de Bourgogne et des gens de son conseil, car le duc du Savoie fit tenir à ceux-ci une dépêche

(1) D. Plancher, t. IV, Preuv. p. 171.

dans laquelle il dit en substance : qu'un nommé Jean Sarrasin de Bletterans, portant les armes du duc de Bourgogne, lui a apporté de la part de ce dernier les *lettres de défiance* ci-dessus ; que ne pouvant croire que ce message lui vînt de la part du duc de Bourgogne, il a fait interroger Jean Sarrazin, qui a persisté à dire que les lettres lui avaient été baillées par le bâtard de Tonnerre à Dijon et qu'il venait de la part du duc de Bourgogne et du commandement de son conseil ; que finalement, ne voulant ajouter foi à son témoignage, il l'a fait arrêter jusqu'à plus ample informé. Cette lettre est du 26 septembre.

Le 1er octobre, les gens du conseil répondent qu'ils ne connaissent pas même le sieur Sarrazin et qu'ils ne savent de cette affaire que ce que le duc de Savoie leur a écrit. Le 24 du même mois, nouvelle lettre du duc de Savoie au duc de Bourgogne. Après les politesses ordinaires, il lui dit :
« En oultre, très-cher et très-honoré cousin, maintenant est
« cy arrivé par devant moy, Me Jehan de Vandenesse, vostre
« conseiller, avec les lettres de vostre mareschal de Bourgo-
« gne, touchant la délivrance de l'un de vos subjets, qui se di-
« soit estre votre chevaucheur et portoit vos armes ; lesquelles
« vuës et aussi ouï la requeste que vostre dit conseiller m'en
« a faite de vostre part, et oultre considéré le contenu des
« lettres que desjà m'en avez escriptes, iceluy détenu ay fait
« incontinent délivrer à vostre dit conseiller, en cellui mesme
« estat qu'il fut pris et arresté. Vous requerrant très affectu-
« eusement qu'il vous plaise en faire faire telle raison que
« èz autres en soit exemple. »

Nous ne connaissons pas la suite de ce démêlé, mais le vicomte de Ligny était homme à exécuter ses menaces et les moyens ne lui manquaient pas, car la province était alors infestée de bandes d'Écorcheurs et de Rotondeurs, disposés à se mettre sous le commandement du premier venu, pourvu qu'on les conduisît au pillage. On sait que le dauphin, depuis

Louis XI, essaya d'en débarrasser la France en les employant contre les Suisses, mais, au retour de cette expédition, une de ces bandes passa par le Tonnerrois et n'épargnait ni amis ni ennemis. Il en est fait mention dans les comptes de l'hôpital de Tonnerre, de 1444 à 1445, dans les termes suivants :
« Au fermier des molins de Ligny, pour les ranssons des vi-
« vres et autrement, pour les gens d'armes qui furent logiez
« audit Ligny, de l'allée et retour de Monseigneur le Dauphin
« du vien de l'Alemagne, qui voloient mettre lesdits molins
« à perdition, 100 sols. » — « Pour ransson des bestes pour
« gens de guerre, quand Monseigneur le Dauphin retourna
« d'Alemagne, payé 2 setiers d'avoine à Jehan de Burrenosse
« en la maison du chasteau (1). » Dix ans plus tard, les moulins de Ligny avaient sans doute été mis à perdition, car l'hôpital, à qui ils appartenaient et appartiennent encore, se vit obligé d'ouvrir un emprunt pour les réédifier (2). De 1458 à 1459, le maître de Notre-Dame de Fontenille inscrit sur son registre : « Reçu trente livres sur les cinquante données par
« feu M. le bastard de Challon, pour avoir à tousjours une messe
« de la Croix chasque vendredi, sur un autel que Jehan Ten-
« son, son exécuteur, doit faire faire sur le jubé que l'on a
« construit contré le cuer (chœur) de l'église de l'hôpital, »
par où l'on voit qu'à cette date Jean de Chalon était décédé. A certaine époque de sa vie il figure avec les titres de Vicomte de Ligny, seigneur d'Origny et capitaine de Lisle-sous-Montréal. Après sa mort la terre de Ligny fit retour à la famille de la Baume.

Claude de la Baume Ier.

Claude de la Baume, fils unique de Jean II et de Jeanne de Chalon, s'intitulait comte de Montrevel, vicomte de Ligny-

---

(1) Bull. de la Soc. des sciences hist. et nat. de l'Yonne, t. III, p. 339.
(2) Ibid. P. 346.

le-Châtel, seigneur de Bonrepos, de Valufin, de Pesmes et autres lieux, conseiller et chambellan du roi et du duc de Bourgogne. Il assista, en 1452, à la pompe funèbre de Philippe de Savoie, comte de Genève, et fut l'un des deux cents gentilshommes qui jurèrent, en 1455, le traité d'alliance conclu entre le duc de Savoie et le roi de France. Le duc de Bourgogne lui donna, dans la Franche-Comté, quelques terres confisquées sur les seigneurs d'Argueil et de Husson et lui manda, en 1464, d'empêcher la levée de troupes que faisaient quelques gentilshommes Savoisiens. Il lui écrivit aussi, le 17 avril 1466, de ne se point armer contre le duc de Bourbon, auquel le roi voulait que le duc de Savoie fît la guerre. Ce prince le retint son conseiller et chambellan par lettres du 22 août 1470, et il le fut aussi du roi Louis XI, le 22 juin 1481 (1).

Les archives de l'hôpital de Tonnerre nous apprennent qu'en 1468, Philippe Diverny était capitaine du château de Ligny pour Mgr Claude de la Baume. La France était de nouveau en proie aux dévastations et au pillage. Louis XI et Charles-le-Téméraire, ennemis irréconciliables, se livraient des combats acharnés. On eût dit, observe une ancienne chronique, que les Français et les Bourguignons étaient des furieux et des enragés, qui songeaient bien moins à faire des conquêtes qu'à s'entre-détruire. Le Tonnerrois et l'Auxerrois eurent fort à souffrir. En 1472, au mois de juin, les habitants d'Auxerre, las d'être renfermés dans leurs murs, firent une sortie du côté de Seignelay, pour se ravitailler, mais ils furent vigoureusement repoussés par le bâtard de Seignelay, et le sieur de Plancy, qui tenaient pour le roi. Cent soixante d'entre eux demeurèrent étendus sur le champ de bataille, quatre-vingts furent faits prisonniers, le reste s'enfuit ou fut noyé dans l'Yonne.

(1) P. Anselme, t. VII, p. 45.

Deux mois après, ajoute Jean de Troyes, qui nous donne ces détails dans son histoire de Louis XI, « aucuns tenant le « parti du duc de Bourgogne, comme le comte de Roussi, « fils du connestable, et aultres de leur party, tinrent les « champs au pays et marche de Bourgongne, et se vinrent « espandre et loger en la comté de Tonnerre, où ils ne trou- « vèrent aucune résistance. Et en gastant et destruisant tout « le pays vinrent jusques à Joigny, qui fut fort secouru par « les gens du roy, et ne l'eurent point, et puis s'en allèrent « vers Troyes, boutans feux ès granges et villages et aultres « vaillances ne firent. (1) »

On trouve dans l'*Inventaire* in-folio des titres et papiers de l'abbaye de Pontigny, quelques pièces concernant un procès qui eut lieu, en 1482, entre les religieux et les habitants de Ligny. Les religieux avaient affermé la glandée des bois de Contest à des marchands qui introduisirent des troupeaux de porcs dans ces bois, dont une partie appartenait à l'abbaye et l'autre à la communauté de Ligny. La chose ne fut pas plus tôt sue, qu'un sergent de Claude de la Baume, « avec plu- « sieurs compagnons de guerre et autres habitants firent « main-basse sur les pourceaux, en tuèrent plusieurs, batti- « rent esnormément les varlets et serviteurs des marchands « et les maltraitèrent eux-mêmes. » De là une grosse affaire dont les officiers de justice de Ligny prirent connaissance. Les religieux en appelèrent et obtinrent des lettres royaux, portant évocation de la procédure aux requêtes du Palais à Paris. L'original de ces lettres est conservé aux archives de l'Yonne, avec copie de l'assignation donnée en son château de Ligny à Messire Claude de la Baume, seigneur du lieu ; à Me Pierre Grassin, bailli, en la personne d'Antoine Marot, son lieutenant ; à Jehannot de Vézensac, soi-disant gruyer dudit

---

(1) Hist. de Louis XI et des choses mémorables, etc., autrement dite *la Chronique scandaleuse* par Jehan de Troyes, année 1472.

Ligny; à Jean Malaquin le vieil, prévôt; à Philippe Bouchard et autres, pour comparoir en personnes par-devant Messieurs des Requêtes, le 27 de novembre 1482. L'*Inventaire* se tait sur l'issue de ce débat.

Claude de la Baume mourut peu de temps après. Il avait épousé, en 1427, Gasparde de Levis, dont il eut quatre enfants, deux garçons et deux filles. Le fils aîné, Jean III, comte de Montrevel, hérita des dignités de son père et fut conseiller et chambellan du duc de Bourgogne et des rois Louis XI et Charles VIII. Il ne laissa qu'une fille, Bonne de la Baume, qui porta tous ses biens à Marc de la Baume, son parent, qu'elle épousa avec dispense le 10 juillet 1488.

Le fils puîné, Claude IIe du nom, eut la seigneurie de Ligny.

Claude de la Baume II.

Claude de la Baume II, seigneur de l'Abergement et vicomte de Ligny-le-Châtel, fut aussi chambellan du duc de Bourgogne en 1473, et des rois Charles VIII et Louis XII, en 1483 et 1501 (1). Vers 1485, il éleva la prétention d'avoir le droit de justice sur tous les biens que l'hôpital de Tonnerre possédait dans la châtellenie de Ligny. Ces biens furent d'abord placés provisoirement sous la main du roi; puis on plaida par-devant la cour des requêtes; divers incidents retardèrent la solution de la cause qui traîna en longueur; on voit par les comptes de l'hôpital de 1496 que le receveur fit plusieurs fois le voyage de Paris pour obtenir enfin une sentence; elle fut prononcée le 13 décembre 1497 et maintint le maître, les frères et les sœurs dans la possession de leurs droits de propriété et de justice sur tous leurs biens de Ligny (2).

---

(1) Hist. généal. et chronol. de la mais. roy. de France, t. VII, p. 45.
(2) Arch. de l'hôpital. — Bulletin de la société des sciences hist. et nat. de l'Yonne, t. III, p. 353.

Cette tentative infructueuse de Claude de la Baume, si manifestement opposée au texte de la charte de fondation de la Reine de Sicile, nous montre dans quel oubli étaient tombés les titres les plus incontestables et la tendance des seigneurs à tout envahir, pendant et après la longue période de désastres et de ruines qu'avait traversée la France. Nous en avons déjà signalé un exemple dans le sans-façon avec lequel Jeanne de Chalon s'imposa comme souveraine protectrice et gardienne à l'abbaye de Pontigny. Notre ville l'éprouva à son tour à ses dépens : sa condition avait beaucoup souffert depuis deux cents ans, et son importance était considérablement diminuée. Ligny-la-Ville, déjà en décadence avant les guerres des Anglais, n'existait plus : le hameau de Méré-sur-l'eau et plusieurs autres fiefs avaient disparu de son territoire. Lorsqu'arrive la fin du XVe siècle, la propriété des bois de Saint-Etienne, appelés dorénavant bois de Contest, a été ressaisie par le pouvoir seigneurial, bien qu'elle fut assurée en termes exprès à la communauté des habitants par la charte de 1263. Tout au plus ceux-ci sont-ils reconnus comme copropriétaires, ayant droit d'usage et de pâturage et encore moyennant redevance : ce qui nous explique comment, dans l'affaire de la glandée, Claude de la Baume fut assigné à comparaître aussi bien que ses vassaux.

A la faveur de l'anarchie, les villages de Chéü et de Jaulges s'étaient attribué une part de jouissance dans ces bois, par la tolérance d'abord, puis avec le consentement des vicomtes de Ligny. Le 14 août 1491, Claude de la Baume signe avec les notables de Chéü, devant Girard, tabellion de sa châtellenie, une transaction dans laquelle il est dit : « qu'il y avoit dis-
« cord et germe de procès entre les parties à l'occasion de
« certaine redevance que ledit seigneur de Ligny demandoit
« pour cause des usaiges et pâturaiges qu'avoient les gens de
« Chéü ès bois et forests dudit seigneur nommés Contest;
« laquelle redevance lesdits habitans disoient non estre telle

« ne si grande que le seigneur le prétendoit... Finalement,
« lesdites parties ont transigé en la manière qui s'en suit :
« c'est à savoir que ledit seigneur a homologué, confirmé et
« ratifié auxdits habitans les droits d'usaige et de pâturaige
« qu'ils ont d'ancienneté èsdits bois de Contest; dont y lui
« est duement apparu par titres suffisans qu'ils sont tels :
« c'est à savoir que lesdits habitans de Chéü ont droit de
« pasturaige en tous les bois dudit Contest, selon la limita-
« tion (ici spécifiée)... Et aussi ont lesdits habitans leur usage
« par tous lesdits bois, sans limitation, de prendre tout bois
« mort et autres bois excepté le pommier, le poirier, la
« couldre et le chesne. Et moyennant ce que dit est, lesdits
« habitans seront tenus payer, chacun an, au seigneur de
« Ligny, la redevance qui suit : c'est à savoir, chacun feu
« entier, un bichet d'avoine et cinq deniers tournois au jour
« et feste de saint André (1). » Il n'est point question de la
commune de Jaulges dans cette transaction, mais dans plusieurs actes de date postérieure, elle est représentée comme
usagère aux mêmes conditions.

Dans un article des comptes de l'hôpital de Tonnerre, le
receveur écrit : « Le 21 février 1493, feumes à Ligny cuidant
amener du poisson, mais ne peusmes pour les gens d'armes. »
C'est qu'à cette époque Charles VIII était en guerre avec l'archiduc d'Autriche Maximilien, et comme celui-ci réclamait
les comtés d'Auxerre et de Mâcon, qu'il soutenait être en-
clavés dans le duché de Bourgogne, le roi voulant se mettre
en garde contre les surprises de l'ennemi, avait distribué des
troupes dans toutes les places fortifiées. La paix, signée à
Senlis, le 23 mai suivant, fit disparaître les alarmes.

Nous ne savons pas au juste en quelle année mourut Claude
de la Baume. Ses restes mortels sont conservés dans l'église
de Ligny. On en a fait la découverte le 17 juin 1844, en dé-

---

(1) Mémoire-Pérille sur le Contais, p. 25.

molissant l'ancien maître-autel. Au centre de la maçonnerie, un peu au-dessus du sol, on trouva une boîte en chêne de 1m32 centimètres de longueur sur 22 centimètres de largeur, dans laquelle étaient contenus tous les ossements d'un corps humain, à l'exception des pieds et des mains. Ces ossements paraissaient avoir été enveloppés dans un sac de cuir dont on apercevait les débris et qui, à en juger par une suite d'anneaux régulièrement espacés, avait dû se fermer en se laçant comme un porte-manteau. Une feuille d'ardoise portait l'inscription qui suit :

« LE DOUZIÈME JOUR DE JUIN MIL V CENS TROYS.... ENSÉ-
« PULTURÉ SOUBS LE GRAND AUTEL DE CE LIEU DE LIGNY, MESSIRE
« CLAUDE DE LA BAULME, FILS DE MESSIRE CLAUDE DE LA BAULME,
« EN SON VIVANT CHEVALIER DE L'ORDRE DE SAINT-MICHEL ...
« A EUX DONNÉE PAR LE ROY, DUQUEL ILS AVAIENT... LEUR
« SÉPULTURE... LES OSSEMENTS SONT MIS DANS DEUX LINCEUILS...
« LEDIT... MIL CINQ CENS ET TROYS. »

—Cette disposition des ossements n'annonce point une sépulture ordinaire, mais bien plutôt une translation.

Claude de la Baume n'ayant pas eu d'enfants de Marie d'Oyselet, sa femme, la seigneurie de Ligny échut à Jean de la Baume IV, son petit-neveu, fils de Marc et de Bonne de la Baume.

Jean de la Baume IV.

Voici l'article biographique que le P. Anselme a inséré dans son histoire de la Maison royale de France sur Jean de la Baume IVe du nom : « Jean de la Baume, comte de Montrevel, chevalier de l'ordre du Roi, capitaine de cinquante hommes d'armes de ses ordonnances. portait la qualité de seigneur de Pesmes du vivant de son père ; il fut pourvu de la charge de conseiller et chambellan de Philippe, archiduc d'Autriche, duc de Bourgogne, le 26 septembre 1503 ; donna déclaration de la terre et châtellenie de Ligny-le-Châtel et dépendances le 14 février suivant ; fut accordé en 1526 avec Jacqueline de la Trémoille, ce qui n'eut point d'exécution ; assista aux funérailles du prince d'Orange faites à Lons, au couronnement de la reine Éléonore en 1530 et à son entrée à Paris. L'Empereur Charles-Quint lui écrivit en 1532, pour moyenner quelque accommodement entre ceux de la ville de Genève et le duc de Savoie et disposer l'évêque à se démettre de cet évêché. Après la conquête de la Bresse, faite au nom du roi par l'amiral Chabot, il y fut député le 23 mars 1535, pour recevoir le serment de fidélité des états, avec pouvoir d'y commander en l'absence de l'amiral ; depuis il y fut établi gouverneur et lieutenant général par le roi, et au duché de Savoie par lettres du 1er décembre 1540 et confirmé le 30 mai 1542 ; fit son testament le 20 avril 1552, mourut peu après et fut enterré en la chapelle de Montrevel (1). »

Dans ses recherches sur la famille de Ferrières, à qui appartenait la terre de Maligny, M. le comte Léon de Bastard, de regrettable mémoire, fait mention d'un procès entre François de Ferrières et Jean de la Baume, vers 1518, au sujet de la délimitation de leurs seigneuries respectives. La terre de Mérey-le-Serveux, qui relevait des seigneurs de Maligny dans les siècles précédents, est désormais comptée parmi les dépendances de la châtellenie de Ligny : elle est avouée comme propriété de messire Jean de la Baume dans un dénombrement du comté de Tonnerre dressé par Me Oger Levuit, procureur général, vers l'an 1530 (2). A la même époque, Varennes, jusque-là simple hameau, acquiert une certaine existence religieuse et civile, par l'érection de son église et par l'institution de syndics chargés des intérêts communs de ses habitants. A l'avenir, nous trouverons tou-

(1) Hist. gén. et chron. de la mais. roy. de France, t. VII, p. 48.
(2) Cart. du comté de Tonnerre, p. 16.

jours ces trois noms réunis, Ligny, Varennes et Mérey, quand il s'agira d'aveux, de terriers ou de droits féodaux.

La mésintelligence qui s'était manifestée entre Claude de la Baume II et les moines de Pontigny, ne fait que s'aggraver sous son successeur. Les moines avaient reçu le comte de Tonnerre en qualité de fondateur et gardien de leur abbaye, mais ils refusent de recevoir aux mêmes titres le seigneur de Ligny. Jean de la Baume exaspéré, profite des troubles qui suivirent la captivité de François Ier, se met à la tête d'une troupe nombreuse et, sous un prétexte imaginaire, se jette sur le couvent, dont il force les portes et qu'il livre au pillage. A son instigation et par ses ordres, Jean Henrion, Pierre Guyard, Simon Guillier, et plusieurs autres habitants de Ligny démolissent l'écluse de Pontigny pour empêcher l'eau d'aller à l'abbaye. L'abbé Jacques de Jaucourt et ses religieux portent plainte au baillage de Sens, et alors commence une série de procès qui dure plus de six ans et se termine par la condamnation de Jean de la Baume et de ses complices.

Nous empruntons les détails de cette grave affaire à l'*Inventaire* in-folio des titres et papiers de Pontigny. « Le 26 avril de l'an de grâce 1528, y est-il dit, sous François Ier, roi de France, messire Jean de la Baume, chevalier, comte de Montrevel, pannetier de la maison du roi, obtint lettres royaux sur un faux exposé, disant : qu'il avait une commission en l'absence du comte de Guise, gouverneur pour le roi des pays de Champagne, Brie, Sens, Langres et villes enclavées ès-dits pays, pour se transporter en l'abbaye de Pontigny, où il y avait plusieurs gens retirés sans aveu, avanturiers, gens de guerre et autres mauvais garnements : et que, s'étant transporté avec plusieurs gentilshommes de la maison de Marc de la Baume, son père, lieutenant général de la province, et de a sienne, à la porte de ladite abbaye pour y entrer, on lui avait refusé l'entrée ; qu'il aurait fait commandement en vertu de sa commission de lui faire ouverture des portes, mais qu'au lieu de lui ouvrir, on lui aurait dit que quand le roi et la reine y seraient, qu'ils n'entreraient pas ; qu'on aurait usé de plusieurs paroles injurieuses, malsonnantes et arrogantes contre l'honneur du roi et dudit lieutenant général son père ; qu'ayant appelé la justice de Ligny, les officiers d'icelle avaient fait des remontrances aux religieux du refus qu'ils faisaient contre l'autorité du roi ; auquel refus ceux-ci ayant persisté, lui et sa compagnie se seraient efforcés d'entrer par la porte dont la barrière avait été rompue, et qu'étant entré en icelle abbaye, sans force ni violence, il aurait trouvé deux serfs qui se seraient jetés sur lui sieur de la Baume et autres ses gens, de telle manière qu'ils auraient blessé plusieurs de ses gentilshommes, ce qui aurait obligé un d'entr'eux de blesser un desdits serfs d'un coup d'épée ; et après que ledit sieur de la Baume et ses gent'lshommes eurent fait leurs dévotions et connu les gens qui étaient dans ladite abbaye, ils se retirèrent sans commettre aucun délit, excès ni violences. Mais qu'aussitôt auraient couru lesdits religieux en poste au bailli de Sens, pour avoir commission de faire informer, et, sur les informations faites, le substitut du procureur général aurait fait décerner un ajournement personnnel à comparoir à trois briefs jours, et faute par lui de comparoir, après plusieurs défauts, par sentence du baillage de Sens, il aurait été condamné à la somme de 1200 livres pour réparation civile, dépens, dommages et intérêts envers les religieux, et en 800 livres d'amende envers le roi. De laquelle sentence il aurait appelé et pris les présentes lettres royaux pour faire évoquer le procès par-devant MM. les Maréchaux de France (1). »

Par arrêté du 9 mai 1528, la Cour renvoie les parties par devant le bailli d'Auxerre : le 26 du même mois, Jean de la Beaume subit l'interrogatoire avec ses complices. Après le récolement et l'audition des témoins, il élève la voix en pré-

(1) Arch. de l'Yonne, Inv. de Pontigny, p. 20 et 21.

sence du juge et somme l'abbé de Jaucourt et D. Pierre Moret, procureur, de le reconnaître et de le recevoir pour fondateur et gardien de leur abbaye : le procureur répond que le comte de Tonnerre est seul fondateur et en possession de de la garde de Pontigny et comme tel avait été reçu ; que le vicomte de Ligny pouvait agir si bon lui semblait contre le comte de Tonnerre, pour ce droit, dont il ne produisait aucun titre à l'appui de sa demande. Jean de la Baume et ses adhérents obtiennent leur élargissement sous caution de 500 livres chacun, à la charge de se représenter.

Lassés de voir traîner les débats de Sens à Auxerre, d'Auxerre à Sens et à Villeneuve-le-Roi, sans aucun résultat, les religieux prennent à leur tour lettres royaux du 12 février 1529, dans lesquelles ils rappellent « tous les excès, forces publiques, assemblées illicites, port d'armes, son de cloches, abus de justice, voies de fait, délits et maléfices qu'avait commis Jean de la Baume, seigneur de Ligny-le-Châtel, à la prise et entrée par force, avec sa bande de plus de trois cents hommes, en l'église et abbaye de Pontigny, où ils avaient fait pillage et dommage considérable. » Les plaignants ajoutent : « Qu'après informations requises faites à Sens, seraient intervenus plusieurs décrets de prise de corps et ajournement à ban contre les capitaines et principaux conducteurs complices dudit sieur de la Baume, et ajournement personnel contre lui, attendu qu'il était de dangereuse et difficile capture, dont il n'avait tenu compte ; mais, au contraire, aurait usé de grosses menaces et se serait laissé contumacer, et après plusieurs délais à lui accordés dont il aurait abusé, il aurait été condamné à Sens en 1200 livres de réparation civile et à 800 envers le roi. De laquelle sentence ayant appelé, elle aurait été confirmée par arrêt du Parlement, dont l'exécution aurait été renvoyée au bailli d'Auxerre. Mais le comte de Montrevel s'étant moqué de toute cette procédure, les religieux avaient obtenu un autre arrêt de renvoi au bailliage de Sens.

où ledit comte ayant employé une infinité de subterfuges pour avoir délai sur délai, sur de frivoles excuses, serait intervenue une dernière sentence prescrivant l'exécution de la première et de l'arrêt confirmatif, dont il aurait encore appelé pour apporter de nouvelles entraves, ce qui aurait obligé lesdits religieux de se munir des présentes lettres pour aller en avant sur l'appel, et faire juger en dernier ressort au Parlement, sans aucun délai (1). »

L'année suivante, le Parlement évoque à la Cour « le procès par écrit tout instruit pendant au bailliage de Sens entre les moines de Pontigny, d'une part, et Jean Villetard, Jean Chevillot, Etienne Léger, Guillaume Girard, Laurent Malaquin, André Jollivet, Etienne Lemaistre, François Guyard, Pierre Caussard, Edmond Guyard, Simon Gouverneur, Colin Lorin, taillandier, Jean Maugras, Pierre Lejour, Edmond Héreau, Jean Rousseau, Pierre Gaudin et Me Nicolas d'Abancour, tous demeurant à Ligny-le-Châtel, d'autre part ; et par le même arrêt est aussi évoquée l'instance pendante à Sens entre les mêmes religieux et Jean de la Baume, un nommé Villiers et Lebaron dit Brandefer. La Cour ordonne qu'avant de procéder au jugement, lesdits de la Baume, Villiers et Brandefer soient ajournés à trois briefs jours à comparoir en personne, sur peine de bannissement du royaume, d'être atteints et convaincus des cas à eux imposés, pour répondre au procureur général du roi, aux demandes, fins et conclusions qu'il voudra contre eux prétendre et aux religieux à fin civile seulement (2). »

Le puissant comte de la Baume trouve encore moyen de retarder jusqu'en 1534 le prononcé du jugement, mais alors paraît, à la date du 24 mars, un arrêt définitif rédigé en latin

---

(1) Arch. de l'Yonne, Inv. de Pontigny, p. 23.
(2) Ibid. p. 24.

sur une feuille de parchemin longue d'une aune de Paris. Jean, comte de Montrevel, seigneur de Ligny, y est déclaré « coupable de tous les excès qu'il a commis en l'abbaye de Pontigny, pour lesquels il est condamné à 2,000 livres d'amende envers le roi, à 1,000 livres de réparation civile envers les religieux, et à 1,000 livres pour acheter des ornements à l'église de ladite abbaye, et à tenir prison jusqu'au paiement desdits et à tous les dépens (1). »

Les habitants de Ligny, qui avaient rompu l'écluse de Pontigny, eurent aussi leur procès au bailliage de Sens, où ils furent condamnés à l'amende et au rétablissement de la brèche avec dommages et intérêts, par un jugement en date du 4 juin 1529. Leur seigneur, mis en cause, signifia opposition à l'exécution de la sentence : puis, quand il fallut procéder de nouveau à Sens, il suscita mille retards, fit plusieurs fois défaut; débouté de son opposition, il en appela au Parlement, le Parlement confirma l'arrêt et rejeta sur lui les frais et dépens, mais il ne laissa exécuter la sentence que plusieurs années après lorsqu'il eut épuisé toutes les ressources de la chicane.

Dans son histoire de l'abbaye de Pontigny, M. l'abbé Henry qualifie le comte de Montrevel de *fauteur de l'hérésie de Calvin*, et attribue au fanatisme de la secte les violences qui amenèrent cette lutte prolongée devant les tribunaux. Nous croyons qu'il n'en est rien : nous n'avons découvert aucune trace de cette imputation dans nos archives locales, ni dans les biographies, ni dans les mémoires du temps. Au surplus, la chose paraît impossible : Calvin, né en 1509, n'était encore qu'un jeune étudiant inconnu à l'époque où les faits se sont passés.

En 1540, Jean de la Baume donna des lettres d'amortissement de tous les biens que l'hôpital de Tonnerre possédait

---

(1) Ibid p. 26.

dans sa seigneurie de Ligny. A la fin de la même année, il fut nommé gouverneur de la Bresse et garda cette place jusqu'à la mort de François Ier, c'est-à-dire jusqu'en 1547. « Le Roy
« enterré, dit l'auteur des *Mémoires* du maréchal de Tavan-
« nes, la Cour, la faveur change, le connestable de Montmo-
« rency est mandé du roy Henri II, se souvenant des honneurs
« acquis par son moyen au camp d'Avignon et au pas de Suze.
« A son arrivée, le Roy renvoye MM. d'Annebault et de Tour-
« non chez eux, lesquels suivirent le chemin du connestable
« par luy tracé en sa défaveur; se retirèrent sans contesta-
« tion... Le comte de Morever (Montrevel) participe à la dé-
« faveur du cardinal de Tournon, son beau-frère ; le connes-
« table luy oste son gouvernement de Bresse, le donne à La
« Guiche, lieutenant de sa compagnie. Le comte parlant au
« Roy, la main sur l'épée, se justifie, blasme ses ennemis et
« n'obtint rien : la raison n'a lieu, là où la faveur gou-
« verne (1). »

Jean de la Baume IV survécut cinq ans à cette disgrâce. Il n'était point beau-frère du cardinal de Tournon, comme le dit l'auteur des *Mémoires* par inadvertance, mais son neveu par alliance, car il avait épousé en troisième noces, le 28 juillet 1536, Hélène de Tournon, dame de Vassalieu, fille de Just, frère du cardinal, et de Jeanne de Vissac. Il en eut une fille, Françoise de la Baume, mariée en 1548 à François de la Baume, baron de Saint-Sorlin, son parent. Sa seconde femme, Avoye d'Alègre, fille de François d'Alègre, comte de Joigny, ne lui donna point d'enfants. De son premier mariage avec Françoise de Vienne, veuve de Jacques d'Amboise, sieur de Bussi, il lui naquit deux filles, Aimée de la Baume, qui épousa le marquis de la Chambre, le 16 décembre 1546, et Françoise de la Baume, mariée, le même jour, avec Gaspard de Saulx, si connu sous le nom de maréchal de Tavannes.

(1) Collect. Michaud et Poujoulat, t. VIII, p. 137.

Jean de la Baume, par son testament, laissa tous ses biens à sa dernière fille. Gaspard de Saulx et sa femme n'eurent, pour leurs droits en la maison de Montrevel, que la vicomté de Ligny avec un hôtel à Paris, et encore après la mort de la comtesse douairière Hélène de Tournon.

Famille de Saulx-Tavannes.

Gaspard de Saulx, maréchal de Tavannes.

La maison de Saulx tire son origine des comtes de Saulx, château situé à cinq lieues de Dijon, près du chemin de Langres. « Elle doit être mise, dit Le Laboureur, au rang des plus illustres du royaume. » Gaspard de Saulx, fils de Jean de Saulx, seigneur d'Orrain, grand gruyer de Bourgogne, et de Marguerite de Tavannes, vint au monde au mois de mars 1509. Il fut destiné, dès son bas âge, à la profession des armes. Le sieur de Tavannes, son oncle maternel, s'était signalé à la tête de ces Lansquenets qu'on surnommait *les bandes noires* Le roi François 1er, un des plus braves chevaliers de son temps, faisait un cas particulier de cet officier Allemand à qui il accorda des lettres de naturalisation en 1518. Ce fut cet oncle de Gaspard qui le présenta à la Cour en 1522. Le monarque l'admit au nombre de ses pages, et par une distinction flatteuse pour l'oncle et le neveu, il voulut que Gaspard de Saulx prît le nom de Tavannes.

La capacité qu'annonçait ce jeune guerrier, son intrépidité réfléchie, et cependant audacieuse, sa fermeté d'esprit qui se roidissait contre les obstacles, sa dextérité et sa vigueur dans les exercices du corps, le firent remarquer avantageusement. Il fut pris, avec le roi son maître, sous les murs de Pavie. Rendu à la liberté, il s'attacha au duc d'Orléans, le suivit en 1542 à l'armée des Pays-Bas, et se signala par maintes prouesses. Fidèle à la devise qu'il avait adoptée : « *Je me pousse moi-même,* » il ne se donna point de repos qu'il ne fût arrivé aux plus hautes dignités. Il devint successivement lieutenant du roi en Bourgogne, maréchal de France, gouverneur de Provence et amiral des mers du Levant. Au combat de Renti, où il se couvrit de gloire, Henri II s'ôta du cou le collier de l'ordre de Saint-Michel et le lui conféra sur le champ de bataille, en lui disant : « Vous êtes un lion, il faut vous enchaîner. » (1)

Gaspard montra en toute occasion beaucoup de zèle contre les sectaires, et fut accusé d'avoir conseillé la Saint-Barthélemi. Toujours est-il que, sous son gouvernement, les huguenots firent peu de progrès en Bourgogne. Il sut réprimer les excès des catholiques avec non moins de sévérité. Lors de la sédition d'Auxerre, il n'hésita point à faire pendre les aggresseurs. Voici comment le rédacteur de *l'Histoire des cinq Rois* raconte le fait : « Ceux de l'Eglise romaine, dit-il, massacrè-
« rent un nommé Cosson, poignardèrent et assommèrent en
« l'eau la châtelaine d'Avallon, belle et jeune dame, battirent
« tant l'avocat du roi qu'il le laissèrent pour mort, égorgèrent
« le juge de Corbian et firent des saccagements étranges de-
« dans et dehors la ville, sous la conduite du geôlier des pri-
« sons et d'un certain chicaneur nommé Borgant. » Gaspard fut envoyé par la cour pour rétablir l'ordre et fit prompte justice. Théodore de Bèze, et après lui l'abbé Lebeuf dans son *Histoire de la prise d'Auxerre*, racontent les choses différemment. Ils ne parlent pas de meurtres, mais seulement de pillages et, selon eux, huit personnes furent conduites au gibet, savoir, cinq huguenots, et trois catholiques, cinq autres huguenots furent bannis.

On cite du maréchal de Tavannes une harangue remarquable par son laconisme. En se présentant aux portes de Dijon, en 1564, pour recevoir Charles IX et la reine sa mère, qui parcouraient les provinces, il mit la main sur son cœur

(1. Mém. de Gaspard de Saulx, *passim* et Notice des éditeurs.

et dit au monarque : « Ceci est à vous, » puis la portant à son épée : « Voilà de quoi je puis vous servir. »

Nous avons pensé que le lecteur verrait avec intérêt comment les derniers moments de ce grand homme sont racontés dans les *Mémoires* qui portent son nom. « Après qu'on eut « décidé de lever le siége de la Rochelle, et fait la paix avec « les huguenots, le sieur de Tavannes voyant ne pouvoir re-« couvrer la santé, et qu'il estoit inutile, il va la chercher en « sa maison, avec le moyen de servir encore une fois. Il blas-« moit les fautes qui se faisoient à la Rochelle ; sorty d'une « maladie de six mois, demeure quinze jours sain au chas-« teau de Suilly, retombe d'une purésie ; exténué de travaux « et maladies, se défie de guérir, cognoist la Cour, craint de « perdre ses Estats pour ses enfans ; envoye proposer au « sieur de Retz le change du gouvernement de Provence à « celuy de Metz, qu'il désiroit demeurer à son fils aisné. » Le sieur de Retz y consent et pendant que l'échange se traite, le maréchal de Tavannes sentant venir sa fin, dit à sa femme et à ses serviteurs : « Je cognois la Cour, mes enfans per-« dront tous mes Estats. Je vivray huict jours ; aussitost que « je seray mort, n'envoyez point querir de baume aux villes, « pour n'estre découvert ; sallez mon corps secrettement, et « me faites servir ainsi que si je vivois, jusqu'à ce que l'es-« change des gouvernements soit admis, et que mon fils aisné « ait le gouvernement de Metz, le jeune la lieutenance de « Bourgogne. » Puis se tournant vers Françoise de la Baume, sa femme, il lui parla en ces termes : « Que te diray-je, sinon « que tu es des plus femmes de bien du monde ? ce n'est « pour t'admonester ; mais pour te dire adieu que je t'ap-« pelle. » Dit à son fils aisné : « Sers et crains Dieu, qui m'a « tiré de tant d'hasards et mis à honneur ; sois serviteur du « Roy, obéys ta mère. Tu en diras autant à ton frère ; je vous « donne ma bénédiction à tous deux, que tu luy porteras de « ma part. » Il sembloit, à le voir, que la mort ne le touchast.

« Prêt à rendre le dernier soupir, ses serviteurs effrayéz se
« retirans en pleurs, dit : « Ne bougez, ne me laissez mourir
« ainsi, estend le bras vers la croix, la baise et meurt. »

C'est Jean de Saulx, vicomte de Ligny, fils puîné du maréchal et rédacteur de ses *Mémoires* qui nous a laissé ces détails : « Nous levions le siége de la Rochelle, ajoute-t-il en
« terminant, quand je sceus sa mort qu'il faloit celer jusques
« à ce que nous eussions les dépesches des gouvernements
« susdits. » Mais une indiscrétion d'un secrétaire apprit à la Cour le décès du sieur de Tavannes, et ses prévisions se réalisèrent, l'échange n'eut pas lieu. « Ce coup fut grief, nous
« perdismes cent mil francs de gages et d'estats annuels, dont
« nostre père n'avoit jouy que six mois ; dépendismes cin-
« quante mil escus en voyages, maladies, larcins et toute
« sorte de perte ; je demeuray sans charges, ni estats, aagé
« de dix-huict ans. »

Gaspard fut inhumé dans le chœur de la Sainte-Chapelle de Dijon. Sa veuve et ses enfants lui élevèrent un mausolée en marbre blanc, sur lequel furent gravées les inscriptions suivantes :

A LA MÉMOIRE DE GASPARD DE SAULX, SIEUR DE TAVANNES,
MARESCHAL DE FRANCE, GOUVERNEUR DE PROVENCE,
ADMIRAL DES MERS DU LEVANT, QUI MOURUT
LE 19 DE JUIN 1573.

D'hardiesse, d'assault, de conseil, de vaillance,
Je deffis, je prins, j'aydé, je regaigné,
Charles-Quint, un Milord, Henry, le Dauphiné,
A Renty, à Calais, aux guerres, à Valence.
Cinquiesme mareschal, premier je fus en France :
Admiral du Levant, aux mers j'ai commandé ;
J'ai, Lieutenant du Roy, la Bourgogne gardé ;
J'ay pour lui-mesme esté Gouverneur de Provence.
En soixante-trois ans qu'au monde j'ay vescu,

Je n'ay rien, fors la mort, trouvé qui ait vaincu
Ma puissance, mon bras, mon bonheur, ma prouësse,
Dont mon corps, mon esprit, et mon renom aussi,
Vieil, heureux, immortel, gist, revit, court sans cesse,
Au tombeau, dans les cieux, par tout ce monde icy.

Cette poésie funéraire nous offre un curieux échantillon de cet enchevêtrement de phrases, alors très à la mode, que la langue française, en s'épurant, a justement répudié comme de mauvais goût et nuisant à la clarté du discours.

L'illustre maréchal eut cinq enfants de Françoise de la Baume, savoir :

1° Henri-Charles-Antoine de Saulx, mort au siége de Rouen, en 1562, sans lignée ;

2° Guillaume de Saulx, comte de Tavannes, chevalier des ordres du roi, bailli de Dijon et lieutenant général au gouvernement de Bourgogne, qui épousa Catherine Chabot, fille de Léonor Chabot, comte de Charny, et qui commence la branche aînée de la famille de Saulx-Tavannes. Il signe un acte de Baptême à Ligny, en 1630. Il mourut en 1633, à l'âge de quatre-vingts ans. On a de lui des *Mémoires* sur les guerres de la Ligue en Bourgogne, écrits avec sagesse et modération, imprimés dans les collections à la suite de ceux de son père.

3° Jean de Saulx, vicomte de Ligny, qui forme la branche cadette.

4° Jeanne, mariée en 1570 à Réné de Rochechouart, seigneur de Mortemar.

5° Claude, mariée en premières noces à Jean-Louis, marquis de la Chambre, et en secondes noces à Louis d'Ancienville, II° du nom, marquis d'Epoisses (1).

Le roi Henri II ayant ordonné une nouvelle levée de l'ancien droit connu sous le nom de francs-fiefs et nouveaux acquêts, les habitants de Ligny et de Varennes furent obligés

(1) Moréri et D. Plancher.

de donner aux commissaires royaux la déclaration des communes, usages et pâturages qui leur appartenaient. Le premier article de cette déclaration, faite et affirmée vraie devant Brice, notaire à Ligny, le 24 juillet 1554, se compose « des communes, usages et pâturages vulgairement appelés « le bois de Contest, contenant 2,165 arpents et demi-quar- « tier, chacun arpent de 100 carreaux et 22 pieds pour « corde... Lesquels bois et usages de Contest en partie con- « sistent en 910 arpents 80 carreaux de bois de haute futaie, « et le reste et surplus dudit nombre de 2,165 arpents et « demi-quartier consiste en vaine pâture et plaine. » Le bois de la Monillère, contenant 75 arpents, forme le second article de la déclaration. Le dernier est ainsi conçu : « Un climat « et cours d'une petite rivière appelée vulgairement la rivière « du Senain, en droit de commune et usage... Lesquels bois, « usages, pâturages de Contest, de la Mouillère et tous les « climats de communes et rivière ci-dessus sont redevables « de censives envers Madame dudit Ligny, c'est à savoir, d'un « bichet d'avoine par chacun an, pour chacun feu et ménage « entier, payable au lendemain du jour et fête de la Nativité « de Notre-Seigneur (1). »

Ceci se passait dans les premières années du mariage de Françoise de la Baume avec Gaspard de Saulx-Tavannes, lorsque la comtesse douairière Hélène de Tournon vivait encore, mais, en 1661, Gaspard voulant démêler ses droits d'avec ceux des habitants et avoir une position nette, présente pardevant l'administration des eaux et forêts une demande « en « privation, réformation et règlement des bois et forêts dépen- « dans de la vicomté et seigneurie de Ligny. » Il s'ensuit une instruction longue et compliquée. M. Dreux du Vivier, Lieutenant au siége de la Table-de-Marbre, à Paris, se transporte sur les lieux en vertu d'une commission spéciale et fait pro-

---

(1) Mémoire-Pérille sur le Contais, p. 27.

céder à l'arpentage et mesurage des Contest. Le seigneur et les habitants produisent leurs titres respectifs, et, après les formalités ordinaires, il intervient un arrêt définitif par lequel « la tierce partie seulement des Contest, tant en bois plein « que vuide, bruyères et landes » est adjugée aux habitants, pour « en icelle tierce partie en user, jouir et exploiter par « eux en tout droit d'usaige, pennaige, pasturaige, ainsi que « bon leur semblera, à l'exclusion du seigneur, lequel ne « pourra prétendre que droit de justice, chasse, amendes et « redevances accoustumées... Les deux autres tierces parties « des Contest, ensemble le bois de la Mouillère demeureront « au demandeur quittes et libres de tout droit d'usaige et « servitudes quelconques, pour en jouir comme de sa propre « chose et vrai héritaige (1). »

Cet arrêt fut mis à exécution et la jouissance des habitants réduite au tiers des Contest, c'est-à-dire à 700 arpents, mais en toute propriété, et cette partie dut être séparée des deux autres par des bornes et des fossés. Elle resta indivise entre les communautés de Ligny, Varennes, Jaulges et Chéu jusqu'à nos jours où éclata un grand procès dont nous rendrons compte en son lieu.

En 1593, vingt ans après la mort de Gaspard, Mme la maréchale de Tavannes, douairière de Ligny, voulant avoir reconnaissance des obligations, cens, rentes et autres droits seigneuriaux qui lui étaient dus dans la circonscription de sa châtellenie se procura lettres royaux de terrier et se mit en devoir de les faire exécuter. Il est dit dans l'*Inventaire* in-folio de Pontigny qu'elle fit inscrire à ce terrier par ses officiers des droits dont ses prédécesseurs n'avaient jamais joui et que jamais ses successeurs n'osèrent réclamer. Elle prétendait, entre autres choses, avoir droit de pêche et de chasse sur la rivière et les bois de Pontigny, la surintendance et la

(1) Ibid p. 28.

garde de l'abbaye, droit de haute justice à Pontigny avec la nomination des sergents et notaires, etc. Assignation fut donnée de sa part aux maître, frères et sœurs de l'hôpital de Tonnerre, pour qu'ils eussent à déclarer les biens qu'ils possédaient dans l'étendue de la vicomté, et comme ils s'y refusaient, alléguant que les propriétés données à leur maison, par Marguerite de Bourgogne, en 1293, étaient franches et libres, sans charges ni reconnaissance d'aucuns droits de cens, rente, foi et hommage, ni autres quelconques, elle leur intenta un procès, fit saisir les moulins de Ligny et obtint du bailliage de Sens une sentence par laquelle les maître, frères et sœurs furent condamnés à donner déclaration de ce qu'ils possédaient en la terre de Ligny (1).

La maréchale écrivit ensuite à Messire Charles de Boucherat, abbé de Pontigny, la lettre suivante que nous copions sur l'autographe qui existe encore aux archives de l'Yonne.

« A Monsieur de Pontigny,

« Monsieur, j'ai chargé le sieur Darbelay et monsieur Mi-
« nard, commissaire du terrier de ce lieu, de vous aller treuver
« de ma part, pour vous prier de regarder à ce que vous pos-
« sédez en cette terre, que la déclaration et desnombrement
« en soit donnée, affin que mes sujets, qui se sont prévalus
« et soustraits de leurs devoirs soient recogneus et rameinés
« à la raison. Je vous confirmerai ce que mes prédécesseurs
« ont donné à votre abbaïe et treuverez que je ne demande
« que ce qui m'appartient et despend de l'autorité de cette
« terre. J'ai dès le commencement de l'ouverture de mon
« terrier, poursuivi les M⁰ et F^{res} de l'hospital pour mesme
« sujet, qui ayant voulu plaider et desnier, en ont esté con-
« dempnés, ainsi que vous verrez. Je n'estime pas que vous
« en vouliez suivre ce chemin, vous êtes trop raisonnable, et
« moi vous me treuverez tousjours disposée à passer par

(1) Invent. p. 18, 26 et 27.

« toutes les voies de la raison mesme et de m'employer d'af-
« fection en ce que j'aurai moyen pour votre service comme
   « Votre bien humble voisine à vous faire service,
De Ligni ce vendredi   « Françoise de La Baume. »
   x ap. 1597.

Après ce qui était arrivé à l'hôpital de Tonnerre, les abbé et couvent de Pontigny n'eurent rien de mieux à faire que de répondre à cette gracieuse invitation, tout en protestant contre toute innovation en fait de droits indûment réclamés.

L'*Inventaire* en parlant d'une autre lettre de Françoise de la Baume, par laquelle elle prie M. l'abbé d'arrêter des poursuites contre un de ses gens qui avait outragé un religieux, dit : « On ne saurait écrire plus judicieusement ni plus poliment. » Il y avait loin en effet de ce langage et de ces procédés à l'hostilité et aux violences de son père le comte de Montrevel. Tous les renseignements que nous avons pu recueillir s'accordent à la représenter comme une femme du plus haut mérite, confirmant ainsi l'éloge que son mari faisait d'elle en mourant. Elle avait reçu une brillante éducation, dont les avantages étaient rehaussés par l'amour de l'étude qui fit le charme de son long veuvage. Le P. Anselme rapporte qu'elle était si savante dans les Saintes-Écritures qu'elle confondit dans une dispute réglée un fameux rabbin et le convertit. Par son testament, elle choisit sa sépulture auprès de son époux dans la Sainte-Chapelle de Dijon, disposa de legs nombreux en faveur des serviteurs de sa maison et institua ses héritiers universels Guillaume et Jean de Saulx ses deux fils. Cet acte est du 18 avril 1608 ; elle mourut peu de temps après.

On se doute bien que du vivant du maréchal de Tavannes, il ne fit pas bon pour les huguenots à venir s'installer à Ligny. Après la prise d'Auxerre surtout, après le pillage de l'abbaye de Pontigny et des localités circonvoisines, les catholiques irrités au dernier point ne leur faisaient pas de

quartier et ne cessaient de les poursuivre. « Théodore de
« Bèze nous apprend dans le martyrologe qu'il a composé
« des prétendus saints de sa secte, qu'il y en eut un à Ligny
« le-Château qu'ils allèrent prendre dans le grenier du bailli
« et qu'ils lui firent souffrir les peines qu'ils crurent être dues
« à son humeur séditieuse (1). »

Telles sont les paroles de l'historien Lebeuf ; mais voici comment la chose est racontée par un écrivain contemporain, qui laisse éclater toute son indignation : « Que réciteray-je
« un faict plein de lascheté et trahison qui a esté commis à
« Ligny-le-Chasteau, en la personne d'un de la religion, le-
« quel se voyant poursuivi de plusieurs mutins et sédicieux
« dudit lieu pour le massacrer, recourut au bailly, comme en
« la protection du magistrat, qui le receut pour faire conte-
« nance de s'acquitter de sa charge et devoir, et l'enferma
« dans son grenier avec la clef, où bientost après lesdits sé-
« dicieux se transportèrent, qui firent ouverture du grenier
« avec ladite clef, prendrent ledit personnage et, après l'avoir
« traîné par les rues de ladite ville, lui coupèrent la teste
« qu'ils jettèrent aux champs et le corps en la rivière (2). »

Pendant les guerres de religion, Ligny et Maligny, qui n'en est éloigné que d'une demi-lieue furent constamment en opposition, comme ils l'avaient été pendant les guerres séculaires des Anglais et des Bourguignons. Les deux frères Jean et Edme de Ferriéres, que les Mémoires du temps désignent sous le nom de *Messieurs de Maligny*, étaient calvinistes remuants, ayant la main dans tous les complots. M. Léon de Bastard a publié en 1857 la correspondance échangée à leur sujet entre Catherine de Médicis et Gaspard de Saulx-Tavannes, alors lieutenant-général du roi en Bourgogne. Elle lui recommande instamment de faire rechercher les sieurs de

---

(1) Lebeuf, hist. de la prise d'Auxerre, p. 273.
(2) *Histoire de nostre temps*, par C. Landrin et C. Martel, 1570, p. 82.

Maligny et de les arrêter partout où on les pourra saisir, lui assurant qu'il ne fera jamais rien qui soit plus agréable à elle et au roi son fils.

C'est cependant dans cette seconde moitié du XVIᵉ siècle si troublée, où tant de monuments de l'art religieux furent brûlés, renversés ou mutilés, que notre ville vit s'élever le magnifique chœur de son église, et les armes de Tavannes, sculptées aux clés des voûtes, attestent que le seigneur du lieu ne fut point étranger à cette importante construction, comme on peut croire que nos ancêtres durent à sa puissante influence la sécurité dont ils avaient besoin pour une telle entreprise.

Jean de Saulx-Tavannes Iᵉʳ.

Jean de Saulx naquit en 1555. Il fut connu d'abord sous le nom de vicomte de Ligny, et ne prit le titre de vicomte de Tavannes qu'en 1563, après le décès de son frère, Henri de Saulx. Son éducation fut celle des jeunes gentilshommes de son temps, c'est-à-dire qu'elle eut pour principal objet l'état militaire. On ne lui enseigna des lettres et des mathématiques que ce qu'il en fallait à un soldat. A la mort de Gaspard de Tavannes, ses charges furent partagées entre les courtisans de la reine-mère ; ses fils ne reçurent qu'une pension de deux mille écus chacun. Le vicomte de Ligny s'étant plaint à Charles IX lui-même, le roi lui dit : « Votre père n'estoit tant que « vous en l'âge que vous avez. » « Notre père, répliqua le vi- « comte, n'estoit fils du maréchal de Tavannes comme nous, « auquel la couronne est tant obligée. » Mécontent de l'injustice de la cour, il suivit le duc d'Anjou en Pologne et « le « servit en son voyage, couronnement et établissement. » De là il partit pour Constantinople, passant par la Hongrie, la Transylvanie et la Valachie. Chemin faisant, il se trouva à une bataille, où les Moldaves, révoltés contre les Turcs, battirent les Valaques qui avaient été envoyés par le Grand-Seigneur pour les faire rentrer dans le devoir. Quelques jours après, il fut assailli, lui cinquième, dans une maison, par deux cents soldats ; il se défendit courageusement. La maison ayant été incendiée, il fit une sortie l'épée à la main, et après des prodiges de valeur, il fut pris et jeté dans une prison, d'où il fut délivré par les Valaques qui venaient de remporter sur les Moldaves une dernière victoire. Il arriva à Constantinople en 1574, et vit dans le port la fameuse flotte qu'Amurat destinait à la reprise du fort de la Goulette, enlevé l'année précédente par Charles-Quint.

Rentré en France au commencement de 1575, il sauva la vie au duc de Guise au combat de Dormans : avec cinquante gens d'armes seulement, il rompit deux mille chevaux et en fit quinze cents prisonniers. Cette action d'éclat mit le jeune capitaine en bonne posture à la Cour. La même année, Henri III lui donna la lieutenance générale de l'Auxerrois. Il y eut une révolte dans Auxerre : le peuple prit les armes et tua, à la porte de la ville, les députés de Catherine de Médicis, qui traitaient de la paix entre le roi et le duc d'Alençon, alors en campagne avec les huguenots. Le vicomte de Tavannes fit saisir les meurtriers, et assisté de douze hommes à cheval, présida à leur exécution sur la place publique : « A l'instant, « écrit-il dans ses *Mémoires*, le peuple vient pour sauver les « prisonniers avec force arquebusades. Je fis ferme pen- « dant que le seul procureur du roy de mon parti avec un « de mes gens reprenoient les échappés du bourreau. En « mesme temps un des criminels est pendu ; ce que voyant « le peuple ; et me considérant résolu à la mort, quoique les « derniers tirassent, les premiers s'étonnent et se retirent ; « je fis achever la justice, la force me demeura. Si j'eusse « branlé ou montré étonnement, j'estois taillé en pièces. » Ce récit peint l'homme tout entier.

Lorsque Henri III voulut se mettre à la tête de la Ligue

notre vicomte fut un de ceux qu'il envoya par les provinces pour la propager ; mais en 1577 la Cour ayant fait la paix avec les huguenots, il se jeta dans le parti des Guises et fut nommé gouverneur d'Auxonne et lieutenant en Bourgogne pour le duc de Mayenne. Il se montra aussi zélé ligueur que son frère Guillaume était ardent royaliste. Tous les deux dans les *Mémoires* qu'ils ont publiés expliquent leur conduite et leurs raisons paraissent bonnes à divers points de vue. C'est qu'en effet la société française avait alors à résoudre un terrible problème, et il n'est pas étonnant que les meilleurs esprits aient été partagés. Porter atteinte à la loi salique, c'était ouvrir la porte à d'interminables dissentions, mais aussi pour ce noble royaume de France que le catholicisme avait construit comme les abeilles font leur ruche, selon l'expression de Gibbon, laisser arriver à la couronne le prince de Bourbon, le chef le plus éminent de la secte calviniste, c'était trahir ses destinées, rompre violemment avec toutes ses traditions et donner gain de cause à l'hérésie la plus formidable des temps modernes.

Du reste Jean de Saulx n'a souillé sa mémoire par aucune de ces barbaries si communes dans les guerres civiles : il ressemblait à son père par la causticité, la rude franchise du caractère et surtout par sa bravoure impétueuse. Voici entre beaucoup d'autres, un des traits qui lui font le plus d'honneur, c'est lui-même qui le rapporte : « En 1577, M. d'A-
« lençon frère du roy donne l'assaut à la ville d'Issoire que
« tenoient les Huguenots. Il y fait trois brèches. Je donnay
« le premier à celle que M. de Guise assailloit et me préci-
« pitay dans la ville, me jettant du haut de la muraille au
« dedans. A trente pas de là, je trouve un retranchement,
« suivy de douze des miens ; les ennemis le quittoient si
« nous eussions esté suivis. Je perdis sept gentilshommes,
« dont le plus brave estoit un de mes cousins nommé Tres-
« tondan ; je receus onze arquebuzades, dont cinq portèrent

« Je me jugeay perdu, me voyant abandonné, ne pouvant
« retourner : Dieu invoqué m'aide, le canon renverse la mu-
« raille qui estoit derrière moy, par où je n'eusse pu remon-
« ter autrement, et par là je me rejettay sur la bresche. Cette
« boutade les contraignit de paroistre... ce qui causa la reddi-
« tion, le lendemain la ville fut bruslée, les chefs pendus, et
« moy miraculeusement guari de cinq arquebuzades (1). »

Il est intéressant de l'entendre raconter comment il perdit le château et la ville d'Auxonne, dont il était gouverneur :
« Nous prismes les armes, dit-il, en l'an 1585, avec M. de
« Guise, pour empescher que la couronne ne tombast aux
« hérétiques, qui sembloient estre favorisez de Sa Majesté ;
« soudain la paix se fit à Nemours. Me fiant à ceux d'Auxonne,
« mes obligez, d'où j'estois gouverneur, suscités du roy et
« des gentilshommes voisins envieux, voulans obtenir par
« finesse et trahison ce que leur peu de courage et de valeur
« leur dénioit, aydés d'ingrats et meschans que j'avois ad-
« vancez en biens et honneurs, ceux de la ville, en vengeance
« du party des catholiques où je les avois traisnez, me tra-
« hirent, blessèrent et prirent devant le prestre, faisant mes
« pasques à l'église, et tuèrent un des leurs que j'avais ren-
« versé sous moy, dont ensuivit la prise du chasteau que je te-
« nois. Estant leur prisonnier, ils délibérèrent cent fois de me
« tuer et autant de fois Dieu m'en garentit. Ils me donnèrent
« un coup d'halebarde en prison. Nostre Seigneur me fait dis-
« siper leurs conseils, leur faisant croire que je craignois la jus-
« tice de Paris, lorsque j'eusse désiré estre en la conciergerie
« du palais, hors de leurs mains, pour monstrer mon inno-
« cence. Mes parens gagnent le roy qui feint m'envoyer querir
« pour me faire mourir. Les vilains le croyent, autrement
« ils m'eussent empoisonné ou tué, comme ils essayèrent la
« mesme nuict que je sortis. Je change Paris pour agny, où

---

(1) Mém. de Gasp. de Saulx, collect. Michaud et Poujoulat, t. VIII, p. 179.

« l'on me conduit d'une prison cruelle en une impiteuse, en-
« tre les mains du comte de Charny, envieux, offensé de moy
« pour avoir esté de la Ligue et avoir aydé à le chasser de
« son gouvernement. Il me garde à yeux d'Argus: vingt
« hommes autour de moy n'empeschent qu'en un seul quart
« d'heure, auquel je pouvois m'en aller, je me sauvasse à
« l'ayde d'un des miens, descendant cinquante toises de mu-
« raille, receu de vingt chevaliers. Je donne dans les portes
« d'Auxonne, pris les principaux de ceux qui me trahirent et
« leur donne la vie. Le roy craignant M. de Guise, le contente
« par la permission qu'il luy donna d'assiéger Auxonne. Je
« puis dire que moy seul et Rosne (l'ayant investi et défait
« leur secours) la prisme, dont ingrattement M. de Guise ne
« me rendit le gouvernement que j'avois perdu pour son su-
« ject ; ce qui depuis a nuit à ses affaires et aux miennes (1). »
Les parents qui s'employèrent pour lui auprès du roi et qu'il
ne nomme pas, étaient son frère aîné et Mme la maréchale
Françoise de la Baume, sa mère.

Comme le vicomte de Tavannes manifestait hautement le
mécontentement qu'il éprouvait de ce que son gouvernement
avait été donné à un autre, il fut soupçonné d'avoir formé
quelque dessein contre la personne du duc de Mayenne, de
concert avec certains habitants de Dijon. Il fut arrêté à Tan-
lay, en 1586, et aurait été mené prisonnier au château de
Dijon, si son frère qui demeurait à sa terre de Corcelles, près
de Semur, n'eût été averti à temps et ne fût venu à son secours. « Le bon naturel est toujours louable, dit Guillaume,
« en racontant ce fait. Un gentilhomme de qualité, qui tire
« son frère hors de peine, quelque mauvaise intelligence qui
« soit entr'eux, en a toujours de la gloire. » Au commencement de 1589, il se montra un instant en Bourgogne pour
lever de la cavalerie, puis il alla en Normandie prendre le

---

(1) Ibid. p. 161.

commandement des troupes de la Ligue. Il obtint des succès mêlés de quelques revers. Au siége de Noyon, il fut fait prisonnier par Henri IV et échangé peu de temps après pour la mère, la femme et les sœurs de M. de Longueville. En 1592, Il fut envoyé pour commander en Bourgogne; mais déjà les affaires de la Ligue déclinaient sensiblement. De toutes parts les villes manifestaient l'intention de se rendre : le duc de Mayenne, lui-même, préparait sa soumission. Le vicomte de Ligny tint bon jusqu'au dernier moment. Pris encore une fois, il est enfermé à la Bastille. « Là, dit-il, un page m'ap-
« porte du filet et une lime ; j'ourdis une corde, couppe un
« barreau et en sors en l'eau jusques au col; je me sauvay
« d'une prison d'où personne si bien gardé n'est jamais sorty.
« Dieu m'en tira, m'inspira de demeurer en paix, laquelle se fit
« entre les rois de France et d'Espagne quatre mois après....
« Puis quand le Pape advoua le roi Henri IV, en 1595, je me
« remis au service de Sa Majesté, estants nos premiers serments
« à Dieu et les seconds aux rois légitimes et justes (1). »

Jean de Saulx vécut encore de longues années sous les règnes de Henri IV et de Louis XIII et ce fut dans sa retraite de Suilly, « les épées estants de repos, » qu'il rédigea les *Mémoires* de son père, « pour l'instruction de ses enfans, neveux et cousins. » Ce travail est un des monuments littéraires les plus extraordinaires qu'ait produits la première moitié du XVIIe siècle. Il n'y en a point d'aussi bizarre si l'on considère l'incohérence des parties dont il est formé. Le fil de l'histoire est sans cesse coupé par des dissertations politiques, morales et philosophiques, la plupart étrangères au texte dans lequel elles sont intercalées. Il n'y a ni ordre, ni division dans la partie historique ; les transpositions sont fréquentes et la chronologie y est fautive. Et toutefois ces *Mémoires* sont précieux par une foule d'anecdotes et d'intrigues de cour qu'on

---

(1) Ibid. p. 162.

chercherait vainement ailleurs : on y rencontre des morceaux écrits avec autant d'énergie que de précision, et certaines dissertations renferment plusieurs points de vue du plus grand intérêt. Aussi le *Journal de Trévoux* (juin 1717, p. 950) en conseillait-il la lecture « à ceux qui veulent se mêler de littérature et d'histoire, parce qu'ils sont remplis d'une infinité de faits remarquables (1). » Ajoutons qu'à l'originalité se joint un peu de misanthropie, l'œuvre se ressent des vicissitudes de l'auteur : le vicomte de Tavannes fut aigri par le malheur. Lui-même nous apprend qu'il essuya plusieurs maladies désespérées, qu'il fut quatre fois confiné dans les prisons, qu'il reçut dix blessures, qu'il perdit sa femme, ses enfants, ses dignités et ses biens. Henri IV s'était engagé à le confirmer dans la dignité de maréchal de France, qui lui avait été conférée par le duc de Mayenne : il en eut même des lettres datées du 12 juin 1595. Mais les généraux et les courtisans avaient su le rendre suspect au roi et la promesse royale ne fut pas tenue. Il donne jour à sa mauvaise humeur dans ce passage : « Si j'avois mérité d'estre écrit, une partie seroit
« sous le nom de vicomte de Ligny, puis vicomte de Ta-
« vannes, parfois capitaine de gendarmes, tantost colonel de
« chevaux légers aux guerres de Dauphiné, gouverneur d'Au-
« xonne, d'Auxerrois, de Normandie, de Bourgongne ; ma-
« reschal de camp, mareschal de France nommé, et depuis
« retourné à ce nom de vicomte de Tavannes, par le mespris
« et desdain que j'ay fait de toutes les charges et grades de
« France, qui sont en vente aux prix d'argent, donnez à des
« personnes sans mérites ny honneur. C'est pourquoi j'ai
« peint en ma galerie ce mot: C'EST HONNEUR, C'EST ESTAT
« N'AVOIR EN CE RÈGNE NI CHARGE NI ESTAT (2). »

---

(1) Collect. univers. des mém. relatifs à l'hist. de France, t. 26. Notice des édit. p. 22.
(2) Mém. de Gasp. de Saulx-Tavan., p. 203.

Dans les dernières années de sa vie, il fit faire signification extra-judiciaire à l'abbé et aux religieux de Pontigny de l'acte de réception de Jeanne de Chalon en qualité de protectrice de l'abbaye, afin d'obtenir les mêmes honneurs : il éprouva un refus. L'abbé Claude Boucherat, étant venu à mourir, il se hâta d'envoyer les officiers de la justice de Ligny, pour exercer le droit de garde-gardienne pendant la vacance, mais inutilement encore. On leur répondit que Charles Boucherat, neveu du défunt, avait été élu aussitôt par les religieux et pourvu par le roi : que l'abbaye ne reconnaissait d'autre seigneur que son abbé, qu'elle était directement sous la garde de Sa Majesté et qu'on protestait de nouveau contre les prétentions des seigneurs de Ligny. Le procès-verbal dressé par les officiers du bailliage de Ligny est du 16 mai 1630. Henri IV avait en effet mis sous la sauvegarde du roi les personnes, les droits et les priviléges des Pontiniaciens, par lettres du 4 février 1595 (1). Désormais nos vicomtes s'abtiendront de semblables démarches, mais les comtes de Tonnerre continueront de revendiquer le droit de garde jusqu'en 1788, c'est-à-dire jusqu'à la veille de la destruction de l'abbaye.

Jean de Saulx fit son testament le 6 octobre 1629 et expira en 1630, au château de Suilly, dont il avait terminé la réédification commencée par son père. Il fut marié deux fois ; Catherine Chabot, sa première femme, fille de François Chabot, marquis de Mirebel, lui donna trois enfants : Claude morte sans postérité ; Éléonore, qui, en épousant Jacques, d'Apchon, seigneur de Saint-André, renonça à tous droits de succession de père et de mère, moyennant une dot de cent mille livres ; et Charles, marquis de Tavannes, comte de Briançon, qui s'allia avec Philiberte de la Tour-Occors, dame de Lieufranc, dont il eut Claire-Françoise, mariée par con-

---

(1) Arch. de l'Yonne, Invent. de Pont p. 31 et 185.

trat du 2 janvier 1647 à Charles-François de la Baume, marquis de Saint-Martin.

Après la mort prématurée de Catherine Chabot, le duc de Mayenne qui venait de nommer Jean de Saulx maréchal de France, lui fit épouser en secondes noces Gabrielle Desprez, que sa femme, Henriette de Savoie avait eue d'un premier mariage avec Melchior Desprez, seigneur de Montpezat. De cette alliance naquirent huit enfants, savoir : 1° Henri de Saulx, vicomte de Ligny ; 2° Jacques, mort au siége de Montauban, en 1621 ; 3° Melchior, abbé d'Hauterive et de Sainte-Marguerite de Troyes ; 4° Lazare-Gaspard, chevalier de Malte, tué au siége de Quiers en 1637 ; 5° Guillaume-Éléonor, marquis de Montpezat, mort en 1646 ; 6° Claude, mariée à Antoine Joubert, seigneur de Barrault, comte de Blagnac ; 7° Anne, première femme d'André de Grimaldi, comte de Bueil ; 8° Jeanne, religieuse Ursuline à Dijon (1).

Dans le registre des baptêmes de l'an 1629, à la date du 3 mars, une fille de Jean Filleu a pour marraine « haulte et « puissante dame Gabrielle de Montpezat, espouse de mon- « seigneur le vicomte de Ligny. Le parrain est vénérable et « discrette personne Mre Jean Brisfou, prestre, chanoine « d'Auxerre. » Devenue veuve, Gabrielle de Montpezat resta en jouissance de la terre de Ligny à titre de douaire. En 1634, les habitants ayant été de nouveau recherchés par le fisc pour les droits de francs-fiefs et nouveaux acquêts et taxés à une somme de 880 livres, à cause de leurs usages des Contest, leur procureur-syndic forma opposition par-devant la chambre du Trésor à l'exécution de cette taxe, qu'il disait mal assise, attendu que les habitants ne possédaient point la totalité des Contest, mais seulement 700 arpents, bien que par inadvertance ils en eussent déclaré 2,165. Et comme on

---

(1) D. Plancher, Moréri et le P. Anselme. Ces auteurs écrivent souvent *Lugny* pour *Ligny*.

voulait forcer ces derniers à payer *par provision,* la dame de Ligny intervint et demanda que puisque, par erreur, on avait compris entre les usages de la communauté 2,160 arpents qui lui appartiennent, « il plût aux juges la maintenir et gar-
« der en ses droits desdits 2,160 arpents ; savoir : 1,400 et
« tant d'arpents, èsquels elle a des métairies et un bois tail-
« lis amodié à son profit... Et le surplus consistant en 710
« arpents délaissés en usages auxdits habitants, à certaine
« redevance. » L'affaire s'instruisit en grand durant le cours de 1635 et, après plusieurs interlocutoires, enquêtes, arpentage, compulsoire et estimation, elle se termina enfin par un arrêt qui, en déclarant les 2,160 arpents non sujets aux droits réclamés par le fisc, comme faisant partie du domaine seigneurial, réduisit et modéra à 143 livres 10 sols la taxe imposée aux habitants de Ligny et de Varennes (1).

Madame de Tavannes prolongea sa carrière jusqu'en 1653: elle vit mourir presque tous ses enfants avant elle. Elle fit plusieurs testaments, par l'un desquels elle institua son héritier universel Henri de Saulx, l'aîné et le seul survivant de ses cinq fils. Elle voulut être enterrée auprès de son mari, dans la chapelle qu'elle avait fait bâtir en l'église de Suilly.

Henri de Saulx-Tavannes, marquis de Mirebel.

Henri de Saulx-Tavannes, connu sous le nom de marquis de Mirebel ou Mirebeau, en Bresse, prit naissance à Suilly, manoir de prédilection de son père et de son aïeul, le 22 mai 1597. Henri de Lorraine, prince de Mayenne, le tint sur les fonts de baptême avec Françoise de la Baume, veuve de l'illustre maréchal de Tavannes. Il succéda à presque tous les emplois que son père avait gérés, à toutes les dignités dont il avait été revêtu. Nous avons rencontré aux archives de l'Yonne, parmi les papiers de Pontigny, un document où sont énumé-

(1) Mémoire-Pérille sur le Contais, p. 26 et suiv.

rés ses principaux titres ; c'est une sentence portant condamnation contre deux habitants du hameau de la Mouillère accusés d'avoir ravagé complétement la vigne de la Rousselle (1); sentence rendue au bailliage de Ligny par M° Edme Filleu, sieur de Pommard et de Courtenay, avocat au parlement, bailli de Ligny-le-Châtel, « pour hault et puissant sei-
« gneur messire Henry de Saulx, marquis de Mirebel-Tavan-
« nes, lieutenant-général pour le roy au pays de Bourgogne,
« compté d'Auxonne, Châtillon et Bar-sur-Seine, premier
« chevalier de la cour du parlement de ladite province, con-
« seiller d'Estat, maréchal des camps et armées de Sa Majesté,
« baron des baronies de Juilly et de Gornay, vicomte de
« Ligny-le-Châtel, Varennes, Mércy-le-Serveux et autres
« lieux. » Cette pièce est du 16 septembre 1648.

En 1633, Louis XIII cédant aux instances du duc de Mantoue établit Henri de Saulx commandant de toutes les troupes françaises qui étaient en Italie et même des troupes italiennes qui se trouvaient avec les nôtres dans la ville de Casal et au pays de Monferrat. Le roi, dans les lettres-patentes dont il le pourvut, motive son choix en disant qu'il est nécessaire qu'il y ait sur les lieux un homme d'autorité, sur la valeur et la fidélité duquel il puisse se reposer; qu'il l'a choisi comme ayant ces bonnes qualités et, de plus, la connaissance du pays, où, ajoute-t-il, « vous nous avez dignement
« servi dans les armées que nous avons fait passer ci-devant
« en Italie pour l'assistance de notre dit cousin le duc de

---

(1) Vigne située au climat de la Mouillère, ainsi appelée parce qu'elle fut vendue aux religieux de Pontigny par Claude Rousseau, marchand, demeurant à Ligny, « moyennant 750 livres en principal et les vins du marché accoutumés. » La minute de cette vente est signée de Charles Boucherat, abbé de Pontigny, Claude Rousseau, vendeur, Balthasar Taveau, avocat en parlement, Edme Filleu, commissaire ordinaire de l'artillerie de France, Jehan Chapperon, prêtre vicaire de Ligny, Romain de Laval, prêtre vicaire de Varennes, Jean Blonde, notaire, et Jacques Foultrier, licencié ès-lois, bailli dudit Ligny. — Arch. de l'Yonne.

« Mantoue (1). » Le roi le fit encore depuis mestre de camp d'un nouveau régiment d'infanterie de vingt compagnies de cent hommes chacune et capitaine particulier d'une de ces compagnies. Le brevet est daté d'Abbeville, le 24 juin 1639. En 1650, au début de la seconde guerre de la Fronde, ayant eu avis de l'emprisonnement du prince de Condé, gouverneur de la province de Bourgogne, il alla à la Chambre de ville, à Dijon, pour donner des ordres convenables. Il y prit place au dessus du Maire, le 13 février et, deux jours après, le duc de Vendôme, commis au gouvernement à la place du prince prisonnier, fit son entrée à Dijon, et le marquis de Mirebel continua sous lui ses fonctions de lieutenant-général (2). Dans cette incroyable campagne des Frondeurs, les rôles sont intervertis entre les deux branches de la maison de Tavannes. On se souvient que Guillaume, fils aîné du maréchal, fut constamment du parti royaliste, et Jean, son frère, ligueur zélé et persévérant. Ici, c'est la branche cadette qui se montre royaliste et la branche aînée soutient de tous ses efforts la révolte du prince de Condé.

Henri de Saulx mourut d'une fièvre maligne, à Suilly, en 1653, à l'âge de 56 ans, sans laisser d'enfants de Jeanne-Marguerite Potier de Tresme, sa femme, seconde fille de René Potier, duc de Tresme, et de Marguerite de Luxembourg. Un acte de baptême, du 27 juin 1640, relate que Jean Hélye, issu d'une de nos plus anciennes familles bourgeoises, eut pour marraine « madame Jehanne-Marguerite de Tresme, marquise de Tavannes, vicomtesse de Ligny-le-Chastel, et pour parrain noble Charles de Toisy, escuyer. » Un autre acte de 1651 parle de gens de Montigny-le-Roi qui se sont réfugiés à Ligny « pour cause de guerre. »

Parmi les minutes du notariat, nous en avons remarqué plu-

---

(1) Dom Plancher, t. II, p. 483.
(2) Ibid. p. 484.

sieurs dans lesquelles Jeanne-Marguerite de Tresme, relicte (veuve) de haut et puissant seigneur Mgr Henri de Saulx, prend la qualité et exerce les droits de dame douairière de la vicomté de Ligny. Ainsi, le 21 juillet 1657, elle amodie pour neuf ans les moulins banaux de Ligny-la-Ville. L'acte est fait et passé au vieux château, par le ministère de François Denombret, tabellion. Le 7 juillet 1660, elle cède, pour une année, le droit de péage à Claude Beuf, moyennant la somme de douze livres. Le 30 mai 1662, M⁰ François Midan, notaire à Dijon, son fondé de pouvoir, renouvelle le bail des moulins seigneuriaux. Le 31 décembre 1664, noble Nicolas de Poix, écuyer, son représentant, loue pour un bail de cinq ans les fours banaux à Michel Mignard, au prix de 138 livres par an ; « lequel Mignard sera tenu de faire recherche de ceux
« qui cuiront du pain dans les petits fours et les dénoncer au
« procureur de la seigneurie, pour en faire la poursuite, et
« des amendes ès quelles lesdits particuliers seront condam-
« nés, moityé d'icelles appartiendront à madicte Dame, et
« l'autre moitié audict Mignard. » Le 15 mars 1665, bail de trois arpents de terre, au nom de Madame douairière de Ligny, lieu dit les 500 arpents, au sieur Claude Regnard, manouvrier, demeurant aux Prés-du-Bois, moyennant un bichet de grains, moitié seigle et moitié avoine, mesure de Ligny, par chacun an et par chaque arpent. Le 10 février 1666, Jean Jeandot, laboureur, confesse avoir pris à bail pour six années, de la Dame douairière, la métairie vulgairement appelée *Métairie-Parigot*, proche le bois de Contest.

Après 1666, il n'est plus fait mention de Jeanne-Marguerite de Tresme. Tous les baux, tous les actes concernant la vicomté de Ligny, Varennes et Mérey sont passés dorénavant au nom des nièces d'Henri de Saulx et de leurs maris, savoir : de Claire-Françoise de Saulx, femme de Charles-François de la Baume, marquis de Saint-Martin ; de Gabrielle Joubert de Barrault, femme de Noël de Saulx, comte de Beaumont ;

d'Henriette Joubert de Barrault, femme de Jacques de Durfort, marquis de Civrac ; de Melchiore de Bueil de Grimaldi, femme de Brocard de Giani, comte de Rispe. Nos archives locales ont conservé des traces de la présence de ces divers personnages qui s'intitulent simultanément vicomtes ou seigneurs en partie de Ligny.

Dans l'année qui suivit le décès de Henri de Saulx, Claire-Françoise tient sur les fonts de baptême une fille du bailli Edme Filleu avec Messire Achille de la Grange, comte de Maligny : dans le corps de l'acte son mari est qualifié chevalier, marquis de Saint-Martin et vicomte de Ligny : elle signe *Claire-Françoise-Heugénie de Saulx Tavannes*. Le 14 novembre 1666, les moulins de Ligny-la-Ville sont affermés, au prix de 800 livres de revenu annuel, par « Messire Noël de Saulx, « marquis de Tavannes, et Melchiore de Grimaldy, marquise « de Suilly, seigneurs propriétaires du vicomté de Ligny-le-« Chastel. » Les mêmes passent procuration, en 1668, à leur homme d'affaires et signent : *Tavanes Mirbel* et *Melchiore de Bœuil de Grimaldy*. Le 13 mars 1669, ils cèdent par l'entremise de Mᵉ Louis Faultrier, leur receveur, trois arpents de terre, lieu dit les 800 arpents de Contest, avec un petit canton dans la grande Bruyère, au sieur Edmond Millon, de Chéu, laboureur, qui en rendra « trois boisseaux de seigle, mesure « de Ligny, comble, et trois sols en argent, avec un chapon « et plume d'ouet. » Le 7 juillet suivant, Noël figure seul dans la nomination d'un nouveau receveur. Le 13 octobre 1674, Henriette de Barrault, munie des pleins pouvoirs de son mari Jacques de Durfort, chevalier, marquis de Civrac, comte de Blagnac, sénéchal et gouverneur de Bazadois, cède et délaisse au sieur Louis Faultrier, marchand demeurant à Seignelay « la moitié et la 8ᵉ partie dans l'autre moitié de « tous les revenus de la terre et vicomté de Ligny, Mérey, « Varennes, Lordonnois et dépendances, moyennant la « somme de 1,700 livres, à la réserve toutefois 1° de la

« coupe de bois de la présente année ; 2° de la part desdits
« seigneur et dame du revenu des moulins de Ligny-la-Ville;
« 3° du droit de tuilerie ; 4° du four, de la prévosté et du
« greffe de Mérey; 5° du droit de prévosté de Ligny. » Pendant le séjour qu'elle fit dans notre ville à cette occasion, Madame la marquise de Civrac voulut bien être marraine d'un enfant de Jean-Marguerite Hélye, bailli du lieu, avec M⁰ Michel Deloy, conseiller du roi et doyen de la faculté de Droit à Paris (1).

Jean de Saulx-Tavannes II.

Dans la personne de Henri de Saulx s'était éteinte la ligne masculine de la branche cadette des Tavannes. A défaut d'hoirs mâles, les petites-filles de Jean de Saulx-Tavannes Ier du nom s'étaient, comme nous venons de le voir, partagé la terre de Ligny, mais il y eut réclamation de la part de la branche aînée, qui prétendait que cette terre était au nombre de celles qui avaient été substituées par leur commun auteur pour maintenir l'illustration de sa race. Des débats, qui durèrent de longues années, s'engagèrent par-devant les différentes cours du royaume : débats dont nous ne connaissons point les péripéties. Une seule pièce nous est tombée sous la main, c'est un acte du 1er octobre 1659, par lequel le sieur Desaignes, porteur de procuration de Mre Jean de Saulx, marquis de Tavannes, dénonce « qu'il prend possession de
« la terre de Ligny-le-Châtel pour jouir de la totalité des
« fruits, bien que d'après plusieurs arrêts du Parlement de
« Toulouse il ne lui en appartienne que la moitié, et cela
« parce que le comte de Tavannes, Mre Jacques de Saulx jouit
« de la totalité des autres terres substituées jadis par défunt
« Gaspard de Saulx, maréchal de France, et dame Françoise

(1) Archives communales et Fonds du Notariat

« de la Baume, son épouse. » Cette dénonciation est faite à noble Edme Filleu, bailli de Ligny, à Me Edme Servain, procureur fiscal, et à honorable homme François Mathieu, receveur de la terre de Ligny (1).

Jean de Saulx, au nom de qui agissait le sieur Desaignes, était l'unique fruit du second mariage de Guillaume de Saulx avec Jeanne de Pontailler : Il avait les titres de marquis de Tavannes, de vicomte de Ligny, de baron de Suilly, Repas, Igornay, la Marche, Montgilbert, le Mayet, le Donjon, Saint-Julien, de seigneur de Neuvillé, Damphale, le Court, Villefrancon, etc. Jacques de Saulx, comte de Buzançois, qui a laissé des *Mémoires* sous le nom de comte de Tavannes, était son neveu, fils de feu Claude de Saulx, l'aîné des enfants du premier lit de Guillaume (2). Jean de Saulx remplissait les fonctions de lieutenant du roi en Bourgogne lorsque Jacques, mêlé aux intrigues de la Fronde, parut dans la province, en 1650, pour y remuer en faveur du prince de Condé : il réunit des troupes pour s'y opposer, mais son neveu le défit. Les chevaux du marquis furent pris, le comte les racheta et les renvoya à son oncle, qui rejeta cette civilité et brûla un testament qu'il avait fait en sa faveur (3).

Il ne vit point la fin de son procès touchant la terre de Ligny, étant mort vers 1665. Il avait épousé, en 1642, Jeanne-Françoise de Pontailler, sa parente, veuve du baron de Cleron ; il en eut un fils, appelé aussi Jean de Saulx, et une fille nommée Eléonore, mariée le 31 octobre 1665 à Michel du Faur, comte de Pibrac.

Jean de Saulx-Tavannes III.

Jean de Saulx, IIIe du nom et le dernier des Tavannes qui ait possédé la terre de Ligny, naquit le 3 janvier 1646. Après

(1) Fonds du Notariat.
(2) D. Plancher, t. II, p. 506.
(3) Le P. Anselme, hist. généal. etc , t. VII, p. 258.

la mort de son père, il prit les titres de marquis de Tavannes, de baron du Mayet et de Montgilbert, de vicomte de Ligny, de Pyramont, de Soulle, de Saint-Priest, etc. Le 23 août 1669, il obtint du Grand-Conseil un arrêt qui lui adjugea la substitution faite par le maréchal son bisaïeul. En 1672, il contracta alliance avec Anne-Louise de Bourbon-Busset, fille de Jean-Louis de Bourbon, comte de Busset, baron de Chaslus et d'Hélène de la Queille (1).

Le 1er avril de l'année suivante, il procéda au partage des biens de famille avec sa sœur en l'étude de Me Guichard, notaire à Paris. Eléonore eut une partie des revenus du domaine de Ligny, comme le prouvent divers actes dans lesquels son mari se qualifie *seigneur en partie de la terre et ricomté de Ligny-le-Châtel*. Le premier en date que nous connaissions est du 26 février 1674 : Michel du Faur, stipulant par Me Pierre Filleu, sieur d'Orpane, son procureur général et spécial, amodie à Jacques Gueneau de Chéü six arpents de terre en trois pièces, prises sur les 800 arpents de Contest, « en ce qui en peut appartenir audit seigneur comte de « Pibrac, » moyennant trois bichets de seigle, mesure de Ligny, comble et six sols en argent avec un chapon. Trois jours après, même bail de six arpents à un autre habitant de Chéü. Le six novembre suivant, Jean Conquille, marchand mégissier à Ligny, prend à bail pour trois ans du même fondé de pouvoirs « le quart du revenu et émoluments des
« minages de ce lieu de Ligny et encore le quart des droits
« des allages et adjutages, le clos du chasteau avec la vigne
« estant en l'enclos proche et attenant les fortifications de la
« ville, moyennant 40 livres, savoir 20 livres pour le droit
« des minages et 20 livres pour les autres droits et clos pour
« chaque année : ne pourra ledit preneur exiger aucun droit
« d'allage, au jour des foires, des marchands qui pourront

(1) Ibid.

« s'étaler devant le logis et place dudit sieur Filleu. » Dans un autre acte du 27 juillet 1677, il est dit que le comte de Pibrac touchait 2,400 livres pour la moitié de la recette de la terre de Ligny (1).

A cette époque, il est probable que les procès entre les deux branches étaient terminés, soit qu'une sentence définitive fût intervenue, soit que les parties se fussent arrangées à l'amiable, car de 1677 à 1690, Jean de Saulx paraît avoir habité notre vieux château, et il figure seul dans les nombreuses pièces que nous avons rencontrées. Au dos des minutes concernant les particuliers de sa seigneurie, on lit souvent cette note de sa main : « Nous avons reçeu les lost et « vente qui nous sont deu par le présent contrat sans préju« dice d'autres droits. » Il signe quelquefois *de Saulx Tavannes du Mayet* : il s'intitule *chevalier, marquis de Tavannes, vicomte de Ligny, Vavennes, Mérey et autres lieux*, et date plusieurs actes de son château de Ligny.

Nos registres de catholicité, qui étaient en même temps registres de l'état civil, témoignent qu'en 1678 il accorda son patronage et celui de sa fille Eléonore à un enfant de Jean Chevillot. Le 23 septembre 1679, Marie de Saulx, sa fille, née et ondoyée à Suilly, au bailliage d'Autun, fut admise aux cérémonies du baptême en l'église de Ligny : elle avait sept ans et on lui donna pour parrain son frère César-Phœbus de Saulx, et pour marraine sa sœur Eléonore de Saulx, tous deux bien jeunes encore, car ils déclarent ne savoir pas signer. Un acte du 16 juin 1680 constate que Me Achille-François Berillon, curé de céans a baptisé « Jacques de Saux, fils « de haut et puissant seigneur, messire Jean de Saux, mar« quis de Tavannes, seigneur de ce lieu de Ligny et de haute « et puissante dame, dame Anne de Bourbon, son épouse, le« quel a eu pour parrain messire Jacques de Saux, comte de

(1) Fonds du Notariat.

« Tavannes, lieutenant-général des armées du Roy et pour
« marraine haute et puissante dame, dame Claire-Françoise
« de Saulx de Tavannes, veufve de monsieur le marquis de
« Saint-Martin. » Cet enfant vécut, non pas deux années,
comme le dit le P. Anselme, mais seulement quelques mois,
et fut inhumé dans le chœur de notre église, le 15 décembre
de la même année. En 1683, César-Phœbus et sa mère tiennent sur les fonts sacrés une fille de Louis Henrion et de Marie Aubert (1).

L'*Inventaire* manuscrit des titres de l'abbaye de Pontigny
parle d'un exploit du 8 janvier 1680, par lequel le marquis
de Tavannes adressait une demande aux vénérables abbé et
couvent, pour qu'ils eussent à mettre hors de leurs mains la
vigne de la Rousselle, ou à en payer l'indemnité pour l'homme
mort et donner un autre homme vivant et mourant. Nous
avons trouvé également parmi les papiers de Pontigny une
quantité de quittances de la main de Jean de Saulx (de 1677
à 1687) pour les cens et rentes payés par les religieux « à rai-
« son de 22 minages par an de grain, moitié froment et
« avoine, mesure de Ligny, qui font deux bichets, mesure de
« Pontigny (2). »

D'autre part, les minutes du notariat nous offrent jusqu'en
1688 une série de baux ayant trait à différents biens situés à
la Mouillère et dans le voisinage du château, à la métairie
de Fontaine-Chaudron, au greffe de Mérey, et à certaines
terres du finage de cette paroisse : baux dont la rédaction
accuse la présence du même seigneur sur ses domaines.

La seigneurie de Ligny, qui comprenait Varennes et Mérey,
n'a donc pas été vendue au grand Colbert, marquis de Seignelay, en 1673, comme l'affirme M. Pérille dans les notes historiques qu'il a mises à la suite de son *Mémoire sur le Contais*,

(1) Archives communales.
(2) Arch. de l'Yonne.

et, après lui, M. l'abbé Henry dans l'article sur Ligny-le-Châtel qui se lit à la suite de son *Histoire de l'abbaye de Pontigny*. Elle n'a pas non plus été vendue par Éléonore de Saulx-Tavannes ; mais bien par son frère Jean de Saulx, et cela en 1690, comme l'établissent des renseignements sûrs puisés aux archives de Chaumont (1) et dans les comptes de M⁰ Michel-Jacques Pourcin des Arcy, régisseur du marquisat de Seignelay en 1743 (2). Peut-être la comtesse de Pibrac était-elle encore en jouissance de quelques droits dont elle se sera dessaisie à la même époque, ce que nous n'avons pu vérifier. Toujours est-il qu'en 1690, la châtellenie de Ligny tout entière passa à la famille Colbert.

Jean de Saulx mourut le 14 novembre 1717. Il avait eu cinq enfants d'Anne-Louise de Bourbon-Busset, sa femme. César-Phébus, l'aîné, dit le *comte de Tavannes*, sous-lieutenant aux gardes-françaises, le précéda dans la tombe ; Nicolas, qui hérita du titre de *marquis de Tavannes*, continue la descendance ; Marie épousa, en 1715, Claude-Joseph de Digoine, marquis du palais ; Éléonore, filleule de madame de Pibrac, fut mariée, en 1705, à Paul de Loriol, comte de Digoine, seigneur de Poule, de Propière et de Chappes.

(1) IVᵉ vol. de l'évêché de Langres, dossier n° 4, et Inventaire n° 4. Requête de 1694, adressée à M. le juge du domaine en l'évêché et duché-pairie de Langres : il y est dit que la terre de Ligny ayant changé de main *depuis quatre ans*, l'acquéreur ni ses héritiers depuis son décès n'ont point satisfait à leurs devoirs féodaux.

(2) Archives de l'Yonne. Un mémoire de cette date rappelle que la terre de Ligny a été vendue par *Monsieur de Tavannes*.

Vᵉ PÉRIODE (DE 1690 A 1789)

LA VICOMTÉ DE LIGNY RÉUNIE AU MARQUISAT DE SEIGNELAY.

FAMILLE COLBERT.

Le célèbre ministre de Louis XIV, *Jean-Baptiste Colbert*, avait acheté la baronnie de Seignelay : il la fit ériger en marquisat-pairie au mois d'avril 1668. Désireux de grouper un certain nombre de seigneuries autour de cette petite ville et d'en accroître ainsi l'importance, il fit l'acquisition des terres d'Ormoy, Cheny, Beaumont, Bonnart, de la Malmaison, d'Hauterive et du Petit-Monétau. Il agrandit et embellit Seignelay, en fit le siége d'un bailliage considérable, d'un grenier à sel qui comprenait trente-deux communes, y établit des manufactures renommées, restaura son magnifique château, et, lorsqu'il fut emporté par une courte maladie, en 1683, l'industrie et l'agriculture y étaient parvenues à un haut degré de prospérité.

Son fils, *Jean-Baptiste Colbert*, héritier de son nom et de ses charges, marcha sur ses traces. Ce fut lui qui acheta la terre de Ligny : il avait conçu de grands desseins pour l'avantage de nos pays ; malheureusement une mort prématurée l'enleva le 3 novembre 1690, à l'âge de 29 ans. Il laissait cinq enfants en bas âge : l'aîné, *Marie-Jean-Baptiste*, fut marquis de Seignelay. D'après la coutume de Sens, les acquéreurs de fiefs étaient obligés à rendre foi et hommage à leur seigneur dominant dans les quarante jours et, en outre, à payer les droits de quint et requint du prix de l'acquisition (1). Ces devoirs n'ayant point été rendus à l'évêque de Langres, qui se

---

(1) Lorsqu'un vassal vendait son fief, la cinquième partie du fief vendu appartenait au seigneur dominant par droit de *quint* ; et la cinquième partie du cinquième par le droit de *requint*.

donnait comme seigneur féodal depuis que Ligny avait été démembré du comté de Tonnerre, Mgr Louis Marie-Armand de Simiane de Gordes, évêque-duc de Langres et pair de France, entama un procès aux requêtes du palais contre les mineurs Colbert et fit faire saisie-arrêt sur cette terre le 16 octobre 1692. Il réitéra la saisie féodale dans les années suivantes jusqu'à ce qu'il eût obtenu satisfaction (1).

Marie-Jean-Baptiste Colbert n'avait que vingt-neuf ans quand il mourut le 26 février 1712. Des deux filles qu'il eut de la princesse de Furstemberg son épouse, la première, Marie-Louise, mourut fort jeune et sans alliance ; la seconde, Marie-Sophie-Émilie-Honorate, seule héritière de toute la fortune de son père, donna sa main à Charles-François de Montmorency-Luxembourg, maréchal de France, qu'elle épousa en 1724, âgée seulement de 15 ans.

Famille de Montmorency.

Dans cette dernière période de notre histoire seigneuriale, la vicomté de Ligny est tout à fait déchue : notre ville a perdu plus de la moitié de ses habitants pendant le cours du XVIIe siècle par diverses causes, mais particulièrement par suite d'effroyables incendies. Le château, désormais inhabité, tombe en ruines. Voici la liste des nouveaux seigneurs, qui tirent leur origine de la plus illustre maison de France après la maison royale. Nous renvoyons pour les détails concernant les deux familles de Colbert et de Montmorency aux *Mémoires historiques sur Seignelay*, par M. l'abbé Henry.

1° *Charles-François*, duc de Pincy-Luxembourg et de Montmorency, petit-fils du fameux maréchal de Luxembourg, pair et maréchal de France, gouverneur de Normandie, comte de Beaufort, etc., né en 1702, mort vers 1750.

2° *Anne-François*, duc de Montmorency, comte de Tancar-

(1) Arch. de Chaumont, IVe vol. de l'évêché de Langres, dossier n° 4.

ville et de Gournay, capitaine des gardes du corps, colonel du régiment de Touraine, etc., né en 1735, mort en 1761.

3° *Matthieu-Anne-François*, duc de Montmorency et de Luxembourg, né en 1756, mort 27 jours après son père.

4° *Anne-Léon* de Montmorency-Fosseux, maréchal des camps et armées du roi, premier baron de France, prince souverain d'Aigremont, baron libre de l'Empire et des deux Modaves, etc., devenu marquis de Seignelay par son mariage avec sa cousine Anne-Françoise-Charlotte de Montmorency-Luxembourg; très-aimé de ses vassaux, au milieu desquels il se plaisait à habiter et qu'il combla de bienfaits; mort dans l'émigration, à Munster en Westphalie, le 1er septembre 1799.

5° *Anne-Louis-Christian*, prince de Montmorency, grand d'Espagne, après la mort de la duchesse sa mère, en 1829, prend possession du domaine de Seignelay, auquel demeurent rattachées les anciennes terres du voisinage. Après la révolution de Juillet, il s'exile volontairement à Munich, capitale de la Bavière, et y meurt le 24 décembre 1844. Ses enfants se sont partagé les débris du marquisat de Seignelay : ce qui reste des biens situés sur le territoire de Ligny appartient aujourd'hui à Mme la comtesse de la Châtre, digne héritière de sa noble famille (1).

---

(1) Depuis la destruction du château de Seignelay, les Montmorency n'ont fait que de rares apparitions dans nos contrées. Ils s'étaient choisi pour représentants auprès de nos populations deux hommes de bien, dont la mémoire est restée en vénération, MM. Boutarel et Bijon, religieux et dévoués intermédiaires de toutes leurs bonnes œuvres. M. Bijon, qui avait succédé à M. Boutarel en 1831, a terminé, l'année dernière (1863), par la mort des saints, une vie constamment fidèle à ses convictions chrétiennes et monarchiques. Il reçut les suprêmes consolations de la religion des mains de notre vénérable archevêque et vit accourir à son chevet Mme de la Châtre et ses neveux, qui suivirent ses funérailles avec un immense concours de tous les pays voisins. Le nouveau régisseur est M. Henri Pourcin de Longchamp, le petit-fils des anciens baillis et régisseurs du marquisat.

II.

LA TERRE DE LIGNY
ET
SES DÉPENDANCES.

Notre histoire seigneuriale serait incomplète si nous n'entrions dans quelques détails sur cette terre de Ligny, qui a été le patrimoine de tant de maisons illustres pendant la longue durée des siècles que nous venons de parcourir. Nous rechercherons donc successivement quels étaient 1° ses éléments, anciens et modernes, 2° sa valeur et ses droits féodaux, 3° sa justice et son ressort.

1° SES ÉLÉMENTS ANCIENS ET MODERNES.

Outre Ligny-la-Ville, le Prieuré des Bons Hommes et la Maladière, dont il a déjà été question précédemment, la terre de Ligny-le-Châtel, au moyen âge, comprenait encore les hameaux de Varennes, de Lordonnois, de la Varande ou des Prés-du-Bois, de la Mouillère et de Méré-sur-l'Eau, les fiefs du Mez, de Breuil, de la Treille, de la Bretauche et de Charau, et, de plus, quelques granges ou métairies, éparses sur le sol, dont une seule subsiste aujourd'hui sous le nom de Ferme de Contest. Ce ne fut qu'au XVIe siècle, comme on l'a vu plus haut, que la terre de Mérey-le-Serveux vint accroître le domaine de nos seigneurs.

Voici sur ces divers membres de notre châtellenie les notes que nous avons recueillies.

Varennes.

Le nom de Varennes se rencontre fréquemment sur la carte de France : il est synonyme de Garenne, lieu réservé pour la chasse. Court de Gébelin, dans son *Monde primitif*, le tire du mot *waren* qui veut dire garder, conserver. Ce village, situé à une demi-lieue au levant de Ligny, sur le plateau supérieur, à 75 mètres au-dessus du niveau du Serain, est mentionné pour la première fois dans une charte de 992. Un personnage appelé Umbert y déclare que, voulant racheter ses crimes atroces et ceux de ses prédécesseurs, *ob abolitionem immanium criminum*, et mériter les récompenses du salut éternel pour lui et son épouse Giberge, il cède à l'abbaye de Saint-Michel, entre autres bien qu'il possède dans le comté de Tonnerre, un demi-arpent de vignes et un arpent entier de terre pour bâtir, à Varennes, *in villâ quæ Varennas vocatur, dimidium arpentum de vineâ et arpentum integrum de terrâ ad hedificandum : conjacent autem hæ villulæ prescriptæ in comitatu Tornodorensi* (1).

La population qui est de 475 âmes, d'après le dernier recensement, était d'environ 300 en 1673. Elle offrait un chiffre déjà assez élevé au commencement de XVIe siècle pour que les habitants conçussent l'espoir d'obtenir une église et un prêtre pour la desservir. Les démarches qu'ils firent auprès du Chapitre de Langres furent couronnées d'un plein succès. Un traité intervint le 2 janvier 1527 par-devant les notaires à Langres. L'érection de Varennes en succursale y fut décidée : un vicaire spécial devait résider dans la localité, mais toujours sous la dépendance de la mère-paroisse, à laquelle en conséquence et à titre de reconnaissance de cette dépendance, il serait obligé de se rendre pour la procession et tout l'office de la Fête-Dieu, avec défense expresse à lui de rien faire de semblable ce jour-là dans son annexe (2). La construction de l'église avança rapidement ; le chœur avec ses larges baies et ses moulures de l'époque de la renaissance fut bâti aux frais des gros décimateurs et la modeste nef par le concours des

(1) Cart. de l'Yonne, t. I, p. 155.
(2) Mémoire-Pérille sur la Contat., note 3.

paroissiens (1). Ce petit monument ne manque pas d'élégance et se voit de très-loin grâce à sa situation. En face du portail, un pauvre presbytère en marelle, qui n'a disparu que depuis quelques années, servit d'abri à l'humble desservant. Dorénavant Varennes devient un poste d'avancement pour les vicaires inférieurs de Ligny : presque tous les noms que nous pourrions citer se retrouvent dans la liste vicariale que nous avons publiée.

Cependant, en 1674, dans un procès-verbal du 12 juillet dressé par le subdélégué de Tonnerre, les habitants reconnaissent « qu'ils ne sont toujours qu'un hameau dépendant « de Ligny, n'ayant ni paroisse, ni curé, un simple hameau « sous le même seigneur que Ligny et même justice. » Ils parlaient ainsi parce qu'ils étaient aux prises avec le fisc et voulaient échapper à ses exigences. Légalement, c'était vrai ; mais, dans la réalité, ils avaient tout ce qui constitue une véritable paroisse, savoir : une église, un cimetière, un presbytère, un prêtre remplissant les fonctions curiales et tenant les registres de l'état civil et religieux. Ajoutez-y des fabriciens pour gérer les affaires temporelles du culte divin, comme le prouvent divers actes notariés et spécialement un bail du 5 février 1652, où ils se qualifient de *procureurs-marguilliers de l'église paroissiale de Varennes* et déclarent avoir confié la sonnerie des cloches à Edme Ragueneau « pour sonner à ca-« rillon bien et duement, à la manière accoustumée, tous les « offices des festes solennelles, et aussy les aultres dimanches « et festes de l'an, ensemble le *Pardon* aultrement l'*Ave Maria*, « le matin au poinct du jour et le soir un peu après le soleil « couché ; pour sonner les laiz des trépassés et pour sonner « lors des nuages et orages à toutes heures que sera besoin (2). »

On peut dire que c'est à la concession libérale du Chapitre

---

(1) La nef a été voûtée de 1830 à 1840 par les soins de M l'abbé Vallot, alors curé de Varennes, et maintenant doyen de Seignelay.
(2) Fonds du notariat.

de Langres que Varennes doit un commencement d'existence propre, car bientôt l'organisation paroissiale amène une ébauche d'organisation communale. Dès l'année 1593, lorsque Mme la maréchale de Tavannes fait procéder au dressement du terrier de sa seigneurie, les habitants sont représentés et figurent parallèlement avec ceux de Ligny : ils conviennent que pour raison des usages et pâturages de Contest et de la Mouillère, et pour le bois mort et le mort bois qu'il leur est permis de prendre dans les bois seigneuriaux, chaque feu ou ménage entier doit un bichet d'avoine le lendemain de Noël. Vers 1634, lorsqu'ils sont recherchés par le trésor public pour les droits de francs-fiefs, ils ont un procureur-syndic particulier qui soutient leurs intérêts; il en est de même dans tous les débats qui surgissent à propos des usages. On lit dans un acte du 22 mars 1646, que Laurent Fournier et Edme Barbier, *procureurs-syndics de la communauté de Varennes*, font un bail pour la garde des bestiaux « que le pâtre doit recueillir « par le village à cry publicq et à la corne à la manière accous- « tumée (1). » Leur indépendance de fait se constate et s'affermit à mesure que le temps s'écoule.

Il ne faut donc pas s'étonner si, à la fin du dernier siècle, ils cherchent à rompre les liens qui les rattachaient encore à la mère-paroisse, et si MM. Bresson et Bouteille, en 1776 et 1787, se voient forcés de leur faire notification en forme du traité de 1527. Ils étaient mûrs pour leur affranchissement légal qui s'opéra au civil en 1792 et dans l'ordre ecclésiastique en 1802, lors du remaniement des circonscriptions diocésaines.

Aujourd'hui, Varennes est une commune aisée, composée de cultivateurs qui labourent un territoire fertile, où se plaisent également la vigne et les céréales. Au lieu du chemin creux et pierreux qui la reliait à Ligny, espèce de ravin sub-

(1) Reg. et Mémoire Pérolle p. 34 et 35.

mergé par de nombreuses infiltrations les trois quarts de l'année, une belle route la parcourt dans toute sa longueur et va déboucher sur la riche vallée de l'Armançon en face de Flogny. Les toits de chaume ont presque entièrement disparu, surtout depuis le violent incendie de 1846. Il y a évidemment amélioration matérielle dans la condition de ses habitants, et il faut dire à leur louange qu'en suivant le progrès du siècle sur ce point, ils ont eu le bon esprit de ne point déserter les principes religieux et moraux qu'ils ont hérités de leurs ancêtres.

Lordonnois.

Le hameau de Lordonnois, à 6 kilomètres au nord de Ligny, occupe une hauteur au milieu de l'ancienne forêt de Contest, *super quâdam parte nemoris de Contest quæ vocatur li Ardenois*, est-il dit dans la fameuse transaction de 1263, que nous avons relatée dans notre histoire seigneuriale. On disait alors *l'Ardenois*, et c'est sous ce nom que ce lieu se trouve encore désigné dans la charte de 1291, qui termina les contestations survenues entre Marguerite, reine de Sicile, et les religieux de Pontigny. C'est là que, d'après ce traité, les comtes de Tonnerre, seigneurs de Ligny, avaient leurs fourches patibulaires, et toute sentence qui emportait peine de mort ou mutilation d'un membre devait y être exécutée, lorsque le crime avait été commis sur les terres de l'abbaye. En 1519, un faussaire, condamné à avoir le poing coupé par la justice de Ligny, ayant été mutilé sur place, il faillit naître de là un procès au Parlement : tout fut apaisé par une déclaration que chacun restait dans ses droits et que le fait présent ne tirerait point à conséquence. Mais un procès de cette nature eut réellement lieu en 1530, au sujet de l'exécution d'un nommé Jean Coignet, atteint et convaincu d'homicide et condamné à être pendu à Lordonnois (1).

(1) Invent. des titres et papiers de Pontigny, p. 25 et 161.

Jusqu'en 1840, une partie de ce hameau dépendait de la paroisse de Vergigny. Une rectification de territoire, ayant été sollicitée et obtenue des deux autorités civile et ecclésiastique, la totalité fut adjugée à Ligny. M. l'abbé Brigand, avant son départ pour Sens, y a fait construire à ses frais une chapelle sous le vocable de la Sainte-Croix.

La Varande ou les Prés-du-Bois.

Au-dessous de la colline sablonneuse et boisée de Lordonnois, s'étend une longue prairie, où coule, en s'inclinant vers l'ouest, un ruisseau qui va se jeter dans le Serain, et que les chartes du XIIIe siècle nomment le ru de la Varande. *ru de Varandâ ou de Avarandâ* (1). Une suite de maisons borde cette prairie et en emprunte le nom relativement moderne de Prés-du-Bois; ce hameau se partage en deux groupes distincts, dont l'un s'appelle les Prés-du-Bois-d'en-haut et l'autre les Prés-du-Bois-d'en-bas. Jusqu'au XVIIe siècle, les pièces contenues dans l'*Inventaire* in-folio de Pontigny lui donnent le même nom qu'au ruisseau, c'est le hameau de la Varande ou de la Garande; la grange que les religieux y possèdent est dite grange de la Varande. Vers 1650, les familles Dacier et de Ravignan y avaient leur résidence, nous en parlerons à l'article des familles nobles.

La Mouillère.

La Mouillère, que l'on écrivait autrefois la Mollière, trouve son étymologie dans la nature de son sol et, pour la même raison, cette dénomination s'applique à diverses localités de notre département. Ce hameau, distant de Ligny d'une demi-lieue, est placé à l'extrémité sud-ouest de son territoire et confine à ceux de Pontigny et de Lignorelles. Il se compose d'un

(1) En 1733, on l'appelait le *ru des Autes*.

petit nombre d'habitations, abritées par l'ancien bois seigneurial, et n'a jamais eu plus d'importance qu'il n'en a de nos jours.

Méré-sur-l'Eau.

Quand on a passé le pont des Planches, à l'ouest de Ligny, et qu'on suit la vieille voie d'Auxerre, maintenant rajeunie, on aperçoit sur la droite, à l'entrée du chemin de Pontigny par le Beugnon, une fontaine limpide et abondante, qui s'échappe d'une côte de vignes déjà en renommée il y a plus de six cents ans. Les traditions du pays lui ont conservé le nom de Fontaine de Méré-sur-l'eau. Là existait jadis la *villa Meriaci-super-aquam*, le village de Méré-sur-l'eau, dont il ne reste plus de vestiges. Il en est fait mention pour la première fois dans une charte de 1230 : Simon, archidiacre de Tonnerre, atteste que Renaud Godard de Ligny, guidé par de pieuses intentions, a assigné à l'église Notre-Dame de Pontigny deux sols et deux livres de cire à prendre sur les censives de la lamme de Boy, et huit bichets d'avoine et trente-deux deniers sur les ouches de Méré : le sacristain touchera ce revenu chaque année le jour de Saint-Remi, pour l'entretien du maître-autel (1). La transaction de 1263 apaise un différent survenu à propos du chemin qui de Méré-sur-l'eau se dirige vers le Beugnon, *de viâ quæ protenditur à Meriaco-super-aquam per ante Buignionem.* Au mois d'avril de la même année, Guy du Mez, bailli d'Auxerre, donne à l'abbaye de Pontigny, pour fonder son anniversaire et celui de défunte Ermengarde sa femme, vingt sols de revenu annuel sur son four de Méré-sur-l'eau. L'année suivante, donation dans le même but de cinq deniers de cens sur une partie de la lamme du pâtis de Méré, par Jean de Ligny (2).

(1 Petit cart. de Pontigny, t. III, p. 274.

(2) Ibid. p. 277 et 281. M. l'abbé Henry, (Hist. de Pontigny, p. 301) place cette libéralité de Guy du Mez à Mérey-le-Serveux, c'est une erreur : le texte porte *super furnum meum de Meriaco-super-aquam.*

Parmi les nouvelles acquisitions de l'abbaye, approuvées par la charte en vieux langage de la reine de Sicile, figurent « seisante sols de menu cens et de coustumes portanz los et « ventes à Méré-sus-l'iau » : ainsi prononce-t-on encore ce nom aujourd'hui dans le patois local. En 1316, Perrette, femme de Guillemin de Breuil, demeurant à Méré, cède aux religieux la quatrième partie du four banal de Venouze, moyennant une rente viagère de vingt-et-une miches de pain (1). Le pont des Planches est appelé pont de Méré dans un terrier 1520, mais alors le village avait disparu, ruiné, comme on le croit, par les guerres des Anglais. La métairie Bon-Malaquin en signalait l'emplacement au siècle dernier, elle a disparu également : la fontaine de Méré-sur-l'eau demeure seule gardienne des souvenirs d'un autre âge.

Le fief du Méz.

Le mot Méz, que l'on trouve aussi écrit Més, Mex et Meix. vient du bas latin *Mesus*, qui a la même signification que *Mansus*, *Mansio*, *Mas*, et veut dire maison, habitation d'un colon au milieu des terres qu'il exploite (2). Au XIIIe siècle, le Méz était un fief situé non loin des murs de la ville, sur la route de Joigny, au point où s'embranchait la voie de Brienon. Il y avait là un manoir habité par une famille de gentilshommes qui en portaient le nom et jouissaient d'un grand crédit à la cour des comtes de Tonnerre et d'Auxerre. Plusieurs d'entre eux sont comptés au nombre des bienfaiteurs de Pontigny. D'après la charte de Jean de Ligny, en 1264, le climat du Méz était complanté de vignes comme de nos jours. Au-dessous, de l'autre côté de la route, on apercevait le moulin et le boutoir du Méz, autrement dit de Corçon, desservis par un bras du Serain, dont le lit est encore reconnaissable. Ce moulin

1) Invent. de Pontigny, p. 620.
2) Du Cange, v° *Mesus*, etc.

était en ruine en 1275 et l'écluse renversée. Jean Morelli, bourgeois de Ligny, vendit tous ses droits sur cette propriété, qu'il tenait de ses ancêtres, aux moines de Pontigny, avec faculté de rétablir le moulin, de relever l'écluse ou d'en construire une nouvelle et d'user du cours d'eau comme ils l'entendraient. L'acte de vente est daté du samedi après la fête de Saint-André. Un autre acte de l'année suivante nous montre que les religieux se mirent aussitôt à l'œuvre : Agathe de Baalon, noble veuve, qui possédait, disait-elle, un droit sur cette partie de la rivière, fit d'abord opposition, puis elle se désista (1). Du manoir du Méz et du moulin de Corçon, il ne reste plus rien depuis longtemps, ainsi que des autres fiefs dont nous allons rappeler la mémoire.

Le fief de Breuil.

Breuil, Breuille, ou Bruillet, en latin *Brolium* ou *Bruillium*, expressions employées jadis pour désigner un parc entouré de murs, un bois fourré. « Breuil de forêt, disait la coutume « du Mans, qui est à entendre buisson, tel que convenable- « ment les grosses bestes s'y puissent retirer (2). » Non loin des dernières maisons de Varennes, au levant, des sources alimentent une mare, connue dans le pays sous le nom de fosse de Breuil, et dans le voisinage de laquelle s'élevait, au XIIIe siècle, une résidence féodale avec ses dépendances. Au mois de juillet 1239, maître Robert, official d'Auxerre, certifie que Garnier Sanguin, clerc, concède à perpétuité à l'église de Pontigny, pour le remède et le salut de l'âme de feu Clarisse, sa mère, et pour fonder son anniversaire, dix sols de revenu annuel, monnaie auxerroise, à toucher le jour de la Saint Urbain, sur les censives des vignes qu'il possède à Varennes. Garnier veut que cette somme soit ajoutée aux dix

---

(1) Petit cart. de Pontigny, t. III, p. 236.
(2) Du Cange, v° *Brolium*.

sols que Clarisse a légués elle-même à la même église pour les mêmes fins, lesquels dix sols seront perçus sur la grange, le pressoir et le pourpris de Breuil, *super granchiam de Bruillet, pressorium et ejusdem granchiæ porprisiam*. Ceux qui posséderont ces biens, à l'avenir, seront tenus de payer exactement cette redevance au jour marqué (1). Nous rapporterons ailleurs une charte de Jean de Breuil en faveur de Pontigny. Une autre charte de Henri, doyen de Tonnerre, atteste que Gile ou Gilet, *Giletus domicellus*, fils de défunt Guillaume de Ligny-le-Château, en son vivant chevalier, confesse avoir donné aux frères de Pontigny, en pure et perpétuelle aumône, cinq sols de monnaie courante, sur une partie de sa dîme de Breuil, de Ligny-la-Ville et de Méré-sur-l'eau, lesquels seront versés annuellement, la veille de la Toussaint, par lui Gilet ou par ses ayants cause (2). Cette pièce est datée du mois de novembre 1239 sur le petit cartulaire de l'abbaye : nous avons cru lire 1269 sur l'original qui est déposé aux archives de l'Yonne. *Domicellus* était un titre honorifique attribué aux fils de chevaliers, de barons et autres personnages nobles; en langue vulgaire on disait damoisel ou damoiseau. Parmi les titres du comté de Tonnerre, on remarque la copie d'une vente faite par Robert de Sermizelles, écuyer, et Béatrix sa femme, qui était fille d'Étienne de Courtis, chevalier, à dame Marguerite, reine de Sicile, de toute la terre que les vendeurs avaient assise à Breuil et à Varennes, consistant en terres, hommes, femmes, tailles, cens, cousteaux, bordelages, tierces et autres droits qui appartenaient à ladite Béatrix, mouvant en plein fief de madame la reine (3). Après cette vente qui est du mois d'octobre 1285, nous n'avons plus rien trouvé sur le fief de Breuil.

(1) Arch. de l'Yonne, charte origin. avec sceau représentant l'évêque d'Auxerre crossé et mitré
(2) Arch. de l'Yonne, fonds de Pontigny.
(3) Arch. de l'Yonne, inventaire des titres du comté de Tonnerre.

Le fief de la Treille.

Certain document, relatif à un procès du commencement du XVIe siècle, nous apprend qu'il y avait au nord de Varennes « un fief appelé le fief de la Treille, consistant en maison, « grange, jardin, terres, prés, vignes, étang, bois, cens et « rentes. » Ce fief, de temps immémorial, faisait partie de la dotation de l'hôpital de Tonnerre, et, dans les comptes de l'administration, on le voit plusieurs fois mentionné sous le nom de *la Troille*. « Feusmes, dit le receveur en 1384, Me Paris et je « Béraut, à Aucerre, pour parler à maistre Anceaul, qui nous « peust prester argent pour faire vendanges et ne le trovasmes « pas. Le dimanche suyvant, vinsmes au digner à la Troille « et dès y qui alasmes à Sainct-Florentin, où en disoit que « ledit maistre Anceaul estoit, et y n'y estoit point. Pour nos « despens 5 sols, 6 deniers (1). » En 1482, l'hôpital fait procéder au bornage des terres de la Treille, avec le seigneur de Ligny, qui était alors Claude de la Baume Ier. En 1484, on baille à rente « six arpents de terre en buisson, ensemble le « clouseau de la Troille, où souloit avoir maison. » En 1491, le produit des terres est de 26 bichets de froment. En 1530, Jean de la Baume IV opère la saisie de ce fief pour défaut de foi et hommage. Si la Treille a changé d'aspect par le laps du temps, du moins elle n'a pas changé de maître : elle est toujours propriété de l'hôpital de Tonnerre et forme un labourage en deux pièces, dont l'une est de 24 arpents et demi et l'autre de 86 cordes (2).

Le fief de la Bretauche.

Au moyen âge, une petite forteresse s'appelait Bretauche, en latin *Bretachia, Breteschia* (3). Ce fief, dont l'emplacement

---

(1) Bullet. de la Société des sc. hist. et nat. de l'Yonne, t. III, p. 323.
(2) Notes mss de M. Quantin.
(3) Du Cange, v° *Bretachia*.

est assigné par les traditions locales à l'extrémité nord-ouest du village de Varennes, avait donc été primitivement un point fortifié. Vers 1634, M⁺ Marie, élu à Auxerre, en avait fait l'acquisition, et comme il ne se pressait pas d'acquitter les droits de quint, et de rendre foi et hommage, Gabrielle de Montpezat, dame douairière de Ligny, fit faire saisie-arrêt sur cette propriété féodale. Le sieur Marie s'exécuta, paya les droits et rendit les devoirs accoutumés (1). De nos jours, la Bretauche se classe modestement parmi les lieux dits.

Le fief de Charau.

Nous voyons par les titres fonciers de Pontigny et par les registres paroissiaux de Ligny, du XVIᵉ siècle, qu'anciennement, le climat de Charau, voisin de la Mouillère, se nommait la *Chair* ou la *Char-au-Diable*. L'horreur que le dogme chrétien inspire pour le démon a fait supprimer ce dernier mot, et de cette réticence, passée en usage, est résulté le nom de Charau, qui n'a été écrit plus tard Charaut ou Charost, que parce qu'on avait perdu de vue son étymologie. Là se trouvaient une métairie et un manoir féodal avec ses dépendances. La métairie fut adjointe au domaine de Pontigny par suite des circonstances suivantes :

On lit dans un contrat en forme de transaction, passé devant Mᵉ Chantereau, prêtre, notaire en la châtellenie de Ligny, entre les moines et le sieur Edmond Brissone, demeurant en ladite ville, que ce dernier s'était entendu avec un certain Gervais Maréchal, notaire, pour fabriquer à son profit de faux baux de plusieurs terres de l'abbaye, et leur donner une apparence d'authenticité par l'apposition de vieux sceaux dont il s'était emparé. Ils avaient aussi supposé des quittances de paiements qui étaient censés avoir été faits à M. de Viry, jadis abbé de Pontigny. Le crime fut découvert : l'affaire ayant été

(1) Arch. de Chaumont.

portée devant la justice de Ligny, Gervais fut condamné à avoir le poing coupé, puis au bannissement et à la confiscation de ses biens. Brissone parvint à obtenir des lettres de rémission, mais les religieux les firent déclarer nulles et subreptices. Alors il offrit à ceux-ci en réparation, une sienne propriété consistant en 120 arpents de terre en deux pièces dont l'une s'appelait la *Chair-au-Diable*, et l'autre la *Voie Auxerroise*, avec les maisons, granges et autres bâtiments. Au moyen de cet abandon, les religieux lui accordèrent grâce et, de plus, lui laissèrent la jouissance, en censive néanmoins, de 56 arpents de prés, friches et terres labourables. Cette transaction est du 2 mai 1519 (1).

Le fief de Charau appartenait, au commencement du dix-septième siècle, à une famille qui en prenait le nom. Marie de Charau le vendit, vers 1640, à Mᵉ François Choppin, procureur au bailliage d'Auxerre, qui le transmit à son gendre Denis de Dispense, écuyer, sieur de la Loge, dont les descendants l'ont possédé près de cent ans. Une des minutes du notariat, du 4 juin 1649, constate que noble Denis de Dispense cède, à titre de bail à moisons, à un laboureur de Rouvray, sa métairie de Charau, avec toutes les terres, prés, haies, bois et taillis qui en dépendent, à la réserve de la garenne du bois l'Alouette, moyennant 30 bichets de froment et 10 de méteil, mesure d'Auxerre racle, rendus et conduits dans les greniers de sa maison de Monétau.

Dans les temps plus rapprochés de nous, Charau faisait partie de la justice de Pontigny, bien que dépendant toujours de la paroisse de Ligny pour le spirituel. La même remarque s'applique aux granges du Beugnon et de Sainte-Porcaire, aux hameaux de Roncenay et de la Rue-Feuillée, comme on peut s'en assurer en parcourant la collection des registres de baptêmes, mariages et sépultures. Avant leur annexion au finage

---

(1) Invent. des titres de Pontigny, p. 161.

de Pontigny, ces petites localités relevaient des comtes de Tonnerre en plein fief, et des évêques de Langres en arrière-fief.

Mérey-le-Serveux.

Le nom de Mérey a, dans les Chartes, de nombreuses variantes : on le trouve écrit Mairey, Mairez, Mairé, Méré, Méry; en latin *Ager Materiacensis* ou *Matiriacensis*, *Ager Madriacus*, *Marreium*, *Mereium*, *Meriacum*, *Meriacus Servus*, *Servosus* ou *Servilis*, et aussi, mais une fois seulement, *Meriacus Sylvosus*, ce qui pourrait bien n'être qu'une faute de copiste. L'épithète de *Serveux* semblerait indiquer que le servage a pesé plus lourdement ou plus longtemps sur sa population.

Ce village, autour duquel existent encore un chemin de ronde extérieur, des fossés et d'autres traces de fortifications, est élevé à 100 mètres au-dessus de la vallée du Scrain, à 6 kilomètres sud-est de Ligny. Un orme isolé, deux ou trois fois séculaire, le précède et le signale de loin aux voyageurs. Son église, dédiée à saint Martin, paraît être de la dernière période du style roman. Dès la fin du VIIe siècle, saint Vigile, évêque d'Auxerre, cite, parmi les héritages qu'il lègue à sa cathédrale, des terres à Mérey dans le Tonnerrois : *In agro Matiriacensi, sitos in pago Tornetrense* (1). Vers l'an 800, Eldegard donne en bonnes œuvres tout son bien de Mérey, consistant en bois, vignes, prés, champs labourés et friches. En 1116, l'abbaye de Saint-Michel de Tonnerre jouissait de plusieurs droits sur l'église de *Mercio Servoso* (2). En 1156, les religieux de Pontigny échangent avec Guillaume III, comte de Nevers, une terre qu'ils avaient à *Mairé*, en dehors des fossés, à la réserve du cens et des coutumes (3). Nous avons

---

(1) Cart. de l'Yonne, t. I, p. 19.
(2) Ibid., p. 232.
(3) Ibid., p. 512.

déjà rapporté, sous la date du mois d'octobre 1243, la concession que fit aux mêmes religieux Guy de Clairy, chanoine de Troyes et petit-fils de Jeanne, vicomtesse de Ligny, de la rente d'un muid d'avoine à percevoir sur le terrage, les coutumes et le four de *Meriaco Servo* (1). Trois ans après, dans le courant de mai, noble femme Dameronc de *Laqueolo*, veuve de Barthelemi de Brosse, chevalier, approuve, en faveur de l'abbé et du couvent de Pontigny, une autre rente de 20 sols de Provins, à l'échéance de Saint-Remi, que son mari leur avait léguée sur ses censives de *Meriaco Servili*. Jean, Marguerite et Jeanne, ses enfants, joignent leur approbation à la sienne, et elle s'engage à faire ratifier le tout par Ithier, son plus jeune fils, lorsqu'il sera parvenu à sa majorité (2). Dans les premiers jours de 1269, Pierre, surnommé Doysun, de Ligny-le-Château, Clairette, son épouse, et Guy, fils de défunt Tyécelin, neveu de Clairette, vendent aux moines, pour 25 sols, un bichet de froment à lever annuellement sur une certaine pièce de terre située *propè Capellam Mèriaci Silvosi* (3).

Herbert-le-Gros était seigneur de Mérey en 1145 : sa femme se nommait Gertrude, et son fils Gaucher. Le cartulaire de Pontigny le met au rang des bienfaiteurs de l'abbaye. Nous avons déjà fait remarquer que la terre de Mérey-le-Serveux, après avoir eu ses seigneurs particuliers, fut adjointe d'abord à la seigneurie de Maligny, puis à celle de Ligny, où elle est restée depuis environ 1530 jusqu'à l'abolition du régime féodal. M. l'abbé Henry, dans l'article qu'il lui a consacré à la suite de son *Histoire de Pontigny*, s'est trompé lorsqu'il dit qu'elle appartenait à Pierre de Boucher, seigneur de Floguy, qui l'aurait fait entrer dans la maison de Seignelay par une alliance en 1609. Ce village n'était pas non plus du diocèse de Sens, mais bien du diocèse de Langres et du doyenné de

---

(1) Petit cart. de Pontigny, t. III, p. 73.
(2) Ibid., t. II, p. 448.
(3) Ibid., t. III, p. 282.

Tonnerre. C'est aujourd'hui une commune d'environ 40 âmes, entièrement agricole et faisant partie du canton et d[u] doyenné de Ligny.

2° VALEUR ET DROITS FÉODAUX DE LA TERRE DE LIGNY.

Une note de Pierre Pithou que nous avons déjà citée, con[state] que la terre de Ligny, en 1439, ne valait plus que 20 livres, tandis qu'elle en valait 400 avant les dernières guerre[s] des Anglais.

Si l'on veut se faire une idée de ce que représentaient 20 livres à cette époque, on n'a qu'à supputer la quantité d'objet[s] nécessaires à la vie que l'on pouvait se procurer alors ave[c] cette somme et faire la comparaison avec le temps présen[t]; on verra combien le pouvoir de l'argent a baissé depuis l[e] commencement du XV° siècle, par suite de l'affluence de[s] métaux précieux, fruit de la découverte du nouveau monde. M. Mantellier, conseiller à la Cour impériale d'Orléans, cit[e] l'exemple suivant dans un mémoire récemment couronné pa[r] l'Académie des Sciences. En cette même année 1439, la ville d'Orléans faisait à la mère de Jeanne d'Arc une pension d[e] deux livres tournois par mois. D'après le titre de la livre tour[-]nois à cette date, cette pension équivaudrait à 23 francs 9 centimes, soit à peu près 287 francs par an. Mais si, pour s[e] rendre compte de ce qu'était cette pension, on calcule le pri[x] du blé à la même époque, on trouve que la livre tournois re[-]présentait 34 francs 46 centimes d'aujourd'hui et que, pa[r] conséquent, la pension annuelle de 24 livres payée à la mèr[e] de la Pucelle équivalait à 827 francs. Ainsi, de nos jours, u[n] revenu de 827 francs ne procure pas plus d'avantages, ne re[-]présente pas une fortune plus grande qu'un revenu de 28 francs en 1439. En suivant ce calcul, les 200 livres, produ[it] de la seigneurie de Ligny, ruinée par les Anglais, se tradui[-]raient actuellement par une valeur de près de 6.900 francs.

On lit dans un dénombrement du comté de Tonnerre du 18 avril 1539 : « La chastellenye, lieu et seigneurie de Ligny-le-« Chastel, Mérey et Varennes, ensemble les appartenances « d'icelle terre et chastellenye sont présentement ès mains de « messire Jehan de Labaulme, pouvant valloir par an, l'une « des années portant l'autre, la somme de mille livres (1). »

Dans la déclaration du revenu du même comté fourni aux officiers de la reine, mère du roi, en décembre 1573, au pourparler de l'échange du comté de Lauragais, se trouve la mention qui suit : « La vicomté de Ligny le-Chastel est du comté « de Tonnerre, de laquelle vicomté dépendent de beaux fiefs « et villages, comme Varennes, Mérey-le-Serveux, etc., et « vaut ladite terre 4,000 livres de rente : elle fut baillée en « apanage à une dame de Chalon (2). »

Le *Dictionnaire universel de France*, publié en 1720, dit à l'article Ligny : « Cette vicomté est considérable : elle appar-« tient au marquisat de Seignelay ; son revenu est de 6,000 « livres. »

Pendant toute la durée du XVIIIe siècle, sous les Colbert et les Montmorency, la régie de la terre de Ligny, Varennes et Mérey était affermée à des notables du pays, ordinairement pour un bail de neuf ans. De 1692 à 1701, Me Leseure en rend 3,500 livres ; Henry Helye et Edme Laurent, qui lui succèdent n'en rendent que 3,000 ; en 1719, le sieur Sautereau l'obtient pour 2,400 livres, et le prix du bail se maintient à ce chiffre jusqu'en 1755 où il commence à se relever pour suivre une progression ascendante jusqu'à la Révolution. M. Jean Berrué, père de Mme Bresson, fondatrice des Sœurs de la Providence, eut longtemps cette régie, qui ne comprenait pas tous les biens de la seigneurie, mais seulement les articles dont nous donnons ici la liste et le produit pour les années 1704 et 1714.

---

(1) Arch. de Chaumont, Tonnerre, 1re liasse, n° 12, page 20.
(2) Cart. du comté de Tonnerre, p. 27.

	ANNÉE 1704		ANNÉE 1714	
	Livres.	Sols.	Livres.	Sols.
Four banal du château	300	» »	100	» »
Pêche	12	» »	10	» »
Hallage, ou droit d'étalage sous la halle	44	» »	12	» »
Boucherie, quel que soit le nombre des bouchers, en tout	30	» »	30	» »
Boulangerie, 3 l. 10 s. par chaque boulanger	14	» »	17	10
Prévôté	40	» »	10	» »
Sergenterie	47	» »	20	» »
Greffe et notariat	150	» »	90	» »
Pressoirs du château	133	10	78	» »
Langues, ou droit d'abattoir	» »	» »	12	» »
Terres de Contest	132	» »	132	» »
Pré Parigot	25	» »	18	» »
Dîme de Contest	» »	» »	40	» »
Maladière et Maison-Dieu, en grains 6 bichets d'avoine, en argent	1	» »	1	» »
Lods et ventes, 15 d. pour livre par chaque acte	137	» »	118	3
Censives sur les terres en culture de Ligny, Varennes et Mérey	80	» »	70	» »
Four de Mérey	60	» »	55	» »
Prévôté et sergenterie de Mérey	17	10	» »	» »
Greffe et notariat de Mérey	27	» »	20	» »
Terre des Goguery	40	» »	40	» »
Notariat de Pontigny	18	» »	10	» »

Domaine (labourage), de 30 à 36 bichets de blé.
Métairie de Fontaine-Chaudron, de 100 à 140 bichets de froment.
Moulin des Fées de Ligny-la-Ville, 315 bichets, moitié froment et moitié méteil en 1704 et 234 bichets en 1714.

La régie comprenait encore 1° le produit du clos du château et de la vigne qui y est attenante et que l'on appelle toujours la vigne du seigneur; 2° le droit d'éminage qui se percevait pour le mesurage du blé à la halle; *mine* ou *émine* était le nom de la mesure matrice : une note de M. Laurent, régisseur en 1705, porte qu'à cette époque l'éminage ne donnait aucun revenu, parce qu'on n'amenait plus de blé au marché et qu'on ne savait même plus au juste quelle était la mesure matrice de Ligny; 3° le droit de feuage, qui pesait sur les habitants de Ligny, Varennes, Jaulges et Chéu, en raison de leur jouissance du Contest, chaque feu ou ménage devait un bichet d'avoine, ou la valeur en argent, les veufs et veuves seulement un boisseau; 4° un certain nombre de rentes sur MM. de Percey, de la Resle, de Pothière et autres particuliers, qui jouissaient de quelques terres aliénées à vie ou défrichées par leurs soins dans le Contest, et aussi sur les familles Filleu et Servain, à cause de leurs métairies des Prés-du-Bois.

Les revenus en grains provenant du moulin des Fées, du domaine, des fermages, redevances et censives étaient fort considérables. Le blé de la régie servait ordinairement à approvisionner les boulangers du lieu. Un état de recettes de 1708 montre qu'il se trouvait alors dans les greniers du château 1160 bichets de froment, 52 bichets de méteil, 203 bichets de seigle et 26 bichets d'orge. Le blé fut vendu 2 livres le bichet racle, le méteil 25 sols 7 deniers, le seigle 22 sols 5 deniers et l'orge une livre.

Le 14 juin 1707, les dames religieuses Ursulines de Tonnerre, payèrent entre les mains du régisseur la somme de 146 livres 8 sols par forme d'indemnité à cause de *l'homme vivant et mourant*, pour le labourage qu'elles possédaient dans l'étendue de la seigneurie. Le cas échéant, l'abbaye de Pontigny payait le même droit pour sa vigne de la Rousselle.

Les comptes de la régie, d'où nous tirons ces détails, nous font connaître aussi quelques-unes des charges qui incombaient au seigneur. Outre l'entretien du vieux château, au moins de la partie qui était encore habitable, il était tenu des menues et grosses réparations de la halle, de l'auditoire, des pressoirs, du four et des moulins banaux. Il contribuait aussi pour sa quote part, lorsqu'il y avait des travaux à faire à l'église ou au presbytère. Un devis annexé au compte de 1711, nous apprend que pendant l'hiver de 1709, le plus rigoureux qu'on eût vu de mémoire d'homme, les gelées firent tomber un pan de mur de l'auditoire, ce qui entraîna la chute de la toiture et de la halle qui y était contiguë. Un article des dépenses de 1759 porte à 645 livres la part que le seigneur eut à payer pour les réparations de l'église. En 1716, l'impôt dû à l'état sur la terre de Ligny, montait à 280 livres; il ne fut que de 274 livres en 1718, puis de 250 en 1734; il descendit à 244 livres en 1752 et les années suivantes : c'est ce qu'on appelait l'impôt du *vingtième et deux sols pour livre du dixième*.

Dans les temps de calamités, la maison de Montmorency, la dernière des grandes familles qui ont possédé la terre de Ligny, s'est toujours montrée très-secourable au pauvre peuple. S'il survenait un désastre, une grêle, un incendie, nos ancêtres ne recouraient jamais en vain à la libéralité de leur seigneur. Les comptes du marquisat de Seignelay, que nous avons eus entre les mains et qu'il nous a été donné de déposer aux archives de l'Yonne, en rendent un honorable témoignage (1).

La bonté des maîtres rendait plus tolérable un ordre de choses que la France a vu disparaître avec bonheur. Sur la fin du siècle dernier, les droits seigneuriaux, d'autant plus variés de formes et d'espèces qu'ils remontaient les uns à l'origine de la féodalité, les autres aux chartes d'affranchissement, où se sont glissées les dispositions les plus diverses et quelquefois les plus bizarres, tous odieux de leur nature et la plupart

---

(1) Arch. de l'Yonne, comptes de MM. Pourera des Arcy, baillis et receveurs du marquisat de Seignelay.

vexatoire dans le mode de perception, soulevaient l'indignation générale. Aussi lors de la convocation des bailliages, en 1789, n'y eut-il qu'une voix dans les cahiers de doléances des paroisses pour en demander la suppression. Aujourd'hui le citoyen n'a plus en face de lui que l'État, l'État a concentré tous les droits. Mais le génie de la fiscalité ne meurt pas, il a su faire des prodiges, et nos pères, dont nous admirons la patience, auraient peut-être contemplé avec étonnement quelques-unes de ses inventions. « En effet, dit un publiciste, de nos jours le contribuable est sous tous ses aspects le point de mire de l'impôt : l'impôt personnel atteint son individualité ; l'impôt foncier, le produit de ses terres ; l'impôt mobilier, la valeur locative de sa demeure ; l'impôt des portes et fenêtres, la quantité d'air et de lumière qu'il possède ; l'impôt de l'enregistrement, le capital qu'il transmet ou fait circuler ; l'impôt des patentes, ses profits industriels et commerciaux ; l'impôt des consommations presque toutes les matières appropriées à son usage ; l'impôt des prestations, ses moyens de travail ; par l'impôt du timbre, on parvient même à taxer quelque chose qui semblait autrefois insaisissable, l'émission de la pensée humaine, c'est une découverte due aux États-Unis et promptement développée en Europe. Les taxes municipales saisissent ce que l'État a pu oublier (1). » L'énumération n'est pas complète, mais c'en est assez pour nous rendre indulgents envers les âges qui nous ont précédés.

3° JUSTICE ET RESSORT DE LA CHATELLENIE DE LIGNY.

Au XIIe siècle les comtes de Nevers ont à Ligny un prévôt, chargé de rendre la justice. Le premier qui est clairement désigné comme étant honoré de cette charge est Itier, que l'on voit figurer dans la charte de Garnier, en 1138, et dans

---

(1) M. Gustave de la Tour, dans le journal le Monde, 26 janvier 1863.

une autre de 1150, *Iterius præpositus Lenniaci;* le second est Étienne Godard, *Stephanus Godardus præpositus Leigniaci,* ainsi nommé dans la charte de Guillaume IV, comte de Nevers, en faveur des religieux de Grandmont, en 1167; le troisième est un autre Étienne, *Stephanus tunc præpositus Legniaci,* cité avec Gauthier du Mez, dans la charte de 1238, par laquelle les deux frères Guy et Itier de Venouse cèdent leur propriété aux moines de Pontigny.

En 1291, lorsque Marguerite, reine de Sicile, fit un accommodement avec les Pontiniaciens, elle reconnut que l'abbé avait droit de justice sur les terres dépendantes de l'abbaye, et il fut stipulé que le prévôt de Ligny et ses sergents, à leur entrée en fonction, jureraient, en présence du bailli de Tonnerre, de n'exercer aucun acte de juridiction sur le domaine des religieux, sauf pour les cas criminels : *præterea ordinatum est et etiam concordatum specialiter et expresse quod præpositus noster Leigniaci castri et servientes ejusdem loci, in præsentiâ baillivi nostri Tornodorensis, teneantur præstare solemniter juramentum quod ipsi vel alter eorum in locis et finagiis quorum et in quibus justicia et jurisdictio ad dictos religiosos pertinet, non justiciabunt, casibus criminalibus nobis retentis* (1). Cette charte a fait loi jusqu'à l'extinction du régime féodal; la prévôté de Pontigny, l'une des trois du Tonnerrois dont les causes allaient en appel au grand bailli de Sens, n'avait que la moyenne et basse justice, la haute justice était entre les mains du prévôt et, plus tard, du bailli de Ligny.

En 1299, le prévôt s'appelait Pierre de Corceiles. On trouve mentionnés dans les actes, en qualité de gardes du scel de la prévôté, Guillaume-le-Changeur, de 1324 à 1350; Pierre Alain, en 1391; Jean Lahure, en 1398; Gauthier Bonnot, de 1421 à 1445. Une transaction de 1543, au sujet du bois de

(1) Petit cart. de Pontigny, t. II, p. 352.

Contest, porte en tête : « Laurent Jacob, licencié ès lois, garde
« du scel aux contrats de la prévôté et vicomté de Ligny-le-
« Chastel, pour hault et puissant seigneur Mgr messire Jehan
« de la Baume, chevalier de l'ordre, comte de Montrevel,
« vicomte et seigneur dudit lieu. »

Pendant tout le cours du moyen âge, la justice se rendait donc au nom des comtes de Tonnerre et relevait de leur cour et de leur bailliage. Mais on sait qu'après les guerres du XIVe siècle et à la faveur de la confusion qui en résulta, le pouvoir royal se substitua insensiblement au pouvoir féodal. En théorie, le droit de justice appartenant aux seigneurs fut considéré comme une concession royale tout à fait indépendante des fiefs, et les légistes ne tardèrent pas à poser un principe qui ruinait complètement l'institution précédente, savoir, que toute justice émane du roi. La création des bailliages inférieurs fit disparaître presque toutes les anciennes prévôtés : celles qui subsistèrent se virent enlever successivement toutes les affaires importantes et furent soumises à des règlements et à des mesures de contrôle qui les mettaient presque entièrement dans la dépendance des officiers royaux. Nous ne saurions indiquer d'une manière précise l'époque à laquelle fut érigé le bailliage de Ligny. Le premier bailli connu est Me Pierre Grassin, qui vivait sur la fin du XVe siècle et avait pour lieutenant Antoine Marot. Voici les noms de quelques-uns de ceux qui lui succédèrent avec la date du temps où nous les rencontrons en exercice : Étienne Guyard, en 1569; Edme Brisfou, en 1573; Jean Lenoir, avocat, en 1587; Claude Rousseau, en 1628; Jacques Foultrier, en 1634; Edme Filleu, avocat au Parlement, en 1648; Jean-Marguerite Hélye, avocat au Parlement, en 1664; Claude Quatrehommes, en 1682; Edme Filleu, sieur de Pommard, en 1686; Gabriel Bonin, avocat au Parlement, en 1741; Pierre Servain, en 1764; André Pasqueau de Champfort, avocat au Parlement, en 1776.

Au moment où la Révolution allait changer toute l'ancienne

organisation judiciaire, le district de Ligny s'étendait : 1° sur le chef-lieu ; 2° sur le village de Varennes ; 3° sur le hameau des Prés-du-Bois et ses dépendances ; 4° sur celui de la Mouillère ; 5° sur le moulin des Fées ; 6° sur une partie du hameau de Lordonnois. A ce bailliage ressortissait la prévôté du château de Buchin, au hameau de ce nom situé entre Venouse et Rouvray. Mérey-le-Serveux formait un bailliage à part. On a pu remarquer, par les comptes de la régie, que la maison de Montmorency touchait encore des droits de prévôté, sergenterie, greffe et notariat dans les deux bailliages.

Ligny était du ressort et de la coutume de Sens et lorsqu'on en rédigea définitivement les articles en 1555, Hélène de Tournon, dame douairière, veuve de Jean de la Baume IV, fut représentée à l'Assemblée des Trois-États par Jean Roussat ; le curé et les habitants le furent par maîtres Garlin, Nicole Rivière et Jean d'Esbay ; les habitants de Mérey, par Rouget et Charles Le Marle (1).

Le personnel du bailliage se composait du bailli, de son lieutenant, d'un procureur, d'un greffier, de plusieurs praticiens et de deux sergents royaux, dont les offices furent réservés, l'un en 1664 et l'autre en 1672. Les séances se tenaient dans un humble local appelé l'*Auditoire*, situé derrière la vieille halle en bois, sur l'emplacement de laquelle s'élève aujourd'hui l'Hôtel-de-ville, dont le nom un peu prétentieux s'appuie plus sur le passé que sur le présent. Le rez-de-chaussée sert de siége à la moderne justice de paix et l'étage supérieur, aux réunions du conseil municipal.

(1) Confér. de la Coutume de Sens, par Me Pelée de Chenouteau.

III

LA COMMUNE.

Le nom de *Commune* n'a été étendu à toutes les agglomérations d'habitants qui ont leur territoire et leur administration propres que depuis la fin du siècle dernier. Au moyen âge on réservait ce nom pour les villes qui formaient des corps politiques privilégiés, qui jouissaient d'administrations électives plus ou moins indépendantes des pouvoirs supérieurs et dont les habitants possédaient, en général, une pleine liberté civile au milieu de la servitude presque universelle de la plèbe des campagnes. Les petites villes, les bourgs et certains villages plus importants, qui étaient composés en majorité d'hommes libres ou qui avaient obtenu des chartes d'affranchissement, constituaient des *Communautés* d'habitants, avec des droits d'une extension variable et régies de diverses manières. Ligny se place dans cette catégorie : mais, comme dans toutes les localités du même genre, l'histoire seigneuriale efface celle des habitants : le rôle prédominant des seigneurs et la part qu'ils ont prise aux grands événements de leur âge, permettent de suivre leurs traces; les documents abondent sur leur compte, autant qu'ils sont rares pour ce qui concerne leurs humbles vassaux. Essayons toutefois de recueillir les faits qui ont échappé à l'oubli, et de nous faire une idée des intérêts communs et de la condition de ces derniers.

Pour obtenir quelque lumière sur la commune ou communauté de Ligny, nous allons passer en revue : 1° son administration; 2° ses archives; 3° sa population en général; 4° les familles nobles et les personnages de quelque distinction.

1º SON ADMINISTRATION.

Il nous serait difficile d'indiquer à quelle époque les habitants commencèrent à former un corps, ayant son action particulière et ses agents. Parmi les nombreuses pièces qui nous sont tombées sous la main, aucune ne parle de leur servage, aucune ne fait allusion directe ou indirecte à leur affranchissement : devons-nous en conclure qu'ils ne connurent point cette humiliante condition? nous n'osons rien affirmer des temps plus reculés, mais nous croyons qu'à partir du XIIIe siècle, pour le moins, la population du bourg était libre et qu'il n'y avait de serfs que dans les hameaux.

La communauté des habitants est clairement exprimée dans la charte de Guy de Forez, en 1239 (1). Elle était en contestation avec l'abbaye de Pontigny par rapport à certains droits d'usage ; un accord a lieu, ses prétentions ne sont point admises, mais on lui cède, en dédommagement, la moitié du bois de Saint-Étienne en toute propriété, et les pâturages sont déclarés communs comme par le passé. En 1263, nouvelle transaction qui apaise un autre différend survenu entre la même abbaye et les bourgeois, clercs et toute la communauté de Ligny-le-Château, *burgenses, clericos et totam communitatem de Leignaco-Castro*. Vingt-deux notables s'engagent et stipulent au nom de tous leurs concitoyens : la propriété du bois de Saint-Étienne leur est assurée, avec la jouissance commune des pâturages. La limite de leur droit de pêche dans le Serain, au-dessous de l'écluse, est posée et leur droit de passage avec voiture par le chemin qui longe la ferme du Beugnon reconnu. Ils renoncent au droit de pacage dans le pré de la Noue-Parjean (2).

Voilà donc l'existence communale parfaitement constatée :

(1) Voir plus haut à la page 128.
(2) Voir plus haut à la page 139.

maintenant quel était le mode d'administration ? Dans le siècle précédent, nous remarquons que la charte de Guillaume II, datée de Ligny (1140), est souscrite par plusieurs témoins du lieu, entre autres par Milon, doyen de Ligny, par Achard, vicaire ou viguier, par le prévôt Ebrard et Poard son frère et aussi par Guy, maire, *Guido major*. Dans une autre charte de Guillaume III (1157), qui approuve les dispositions des trois fils d'Ulric de Ligny, figurent parmi les témoins Garnier, de Ligny, Richard, maire, et Jean, maire de Chablis. Faut-il regarder les maires dont il est ici fait mention comme exerçant des fonctions municipales qui leur donnent quelque ressemblance avec les maires d'aujourd'hui ? La chose est fort incertaine : on ne sait guère quelles étaient leurs attributions, la plupart de ceux qui sont cités dans nos cartulaires ne paraissent avoir été que des officiers secondaires de justice à la nomination des seigneurs. Ce n'est qu'en 1309, dans un acte passé par devant Jehannot Jeubert, notaire, clerc juré à la cour des comtes de Tonnerre, que nous rencontrons, pour la première fois, trois administrateurs, qualifiés de « procureurs généraux et spéciaux pour toute la communauté de Ligny-le-Château. » Il s'agissait alors du droit de pêche contesté par les moines de Pontigny : Thiebaut-le-Féron, Jean Pilart et Etienne Mignon signent un compromis, choisissent un arbitre et acceptent sa sentence au nom de tous leurs commettants (1).

A dater de cette époque jusqu'à la fin de l'ancien régime, les administrateurs sont toujours au nombre de trois, et sont désignés dans les actes publics tantôt sous le nom d'échevins, tantôt sous le nom de syndics ou de procureurs-syndics. Celui qui remplit les fonctions de maire s'appelle quelquefois l'*échevin* et d'autre fois le *syndic des échevins*. En 1703, Jean Petit s'intitule *maire et syndic perpétuel de la ville de Ligny*. Leur autorité suffisait pour l'expédition des affaires courantes,

(1) Petit cart. de Pontigny, t. II, p. 189 et suiv.

mais les choses de quelque importance se traitaient en assemblée générale de la communauté.

Voici, d'après les procès-verbaux du temps, comment on procédait : les procureurs-syndics se présentaient à l'auditoire par-devant le bailli, et, après avoir donné leurs motifs, requéraient la convocation d'une assemblée générale ou partielle, selon que l'affaire concernait la totalité ou seulement une classe des habitants. Le dimanche suivant, à la diligence de l'échevin, on publiait au son du tambour, à l'issue de la messe et ordinairement sur la place des Trois-Rois, le jour où se tiendrait la réunion et l'objet de sa convocation. Le jour venu, quand l'assemblée était d'intérêt général, la grosse cloche de la paroisse avertissait de l'heure, et tous s'acheminaient vers l'auditoire et la halle qui en formait comme le portique. On délibérait sous la présidence du bailli : l'échevin commençait par exposer la question, puis les avis étaient pris, le greffier les enregistrait, et, la majorité ayant été constatée, le procureur fiscal donnait ses conclusions ensuite desquelles la décision en forme d'arrêt était prononcée par le bailli. L'échevin ou, à son défaut, l'un des syndics était chargé de l'exécution. Le bailli, en cas d'empêchement, se faisait remplacer par son lieutenant (1).

On distinguait les assemblées extraordinaires et les assemblées ordinaires : celles-ci ont pour objet la fixation des bans de fauchaison, de moisson et de vendange, la réparation des chemins, l'élection des gardes messiers, du pâtre commun, etc. En 1690, honorables hommes Edme Jeangoux, Claude Jousseau et Jean Bachelier, échevin et procureurs-syndics, nomment eux-mêmes le pâtre qui doit conduire les bestiaux au mail, c'est-à-dire, dans les pâtis de Contest. La rétribution pour chaque tête de bétail est de 2 sols 6 deniers et d'un minage de blé. On tient des assemblées extraordinaires : en

(1) Fonds du notariat.

1733, pour procéder avec les religieux de Pontigny au récolement de la limite du droit de pêche dans le Serain, suivant le partage marqué sur les anciens titres ; en 1766, pour réparations urgentes au pont de bois et à la chaussée qui y conduit : les travaux se feront par corvée ; le 28 septembre de la même année pour fixer le jour où il sera permis de cueillir du raisin destiné à faire du *tavillon* : les échevin et syndics représentent au bailli « que l'on est en usage de faire des tavillons « pour fournir de boisson lors des vendanges, surtout les « années que l'on se trouve à manquer de vin, comme il « arrive en la présente année ; » en 1767, pour la restauration de la porte de Saint-Florentin ; en 1774, pour la reconstruction du pont des Planches ; en 1782, pour le cantonnement des terres labourables ; en 1784, pour travaux à faire à l'église : l'échevin et les syndics écriront à monseigneur l'Intendant de la Généralité de Paris et le prieront de déterminer ce qui peut être à la charge de la communauté et des gros décimateurs (1).

Bornons là ces détails ; nos ancêtres, comme on le voit, n'étaient point étrangers à la vie communale : ils n'avaient point le suffrage universel appliqué à la politique, c'est-à-dire, à un ordre de choses qu'ils avaient la modestie de croire au-dessus de leur compétence, mais en revanche ils en usaient fréquemment et largement à propos des questions d'intérêt local, seules à leur portée. Ils faisaient leurs affaires eux-mêmes, sans l'intervention incessante du pouvoir central et elles n'en étaient pas plus mal faites.

De même que la plupart des autres institutions, l'organisation communale ne pouvait manquer d'être reconstituée d'après les idées nouvelles à l'avénement de la Révolution. En exécution de la loi du 14 décembre 1789, on dut élire un corps municipal composé de six membres, y compris le maire qui

(1) Fonds du notariat.

fut nommé à la pluralité des voix. On lui adjoignit un procureur, sans voix délibérative, chargé de défendre les intérêts et de poursuivre les affaires de la commune, et douze notables formant, avec le corps municipal, le conseil général de la ville. La constitution de l'an III renversa cette organisation et y substitua une municipalité cantonale. Celle-ci, repoussée par toutes les traditions, fut abolie par la loi de l'an VIII, qui établit les bases de l'organisation actuelle, plusieurs fois remaniée depuis.

La population de Ligny, en général, se distingua par sa modération pendant l'affreuse tempête politique et sociale qui ravagea la France, grâce à son esprit profondément religieux et au bon choix de la plupart de ses administrateurs, parmi lesquels la reconnaissance publique signale M. le docteur Jean-Baptiste Bresson, d'abord procureur de la commune, puis maire jusqu'à sa mort arrivée en 1806. Il s'était fait estimer et aimer de tous les habitants dans l'accomplissement de ses devoirs de médecin. Parent de M. Bresson le curé, beau-frère de M. l'abbé Berrué (1), appartenant ainsi par le sang et par alliance à deux familles foncièrement chrétiennes, M. Bresson avait en horreur les principes et les crimes de la Révolution. Il gardait intacte la foi de ses pères et cependant il crut devoir accepter les fonctions que lui offrait la confiance de ses concitoyens, pensant qu'un honnête homme ne pouvait reculer devant les dangers de ces temps malheureux sans lâcheté, et qu'il y avait du bien à faire, ou du moins beaucoup de mal à empêcher à la tête de l'administration municipale. En effet, il amortit autant qu'il put le contre-coup des excès révolution-

---

(1) M. l'abbé Berrué, frère de Mme Bresson, fondatrice des sœurs de la Providence, fut successivement curé de Taley et d'Angely. Il refusa le serment schismatique à la constitution civile du clergé et vint se réfugier dans sa famille. Mis en réclusion à Auxerre, sous la Terreur, avec une partie de ses confrères de l'Avallonnais, il y mourut et est compté parmi les confesseurs de la foi.

naires et sut naviguer avec tant de prudence qu'il traversa sans encombre cette période si agitée ; nous disons sans encombre, mais non sans peine et sans tracasseries de toute sorte. Par ses antécédents, par son entourage, il était nécessairement suspect, et bien des fois les membres ardents de la société démocratique du lieu firent des motions contre lui, mais sans pouvoir lui enlever la faveur populaire qui le soutint constamment. On soupçonnait sa maison de servir de refuge aux prêtres restés fidèles à leur conscience et que la législation d'alors qualifiait de réfractaires. Il était vraiment coupable de ce délit et fut continuellement en récidive tant que dura la persécution. Mais les patriotes ne purent jamais le prendre en défaut et sa position de maire lui donnant l'avantage de recevoir le premier les communications du pouvoir tyrannique qui inondait la France de sang et remplissait d'innocentes victimes les prisons devenues insuffisantes, il savait prévenir à temps les suspects et les arracher au péril. Lorsque des jours meilleurs commencèrent à luire, il s'employa avec zèle à effacer les traces des maux passés ; la mort le surprit dans cette œuvre de réparation. Ligny lui doit un autre administrateur distingué dans la personne de M. François Garnier qui fut à la fois son parent, son élève et son successeur dans la carrière médicale, et qui gouverna la commune avec un entier dévouement pendant tout le cours de la Restauration.

M. Garnier contribua beaucoup à mener à bonne fin l'interminable procès du Contest, dont nous avons promis de rendre compte, à propos de l'arrêt de 1561 obtenu par le maréchal de Tavannes (1). Notre récit ne sera qu'un résumé succinct du *Mémoire* publié à ce sujet en 1828, par l'honorable M. Pérille, avocat à Auxerre, dont les conclusions furent adoptées par les tribunaux. Remettons d'abord sous les yeux du lecteur les faits anciens. Au XIIIe siècle, par accommodement avec l'abbaye de

(1) Voyez plus haut, p. 233; la date 1661 est fautive, lisez 1561.

Pontigny, Guy de Forez déclare la communauté des habitants de Ligny, seule propriétaire d'une portion de la forêt de Contest, appelée alors bois de Saint-Étienne, qui occupe l'extrémité septentrionale du finage de notre ville et qui a retenu depuis exclusivement le nom de Contest. Au XVe siècle, comme cette propriété était d'origine seigneuriale, les seigneurs se prévalant de leur prérogative féodale, ressaisissent en partie ce qu'ils avaient concédé et admettent au droit d'usage les villages de Jaulges et de Cheü. Sur la fin du XVIe siècle, on procède au cantonnement demandé par Gaspard de Tavannes : des 2,165 arpents, sur lesquels Ligny, Varennes son annexe, Jaulges et Cheü exerçaient leurs droits d'usage, les deux tiers sont adjugés au seigneur, l'autre tiers, c'est-à-dire, 700 et quelques arpents, aux usagers qui en jouiront par indivis, moyennant certaine redevance attachée à chaque feu. C'étaient pour la plupart, des terrains vagues, des landes, des bruyères, destinés au pacage.

Les choses demeurèrent en cet état et la paix régna entre les quatre communautés jusqu'à l'année 1766, mais alors parut la déclaration du roi, qui en accordant des privilèges et des exemptions à tous ceux qui voudraient défricher des terres incultes et les mettre en valeur, semblait provoquer le défrichement général des terres de cette nature. Bientôt on vit s'abattre une nuée de défricheurs sur le Contest. Les habitants de Cheü, qui n'avaient qu'un pas à faire pour atteindre l'objet de leurs convoitises, commencèrent les premiers : ceux de Jaulges, qui essayèrent d'abord de les réprimer, finirent par suivre leur exemple. Il en vint aussi des localités étrangères, de Beugnon, de Bérulle près de Villeneuve-l'Archevêque ; il en vint même de Paris : un sieur Vosdey quitta la capitale pour venir s'installer au beau milieu de cette plaine où il se découpa un fort joli domaine et y construisit des bâtiments d'exploitation qu'il décora du titre de *Ferme de Bel-Air*. L'entreprise fut poussée avec un tel entrain qu'au bout de dix ans, plus de 600 arpents avaient été ainsi envahis ; encore un peu de temps et les pâturages communs allaient être anéantis. Les syndics des communes intéressées sollicitèrent, à plusieurs reprises, l'autorisation de poursuivre en justice les usurpateurs, mais l'autorisation ne venait pas, ou venait très-tard, et quand, à la suite de procédures longues et multipliées, on était parvenu à en évincer quelques-uns, d'autres prenaient leur place sans se laisser décourager par l'échec de leurs devanciers. Ligny se chargea spécialement de pourchasser ceux qui s'étaient approprié des terrains dans son voisinage, et comme le domaine seigneurial lui-même n'avait pas été épargné, on avisa monseigneur le duc de Montmorency de ce qui se passait. L'excellent duc, prenant en considération l'ardeur de défrichement qui s'était emparée des villages limitrophes de ses terres, conseilla aux quatre communes de se partager le Contest et de le livrer à la culture, après toutefois en avoir reconnu les bornes exactes par un nouvel arpentage. L'arpentage fut accepté et eut lieu en 1786, mais la proposition du partage fut rejetée. Les habitants de Ligny, en particulier, dans leur réponse au mémoire de M. le duc, insistèrent sur la nécessité de maintenir le Contest en état de pâturage, déclarant expressément que rien ne serait plus funeste aux communautés que d'en changer la nature : ce qu'ils réclamaient, c'était l'expulsion des défricheurs.

Soutenus par la puissante intervention de leur seigneur, ils réussirent enfin à les faire déguerpir presque tous. Cependant il y en eut un qui résista obstinément, savoir, le créateur de la ferme de Bel-Air, qui n'était pas un paysan, mais bien un procureur au parlement, maître passé dans l'art de la chicane et fertile en expédients de toute sorte. Il lui en coûtait de restituer les 150 arpents dont il s'était accommodé, et à la tête desquels il avait placé un régisseur ou fermier parfaitement stylé. Depuis le 2 octobre 1782, jour où il fut traduit devant la maîtrise des eaux et forêts de Sens, jusqu'à sa mort arrivée en 1790, il n'est pas de ruses qu'il n'ait employées pour empêcher un jugement définitif. Sa veuve, la dame Marie-Anne Debarry, lui succéda dignement sous tous rapports. Elle disparut d'abord jusqu'en 1798, et pendant cet intervalle la municipalité de Ligny ne sut où l'attaquer. Lorsqu'elle donna signe de vie, ce fut pour se faire condamner par défaut : puis elle mit en jeu toutes les ressources de la procédure ; exceptions dilatoires, moyens de forme, fins de non-recevoir, faveur d'une possession déjà longue, rien ne fut négligé, et quand elle dut enfin succomber et démolir sa ferme en 1810, il y avait vingt-huit ans que le procès durait.

Pendant la Révolution, les têtes s'étaient exaltées et des tendances diverses se manifestèrent : d'un côté, les habitants de Ligny, qui venaient de découvrir une copie authentique du titre primitif de 1263, dont ils avaient perdu la trace, conçurent l'espérance de rentrer en possession de la totalité du Contest, en s'étayant du décret du 28 août 1792 qui autorisait les communes à revenir sur les anciens cantonnements et à se faire réintégrer dans tous les biens dont elles auraient été dépouillées par les seigneurs : ils s'empressèrent d'actionner M. le duc de Montmorency, devant le tribunal du district de Saint-Florentin, en désistement des 2,165 arpents, comme usurpés par ses auteurs. Leur demande fut rejetée. Ils revinrent à la charge auprès de l'administration qui avait mis la main sur les domaines des émigrés, ils ne furent point écoutés. D'un autre côté, les habitants de Jaulges et de Cheü, excités par le décret du 10 juin 1793 qui ordonnait le partage des biens communaux, ne gardèrent plus de mesure : ils reprirent le défrichement et, sans aucunes formes légales, se firent chacun leur part, aussi large que possible. De là des récriminations mutuelles : Ligny voulait tout avoir, même le lot du ci-devant seigneur ; ses associés trouvaient plus simple de prendre d'emblée tout ce qui était à leur convenance, alors procès sur procès.

Vers 1802, l'effervescence révolutionnaire étant calmée, les uns et les autres revinrent à de meilleurs sentiments et tombèrent d'accord de s'arranger à l'amiable. Le village de Varennes, nouvellement érigé en commune, concourut à cet acte de pacification. Il fut convenu que les 700 arpents seraient partagés équitablement par le ministère de trois arbitres en qui tous avaient pleine confiance. Cet arbitrage n'ayant point amené de solution, l'affaire fut déférée à l'autorité administrative. Mais alors se révéla une complète dissidence sur le mode du partage. Ligny soutenait que, d'après la nature de leurs droits communs sur le Contest et de la redevance que jadis ils payaient au seigneur à ce sujet, ce partage devait avoir pour base le nombre de feux dont se composait chaque localité. Au contraire, les trois autres communes, dont les populations réunies ne formaient que l'équivalent à peu près de celle de Ligny, voulaient néanmoins être traitées sur le même pied que cette ville et recevoir chacune un quart du total. Il devint impossible de s'entendre et, à force d'incidenter, on atteignit la fatale année 1813, où le gouvernement impérial aux abois confisqua les biens ruraux des communes pour se procurer de l'argent. En vertu de la loi du 20 mars, la caisse d'amortissement vendit un lot assez considérable de terres en culture que la municipalité de Ligny avait arrachées aux défricheurs et qu'elle amodiait à son profit depuis 1799. Cette aventure qui diminuait notablement l'objet en litige fut une leçon perdue : les querelles s'envenimèrent de plus en plus.

Cependant, en 1817, les trois communes opposantes parurent se soumettre et la préfecture nomma deux commissaires pour effectuer le partage à raison du nombre de feux, conformément à l'avis du Conseil d'Etat du 4 juillet 1807. Ceux-ci se mirent à l'œuvre : traversés par des chicanes sans cesse renaissantes, ils ne purent présenter leur rapport qu'au bout de deux ans à l'approbation des conseils municipaux. Ligny et Varennes l'acceptent, Jaulges et Cheü n'en veulent point : ils aiment mieux plaider que de renoncer spontanément à leurs usurpations. Trois années s'écoulent en débats stériles : les maires, plus raisonnables que leurs communes, finissent par s'entendre et signent les pièces nécessaires. Alors intervient un arrêté du préfet en date du 9 décembre 1822 qui homologue purement et simplement le travail des commissaires et le rend exécutoire. On pouvait croire toute contestation terminée ; pas le moins du monde ! A la première nouvelle de cette décision, les défricheurs désappointés s'ameutent, protestent, pétitionnent, forcent les conseillers municipaux à désavouer leurs maires, qu'ils accusent de les avoir trahis. Les réclamations pleuvent à la préfecture : le 7 février 1824, le préfet, lassé de leurs criailleries, notifie aux quatre communes qu'il va faire procéder à la délivrance de leurs lots respectifs ; M. Dourneau d'Héry est envoyé sur les lieux pour présider à cette opération à laquelle les maires sont convoqués : ceux de Jaulges et de Cheü font défaut. Les habitants de Varennes, piqués de ce mauvais vouloir et voyant que rien n'avance, se mettent en possession du lot qui leur est échu ; ils en labourent et ensemencent environ quarante arpents : quelques particuliers de Ligny en font autant. Oui, mais à peine les emblaves commencent à pousser qu'une partie est ravagée par les populations récalcitrantes, puis quand l'heure de la récolte est venue, c'est une véritable invasion, tout est mis au pillage, malgré l'intervention de la gendarmerie. Il en résulte des scènes de police correctionnelle qui ne les corrigent point, car les mêmes voies de fait se reproduisent l'année suivante.

Le 1ᵉʳ juin 1825, sur les plaintes réitérées des maires de Varennes et de Ligny, le préfet prescrit des mesures énergiques de répression, mais bientôt la face de l'affaire change totalement par suite de la décision que rend le Ministre de l'Intérieur, auprès duquel les adversaires s'étaient pourvus en appel par un long mémoire où ils formaient opposition au partage, prétendant, chose étrange ! que la jouissance du Contest n'était point indivise et qu'une charte de 1491 leur avait assigné leur part dont ils étaient en possession. Le ministre trompé par ce faux exposé, annulait l'arrêté préfectoral du 9 décembre 1822, rétablissait les choses dans l'état précédent, déclarait que les communes usagères devaient faire régler leurs droits par les tribunaux, à moins qu'elles ne préférassent s'entendre à l'amiable sur un nouveau partage. Ligny et Varennes sont consternés, les habitants de Jaulges et de Cheü, dans la jubilation, se précipitent en foule dans le Contest, arrachent les bornes plantées par ordre du préfet, comblent les fossés qui séparaient les lots et ne laissent subsister aucune trace des travaux entrepris en exécution de l'arrêté de 1822. L'année 1826 se passa en essais inutiles de conciliation tentés par l'autorité départementale : les défricheurs rendus intraitables par un premier succès ne veulent rien écouter. Il fallut donc plaider devant les tribunaux : l'attaque commencée en 1827, fut poussée vigoureusement par les maires de Ligny et Varennes, qui obtinrent enfin en 1829 une complète victoire. Le partage eut lieu cette fois paisiblement, et, comme il était juste, en proportion du chiffre des populations. Dans la suite, la municipalité de Ligny ayant jugé à propos de vendre sa part, à la réserve d'une quarantaine d'arpents, les habitants de Jaulges et de Cheü en firent l'acquisition et leur ressentiment s'apaisa. Ces longues dissensions ont enrichi nos archives municipales d'un monceau de paperasses, qui réjouiront les archéologues de l'avenir, mais qui ont coûté fort cher à nos contemporains.

2º SES ARCHIVES.

Les anciennes archives de Ligny ont péri dans l'incendie de

1611. Les archives actuelles ne datent donc que du xvii⁰ siècle et elles renferment peu de pièces importantes. Ce que nous y avons remarqué de plus intéressant ce sont les registres de baptêmes, mariages et sépultures qui y ont été transférés en 1793. La collection commence en 1569 et finit à la Révolution. Nous y avons puisé une foule de renseignements précieux sur les curés et vicaires, sur l'état de la population, les seigneurs, les familles nobles et bourgeoises, sur les usages du temps, les événements, etc., et nous les avons utilisés dans ce travail. Qu'on nous permette, en rendant compte de cette collection, de relever quelques particularités qui ne sont pas sans intérêt et qui trouveraient difficilement leur place ailleurs.

Registres des XVI⁰ et XVII⁰ siècles.

Jusqu'en 1666 ces registres sont de forme longue et étroite (30 centimètres sur 10), revêtus de parchemin pour la plupart et terminés par une table ajoutée postérieurement. Le plus vieux, coté n° 1, commence le 21 février 1569 et finit le 15 août 1585. Il ne contient que des baptêmes et porte à la première page le titre suivant :

« C'est le papier où sont les noms et surnoms des enfants bap-
« tisés en ce lieu de Legny-le-Chastel pour l'an 1569. 1570, 1571,
« 1572, 1573.
« ROUSSEAU. »

Numero impari Deus gaudet.

Au verso le titre est répété en latin avec la définition théologique du sacrement de baptême et l'explication de la matière et de la forme. Les actes ne sont régulièrement signés par le prêtre qu'à partir du mois de juillet 1571, et, à cette époque, les signatures des parrains et marraines sont extrêmement rares. Voici sur ce registre nos remarques par ordre chronologique et il en sera de même pour les autres :

1576. Les baptêmes des hameaux sont désignés par une suscription spéciale : De Varennes, paroisse de Ligny — Des

Prez-du-Roys — De la Char-au-Diable. En tête d'un acte du 26 mai on lit : De Sainte-Radégonde, paroisse de Vergigny ; puis au-dessous : *Tempore belli presbyteri fugam capiunt* — 26 et 27 mai : De Venousse, *Tempore belli*.

1578. Forme de la rédaction : « Katherine, fille de noble
« homme Jacques de Gibraléon et de damoyselle Claude
« Caffez sa femme a estée baptisée le quatorziesme jour de
« janvier : Le parain Nicolas de Rollet ; la maraine damoy-
« selle Marguerite de Maigny. Par Me Jehan Berillon. » Jacques de Gibraléon est dit ailleurs écuyer, seigneur d'Arbelay, Bellefontaine et Percey, voire même capitaine de ce lieu.

1579. Le vicaire Claude Rousseau ajoute ordinairement le nom de la sage-femme en la manière qui suit : « Gabrielle,
« fille de noble homme Jehan de Gutey escuyer et de damoy-
« selle Cécille Vernoy a estée baptisée le XXe jour d'octobre :
« le parain noble homme Robert de Coynn et damoyselle
« Jehanne de Germigny — Par moy Rousseau — *Obstetrix*
« *Chigot*. »

REGISTRE N° II. Comme le précédent et ceux qui viennent après jusqu'au n° VII, il ne contient que des baptêmes. L'enveloppe en parchemin nous a permis de remettre en lumière un fragment de notation neumatique qu'on peut voir à l'article du culte local.

> TITRE : « *Est liber in quo nomina et cognomina ascribuntur puerorum baptizatorum Ligniacensium commorantium pro anno Domini millesimo quingentesimo octuagesimo quinto. — Septem sunt sacramenta : Baptismus, Confirmatio, Eucharistia, Pœnitentia, Extrema Unctio, Ordo et Matrimonium*. »

Suit la définition latine de chacun des sept sacrements. Cinq ecclésiastiques tiennent la plume de 1585 à 1595.

REGISTRE N° III, 1595 à 1614. — En 1614, parrain noble homme Abel de Monliar, seigneur de Dié. — Même année : « Jeanne, fille de Nicollas Ogier (?) seigneur de Voultenet et
« de Gabrielle de Chanail sa femme, a esté baptisée le 30^e

« jour du mois d'aoust : le parrain Jacques de Monseaux, la
« marraine Edmée-Jeanne de Poter. »

REGISTRE N° IV, de 1620 à 1627. — Le 30 mars 1622,
baptême de François, fils de noble Pantaléon Largentier et
de honnête femme Perrette Le Prince. Le parrain François
Le Prince seigneur de Solleinnes, la marraine Françoise Chalmeaux, épouse d'Edme Filleu, sieur de Pommard et de
Courtenay. — 1626, Enéas, fils d'Edme Filleu a pour parrain
noble homme Enéas de Gibraléon.

REGISTRE N° V, de 1627 à 1634. Les signatures, autres
que celle du prêtre, deviennent plus fréquentes. — 1629, signatures de Gabrielle de Montpezat, seconde femme de Jean
de Saulx-Tavannes Ier et de Jean Brisfou de Ligny, chanoine
d'Auxerre. — 1630, signature de Guillaume de Saulx-Tavannes, frère aîné de Jean. — En 1631, parrain François de
Changy, fils de Melchior de Changy, écuyer, sieur de Vezannes.

REGISTRE N° VI, de 1634 à 1644. — « Le vendredi ving-
« tiesme mars 1637, a esté baptizé Charles, fils de noble
« homme Edme Filleu, commissaire de l'artillerie de France
« et de damoiselle Françoise Chalmeaux. Le parrain qui l'a
« eslevé et nommé sur les fonts est messire Charles Boucherat, abbé de Pontigny, docteur en théologie, conseiller du
« roy en ses conseils d'Estat et premier vicaire général de
« l'Ordre de Citeaux, soubs l'autorité de Monseigneur l'Emi-
« nentissime Cardinal duc de Richelieu et de Fronsac, pair
« de France et abbé de Citeaux, avec dame Jacqueline d'Ori-
« gny marraine. » — 1640, signatures de Jeanne-Marguerite
de Tresme, vicomtesse de Ligny et de Charles de Thoisy,
écuyer. — 1643, Jacques Diverny, écuyer parrain; marraine
Claude Boucherat, dame de Ravignan, — « Gabriel, fils de
« Jehan Laurent marchand et de Claude Guyot, ses père et
« mère, a esté baptisé et levé sur les saints fonts par messire
« Gabriel de Sion, prêtre, docteur en théologie et professeur
« du Roy ès langues orientales en l'Université de Paris, son

« parrain, et dame Jacqueline Lambert, femme de noble
« Claude Baudry sieur de La Mothe, sa marraine ; ce 23ᵉ jour
« de septembre 1643. » — 1644, parrain révérend père Dom
Laurent Théveneau, religieux de l'abbaye de Pontigny.

REGISTRE N° VII. C'est le premier où se trouvent consignés les mariages et les sépultures depuis le 7 janvier 1642 jusqu'au mois de mai 1656. Assez fréquemment les actes marquent que les mariages ont été célébrés « solennellement « et en présence de tout le peuple à la messe parochiale » tel dimanche, sans désignation spéciale de témoins ; mais quand les mariages se font dans la semaine, il y a trois ou quatre témoins d'office dont les noms sont inscrits et MM. Jessé Fleuché et Denis Esprit, vicaires, figurent souvent en cette qualité.

Forme de la rédaction : « Elie Guenin, fils de deffunct
« François Guenin, espousa Jeanne Mignard, fille de Pierre
« Mignard demeurant au Beugnon, le dix septiesme jour de
« janvier 1644, solennellement et en présence de tout le
« peuple, à la porte de l'église, pendant que l'on chantoit l'é-
« pistre de la messe parochiale, » — Le 22 février 1650, noble homme Louis le Maistre, conseiller du roi et son avocat en l'Election et Grenier à sel de Tonnerre, épouse avec lettres de *Recedo* signées Carteron doyen de Tonnerre, damoiselle Marie Baudry, fille de noble homme Claude Baudry, conseiller et secrétaire ordinaire de la reine régente. — En 1651, noble homme Philippe Le Moyne, écuyer, sieur du Clos, de Villeneuve-le-Roi, épouse damoiselle Marie Dacier, fille de maître François Dacier avocat au Parlement, secrétaire ordinaire de défunt monseigneur le prince de Condé et de damoiselle Marie Boucherat, domiciliés aux Prés-du-Bois. Cette dernière a son acte de sépulture le 24 avril 1555 : Il y est dit que son corps fut déposé au cimetière comme elle l'avait désiré avant sa mort et qu'elle légua 1300 livres à la fabrique. Les actes de sépulture ne consistent qu'en trois ou quatre lignes. Les no-

tables se font généralement enterrer à l'intérieur de l'église, dans la chapelle ou près de l'autel du Saint qui leur inspire le plus de dévotion.

REGISTRE N° VIII, exclusivement employé aux baptêmes, de 1644 à 1654. — François, fils de noble Denis Dispense, écuyer, sieur de la Loge et de damoiselle Gabrielle Choppin, ses père et mère, est baptisé le 4 décembre 1645; parrain noble François Choppin, conseiller ordinaire de monseigneur le prince de Condé. — 1652, baptême de Claude, fils d'honorable homme Edme Servain, procureur fiscal et de dame Claude Dacier : parrain Philippe Le Moyne, sieur du Clos, marraine dame Claude Boucherat, veuve de feu messire Claude de Ravignan, dame de la Rue-Feuillée. — 1653, parrain scientifique personne messire François Guenin, bachelier en théologie, prêtre et curé de Mérey-le-Serveux.

REGISTRE N° IX, baptêmes de 1654 à la moitié de 1657. Au-dessous du titre on lit cette épigraphe :

« Venez les bien aymez de mon Père, baignez-vous dans le
« bain sacré de mon sang, afin que guéris et rafraichis dans ces
« eaux salutaires vous parveniez au repos éternel. Amen. »

1654. — Signatures de haute et puissante damoiselle Françoise Joubert de Barrault, parente par alliance des seigneurs de Ligny, et d'Antoine Luquet, écuyer, sieur de Grangebeuve. — 1654, parrain noble homme Claude Baudry, secrétaire de la reine, marraine damoiselle Marguerite de Crespi (elle signe *de Craispy*.) épouse de Claude Bellanger, écuyer, sieur de La Motte de Venouse. — Même année, le vicaire Jean Prévost rédige l'acte suivant : « J'ai baptisé le 26
« de juillet 1654, Claire-Virginie, fille de noble homme Edme
« Filleu, advocat au Parlement, bailly de cette ville de Ligny
« et de damoiselle Anne Baillot son espouse. Elle a eu pour
« parrain hault et puissant seigneur messire Achille de la
« Grange, chevalier, maréchal des camps et armées de sa
« majesté, comte de Maligny et aultres lieux, et pour mar-

« raine haulte et puissante dame Claire Françoise de Saulx-
« Tavanes, espouse de hault et puissant seigneur, messire
« François de la Baume-Monrevel, chevalier, marquis de
« Saint Martin et vicomte de Ligny. » Suivent les signatures.

REGISTRE N° X, correspondant aux dix premières années de l'administration de M⁰ Achille-François Berillon. Il est à peu près tout entier de sa main et contient les actes de baptêmes, mariages et sépultures depuis 1657 jusqu'en 1667.

1660. Mariage de Nicolas de Ravignan, écuyer, fils de Louis de Ravignan et d'Edmée Jeanne de Potière de la paroisse de Vergigny, avec damoiselle Marie Filleu, fille d'Edme Filleu, commissaire de l'artillerie et de Françoise Chalmeaux. — 1663, baptême de Louise de Ravignan, issue du précédent mariage; parrain Claude de Bellanger, écuyer, sieur de la Motte, marraine Louise de Berulle, femme de messire de Ravignan demeurant à Souilly — Même année, Nicolas de Ravignan parrain avec damoiselle Charlotte de Fresnoy — 1664, signatures de Jacques-Nicolas de Beaujeu écuyer et de damoiselle Catherine du Port, de David de Butor, écuyer, seigneur de Montigny et de damoiselle Madeleine Cocaigne, femme de Claude Flaur de Villembau écuyer. — Inhumation : en 1657, de M⁰ François Choppin, avocat, mort à Charau; en 1659, de Pierre Berillon, père de M⁰ Berillon, curé ; en 1660, de Denis Dispense, sieur de la Loge, gendre Choppin; en 1664, d'Edme Filleu, avocat au Parlement, bailli de Ligny.

REGISTRE N° XI, de 1666 à 1668. Baptêmes, mariages et sépultures par cahiers distincts et de plus grand format, mais sous la même enveloppe. — 1666, sépulture d'Augustin Joussot, fils de Claude Joussot, sieur de la Fontaine ; item de Nicolle Filleu, fille de Pierre Filleu, sieur d'Orpane et de damoiselle Anne de Lalouat — 1667, Philippe le Moyne, sieur du Clos, demeurant à la Rue-Feuillée, paroisse de Ligny, épouse en secondes noces damoiselle Jeanne Gimbert, de la paroisse de Saint-Nicolas-des-Champs de la ville de Paris.

REGISTRE N° XII, 1668 à 1674. Les baptêmes, mariages et sépultures sont dorénavant entremêlés selon leur date. — 1669, on lit ces mots pour la première fois à la fin de cette année : « Parafé par nous Antoine Legrand, escuyer, seigneur de Montrecoust, président et lieutenant au bailliage de Sens. » — 1672, parrain noble M⁰ François de la Faye, procureur du roi en l'élection de Tonnerre, marraine damoiselle Charlotte Lasche, femme de M⁰ Henri Thiard, conseiller du roi, receveur des tailles en ladite élection. — 1673, parrain Edme de de Bellanger, écuyer, seigneur de Buchin, marraine Jeanne Louet, femme d'honorable homme Louis Foultrier.

REGISTRE N° XIII, de 1674 à 1684, le premier qui soit sur papier timbré, coté et paraphé, « généralité de Paris. — Pour feuilles de registre, six deniers pour feuillet. » — 1674, signatures de M⁰ Michel Deloy, conseiller du roy, doyen de la Faculté de droit à Paris, et de madame Henriette de Barrault, femme de haut et puissant seigneur messire Jacques de Durfort, marquis de Civrac, seigneur de Ligny et autres lieux. — 1675, signature de Jacques de Formier, écuyer, sieur de la Roche. — 1678, signature de Jean de Saulx-Tavannes III ; à son article biographique nous avons extrait de ce même registre les baptêmes et sépulture de quelques-uns de ses enfants. — 1679, inhumation de Claude Dispense, écuyer, sieur de la Loge, fils de feu Denis Dispense et de Gabrielle Choppin, domicilié à Poinchy et mort à Charau. — 1680, signatures de Jean Jamard, écuyer, et de Françoise Geneviève de Beaujeu. — 1681, signatures de messire Antoine Sanguin, seigneur et prévôt de Chablis et de Catherine de Bouché, damoiselle de Milly.

REGISTRE N° XIV, de 1684 à 1692, liasse de cahiers annuels. — 1684, parrain noble François-Achille de Dispense, écuyer, sieur de la Loge, de Charau, marraine damoiselle Marie Derivière. — 1685, parrain Pierre de Bellanger, fils de Louis de Bellanger, écuyer, seigneur de la Motte. — 1686, parrain

Edme Filleu, sieur de Pommard et de Courtenay, bailli de Ligny, Mérey et Varennes, marraine Anne Hélye, fille de feu Jean-Marguerite Hélye, jadis bailli.

REGISTRE N° XV, de 1692 à 1700. — 1695, sépulture de damoiselle Anne Lalouat, veuve de vénérable et discrète personne Pierre Filleu, sieur d'Orpane; signatures de ses deux frères Jean Lalouat, avocat au parlement, et Lambert-François Lalouat, curé de Chemilly, prieur de Notre-Dame de Recouvrance. — 1797, sépulture de Philippe Lemoyne, sieur du Clos, de la Rue-Feuillée, dépendance de Ligny. — Note de la même année : « Le jour de la saint Jean-Baptiste, il est arrivé « une inondation et desbordement d'eau qui entrait jusque « dans les maisons du faubourg. »

REGISTRES DU XVIIIe SIÈCLE.

Les registres de ce siècle ne sont plus disposés par liasses numérotées; ils sont par cahiers annuels. Le papier timbré, tant pour la grosse que pour la minute, se payait par le fabricien 6 livres 7 sols en 1700.

1712. Baptême de Marie de Dispense, fille de François de Dispense de la Loge, écuyer, demeurant à Charau.

1715. Lambert-François Lalouat, devenu chanoine d'Auxerre, marie Antoine Meignen, fils du lieutenant de la prévôté de Dié, avec Anne Filleu, fille de Me Edme Filleu, sieur de Pommard et de Courtenay, conseiller du roy et son officier au grenier à sel de Seignelay; témoins, Jean Lalouat, avocat, Edme André, conseiller du roi, et Pierre Filleu, sieur d'Orpane, l'un président, l'autre procureur, au même grenier à sel.

1717. Antoine Canet, chanoine de Saulx-le-Duc, et vicaire par intérim, met dans les actes qu'il rédige tantôt Ligny-le-Château, tantôt Ligny-le-Vicomte.

1740. Note de M. Agnus : « Dans la nuit du 6 au 7 octobre,

« il est arrivé une gelée si âpre que l'on a remarqué de la
« glace de trois écus d'épaisseur ; les raisins ont été presque
« entièrement gelés. Ladite gelée a été universelle. »

1743. Le 14 janvier, inhumation de vénérable et discrète personne Antoine de Courtive, curé de Ligny. Témoins, Jean Baptiste Agnus son vicaire, Jean Deschamps, vicaire de Varennes, Richard Simonet, curé de Maligny, Edme Prudot, curé de Lignorelles, Jean Bouiller, curé de la Chapelle-Vaupelletaine, Esprit Damien, capucin de Saint-Florentin, Gabriel Bonin, bailli de Ligny, Pierre Servain, lieutenant, Louis-Regnault-Leblanc, procureur fiscal, Edme André, procureur, et plusieurs autres notables.

1743. Mariage de messire Henri de Beaulieu, seigneur de Lagesse, et de dame Marie Vautier, veuve de messire Edme Damoiseau, chevalier, seigneur de Villeneuve-sur-Buchin ; présents : MM. Edme de Mosny, écuyer, demeurant à Chaource, Louis de Tespes, écuyer, demeurant à Venouse, Edme André, prévôt de Buchin, demeurant à Ligny.

1752. « A l'inhumation de Charles Lahayville, fils de Hu-
« bert Lahayville, cavalier au régiment de Royal-Piémont,
« compagnie de Custine, ont assisté ses père et mère, le sieur
« Jacques Lebeau, maréchal des logis de ladite compagnie,
« Jean Trognon, cavalier, et toute la compagnie dont une
« partie a signé et l'autre a dit ne savoir signer. » Depuis 1745, on constate la présence de cette compagnie en quartier à Ligny ; les cavaliers qui en font partie y figurent comme parrains, quelques-uns s'y marient avec des femmes du pays et y font baptiser leurs enfants, quelques autres y meurent. En 1755, elle fut remplacée par la compagnie dite de Bussi ou carabiniers de Bussi. La maison de la reine de Sicile leur servait de caserne.

1762. Le 5 juillet, sépulture de M. Gabriel Bonin, avocat au parlement, bailli de Ligny ; témoins, le sieur Gabriel-Hector Bonin, officier chez monseigneur le duc d'Orléans, son fils, et le sieur Louis Jeanneau de Jardelay, aussi officier chez monseigneur le duc d'Orléans.

1762. Le 28 novembre, baptême de Gabrielle Hyacinthe, fille de Mre Jeanneau de Jardelay, échanson de monseigneur le duc d'Orléans, et de dame Angélique Laurent sa femme ; parrain Louis-Pierre Jeanneau de Jardelay, marraine madame Gabrielle de Coqueborne, épouse de Me Louis de Tespes, écuyer, demeurant à Venouse. — Dans plusieurs actes Mre de Jardelay est dit *gouverneur de Ligny*, ailleurs gouverneur du vicomté de Ligny et capitaine d'infanterie.

1765. Le 14 mars, sépulture de M. Jean-Baptiste Agnus, curé de Ligny, à laquelle ont assisté MM. Etienne Prudot, curé de Lignerolles qui a présidé à la cérémonie, Jean Genotel, curé de la Chapelle-Vaupelletaine, Pierre Rosier, curé de Villy, Edme Hugot, vicaire de Maligny, Jean Mathieu, vicaire de Varennes, Nicolas Trémisot, vicaire de Ligny, Dom Jean-Joseph Disjols et Louis Boyot, religieux bernardins de Pontigny, et les notables du pays qui ont signé.

Nos extraits s'arrêtent à cette date de 1765, qui est celle de l'installation de M. Jean Bresson en qualité de curé. Sur plusieurs points l'étude des registres paroissiaux servira de base aux développements dans lesquels nous allons entrer par rapport à la population en général et aux principales familles du lieu.

3° SA POPULATION EN GÉNÉRAL.

VARIATIONS DU NOMBRE DES HABITANTS. Notre ville partagea les vicissitudes de la contrée où elle est située. Aux XIIe et XIIIe siècles, population nombreuse, état florissant ; aux XIVe et XVe, misère, ruines, dépeuplement ; au XVIe, restauration, prospérité croissante, malheureusement entravée sur la fin par les guerres de religion. Mais au XVIIe siècle son sort n'est plus le même ; pendant que les villes voisines se ressentent du merveilleux progrès qui conduit la France à l'apogée de sa grandeur et de sa gloire, elle succombe sous une série de catastrophes qui amènent l'émigration d'une grande partie de ses habitants : 1611, 1637, 1691, 1728 sont des années lugubres, qui rappellent d'immenses incendies dont nous raconterons les désastres. D'un autre côté, l'éloignement de la famille de Saux-Tavannes, après la vente de la terre de Ligny, fait disparaître toute cette petite noblesse, dont la présence nous est révélée par les registres que nous venons de dépouiller. D'après le procès-verbal de l'incendie de 1611, il y avait à Ligny 7 à 800 maisons et plus de 2,000 communiants ; la requête adressée au chapitre de Langres en 1653 parle encore de 2,000 communiants, sur 4 à 5,000 âmes, composant 6 à 700 feux. Ces chiffres, on le voit, ne sont point le produit d'un recensement exact, ils ne sont qu'approximatifs, mais la donnée qu'ils nous fournissent suffit pour nous faire apprécier la décadence qui aboutit à celui de 1229 habitants que nous rencontrons dans le *Dictionnaire universel de France* de 1720. La révolution qui termine le XVIII siècle, en enrôlant toute la jeunesse pour les armées, réduit ce nombre à 1149. Depuis lors la population s'est relevée, elle était d'environ 1,500 âmes sous la Restauration, de 1,650 après l'annexion d'une partie du hameau de Lordonnois, elle est arrivée à 1,707 en 1850, et maintenant elle recommence à décliner, car le chiffre du dernier recensement n'est plus que de 1,544 (1).

Pour compléter cette démonstration du changement notable survenu dans la population, nous donnons ici le tableau comparatif des naissances de la fin du XVI siècle et du commencement du XVIII et du XIX pendant une période de vingt ans.

(1) Voyez Annuaire de l'Yonne.

TABLEAU COMPARATIF DES NAISSANCES.

XVIe SIÈCLE.		XVIIIe SIÈCLE.		XIXe SIÈCLE.	
Années.	Chiffre des naissances.	Années.	Chiffre des naissances.	Années.	Chiffre des naissances.
1570	125	1701	62	1801	31
1571	105	1702	60	1802	38
1572	111	1703	56	1803	36
1575	118	1704	50	1804	30
1576	121	1705	53	1805	32
1577	111	1706	46	1806	50
1578	116	1707	64	1807	27
1579	122	1708	51	1808	37
1580	106	1709	47	1809	37
1581	108	1711	42	1810	43
1582	106	1712	45	1811	40
1583	119	1713	42	1812	32
1584	106	1714	39	1813	36
1585	127	1715	41	1814	67
1586	103	1716	44	1815	37
1589	125	1717	55	1816	49
1590	118	1718	43	1817	36
1591	116	1719	52	1818	42
1592	111	1720	37	1819	48
1593	114	1721	51	1820	40

NOMS PATRONYMIQUES. Nous joignons à ce tableau les noms des habitants, comme ils apparaissent siècle par siècle dans les actes, chartes et autres documents qu'il nous a été possible de compulser. La liste en est nécessairement incomplète, mais, telle qu'elle est, elle n'en offre pas moins un aperçu de l'ancienneté relative d'un grand nombre de familles encore existantes.

Au XIIe siècle. — Achard. Bonfils. Brisebarre. Capelle. Drogon. Dumoulin. Ebrard. Erchenfrid. Garnier. Godard. Guy. Guyard. Itier. Jornel. Josbert. Lecharpentier. Lechat. Lefauconnier. Lelièvre. Letort. Macaire. Main-au-Sac. Milon. Muscherun. Otbert. Poard. Richard. Séguin. Ulric, etc.

Au XIIIe. — Arnoul. Bertin. Colin. Dearmes. Deperreuse. Doysun. Eschard. Fillote. Guillemin. Lechangeur. Ledrapier.

Leferron. Lepelletier. Letanneur. Mavelle. Morelli. Picher. Pilart. Potet. Regnault. Robin. Savetier. Thévenin, etc.

Au XIVe. — Cottin. Delamanche. Feuillé. Gaubert. Gédion. Girard. Jeanneau. Jeubert. Joé. Lacraupe. Lepêcheux. Letisserand. Mignon. Moreau. Perrinot. Regnard. Thiebaut. Vincent, etc.

Au XVe. — Archambault. Aubert. Aymard. Bareton. Beauvillain. Bidouillat. Billebault. Blonde. Boileau. Bonnot. Boucher. Boulanger. Bourgoin. Boussard. Boyer. Bussière. Caillot. Camyon. Chantereau. Chardon. Chevillot. Colas. Delacourt. Delatrecey. Drouin. Fournier. Gaudier. Godin. Grassin. Guenelaut. Guenin. Guiller. Guyot. Harguenot. Hainot. Henrion. Héreau. Jadelier. Jolly. Jolliveau. Laporte. Laproste. Laurent. Léger. Lelong. Malaquin. Mallet. Marot. Maugras. Mélinon. Midan. Mignard. Miot. Mine. Pinot. Pithou. Robert. Roullot. Roussot. Servain. Symard. Vaillant. Vieillard. Villetard. Vinson, etc.

Au XVIe. — André. Andreau. Avoye. Bachelier. Barbier. Barlot. Barré. Basdevant. Bastard. Battereau. Baudot. Bègue. Benoist. Berillier. Berillon. Berlureau. Bernage. Bernoul. Berthier. Bertrand. Bervé. Besson. Beurlet. Bezou. Billard. Boiteux. Bonhomme. Bonin. Bornisset. Bosin. Bouchard. Boucheron. Boullard. Boursin. Brisfou. Brulé. Burat. Buschotte. Buzard. Cabourdin. Caffey. Carreau. Carthier. Cathelin. Caussard. Chabouillard. Chagot. Champagne. Chancy. Chapelain. Chapelu. Charlot. Charmoy. Chaulne. Chaumartin. Chaumier. Chauveau. Chefdeville. Chevalier. Chevance. Chevillard. Clément. Collard. Collau. Colombier. Cordier. Cornillat. Cornu. Cousin. Crochot. Darbois. Darlot. Daubain. Davaly. Davoise. Deblois. Dedron. Delancombe. Delaplace. Delatrousse. Denier. Denombret. Depontalier. Descaves. Desnoyers. Dreau. Dremon. Ducelier. Duclou. Dupas. Dupré. Famier. Fanot. Faucheux. Febvre. Ferrant. Filleu. Fleury. Flogny. Foireau. Fontaine. Foullon. Fourneau. Fremy. Frésure. Friant. Gachot. Gaillard. Gallard. Gally. Gamby. Gascoin. Gaudon. Gauthier. Germain. Gillet. Gilleton. Giraudin. Gollier. Grandgirard. Grelet. Goudrey. Hélye. Hénols. Henry. Hervé. Hervier. Hugot. Hutin. Jacob. Jacquemier. Jacquier. Jacquin. Jacquinot. Jansson. Jantot. Janrin. Jousseau. Jugain. Julliot. Lahaye. Lambert. Langlois. Leblanc. Leclerc. Lenfant.

Lenoir. Lepage. Lesage. Lesourd. Lespine. Lestrange. Louat. Loyson. Lucotte. Magrey. Maillard. Maistre. Marchand. Maréchal. Marion. Martin. Mathey. Mathias. Mathieu. Mathon. Maupoy. Maussant. Meignen. Mérat. Merle. Mica. Michault. Millereau. Mocquot. Morelot. Morisot. Muard. Muthe. Odinet. Papavoine. Patay. Patenostre. Pernot. Perrin. Petit. Piat. Pingalle. Pinson. Pitois. Poillot. Poitout. Potherat. Potin. Priant. Prieur. Quignard. Ragueneau. Ramon. Raoul. Richardot. Riglot. Robelot. Roche. Roger. Rosier. Rossignol. Rymbault. Saffroy. Sachet. Sageot. Sautumier. Sauvage. Sauvageot. Savery. Segueneau. Silvain. Silvestre. Solligny. Soulier. Thévenon. Therriat. Thierry. Thureau. Tixier. Tondu. Tremblay. Vailler. Vauriel. Vezin. Viault. Vicaire. Viollet. etc.

Au XVIIe. — Armand. Auberat. Audigier. Baillet. Baillot. Bailly. Baudry. Beau. Belleavoine. Bezançon. Bigornet. Billaut. Blanchard. Blanvillain. Bœuf. Borniquet. Boucherat. Bouteleux. Breneau. Brosse. Cadet. Carsy. Champfort. Chaspillon. Chassenoy. Chassin. Chaulay. Chavard. Chenal. Chichou. Choppin. Clinier. Contesse. Convert. Coquard. Coquille. Cortet. Daillant. Dandelot. Dantan. Debiancourt. Delancosme. Delancret. Delaroche. Delion. Delorraine. Deraison. Desgranges. Desmoulins. Despoigny. Desvaux. Dubois. Durand. Faucillon. Flament. Forchot. Forest. Foultrier. Foynat. Gallon. Gautherin. Gilbert. Gonnard. Gormand. Gouffié. Goullé. Gueniot. Harpé. Jallard. Jamard. Jambe. Jeangoux. Jodriat. Laboureau. Lagouste. Lamotte. Langrogne. Larcher. Largentier. Lasne. Lavantureux. Lebeau. Lecreux. Lemoine. Leriche. Leroy. Leschevin. Lévêque. Lhoste. Linard. Loup. Mangin. Maunoury. Marceau. Marcel. Maslou. Maure. Menegault. Merillot. Mesure. Millet. Minault. Moire. Monat. Montcharmoy. Mothe. Moulin. Paillé. Pain. Pargnard. Parigot. Pâton. Petitfou. Picard. Plaçon. Pleussier. Pognat. Poichot. Pôtré. Poullet. Préau. Protat. Rivet. Robinet. Rodier. Roué. Teinturier. Thiennot. Thomas. Torcol. Tourterat. Truchy. Vallet. Veillot. Viard. Villain. Viller. Villois, etc.

Au XVIIIe. — Baudoin. Bavoil. Bavotte. Berdin. Berrué. Bidaut. Bouvier. Brenon. Brot. Brunat. Cercueil. Chanvin. Chapotin. Charpentier. Chassaigne. Chauvelot. Chenet. Cherest. Cho-

chon. Colachot. Cornat. Covidoux. Crevault. Croisé. David.
Debrie. Defer. Deguy. Delinotte. Demartial. Doré. Drioton.
Droit. Duchâteau. Ducreux. Dudot. Dunot. Dupont. Ferdet.
Ferré. Fourrey. Frevin. Gabou. Gendot. Grosjean. Guillaumet.
Guilleminot. Guillot. Guillotot. Hallard. Hamelin. Hermelin.
Hérot. Houzelot. Hubert. Lapaix. Lavigne. Lefebure. Lemaire.
Lenfumé. Lentonnois. Lesenne. Madelain. Maillot. Melun. Mimé.
Minat. Mollion. Paintandre. Pezé. Prince. Reguain. Reignier.
Riquement. Saint-André. Sallin. Savoye. Seurat. Tourneboule.
Tumereau. Tupinier. Verrier. Vinot. Voillemin, etc.

Le commencement de cette nomenclature laisse quelque incertitude ; il n'est pas très-sûr que tous les premiers noms soient patronymiques : *Richard, Séguin, Ulric*, etc., pourraient bien n'avoir été que des noms viagers et individuels, comme une quantité d'autres que nous avons négligés à dessein. C'est qu'en effet les noms de cette dernière espèce sont à peu près les seuls que l'on rencontre dans les cartulaires de nos pays jusqu'au XIIIe siècle, surtout parmi les classes roturières. La plupart du temps les individus n'étaient désignés que par leur nom de baptême, auquel on ajoutait celui de leur pays ou de leur profession. Quand on voit poindre les noms de famille, c'est sous forme de surnoms ou de sobriquets, *Johannes dictus Pilart, Garnerus et Jacobus fratres dicti Ferron*. Les nobles s'approprient le titre de leur castel, de la capitale de leurs états, d'un fief, d'une terre. Les surnoms des bourgeois, des commerçants, des artisans, des gens de la campagne, se puisent à des sources très-variées; le hasard et le caprice semblent avoir présidé à leur formation, et toutefois si l'on considère attentivement la liste qui précède, on reconnaîtra que, malgré leur apparente bizarrerie, il est possible de se rendre compte de l'origine et du sens de beaucoup d'entre eux. On distinguera : 1° les surnoms tirés des dignités, des fonctions, des grades, dont étaient ornés les premiers qui les portèrent ou qui leur furent attribués par une allusion railleuse, *Le Bailly, Le Chevalier, Le Bachelier, Chef-de-Ville, L'Echevin*.

Le Maire, Le Roy, Le Moine, L'Evêque, etc.; 2° Les surnoms qui rappellent le métier, la profession, *Le Ferron, Ferrant, Fèvre, Le Fébure, Maréchal, Le Tanneur, Le Changeur, Le Pécheux, Teinturier, Cordier, Fournier, Charpentier, Bouvier,* etc.; 3° les surnoms qui indiquent le lieu de naissance ou la la qualité d'étranger, *De Perreuse, De Lorraine, De Brie, Sallin, Savoye, Champagne, Bezançon, Melun, Chassaigne, Cheney, L'Anglois, Picard, Daubain, L'Estrange,* etc.; 4° Les surnoms empruntés aux champs, à l'agriculture, aux édifices, *Du Bois, De Guy, Du Pré, Des Noyers, La Haye, L'Espine, La Vigne, Chardon, Fontaine, Des Moulins, Des Vaux, Des Granges, Des Caves,* etc.; 5° les surnoms, extrêmement nombreux, qui tiennent à mille détails personnels ; à quelque particularité physique, par exemple, *Le Blanc, Le Noir, Le Sourd, Petit, Gamby, Bègue, Torcol, Rousseau, Boiteux,* etc.; aux qualités bonnes ou mauvaises, aux habitudes, au caractère, symbolisés souvent par des êtres du règne animal, *L'Aventureux, Le Sage, l'Enfant, Mignard, Vaillant, Bonhomme, Gormand, Le Chat, L'Oyson, L'Asne, Bœuf, Loup, Allouette, Pouliet, Pinson, Merle, Rossignol,* etc.; à la naissance, à l'âge, à la fortune, à quelque fait, accident ou aventure, *Besson, Cadet, Vieillard, Le Riche, Brisebarre, Main-au-Sac, Croisé, Brûlé, L'Enfumé, Barré,* etc.; 6° enfin les surnoms, également très-nombreux, qui ne sont autre chose que des noms de baptême ou leurs diminutifs devenus patronymiques et transmis comme tels, *Hubert, Martin, Laurent, Mathias, Mathieu, Benoist, Jacquin, Jacquinot, Jeanneau, Henrion, Guillaumet,* etc. Il arrivait parfois que dans certaine branche d'une famille l'ancien nom était supplanté par un sobriquet, qui à la longue le faisait oublier et devenait lui-même un nouveau nom de famille. Aujourd'hui encore plusieurs particuliers ne sont presque plus connus du public sous leur nom véritable : le sobriquet a prévalu.

Professions. Chez nos aïeux les professions libérales, industrielles et agricoles étaient presque toujours héréditaires. Les fils suivaient naturellement l'état de leur père, lui demeuraient longtemps associés, même lorsqu'ils étaient mariés, et tenaient à grand honneur de lui succéder. Ils avaient à cœur de poursuivre son œuvre en profitant de son expérience pour mieux faire : les traditions d'habileté et de loyauté étaient la partie la plus recherchée de la succession paternelle et c'est ainsi que se fondaient, en chaque spécialité, des maisons solides et justement renommées. Autant nos contemporains sont avides de changer de condition, autant ils étaient stables dans la leur, bornant leur ambition à l'améliorer et à la transmettre honorée à leur postérité.

La bourgeoisie veillait avec un soin jaloux à ne point laisser passer aux étrangers les charges et dignités locales. C'étaient habituellement des enfants du pays qui occupaient les places de bailli, de procureur fiscal, de greffier, de notaire, de recteur des écoles, etc. Depuis le XVIe siècle les noms que l'on voit figurer plus fréquemment, en ces diverses qualités, sont ceux des Servain, des Leblanc, des Hélye, des Laurent, des André, des Denombret, des Malaquin, des Berillon, des Mathieu, des Blonde, des Laproste, des Gally, des Chevillot et des Boullard. L'élément forain perce davantage parmi les médecins et chirurgiens, les receveurs et employés aux aides et aux tailles, surtout dans le siècle dernier ; mais dans le siècle précédent plusieurs membres des familles Petit, Servain et Leblanc exerçaient la médecine et la chirurgie. En 1520, Laurent Blonde était tout à la fois barbier et chirurgien, selon l'usage du temps. Les recteurs des écoles jouissaient anciennement d'une petite dotation en biens fonds qu'on appelait la *Maîtrise;* ils étaient révocables par le Chapitre de Langres. On en trouve plusieurs simultanément ; Sébastien Blanchard, après avoir enseigné pendant plusieurs années comme instituteur, établit un pensionnat vers 1718.

Voici par ordre alphabétique quelques-unes des professions industrielles que nous avons notées en dépouillant les registres paroissiaux : Apothicaires — Bonnetiers — Boulangers — Bourreliers — Bouchers — Brandeviniers — Cardeurs — Carreleurs — Cercliers — Chandeliers — Chapeliers — Charrons — Charpentiers — Chaudronniers — Ciergiers — Cordiers — Cordonniers — Corroyeurs — Couturiers — Couvreurs — Distillateurs — Drapiers — Épiciers — Fondeurs de cloches — Foulonniers — Fourniers — Horlogiers — Hoteliers — Huiliers — Maçons — Marchands d'étoffes — Marchands de vins — Maréchaux — Mégissiers — Menuisiers — Merciers — Meuniers — Pâtissiers — Pêcheurs — Peintres — Perruquiers — Potiers de terre — Potiers d'étain. — Salpêtriers — Sassiers — Sculpteurs — Selliers — Sergiers — Serruriers — Taillandiers — Tailleurs de pierre — Tailleurs d'habits — Tanneurs — Teinturiers — Tisserands ou Tixiers en toile — Tonnelliers — Tuiliers — Vanniers — Vinaigriers et Vitriers.

Les témoins, dont les dépositions sont consignées au procès-verbal de l'incendie de 1611, attestent unanimement que Ligny était une ville renommée par son commerce et son industrie non moins que par la bonne culture et la fertilité de son territoire; que l'on y voyait « un grand nombre de bons
« et riches marchands qui trafiquoient de toutes sortes de
« marchandises, comme draps de soye, laines, thoilles et
« autres, en outre qu'il y avoit en ladite ville environ deux
« cents laboureurs des meilleurs du pays; qu'il y a pour le
« moins quinze notables marchands qui dans ce désastre ont
« faict perte de plus de dix mil escus chacun, sans les autres
« marchands, laboureurs et vignerons, qui estoient fort ri-
« ches et principalement ceste année que la terre a produit
« des fruicts en abondance et que, pour surcharge de leur
« malheur, cest accident n'est advenu qu'après la récolte de
« bled et vin, et que les terres desdits habitants ne sont en-

« core ensemencées, n'ayant aucun moïen de ce faire, pour
« avoir tout perdu, estant ceste perte de quatre à cinq mil
« muids de vin et d'environ cinquante mil bichets de bled,
« aucuns particuliers perdant pour leur part trois et quatre
« cents muids de vin (1). »

Après cet incendie et les autres qui achevèrent la ruine des habitants, l'agriculture resta longtemps en souffrance, le commerce diminua considérablement et plusieurs industries disparurent du pays. Plus tard, lorsque Colbert eut fait du chef-lieu de son marquisat une ville manufacturière, il s'établit à Ligny une fabrique de couvertures et de draps, façon de Londres, qui rivalisa avec les meilleures de Seignelay, et occupa beaucoup de monde. Elle était encore en pleine activité sur la fin du siècle dernier, sous la direction de M. Durand, dont l'habileté soutint jusqu'au bout la réputation qu'elle s'était acquise. Mais elle finit avec lui, et c'est sans doute pour mémoire que le dictionnaire de Vosgien et d'autres mentionnent toujours Ligny, comme remarquable par sa fabrique de couvertures et de serges.

(1) Voir aux pièces justificatives le procès-verbal de l'incendie de 1611.

IV

LES FAMILLES NOBLES
ET
LES PERSONNAGES DE QUELQUE DISTINCTION.

C'est le cartulaire de Pontigny qui nous a déjà révélé les familles nobles et les personnages de Ligny que nous avons eu l'occasion de citer depuis le commencement du XIIe siècle ; c'est à la même source que nous irons puiser la plupart des notes suivantes, rangées selon l'ordre des dates.

1150. *Johannes domicellus de Lenniaco.* Le bienheureux Hugues de Mâcon, premier abbé de Pontigny, devenu évêque d'Auxerre, conservait une prédilection marquée pour sa chère abbaye ; il y revenait souvent, et prenait le plus vif intérêt à son accroissement spirituel et temporel. Dans une de ces visites, la dernière selon toute apparence, car il mourut l'année suivante, il s'était transporté à la grange du Beugnon lorsqu'il vit se présenter par-devant lui un gentilhomme de Ligny, du nom de Jean surnommé Macaire et qualifié de *domicellus* ou damoiseau, qui venait offrir son fils Geoffroy (*Gaufridum*) pour être mis au nombre des moines quand il aurait atteint l'âge compétent, donnant à cet effet tout son patrimoine, tant en bois qu'en prés, en terres cultivées et en terres incultes et y ajoutant tout ce qu'il tenait en fief, si les religieux pouvaient obtenir l'autorisation des seigneurs dominants, avec cette condition, toutefois, que sa femme Agnès en aurait la jouissance sa vie durant. Cette offre généreuse fut acceptée et l'acte de donation dressé sur l'heure du consentement d'Agnès et en présence d'Étienne, abbé de Regny, d'Étienne, prieur, de Renaud, moine de Pontigny, de Humbauld, prêtre de Montigny, d'Itier, prévôt de Ligny, d'Étienne de Lindry, de Thomas Jornel, fils de Martin et d'Aulard, charpentier (1).

1154. *Guiardus Catus de Lanniaco.* Guyard-le-Chat, ou Guyard-le-Rusé paraît avoir été de la famille des vicomtes de Ligny, mais il n'a pas été lui-même vicomte, comme le dit M. l'abbé Henry dans ses *Mémoires sur Seignelay.* Il figure dans les deux chartes de 1154 et de 1156 par lesquelles Guillaume III, comte de Nevers, assure aux moines de Pontigny la propriété du territoire de Sainte-Porcaire. Il en possédait une partie en fief, il consent à la céder, moyennant douze livres à prendre sur le péage d'Auxerre que le comte lui accorde en dédommagement, et, de plus, il se réserve cinq sols de cens sur l'eau du Serain qui coule au-dessous de Sainte-Porcaire. Aramburge sa fille adhère à cet arrangement. Plus tard en mariant Isabelle, son autre fille, avec Itier de Seignelay, chevalier, seigneur d'Ormoy, il lui donna cette rente de cinq sols, et, en 1199, Itier la vendit aux moines avec l'agrément de son beau-père qui vivait encore, de sa femme et de ses quatre fils, Ansel, Guy, Hervé et Gautier. L'acte de vente eut lieu par-devant Daimbert, seigneur de Seignelay, témoins Milon de Bouilly, Pierre de Saint-Quentin, Marc de Tonnerre et Renaud Godard de Ligny (2). Simon-le-Chat, fils de Guyard, chercha querelle aux religieux prétendant que les cinq sols de cens sur l'eau du Serain lui appartenaient par droit héréditaire et ceux-ci, pour se libérer, se virent obligés de lui payer la somme de quarante sols. Cet accord se fit par l'entremise de Manassès, archidiacre d'Auxerre en 1205 (3).

1162. *Gaufredus de Latiniaco.* Hugues de Poitiers qui écrivit au XIIᵉ siècle l'histoire de l'abbaye de Vézelay, en retra-

(1) Petit cart. de Pont. t. III, p. 12. — Cart. de l'Yonne, t. I, p. 475.
(2) Petit cart. de Pont. t. III, p. 12.
(3) Ibid. p. 13.

çant la lutte mémorable de l'abbé Guillaume et de ses moines contre la tyrannie de Guillaume IV, comte de Nevers qui soutenait la nouvelle commune, signale parmi les quelques religieux qui trahirent la cause de leur monastère, Pierre, abbé déposé de Saint-Michel de Tonnerre, que l'on avait reçu en grâce à Vézelay, où il avait fait son noviciat et Geoffroy de Ligny, dont il fait ce portrait : *factus est ejus insipientiœ collega Gaufredus de Latiniaco, potens in sermone et efficax in persuasione, sed efficacior in versutia* (1).

1209. *Famille du Mez*. En parlant du fief du Mez, nous avons signalé la famille qui en portait le nom comme une des plus remarquables du pays. Nous réunissons dans un seul article tout ce qui la concerne. Gauthier du Mez apparaît le premier : sa naissance remonte à la dernière moitié du XIIe siècle. En 1209, Alexandre Fuignez lui fait don de sa maison sise à Auxerre, en face du monastère de Saint-Renobert : cette libéralité est notifiée et approuvée par le célèbre comte d'Auxerre, Pierre de Courtenay (2). En 1238, il est témoin avec Étienne, prévôt de Ligny, dans un acte des frères Guy et Itier de Venouse, chevaliers, en faveur de l'abbaye de Pontigny (3). Il est nommé dans plusieurs autres chartes de 1239, et dans cette même année, au mois de juillet, il cède à l'église de Pontigny, pour le remède de son âme, en pure et perpétuelle aumône, un certain pré voisin de la grange du Beugnon : deux de ses fils, Guy et Jean acquiescent à cette donation scellée du sceau de Geoffroy, doyen de Saint-Florentin (4). Ce pré n'est pas autrement désigné ; mais dans un autre titre, il est dit formellement que le pré de la *Noue-Parjean* vient de Gauthier du Mez. Avant de mourir, il fonda son anniversaire dans cette vénérable église qui venait de s'enri-

---

(1) Patrolog. de Migne, t. 194, col. 1649.
(2) Lebeuf, t. IV, p. 69.
(3) Petit cart. de Pont. t. III, p. 26.
(4) Ibid. p. 275.

chir du corps de saint Edme, et il légua, à cet effet, une rente de soixante-dix sols de Nevers sur une de ses vignes située en Chanvier, auprès de Méré-sur-l'Eau. On conjecture que sa mort arriva en 1248, car c'est à partir de cette époque que la rente commença à être servie.

Outre Guy et Jean on lui connaît encore un fils du nom d'Étienne, qui fut chanoine et scolastique de la cathédrale d'Auxerre. Lebeuf en parle à propos du testament de Garnier de Saint-Renobert, dont il fut l'exécuteur testamentaire avec frère Pierre de Mailly, sous-prieur des Dominicains (1), et parmi les pièces justificatives que cet historien a collectionnées à la fin de ses *Mémoires*, il y en a une où Étienne du Mez est député au nom de ses confrères afin de recevoir pléges ou cautions suffisantes pour quelques habitants de Cravant, qui s'étaient révoltés contre l'autorité du Chapitre (2). En 1258, Étienne et Guy du Mez ratifient, devant l'official d'Auxerre, le legs pour l'anniversaire de leur père, qui devra être célébré chaque année le jour de la fête de saint Clément; ils se réservent de pouvoir exonérer la vigne de Chanvier de la rente dont elle est grevée, en la faisant asseoir sur un autre bien par le concours d'honorables arbitres et, si l'abbé et son couvent le préfèrent, au lieu des soixante-dix sols, ils auront droit à un tonneau de vin sur la récolte de cette vigne, tant qu'elle demeurera grevée : Les contractants s'interdisent de revenir sur ces dispositions et ils prennent le même engagement au nom de leurs héritiers (3). En 1277, Guy du Mez, resté seul propriétaire de la vigne, passe une nouvelle reconnaissance de la rente qui y est affectée et l'augmente de dix sols pour son propre anniversaire ; l'acte, où il se qualifie de bourgeois de Ligny-le-Château (*Guido de Meso burgensis de*

---

(1) Lebeuf, t. II, p. 468.
(2) Ibid. t. IV, p. 121.
(3) Petit cart. de Pont. t. III, p. 275.

Lignicastro), est consenti par Gauthier, son fils, qui a succédé à son oncle dans la place de chanoine d'Auxerre (1). Une seconde charte du mois de mars 1279, sous le scel de l'official de Tonnerre et de semblable teneur, fait intervenir Isabeau, femme de Guy, qui y stipule avec son mari; le tout est approuvé par leurs autres enfants, Deniset, Regnard et Jacques (2).

Dans le compromis de 1263, dans la transaction qui en a été la conséquence et qui a été relatée intégralement sous l'administration du comte Eudes de Bourgogne, on voit figurer, à la tête des bourgeois de Ligny, deux membres de la famille du Mez qui portent le nom de Guy. Le premier est Guy, fils de Gauthier, auquel est attribué le titre d'ancien bailli de Decise, nous venons d'en parler; le second est Guy, bailli d'Auxerre et de Tonnerre, fils de défunt Bernard. Bernard était vraisemblablement le frère de Gauthier et avait exercé les fonctions de bailli avant son fils. Celui-ci eut pour femme Ermengarde et pour frères Barthelemi et Colin (3). Lebeuf l'a inscrit sur la liste des baillis d'Auxerre, sous la date de 1262, d'après une charte de l'abbaye de Crisenon, mais cette date n'est point celle de son entrée en charge, car on l'aperçoit déjà en exercice dans une reconnaissance de vente en 1259. Lebeuf ajoute qu'une charte de Matthieu de Vendôme, abbé de Saint-Denis, rapportée à l'an 1274, sous l'épiscopat d'Erard de Lesignes le nomme comme ayant été ci-devant bailli (4). En 1263, Ermengarde son épouse étant décédée, Guy fonda son anniversaire à Pontigny : il en avait eu plusieurs enfants, dont trois seulement sont clairement désignés dans les documents que nous avons entre les mains, savoir : Jacques, Jean et Marguerite. Ces enfants devaient être tout à fait en bas âge

---

(1) Ibid. p. 276.
(2) Ibid. p. 277.
(3) Ibid. t. II, p. 183 et 185.
(4) Lebeuf, t. III, p. 548.

quand ils perdirent leur mère ou peut-être sont-ils issus d'un second lit, car Jean vivait encore en 1350. A cette époque Jacques était mort et avait institué Jean son exécuteur testamentaire. Celui-ci comparaît par devant Perrinot de Péronne, clerc, notaire juré de la cour de madame la comtesse de Tonnerre en la prévôté de Ligny, et déclare que parmi les clauses de l'ordonnance, testament et dernière volonté de son frère, il y en a une qui lègue à perpétuité à l'église de Pontigny, pour son anniversaire et celui de ses parents, quarante sols de rente, payables chaque année moitié à la Toussaint et moitié à la Nativité de Notre-Seigneur ; « de laquelle rente li-
« dit Jehans, tant en son nom comme exécuteur dessusdit
« s'est dévestuz en la main doudit juré, pour en revestir la-
« dite église, tant en saisine que en propriété (1). »

Quant à Marguerite, M. l'abbé Henry a publié son testament à la fin de *l'Histoire de Pontigny* et ce n'est pas une des pièces les moins curieuses de son recueil. En voici quelques extraits :
« En nom dou Père et dou Fil et dou Saint-Esprit. Gie, Mar-
« guerite, dite de Saint Florentin, fille jadis feu Guy dou Meix,
« gisanz au lit deshaitée, et toutes voies aienz mon entende-
« ment adrécié à raison et ordonnée de ma pensée..., establie
« pour ce especialement en la présence Maistre Raoul de Sor-
« vanne, tabellion commun juré de la court du contées de
« Tourneurre..... afferme et fais mon testament ou darrenière
« volonté et ordonne de mes biens en la manière qui s'ans-
« suit : De rechief, je lais aux religieux de Ponteigny, où je
« ay eslu ma sépulture, pour pitance feite à aux le jour de
« mon obit, cent solz de Tournois. De rechief, je laisse à yceux
« religieux vint solz de rente annuelle et perpétuelle, chascun
« an pour mon anniversaire faire en leur église, seur ma mai-
« son de Laigny, séant devant le puis, toichant à la maison
« Guillaume de Perreuse d'une part et à la maison Odin Jeu-

(1) Petit cart. de Pont. t. III. p. 379.

« bert d'autre part. De rechief auxdiz religieux ung biau lit
« de plume, garni de quatre draps et d'un coverteur..... Ce
« est feit en la présence *sire Pierre dou Meix, baillif de Tour-*
« *neure,* Jehan de la Broce, son clerc, Bonet de Villy, clerc et
« Perrinet de Merry, tesmoinz à ce appelez et demandez.....
« donné en l'an et au jour dessusdiz, en l'an de grâce 1299
« (N. S. 1300), le semedi devant la feste de la Chière S. Père,
« en fevrier. »

Nous ignorons à quelle branche des gentilshommes du Mez appartenait *sire Pierre du Mez, bailli de Tonnerre.* Il faut en dire autant de Bernard du Mez, qui paraît avoir été un personnage considérable, choisi pour arbitre entre plusieurs villages et l'abbaye de Pontigny en 1307 (1); de Regnaud du Mez, qui est marqué le premier sur la liste des bourgeois de Ligny, insérée dans le corps de la sentence arbritrale de Jean Ménier, du temps de Jean de Châlon II (1310); de Gauthier du Mez, seigneur en partie de Méré-sur-l'Eau, dont nous avons rapporté l'hommage fait à la comtesse Jeanne de Châlon, en 1335. Ce sont les trois derniers membres de la famille du Mez, mentionnés au cartulaire de Pontigny.

1239. *Willelmus* ou *Guillelmus de Leignaco Castro.* Guillaume était un de ces chevaliers sans peur et sans reproche, si nombreux sous le règne de saint Louis, et qui étaient l'honneur de la chrétienté; les actes du temps l'appellent le chevalier de bonne mémoire, *bonæ memoriæ miles.* Nicole, sa veuve et Gile ou Gilet, son fils dont il a déjà été question à propos du fief de Breuil, abandonnèrent à l'église de Pontigny et aux frères qui y servaient Dieu, tous leurs droits sur le pré de l'écluse et du foulon, au-dessous du Beugnon, à côté de la portion que messire Gauthier du Mez avait déjà donnée aux religieux. L'un et l'autre reçurent cent sols tournois à titre de reconnaissance (2).

(1) Il fut bailli de la reine de Sicile, qui lui fit don de la terre de Junay.
(2) Ibid. p. 14.

1239. *Arnulfus, miles, de Liniaco.* Le chevalier Arnoul comparaît en qualité de témoin dans une charte en faveur de l'abbaye de Réomé ou de Moutier-Saint-Jean (1).

1239. *Dominus Colinus miles de Leignaco.* Un autre chevalier qui n'a pas fait moins d'honneur à son pays est messire Colin. Il n'était que servant ou écuyer en 1233, d'où l'on peut conclure qu'il était dans la fleur de l'âge lorsqu'il prit la croix et partit en Palestine à la suite de Guy de Forèz, comte de Nevers et de Thibauld, comte de Champagne, comme nous l'avons marqué en son lieu. On ne sait pas s'il en revint, seulement il est certain qu'il était mort en 1252, car nous avons une charte datée du samedi d'avant les Rameaux de cette année, dans laquelle Renaud de Ligny, écuyer, reconnaît que défunt Colin, chevalier, son oncle, a fait donation à l'Église de Pontigny, pour le remède de son âme, d'une rente de vingt sols, monnaie forte de Nevers, sur son four de Vergigny, payable chaque année à la fête de Saint-Remy ; messire Collin n'ayant point laissé de postérité, ce four lui est advenu par droit d'échoite, c'est pourquoi il vient spontanément ratifier ce qu'a fait son oncle et promet de ne jamais y contrevenir, se soumettant à cet égard à la juridiction de la cour d'Auxerre, en quelque lieu qu'il fixe sa résidence (2).

1255. *Johannes de Brolio, clericus.* Voici la charte de Jean de Breuil, que nous avons annoncée à l'article du fief de ce nom, situé sur le finage de Varennes : « A tous ceux qui ces
« présentes lettres verront, Hugues, doyen de Tonnerre, salut
« en Notre-Seigneur. Vous saurez que Jean de Breuil, clerc,
« constitué en notre présence, a reconnu avoir donné et con-
« cédé, pour le remède de son âme et des âmes de ses ancê-
« tres, en pure et perpétuelle aumône, à Dieu et à l'Église de
« de la Bienheureuse Marie de Pontigny, soixante-cinq sols de

(1) Cart. de l'Yonne, t. I, p. 343.
(2) Petit cart. de Pont. t. III, p. 19.

« monnaie ayant cours à Ligny-le-Château, formant un revenu
« annuel qui devra être touché par les Pontiniaciens, dans l'oc-
« tave de la Toussaint, et pris sur la portion qui revient au
« susdit Jean dans les moulins de Ligny-le-Château ; de telle
« sorte que quiconque à l'avenir héritera de cette portion sera
« tenu de payer, au terme convenu, les soixante-cinq sols. En
« foi de quoi, à la demande du donateur, nous avons fait ap-
« poser notre sceau aux présentes lettres. » Une note du cartulaire fait observer que les moulins de Ligny sont depuis
longtemps propriété de l'hôpital de Tonnerre et qu'en 1393,
sur les représentations faites à Jean VI, abbé de Pontigny,
que, par suite des guerres, le produit total de ces moulins ne
valait pas la rente fondée par Jean de Breuil, l'abbé consentit
à la réduire à vingt-cinq sols (1).

1259. *Godardus de Lignicastro.* Par un acte du mois de juin,
passé en présence du doyen de Tonnerre et de Guy du Mez,
bailli d'Auxerre et de Tonnerre, Godard de Ligny, Aalips sa
femme et Agnès, damoiselle, sa belle-mère, fille de feu Marc,
chevalier de Percey, reconnaissent avoir vendu aux moines
de Pontigny la part qu'ils avaient de toute la dîme des Croû-
tes, affranchie de toute exaction, cens, droit féodal, pension
et coutume, pour la somme de dix-huit livres tournois, laquelle a été versée entre leurs mains par l'abbé au nom de
son monastère. S'il arrivait que les moines eussent à faire des
déboursés ou à subir quelques dommages à cause du défaut
de garantie, Agnès, Godard et sa femme, ou leurs héritiers
seront obligés de les dédommager sous peine d'être dénoncés
excommuniés par le doyen jusqu'à pleine satisfaction (2).

1264. *Johannes, filius Dominæ Rosæ dictæ Majorissæ de
Legnicastro.* Par devant Hugues, doyen de Tonnerre, Jean,
fils de dame Rose dite la Mairesse, de Ligny-le-Château, dé-

---

(1) Petit cart. de Pont. t. III, p. 280.
(2) Ibid. p. 105.

clerc avoir vendu à religieuses personnes l'abbé et couvent de Pontigny, moyennant quatre livres dix sols de monnaie courante à Ligny, payées comptant, une rente de quatre sols trois deniers de cens, portant lods et ventes, ainsi répartie : neuf deniers sur sa maison du château, attenant à celle de Bertin, son frère ; six deniers sur son jardin du château, situé au-dessus de la maison de feu Constance, clerc ; neuf deniers sur sa vigne du Clauseau, de la contenance d'environ un arpent, près de la défriche du bailli ; six deniers sur un journal de terre en Claviers ; huit deniers sur un arpent de vigne, situé au climat qu'on appelle Monteigny ; six deniers sur un demi-arpent de vigne du Coroi ; quatre deniers sur un demi-arpent de vigne du Mez, contigu à la vigne de Garnier-le-Ferron, d'une part et à la vigne des enfants de Laurent le pelletier ; d'autre part ; et enfin trois deniers sur sa maison qui vient d'Amict le boulanger, avec trois autres deniers que ladite maison devait déjà à l'abbaye. Jean, de son plein gré et par précaution, assure qu'il possède en pur alleu les héritages ci-dessus, lesquels ne relèvent que de son chef. De plus, il confesse avoir donné au même couvent, pour le remède de son âme et des âmes de son épouse et de ses parents, cinq deniers de cens sur sa part de la lamme du pâtis de Méré, qui auparavant n'était chargée que d'un denier envers les religieux (1).

1276. *Johannes, filius defuncti Guillelmi de Armis de Lignicastro.* Une charte de Jean, sire de Seignelay, chevalier, rappelle le souvenir de « Guillaume de Armes, qui fut borjois de Ligni-le-Châtiau » (2). Jean de Armes, fils de Guillaume, et Jeanne sa femme, au prix de quarante-cinq livres et dix sols tournois, consentirent à décharger les moulins de Frécambaut, situés sur l'Armançon, au finage de Bouilly, d'une

(1) Ibid. p. 281.
(2) Ibid. p. 38.

rente de quatre setiers de blé, à la mesure de Brienon, qui leur était due et abandonnèrent tout le droit qu'ils pouvaient avoir sur ces moulins en faveur des moines de Pontigny, qui en étaient propriétaires (1).

1300. *Jean de Perreuse*, clerc, nous offre un nouvel échantillon du patois local, au commencement du XIV° siècle. « En « nom de Nostre-Seigneur, Amen. An l'an de l'Incarnacion « d'iceluy mil deux cens quatre vinz dis et nuef (N. S. 1300), « au mois de janvier, gie Jehannes dit de Péreuse, clerz es- « taubliz pour ceu espécialement en la présence Renaut-le- « Boiteux de Leigny-le-Chastel, notaire juré de la court èt « baronie noble messire seigneur Guillaume de Chalons, « comte d'Auxerre et de Torneurre, cognois et fay à savoir à « touz cels qui verront et orront ces présentes lettres que comme « que deusse chascun an aux religieux de Ponteigny, ça en ar- « rière, trois sols de cens paienz le jour de la St-Remy, « sur une vigne qui estoit mais séant au finage que l'an dit « *Forquerat*, au vignoble de Leigny, laquelle vigne fu feu « Dote le maiseler; et gie n'aie pas paiée ladite censsive « quinze ans à passez, gie, en recompassacion de ceu et par « les dessusdits deffauz, ai aux religieux hommes et honestes « l'abbé et le Couant de Ponteigny baillée, quittée et à tou- « jours mais quitte clamée la dessusdite vigne, et ai recognus « que ni puis ne dois jamais rien de droit réclamer ne de- « mander pour chose qui m'aveigne, et promet, en loyaus « promesse et solempnel, que gie ne irai jamais contre ceste « quittance, ne ferai aller ne consentirai que autres iroist, « mais l'aurai et tanrrai à touz jours ferme et agréable comme « chose ajuigée en la cort dessusdite.... Ceu fut fait en la pré- « sence doudit tabellion, présens encore Jehan-le-Chaingeaur, « Pierre de Corceiles, prévôt de Leigny, Hugues de Maraus et « Pierre Ménier, tesmoinz à ce apelez et demandez an l'an et

(1) Ibid. p. 354.

« au mois dessusdit, le lundi devant l'Epiphanie Nostre-Sei-
« gneur (1). »

1307. *Guillaume de Ligny-la-Ville*, écuyer, « pour le bien
« de la paiz et dou conseil de preudommes et saiges, pour Dieu
« et le remède de son âme, » cède aux Pontiniaciens un droit
d'usage et de pâturage avec des redevances qu'il soutenait lui
appartenir sur le bois de Contest et qui faisait l'objet d'une
contestation (2). Le même Guillaume assiste comme témoin,
en la même année, à la rédaction d'une longue charte de
beaucoup d'intérêt pour les communes de Bouilly, Rebourceaux et Vergigny. Les noms des seigneurs, curés et habitants y sont relatés ainsi que la sentence arbitrale par laquelle
le bailli de Marguerite, reine de Sicile, Bernard du Mez,
amiable compositeur, termine le différent survenu entre eux
et l'abbaye, au sujet du droit que lesdits habitants disaient
avoir « de coper, de prendre, de porter et de emmener dou
« bois de Contest, la veille de Noël, toutes manières de bois,
« excepté la chaane, le perier, le pommier et la codre, et en
« touz autres temps, le bois mort dehors terre et dedenz
« terre, et le bois à sexchiés et la fouchière et de apaiturer
« leurs bestes ès vainnes paitures dudit bois, en touz temps,
« par certaine redevance due aux religieux. » Ceux-ci, par
accommodement, délaissent aux trois villages, en toute propriété, le tiers de la forêt de Contest. Les habitants de Vergigny, dénommés au corps de l'acte sont au nombre de cent
quatre-vingt-deux : il y en a soixante-neuf de Rebourceaux et
quatre-vingt-un de Bouilly (3).

1309. *Jean, fils de Thiebaut-le-Ferron*, vend aux moines
« une pièce de sauciz, tenant à l'escluse dou botooir dou Mez,
« si comme il se comporte de lonc et de large dès le sauciz à
» la fame feu Martin Vincent et dès la terre à la fame feu sire

(1) Arch. de l'Yonne, charte orig. munie du sceau de la cour de Tonnerre.
(2) Petit cartul. de Pont. t. III, p. 272.
(3) Ibid. t. II, p. 225 et 231.

« Moreaul, jusque au cours de la rivière de Senain, qui vient
« de Leigny : la vendue dessusdite en estant faite pour le pris
« et pour la somme de cinquante livres tornois petiz.... Ce fut
« fait et acordé présenz Thiebaut-le-Ferron, Pierre-le-Pes-
« cheur, Estienne-le-Craupe et Guillaume-le-Changeeur dou-
« dit Leigni, lou lundi après la feste Nostre-Dame de Mars,
« l'an de grâce 1309 (1). »

1325. *Guillaume-le-Changeur*, garde du scel de la prévôté de Ligny, le mercredi de devant Pâques Fleuries, l'an 1324 (N. S. 1325), par devant Henri de Crécy, notaire juré de la cour et prévôté dudit Ligny, fait déclaration que dans le testament de feu Jean-le-Changeur, son père, il y a une clause par laquelle il laisse aux religieux de Pontigny deux sols tournois d'aumône à perpétuité sur une vigne située au lieu dit Montigny (2).

1344. *Thibauld de Ligny-la-Ville*, écuyer. Ce nom nous est fourni par une note de M. Léon de Bastard, mais sans détails.

1345. *Cisterciens originaires de Ligny*. Dans une charte de cette année, où l'abbaye reconnaît avoir emprunté à Clairvaux douze cents livres dans un moment de détresse, la conventualité de Pontigny est énumérée et l'on y remarque Jean, sous-trésorier, Geoffroy et Étienne, tous trois de Ligny-le-Château. Plus tard, vers 1366, on rencontre Hugues, sous-prieur, et Alexandre, sous-cellerier, natifs de la même ville (3).

1358. *Jean de Ligny*, chevalier, est compté parmi les nobles à cheval, qui, en cette année, vinrent au secours du duc de Bourgogne, Philippe de Rouvres.

1362. *Pierre Pitoyte*. Dans la lettre de convocation du chapitre de Saint-Étienne d'Auxerre pour l'élection du successeur de Jean Germain, on voit figurer parmi les chanoines

---

(1) Ibid. t. III, p. 238. L'original est aux arch. de l'Yonne.
(2) Invent. de Pont. p. 79.
(3) Petit cart. de Pont. t. II, p. 151 et 152.

Pierre Pitoyte, autrement dit Pierre de Ligny, *Petrus Pitoyte, alias Petrus de Ligniaco* (1).

1376. *Pierre, chapelain de Ligny-le-Châtel,* avocat au parlement de Paris, par sentence de la cour, est autorisé à partager avec Marguerite de Chalon les revenus de la terre de Ligny, jusqu'à ce qu'il soit payé des arrérages de la rente de vingt-deux livres tournois qui lui sont dus comme chapelain (2).

1391. *Famille Pilart.* Jean Pilart, fils de feu Guillaume et Jean Pilart, fils de feu Robert, par acte de dernière volonté, avaient fondé leur anniversaire en léguant à Pontigny une rente annuelle et perpétuelle de vingt sols tournois sur dix journaux de terre qu'ils possédaient au finage de Ligny, au lieu dit en Fontaine-Létard, tenant à l'héritage de Jean Joé d'une part et à celui de Guillaume de la Manche d'autre part. Perrette, femme Besançon, leur héritière, pour que la fondation soit plus assurée, « baille, quitte, cède et transporte aux « religieux, à toujoursmais, perpétuellement, sans nul rap- « pel, les dix journaux de terre en fonds et en fruits. » Fait et scellé par Pierre Alain, garde du scel de la prévôté de Ligny, par devant Guillemin Feuillé, clerc, tabellion, le vendredi après la fête de Saint-Remy, présents Jean-le-Charpentier et Jean-le-Bègue, pelletier, demeurant à Ligny-le-Châtel (3).

1397. *Jean Gédion*, bourgeois de Ligny, et Jeanne, sa femme, « pour les bons et agréables services que leur ont fait « au temps passé et encore font de jour en jour les religieux, « abbé et couant de Pontigny, et aussi pour le remède de « leurs âmes, » leur constituent vingt sols de rente foncière à prendre « sur un pressoir tout neuf, qu'ils ont établi de

---

(1) Gallia Christ. t. XII. Instr. Eccl. Autiss. p. 88.
(2) Extraits des Sent. du Parl. Biblioth. imp. Mss f. suppl. 5023, t. V. 2282 et 2283.
(3) Arch. de l'Yonne, charte originale.

« nouvelle audit Ligny, en la rue à la Griffouse; » témoins Pierre Blondel, Jean-le-Bisat et Jean-Gonthier, boucher, habitants du lieu (1).

1398. *Jean Joé*, bourgeois, vend à Jean-le-Bisat une pièce de terre, sise au finage de Ligny, lieu dit Fontaine-Létard en Tuvilain « pour le prix et somme de quarante escus d'or, au
« coing et pois du roi, notre sire, ung escu d'or valant vingt-
« deux sols six deniers tournois : » témoins Perrinot Alleux, Perrin-le-Mérat, Jean Gédion, Jean Crespan et Perrin Jeubert, tous ayant domicile à Ligny (2).

1418. *Henri Godié*, « considérant, regardant et attendant
« la grant amour et dévocion qu'il a et doit avoir à l'église de
« Pontigny et aux religieux d'icelle, et les grans biens, se-
« cours, amabilités, courtoisies, admiables et agréables ser-
« vices que lui ont fait lesdits religieux...., considérant aussi
« qu'il a dévocion d'être mis et enterré après son trespasse-
« ment en ladite église, avecques sa mère et autres de ses
« parents et amis qui y gisent et reposent...., recognut et con-
« fessa avoir donné, cédé, quitté, livré, résigné, octroyé,
« transporté et délaissé à toujoursmais, perpétuellement,
« auxdits religieux une pièce de terre contenant cinq arpents
« ou environ séant au finage de Ligny-le-Chastel, au lieu que
« l'on dit ès lames de Fontaine-Lestat, tenant à la terre du
« couvent d'une part et à la terre Jehan de Besançon d'autre
« part, par dessus à la terre Guillaume de Roncenay, Jehan-
« la-Hure et par dessous à la rivière dudit lieu de Ligny.
« Donné le dixième jour du mois de décembre, l'an de grâce
« 1418 (3). »

1484. *Thévenin Henriet*, bourgeois de Ligny, se charge de défricher et mettre en culture six arpents de bois et buissons, dépendant de la métairie du Beugnon, et il en aura la jouis-

(1) Ibid. charte origin.
(2) Ibid. charte origin.
(3) Ibid. charte origin.

sance, moyennant trois boisseaux moitié froment et avoine par chaque arpent. *Jean Millon*, tanneur, par un bail à vie, en prend trois autres arpents à essartir aux mêmes conditions (1).

1494. *Louis Litaut*, notaire, certifie que frère Pierre de Laffin, abbé de Pontigny, et Hugues de Genouilly, cellerier, au nom de leur monastère ont fait l'acquisition d'une maison avec grange et pourpris, sise à Ligny sur la rue qui va de la porte de Saint-Florentin à l'église, pour la somme de cent quarante livres, payées à Jean Malaquin, Laurent Malaquin, son fils, Edmond Mallet, son gendre, eux se faisant forts pour Edmond Malaquin, absent. Témoins, noble homme maître Gilbert de Laffin, bachelier en décret, Pierre de Beaulieu, François Odin et Pierre Guyard (2).

1514. *Vincent Le Maistre*, prêtre, substitut juré de la prévôté de Ligny, préside à plusieurs actes de vente (3).

1551. *Claude Magré*, notaire de la vicomté de Ligny, reçoit des déclarations au terrier de Pontigny, notamment de la part de Mes Toussaint Martin et Jean Servain, vicaires, et de Nicole Varet, prêtre, demeurant à Ligny, propriétaire d'une maison, aisance et pourpris, assise en la fermeture de la ville, confinant à la fois à la rue de la Monnoye et à la Grande-Rue (4).

1574. *Jacques de Gibraléon*, écuyer, capitaine de Ligny, prenait les titres de seigneur d'Arbelay, Bellefontaine et Percey, comme on l'a vu plus haut dans un acte des registres paroissiaux. Sa femme s'appelait Claude Caffez.

1600. *Famille Filleu*. Le terrier de Pontigny de 1520 parle d'un Jean Filleu qui possédait une maison, avec grange et pourpris, en la rue de la Vicomté. Nous ne savons par suite

(1) Invent. de Pont. p. 157 et 158.
(2) Ibid. p. 15.
(3) M. Léon de Bastard, archives de Maligny.
(4) Arch. de l'Yonne. Terriers de Pontigny.

de quelles circonstances cette famille a été anoblie, mais au commencement du siècle suivant, Edme Filleu, commissaire ordinaire de l'artillerie de France, est qualifié de noble homme, seigneur en partie de Pommard. Il était en même temps procureur fiscal de Ligny-le-Châtel, où il mourut au mois de novembre 1620. Il fut enterré dans une des chapelles de l'église, où l'on reconnaît encore son épitaphe et ses armoiries, mutilées par les égalitaires de la révolution. Edme Filleu, son fils, lui succéda dans toutes ses charges; il s'intitulait seigneur de Pommard et de Courtenay, et avait épousé Françoise Chalmeaux, dont il eut cinq fils : Edme, Pierre, Enéas, Jacques, Charles, et plusieurs filles. Un acte de 1640 lui attribue le titre de capitaine de Ligny (1). L'aîné de ses enfants, Edme Filleu, sieur de Pommard et de Courtenay, avocat au parlement, devint bailli de la vicomté de Ligny, Varennes et Mérey, vers 1648, et mourut en 1664, âgé de 45 ans. Il eut pour femme Anne Baillot, fille de Nicolas Baillot, écuyer, sieur de Cortelon, avocat au parlement. De ce mariage naquit un autre Edme Filleu, héritier des seigneuries de Pommard et de Courtenay, conseiller du roi et son officier au grenier à sel de Seignelay, qui fut bailli pendant cinquante-six ans et décéda le 26 mars 1741, dans la 79e année de son âge. Comme son père et ses aïeux, il fut enterré dans l'église, où un tableau mortuaire conserve son souvenir. Il laissa deux filles de Jeanne Compagnot, sa femme, savoir : Françoise-Catherine et Anne, qui fut mariée en 1715 avec Antoine Meignen, fils de Jacques Meignen, lieutenant en la prévôté de Dié.

Pierre Filleu, frère du premier Edme Filleu, bailli, prenait le titre de seigneur d'Orpane. Nous avons trouvé parmi les minutes du notariat un aveu qu'il fit, en 1667, de ce qu'il possédait sur les grands moulins de Vermenton, comme héri-

(1) Invent. de Pontigny, p. 182.

tier d'Edme Filleu, son père, vivant commissaire provincial de l'artillerie de France, et de feu Françoise Chalmeaux, sa mère. Il avait épousé, en 1658, Anne Lalouat, fille de Jean Lalouat, conseiller du roi et bailli de Saint-Germain d'Auxerre. Sur la fin de sa vie, il habitait la paroisse de Rebourceaux; mais à sa mort, arrivée en 1684, il voulut être inhumé auprès de ses ancêtres dans l'église de son pays natal. Parmi les membres de la famille qui assistèrent à son convoi, on remarque un de ses neveux, prêtre et vicaire de Varennes, connu sous le nom d'Etienne Filleu des Boislabbé. Anne Lalouat, sa femme, le suivit au tombeau en 1695 ; elle était sœur de M⁰ Jean Lalouat, avocat au parlement, et de vénérable et discrète personne Robert Lalouat, curé de Chemilly, prieur de Notre-Dame de Recouvrance, puis chanoine d'Auxerre.

Pierre Filleu, sieur d'Orpane, fils du précédent, fut conseiller et procureur du roi au grenier à sel de Seignelay. Il reçut aussi la sépulture dans l'église de Ligny en 1716. Les derniers représentants de cette famille existent encore à Joigny, et ont conservé chez nous quelques restes de bien patrimonial. En 1793, dame Marie-Marguerite Filleu, veuve de Jean-Baptiste Lefèvre, fut marraine de la plus grosse de nos cloches (1).

1620. *Familles Boucherat, de Ravignan et Dacier.* Ces trois familles, dont les noms se lisent dans nos archives et dans celles de Pontigny, n'étaient point originaires de Ligny. Les Boucherat, qui occupèrent des places élevées dans l'Église et dans la magistrature, venaient du diocèse de Troyes. Nicolas Boucherat fut abbé général de l'ordre de Cîteaux de 1571 à 1585; deux de ses neveux, Nicolas et Claude, embrassèrent l'état religieux sous sa direction : ils étaient fils d'Oudart Boucherat et de Barbe Hennequin, et naquirent à

(1) Archives communales et notariat.

Pont-sur-Seine, près de Nogent. Nicolas devint abbé de Cîteaux quelques années après la mort de son oncle. Claude fut élu abbé de Pontigny en 1593 : il était docteur en théologie et prenait les titres de conseiller et d'aumônier du roi. Il mourut en 1613; son neveu Charles Boucherat lui succéda immédiatement. Ce dernier avait la réputation d'homme érudit et d'habile prédicateur. On a pu remarquer plus haut, dans l'acte de baptême de Charles Filleu, qu'il s'intitulait docteur en théologie, conseiller du roi en ses conseils d'Etat, et premier vicaire-général de l'ordre de Cîteaux, sous l'autorité de l'éminentissime cardinal de Richelieu, qui en était abbé commendataire. Il termina sa carrière en 1643, et fut inhumé dans la chapelle de Saint-Thomas de Cantorbéry. M. l'abbé Henry donne à ces deux abbés de Pontigny la particule nobiliaire, mais c'est à tort : ni le P. Anselme, ni les auteurs du *Gallia Christiana* ne la leur attribuent, et nous avons constaté que leur signature ne la porte point. Hélène Boucherat, qui fut abbesse des Iles, près d'Auxerre, ne paraît pas non plus avoir été la sœur mais bien la nièce de Claude Boucherat, car elle mourut en 1660 à soixante-cinq ans, et il y aurait eu une différence d'âge de plus de trente ans entre elle et son frère (1).

Deux autres demoiselles Boucherat vinrent habiter dans le voisinage de Pontigny. Claude Boucherat épousa messire Claude de Ravignan et demeura à la Rue-Feuillée; Marie Boucherat fut mariée à Me François Dacier, avocat au parlement, et établit son domicile aux Prés-du-Bois.

La famille de Ravignan, dont le nom a été illustré de nos jours par un des plus grands orateurs de la chaire, avait, au XVIIe siècle, plusieurs de ses membres qui habitaient nos contrées. On en trouve au Mont-Saint-Sulpice, à Vergigny, à Bouilly, au hameau de Souilly. En 1660, Nicolas de Ravignan,

---

(1) Le P. Anselme, hist. généalog. — Gallia Christ. t. XII. Eccl. Autiss. — M. l'abbé Henry, hist. de Pontigny.

de Vergigny, écuyer, fils de Louis de Ravignan et d'Edmée-Jeanne de Pothière, épousa Marie Filleu, fille d'Edme Filleu, commissaire de l'artillerie de France, et de Françoise Chalmeaux ; il résida à Ligny, au moins pendant quelque temps, et plusieurs de ses enfants y furent baptisés. En 1665, il vendit une partie de sa métairie des Prés-du-Bois à Pierre Filleu, sieur d'Orpane (1). Claude de Ravignan n'existait plus en 1648, car sa femme est désignée comme veuve dans un acte de cette date, par lequel elle se désiste d'une poursuite intentée contre un particulier qui l'avait insultée et menacée avec jurements et blasphèmes (2). Après la mort de son mari, madame de Ravignan passa le reste de sa vie à la Rue-Feuillée, qu'elle édifia par la pratique de toutes les bonnes œuvres. Nos registres paroissiaux, où elle figure souvent en qualité de marraine, l'appellent *Dame de la Rue-Feuillée*, et la maison qu'elle occupait est décorée du nom de *Château* dans l'*Inventaire* de Pontigny.

Me François Dacier avait été conseiller et secrétaire du prince de Condé, père du héros qui fut une des gloires du règne de Louis XIV ; il avait acheté un domaine aux Prés-du-Bois où il vint finir ses jours, et dans cette modeste retraite, il accepta les fonctions de juge en la prévôté de Pontigny. Marie Boucherat, sa femme, mourut en 1655, et demanda, par humilité, à être enterrée dans le cimetière avec le commun des fidèles. Par son testament, du 7 avril, « elle donne et lègue à l'église de Monsieur Sainct-Pierre de « Ligny les treize cents livres à elle appartenant et qui luy « sont deubs ensuite du partage faict entr'elle et le sieur de « la Rocatelle, son frère..... pour être ladicte somme em- « ployée en l'achapt d'une lampe d'argent qui seroit posée « et mise en la place de celle qui est devant le Sainct-Sacre- « ment, et de chandeliers aussy d'argent et d'un parement

(1) Minutes du notariat.
(2) Ibid.

« d'autel, le tout à la diligence de noble homme Claude Bau-
« dry, son exécuteur testamentaire, pour la décoration de
« l'église et pour l'expiation de ses fautes..... Faict et passé
« au Pré-du-Bois, en sa maison, en présence de vénérable
« et discrette personne Mre Michel Doulcet, prêtre, premier
« vicaire dudict Ligny, et de noble homme Louis Le Maistre,
« conseiller du roy et son advocat en l'élection et grenier à
« sel de Tonnerre (1). »

Des deux filles de François Dacier et de Marie Boucherat, l'une, demoiselle Claude Dacier, fut mariée avec Edme Servain, procureur fiscal de Ligny, et en eut un fils, Pierre Servain, qui fut aussi procureur fiscal et avocat au parlement; l'autre, demoiselle Marie Dacier, épousa Philippe Lemoyne, sieur du Clos, de Villeneuve-le-Roi, lequel, par son mariage et à la suite du décès de Madame de Ravignan, devint propriétaire du château de la Rue-Feuillée et de la terre des Prés-du-Bois. Ayant perdu sa femme de bonne heure, le sieur du Clos contracta une nouvelle alliance avec une demoiselle Guimbert, de la paroisse Notre-Dame-des-Champs de Paris. Il tint dès lors une conduite si scandaleuse, qu'il s'attira un procès criminel pour ses liaisons incestueuses avec une autre demoiselle Guimbert, sa belle-sœur. Il fut condamné à être pendu et de plus à payer, outre les dépens, cinq cents livres d'intérêt civil à la veuve Guimbert, qui s'était vue obligée de faire renfermer sa fille aux Madelonettes. Il interjeta appel au parlement et, le 14 décembre 1676, un arrêt intervint qui commua la peine de mort en vingt livres d'amende et en cinq années de bannissement de la prévôté de Pontigny et de tout le ressort de la vicomté de Ligny. Il n'eut pas plutôt acquitté son amende et les frais du procès qu'il reparut à la Rue-Feuillée. Me Jean-Marguerite Helye, bailli de Ligny, averti de sa présence, présenta requête au sieur Galli,

---

(1) Ibid. Charles Boucherat, sieur de la Rocatelle, avait épousé Anne de Chastelux.

mard, prévôt de Pontigny, pour informer contre le délinquant et le faire arrêter pour rupture de ban. Il fut en effet écroué dans la prison de l'abbaye et contraint à y subir sa peine par un arrêt du 21 mai 1677. Le reste de sa vie se passa en procédures et il y dépensa presque tout son bien. Il vécut jusqu'en 1697 : après lui, le château de la Rue-Feuillée fut habité par un sieur Fauconnier sur lequel nous n'avons aucun renseignement (1).

1643. *Claude Baudry, sieur de la Motte et Gabriel Sionite.* Noble Claude Baudry, exécuteur testamentaire de Marie Boucherat, l'un des signataires de la requête des habitants de Ligny au chapitre de Langres en 1653, dont nous avons rencontré le nom plusieurs fois dans les registres de la paroisse, avait épousé dame Jacqueline Lambert, dont il eut une fille, Marie Baudry, mariée en 1650 au sieur Louis le Maistre, avocat à Tonnerre. Ce mariage se fit à Ligny et, dans l'acte qui en fut rédigé, on donne à Claude Baudry les titres de seigneur de la Motte, de conseiller et de secrétaire de la reine régente. Il fut en effet un des secrétaires d'Anne d'Autriche, mère de Louis XIV, pendant et après sa régence : ses fonctions l'appelèrent souvent à la suite de la cour et nous apprenons, par le testament de Gabriel Sionite, qu'il avait une maison à Paris dès le commencement du règne de Louis XIII. Ce fut là qu'il fit la connaissance de ce célèbre orientaliste, qui fut l'un des plus habiles collaborateurs de la grande bible royale, connue sous le nom de *Polyglotte de Le Jay.* Une étroite amitié s'établit entre eux : le savant, tout entier à ses travaux, confia le soin de ses affaires temporelles au sieur de la Motte et reçut chez lui l'hospitalité, tant à Paris qu'à Ligny, jusqu'à son dernier soupir. Les biographes, Feller entre autres, le font mourir à Paris en 1648 : la date est exacte, mais non le lieu du décès ; c'est à Ligny, dans la demeure de son ami, qu'il tomba

(1) Invent. de Pont., p. 318 et suiv.

malade au mois de juin et qu'il exprima ses dernières volontés ; c'est dans l'église paroissiale de Saint-Pierre qu'il voulut être enterré. En faisant des recherches parmi les anciennes minutes du notariat, nous avons découvert son testament avec deux actes complémentaires y annexés. Ces documents offrant un certain intérêt historique, nous les transcrirons intégralement aux *pièces justificatives*. Ici nous nous bornerons à les résumer après avoir mis sous les yeux de nos lecteurs un aperçu de la vie de Gabriel Sionite.

Sionita ou Sionite était son nom oriental ; en France, il se faisait appeler et signait Gabriel de Sion. Il était Maronite et naquit à Edden, petite ville du Mont-Liban : il vint à Rome dès l'âge de sept ans ; il y fit ses études dans le collége de sa nation, apprit le latin et le syriaque, s'appliqua à la théologie, prit le degré de docteur dans cette faculté en 1610 et fut ordonné prêtre deux ans après. En 1614, Savary de Brèves, fameux par ses longs voyages dans le levant et son ambassade à la Porte-Ottomane, ayant été rappelé en France pour surveiller l'éducation de Gaston, frère du roi, se fit accompagner à Paris par Gabriel Sionite et Jean Hesronite qu'il avait connus à Rome et dont le premier lui avait fait plusieurs traductions de l'arabe. Le roi leur accorda à chacun, par l'entremise du président de Thou, une pension de six cents livres. De plus, Gabriel fut choisi pour remplir, au collége de France, la chaire de professeur des langues orientales et sa pension fut portée à deux mille livres en 1618. Il fut bientôt en relation avec tous les savants qui s'occupaient de ces idiomes, en particulier avec Jean-Baptiste Duval d'Auxerre (1). Lorsque le président Le Jay entreprit sa polyglotte, il fut chargé de fournir les textes syriaques et arabes. Il les avait copiés sur des manuscrits et y avait ajouté, par un travail inconcevable, les points voyelles avec une version latine, comme on peut le

(1) Lebeuf, t. IV, p. 416.

voir sur l'exemplaire que possède la bibliothèque de la ville de Sens. Dans la suite, il se brouilla avec le président, qui appela Abraham Ecchellensis pour le remplacer. On trouve le récit de ses démêlés avec Le Jay dans les *Dissertations sur les bibles polyglottes* du P. Lelong. De tout ce que dit ce savant oratorien, il est facile de conclure que Gabriel Sionite, sentant le besoin que l'on avait de lui pour cette entreprise, voulut en profiter pour mettre ses travaux à un prix excessif. Le cardinal de Richelieu, qui désirait faire porter son nom à la polyglotte, étant intervenu dans l'affaire, Le Jay obtint une prise de corps contre Sionite qui fut arrêté et conduit à Vincennes. Après une captivité de trois mois, il obtint sa liberté, en souscrivant toutefois un engagement envers le roi, par lequel il s'obligeait à remettre à Le Jay sa version entière de la bible syriaque et arabe. Il ne survécut que quelques années à ces tracasseries : il était dans sa soixante-douzième année lorsqu'il mourut.

Sa part de coopération à la polyglotte, telle qu'elle existe, se compose : 1° de la révision et de la correction de presque tous les textes arabes et syriaques ; 2° de la traduction latine faite d'après l'arabe, à l'exception de celle des quatre évangiles qu'il a seulement retouchée et de celle du livre de Ruth donnée par Ecchellensis ; 3° de la traduction du texte syriaque de l'ancien testament, le même livre de Ruth et les livres sapientiaux exceptés. Les matrices des caractères arabes ont été faites sur les poinçons de notre maronite. On a encore de lui quelques autres ouvrages : ainsi, il traduisit la géographie arabe dite *Geographia Nubiensis*, 1619 in-4°, et publia une grammaire arabe, avec l'aide de son compatriote Jean Hesronite. Il donna, avec Victoire Scialac, de Grenoble, les psaumes de David traduits de la même langue (1).

Dans son testament, et les actes qui l'accompagnent, après

---

(1) Moréri, Feller, Biogr. univ. de Michaud, art. Sionite.

avoir prescrit le lieu de sa sépulture, les dépenses de ses funérailles, les aumônes à faire aux pauvres, il fonde son anniversaire à perpétuité dans l'église Saint-Pierre de Ligny, moyennant quatre cents livres, puis il fait des legs à diverses personnes, notamment à son frère Jacques Sionite du Mont-Liban et à ses trois filles, à son autre frère Namé-Gratien, sieur de Saint-Michel, lieutenant dans le grand amiral de France, à monseigneur le patriarche d'Antioche son parent, à la belle-mère de Joseph Ebnelmir, demeurant à Alep, et à une autre femme maronite en restitution d'un dépôt qu'elles avaient confié jadis au défunt évêque d'Edden, frère du testateur, et il ordonne que le surplus de son bien soit employé à acheter des calices et des ornements qui seront envoyés au patriarche d'Antioche. Gabriel de Sion rappelle que ses relations d'intime amitié avec Claude Baudry datent de 1615 : il lui fait un legs de cinq cents livres, en le priant de veiller à l'exécution de ses dernières dispositions ; il lui abandonne en outre une créance de vingt mille livres sur le président Le Jay, dont il le charge de poursuivre le remboursement, soit en argent, soit en exemplaires de la grande bible royale. Ces divers actes sont du 8 et du 9 juin 1648, reçus par M⁰ Edme Servain, notaire tabellion juré et garde-notes du bailliage et vicomté de Ligny-le-Châtel, en présence de Philippe Blanvillain, premier vicaire de la paroisse, de Namé-Gratien Sionite dit Saint-Michel, de Claude Baudry, de Marc Pariet, poursuivant d'armes de France, de François Boulliard, sergent royal, et de Jean Leclerc, marchand audit Ligny (1).

1645. *Famille Dispense.* En parlant du fief de Charau, nous avons dit comment ce domaine fut acquis par noble François Choppin d'Auxerre, qui fut avocat, procureur, conseiller ordinaire de monseigneur le prince de Condé. Sa fille Gabrielle, par son mariage avec Denis Dispense, sieur de la

---

(1) Voir aux pièces justificatives.

Loge, apporta en dot à son mari la terre et le manoir de Charau, où celui-ci établit sa résidence habituelle, ainsi que ses enfants et ses petits-enfants après lui, comme on peut s'en assurer par l'inspection de nos registres paroissiaux. Les Dispense de la Loge paraissent avoir été une branche de l'ancienne famille *Dispenser*, qui descendait, comme les d'Anstrude, de Drouas, de Lenfernat et autres nobles bien connus dans notre département, d'un capitaine de la garde écossaise des rois de France.

1686. *Edme Villetard*, qualifié de noble homme, officier de madame la Dauphine.

1690. *Le R. P. Chevillot*, capucin, dit *Jean-Baptiste de Ligny*, selon l'usage qu'avaient ces religieux de prendre le nom de leur pays natal, assiste, le 10 février de cette année, à l'inhumation de Jeanne Saget, sa mère et, le 28 du même mois, à celle de Jacques Chevillot, son père, jadis marchand : tous deux furent enterrés dans l'église. Le R. P. Jean-Baptiste faisait partie de la conventualité de Saint-Florentin, qui fournissait des prédicateurs instruits et populaires à toutes les paroisses du voisinage. En 1697, il prit part avec les PP. Louis d'Amiens, Lemire d'Ervy, Gabriel de Paris et Martin de Saint-Florentin, à une mission solennelle donnée à Ligny, au mois de février, sous la direction du R. P. Athanase de Mesgrigny. Le zèle de ces hommes apostoliques entraîna toute la population au pied des autels; les âmes furent retrempées dans la foi et l'on garda longtemps le souvenir du bien qu'ils avaient opéré.

1733. *Pierre Servain*, docteur en théologie, fut un des prêtres les plus distingués de l'Oratoire de Jésus fondé par le pieux cardinal de Bérulle. Il fut parrain d'un des enfants de Louis Regnault-Leblanc, procureur au bailliage de Ligny.

1760. *Louis Jeanneau de Jardelay* vint se fixer à Ligny par suite de son mariage avec Angélique-Reine Laurent, qui appartenait à une des plus honorables familles du pays. Il avait dans l'armée le grade de capitaine d'infanterie et la charge d'échanson dans la maison de M. le duc d'Orléans. Lorsqu'il fut décoré du titre de *gouverneur* de notre ville, les notables lui firent fête et le complimentèrent par l'organe du bailli : ce titre qui avait eu quelque importance dans les luttes du moyen âge, n'était plus qu'un souvenir du passé. La révolution brisa l'avenir de ses fils, qui moururent sans postérité ; les biens de la famille Jardelay se concentrèrent entre les mains d'une de ses filles, madame Dubois d'Ervy, représentée depuis par M. de Rambourg, de Troyes, époux de mademoiselle Dubois.

Notre liste est épuisée : on le voit, elle ne révèle aucune illustration qui mérite de trouver place dans les annales de la patrie ; toutefois, dans une sphère plus modeste, nous nous félicitons d'avoir pu arracher à l'oubli quelques noms qui apportent leur contingent de lumière à l'histoire locale. Celle-ci mieux connue fournira des éléments précis et certains à l'histoire provinciale, laquelle à son tour réagira utilement sur l'histoire générale. Nous invitons les amis des sciences historiques à fouiller patiemment les archives des moindres villages ; l'expérience que nous en avons faite nous a convaincu que leur travail ne restera pas sans fruit.

LIGNY-LE-CHATEL

AU POINT DE VUE ARCHÉOLOGIQUE

LIGNY-LE-CHATEL

AU POINT DE VUE ARCHÉOLOGIQUE.

I

SOUVENIRS DES TEMPS CELTIQUE ET GALLO-ROMAIN.

NOM DE LIGNY.

M. Le Maistre (*Annuaire de 1845*, p. 193) et M. l'abbé Henry (*Histoire de Pontigny*, p. 280) ont donné la liste suivante des variantes du nom de Ligny : Lanniacum, Lenniacum, Loginiacum, Lagniacum, Leigniacum, Laigniacum, Latiniacum-Castrum, Leigny-Castrum, Ligny-Castrum, et enfin Ligniacum devenu, si l'on peut s'exprimer ainsi, le nom classique. En langue vulgaire : Laegny, Leigny, Legny et Ligny, nom actuel.

Voici la date la plus ancienne où l'on rencontre chacune de ces diverses dénominations : en latin, 814 Ladiniacum. 1108 Lageniacum, 1119 Lanniacum-Castrum, 1133 Castellania Lagniaci. 1135 Parochia Lanniaci-Villæ et Lanniaci-Castri, 1138 Parochiæ Laginiaci, 1138 Lenniacum-Castrum, Lenniacum-Villa, 1154 Liniacum, 1226 Legniacum, 1230 Laigniacum, 1233 Leigniacum-Castrum, 1238 Lagniacum-Siccum-Castrum, 1239 Leigniacum-Castrum, Leignacum-Villa, 1252 Ligniacum, 1259 Lignicastrum, 1264 Legnicastrum. 1288 Castellania Latigniaci.

En langue vulgaire : 1167 Lagny, 1184 Legny, Laegny, 1276 Ligni-le-Chastiau, 1284 Leigny-lou-Chastel, 1292 Leigny-la-Ville, 1299 Laigny, 1309 Leigny lou-Chastiaul, 1317 Ligny-le-Chastel, 1328 Ligny-le-Chasteau, 1717 Ligny-le-Vicomte.

Les noms des villes et des villages se divisent en plusieurs catégories ; les uns ont une origine celtique, les autres ont une physionomie évidemment latine, d'autres se rattachent aux idées chrétiennes ou bien aux diverses langues des barbares qui ont envahi le sol de la Gaule. Dans quelle catégorie faut-il ranger le nom de Ligny ? Nous n'hésitons pas à répondre dans celle des noms celtiques. Sa forme la plus ancienne, seule acceptable en fait d'étymologie, nous offre les radicaux *Lad*, *Lag* ou *Lann* qui se retrouvent parmi les débris connus du vieux langage des Celtes et la terminaison *i-ac* employée très-fréquemment. Nous ne chercherons pas à préciser la signification du radical, de peur d'entrer dans le champ des conjectures arbitraires. Quant à la terminaison *ac* que les linguistes traduisent constamment *lieu*, *habitation*, elle a été fidèlement conservée dans la langue d'oc où l'on dit Aurillac, Bergerac, Cognac, etc., tandis que dans la langue d'oïl elle se résout la plupart du temps en un y grec. Chez nous Melliniac, Verginiac, Bladiniac, Germiniac, etc., latinisés par la désinence en *um* à l'époque gallo-romaine, se disent Maligny, Vergigny, Blaigny, Germigny, etc. *Ladiniacum*. *Lanniacum* est devenu dans la bouche du peuple Lagny, Laegny, Leigny et finalement Ligny. Mais au Mont-Saint-Sulpice et dans les villages circonvoisins on prononce toujours Leigny.

FONTAINES DES FÉES.

Sur le bord de la route qui va de Ligny à Maligny, un peu au-dessus des moulins de Ligny-la-Ville et à l'ombre d'un bouquet de bois appelé la Vernée, on voit jaillir non loin l'une de l'autre deux fontaines abondantes, intarissables, célèbres dans le pays sous le nom de *Fontaines des Fées*. Les traditions populaires, dans le siècle dernier, en racontaient de merveilleuses légendes maintenant effacées dans la mémoire de nos contemporains. C'était là que se tenait le sabbat à l'heure de minuit et plus d'un passant attardé se signait par la peur de voir apparaître les *dames blanches*.

On sait le rôle que jouaient les Fées, *Fadœ, Fatuœ,* dans la mythologie des Gaulois. Elles présidaient aux bois, aux grottes et aux fontaines; les lieux qu'elles fréquentaient se nommaient, et se nomment encore les *Grottes aux Fées*, les *Fontaines des Fées*, les *Pierres des Fées*, le *Val des Fées*. Elles apparaissaient quelquefois aux mortels sous la figure de petites vieilles décrépites et difformes, d'autres fois sous celle de jeunes femmes brillantes de parure et de beauté. « De nos jours, dit M. le comte de Résie, les paysans de la Saintonge croient fermement à l'existence des Fées qu'ils nomment *Fades* et *bonnes Filandières*, parce qu'ils supposent qu'elles portent toujours une quenouille. Ils prétendent qu'on les voit errer la nuit dans les campagnes, au clair de la lune, sous la forme de vieilles femmes, ordinairement au nombre de trois. Ils leur attribuent le pouvoir de prédire l'avenir et celui de jeter des sorts. Les gens des villages disent les avoir vues souvent assises en groupes auprès de quelques fontaines solitaires, filant leurs quenouilles et vêtues de robes d'une éclatante blancheur... Lors du procès de Jeanne d'Arc, les juges que le duc de Bedford avait donnés à cette héroïne, lui demandèrent pour première question : « Si elle avait con-
« naissance de ceux qui allaient au sabbat avec les Fées, ou
« si elle n'avait pas assisté aux assemblées tenues à la *Fon-*
« *taine des Fées*, près Domrémi et auprès de laquelle se trouve
« un ancien chêne, appelé le *Chêne aux Fées de Bourle-*
« *mont* ? (1) »

(1) Hist. et traité des sciences occultes. T. I, p. 308, 332 et 116.

On ne saurait croire combien ces croyances superstitieuses étaient enracinées dans les Gaules : le christianisme en y déployant toute sa puissance ne réussit point à les faire disparaître entièrement. Au fond des campagnes le vieux levain celtique résistait à tous les anathèmes de l'Eglise. Le 3e canon du synode de saint Aunaire, tenu à Auxerre vers l'an 578, défend de rendre un culte aux arbres sacrés et aux fontaines (1). Saint Eloi qui vivait au VIIe siècle a un curieux sermon où il passe en revue, pour les flétrir et les réprouver, une multitude de vaines observances, issues du paganisme : « Avant toute chose, disait-il aux fidèles, je vous en supplie, qu'on ne voie parmi vous aucune des coutumes sacriléges des païens, point de magiciens, point de devins, point de sorciers ni d'enchanteurs. Celui qui a recours à eux ou qui les consulte, c'est comme s'il renonçait à son baptême... Que jamais un chrétien ne s'avise d'acquitter des vœux ou d'offrir des luminaires aux lieux profanes, aux pierres druidiques, aux fontaines, aux arbres, aux cavernes et aux carrefours. (2) » Ces exhortations, ces défenses les évêques les ont renouvelées d'âge en âge ; la philosophie est venue qui s'est crue plus habile que le christianisme, et cependant il faut le dire, un bon nombre des pratiques signalées par saint Eloi fleurissent toujours en plein XIXe siècle, d'autres qui semblaient éteintes ressuscitent sous des noms scientifiques ; le spiritisme, en particulier, qui n'a pas dit son dernier mot, ramène tous les fantômes de la nécromancie. Ne désespérons pas de voir reparaître les Fées : quand on abandonne la foi, le progrès se fait souvent à reculons.

L'eau de nos merveilleuses fontaines passait sans doute pour avoir des qualités bien remarquables, car nous avons eu l'occasion de citer une charte de 1291, dans laquelle Mar-

---

(1) Lebeuf, t. IV, p. 2.
(2) Patrol. de Migne, t. 87, col. 528.

guerite, reine de Sicile, accorde aux religieux de Pontigny, la permission de la faire venir dans l'enceinte de leur abbaye : *Iterum religiosi præfati possunt facere venire fontem Leigniaci-Villæ, cursumque fontis prædicti per loca per quæ venire consuevit antiquitùs vel aliàs... prout sibi viderint expedire* (1). La difficulté n'était pas petite, car il y avait plus d'une lieue de distance et l'aqueduc devait traverser le biez de Ligny-la-Ville et le lit du Serain. Le texte suppose que l'aqueduc existait déjà d'ancienneté, et que les religieux sont autorisés à s'en servir ou à en changer la direction, selon qu'ils le jugeront à propos. On prétend qu'à diverses époques on a relevé dans les lammes du Beugnon et dans celles de Saint-Michel, des conduits en pierres qui faisaient partie de ce canal souterrain.

La principale fontaine était jadis enfermée dans une maisonnette ouverte, dont il ne restait que les pierres des fondations, il y a trente ans ; on y a depuis construit un lavoir.

BOIS ET FONTAINE L'ARDENOIS.

Outre les Fées, les Gaulois avaient encore une divinité qui présidait à la chasse et aux forêts ; on la nommait *Arduenna, Ardenna*, et l'on croit qu'elle a communiqué son nom à la forêt des Ardennes. Elle est représentée couverte d'une cuirasse, un arc débandé à la main et un chien auprès d'elle (2). C'était le pendant de la Diane chasseresse des Grecs. M. l'abbé Henry a déjà fait ressortir la similitude qui existe entre ce nom et celui qu'on donnait au XIIIe siècle, à la partie du bois de Contest où est situé le hameau de Lordonnois. Les chartes disent *li Ardenois*, la fontaine que l'on y voit s'appelle *Fons l'Ardenois*. Les souvenirs lointains des supersti-

---

(1) Petit cart. de Pont. t. II, p. 371.
(2) Hist. des sciences occultes, t. I, p. 238.

tions païennes planent sur toute cette contrée jusqu'aux villages de Jaulges et de Chéu. Les appellations des climats qui se partagent cet espace sont elles-mêmes significatives ; ce sont les *Contest-Haillaux*, c'est la *Montagne-Brûlée*, le *Thurreau-de Montabre, Accidelle*, la *Fontaine-qui-Bout*, etc. Un tertre qu'on rencontre au milieu des usages présente toutes les apparences d'un tumulus. Chéu, qui touchait à ces vieilles landes, avait chez nos aïeux la réputation d'être le séjour de prédilection des sorciers. Ceux d'entre eux, qui voulaient se purger du soupçon de jeter des sorts et d'aller au sabbat, s'offraient à subir l'épreuve de l'eau. En 1700, cinq personnes furent jetées dans une fosse de l'Armançon, près de Saint-Florentin, avec la permission des juges des lieux et en présence d'une foule de spectateurs : l'épreuve tourna mal, il fut impossible de les faire enfoncer et l'on resta plus convaincu que jamais de leur commerce avec les malins esprits (1).

LE MONT SABOT ET LA CHAIRE-AU-DIABLE.

Notons encore deux vestiges de l'époque celtique. Le chemin de Pontigny à Chablis, à partir du lieu où fut Méré sur l'Eau, court dans un petit vallon, plein de fraîcheur, resserré entre le Serain et une suite de côtes abruptes. Lorsqu'on est sur le point de quitter le finage de Ligny pour entrer sur celui de Villy, la côte s'élève à soixante et quelques mètres au-dessus du niveau de la rivière : c'est le mont *Sabot*, du pied duquel s'échappent çà et là des sources limpides qui traverversent le chemin et arrosent toute la prairie. Ce nom est connu des antiquaires et partout où on le retrouve, il rappelle les mêmes souvenirs. Des hauteurs de Vézelay on aperçoit la cime du mont *Sabot* qui domine les forêts du Morvan. Tonnerre a aussi son mont *Sabot*, que contourne la voie

---

(1) Hist. de Pont. p. 213.

romaine de Sens à Alise, avant d'atteindre la ville haute.

Près du hameau de la Mouillère, certaine métairie, dont nous avons parlé à l'article Charau, est désignée dans un acte de 1519, sous le titre de *Char au-Diable*, ailleurs *Chaire au Diable, Cathedra Diaboli*. C'était sur les confins du territoire de Ligny. Nous croyons que cette dénomination est due à une de ces hautes bornes qui séparaient les finages, et qui s'appellent selon les pays, Menhir, Peulvan, Chaire-au-Diable, Pierre-Droite, Pierre-Debout, Pierre-Fiche, Pierre-Fite, Pierre-Fichée, Pierre-Latte, etc.

SOUVENIRS DE L'ÉPOQUE GALLO-ROMAINE.

La civilisation gallo-romaine a laissé peu de traces sur notre sol. Les médailles que l'on a trouvées n'ont été ni conservées, ni décrites. De 1820 à 1830, un particulier, en creusant les fondations de sa grange, a découvert un très gros mur solidement cimenté, près duquel était une espèce de four rempli de poterie antique. On y remarquait notamment des amphores à deux et à quatre anses : il y avait aussi des vases en verre ornés de desseins en forme de perles. Faute de renseignements plus précis, il nous est impossible d'assigner l'âge de ces divers objets.

La qualification de *Castrum*, constamment attribuée à Ligny, et qui ne s'applique dans notre département qu'à un petit nombre de localités, rappelle sinon une station militaire des Romains, au moins un de ces points stratégiques qu'on s'empressa de fortifier lors de l'invasion des Barbares. Notre ville du reste n'était pas éloignée de la fameuse voie romaine de Sens à Alise, car celle-ci sert de limite à la pointe nord de son territoire, non loin du château de la Tuilerie de Jaulges, où l'on a recueilli beaucoup de médailles de divers modules et une foule de débris de poterie romaine (1).

(1) Annuaire de l'Yonne, 1849, p. 106.

II

SOUVENIRS ET MONUMENTS RELIGIEUX
DE L'ÉPOQUE CHRÉTIENNE.

L'ÉGLISE ET LE CIMETIÈRE DE LIGNY-LA-VILLE.

C'est à Ligny-la-Ville qu'il faut aller chercher les plus antiques souvenirs de l'époque chrétienne. Là, en effet, s'élevait comme nous l'avons vu, la petite abbaye de Saint-Symphorien, fille de Saint-Michel de Tonnerre. Mais Ligny-la-Ville a disparu à la suite des guerres des Anglais ; l'église de Saint-Symphorien délaissée, tombant en ruines, existait encore en 1587 ; depuis elle a été démolie, les matériaux ont été emportés et la charrue du laboureur sillonne ce sol témoin de la piété de nos ancêtres. Ne laissons pas tout périr, essayons au moins d'en reconnaître l'emplacement et de le signaler à la postérité.

Les traditions locales placent Ligny-la-Ville dans l'espace qui s'étend depuis les murs de Ligny-le-Châtel jusqu'aux moulins des Fées. La route actuelle de Maligny, qui ne date que du siècle dernier, traverse cet espace ; l'ancien chemin, aujourd'hui envahi par la culture, en sortant de la porte Saint-Yves, passait devant les tanneries, se coudait à son entrée dans les champs et allait aboutir entre l'église et le cimetière de Saint-Symphorien. Les moulins des Fées, ainsi appelés vulgairement parce que les eaux des Fontaines-des-Fées réunies faisaient tourner une de leurs roues, sont toujours mentionnés dans les actes publics sous le nom de *moulins de Ligny-la-Ville*. Ils appartenaient jadis au seigneur, ils appartiennent maintenant à l'hôpital de Tonnerre. Ils forment pour notre objet un point de repère certain. Ligny-la-Ville allait jusque-là.

A peu de distance en deçà, entre le ru de Charbonne et le chemin de Ligny-la-Ville à Mérey-le-Serveux, parfaitement reconnaissable, était situé le monastère de Saint-Symphorien, dont le terrain avait conservé jusqu'à la Révolution une destination pieuse. Une partie en avait été donnée à l'hôpital de la Madeleine d'Auxerre, et l'Hôtel-Dieu de Saint-Germain en jouit encore ; une autre partie était passée à la fabrique de l'église de Ligny-le-Châtel ; la troisième partie était restée entre les mains des moines de Saint-Michel ; les terres avoisinantes sont du domaine de l'hôpital de Tonnerre. C'était, selon toute apparence, sur la portion dévolue à la fabrique de Ligny que se trouvait l'église Saint-Symphorien, car on y avait érigé une croix dont il est parlé dans les titres de propriété et que des vieillards nous ont certifié avoir vue. Or, d'après les dispositions du chapitre VII de la 21ᵉ session du Concile de Trente, l'emplacement d'une église ruinée devait être transféré à l'église la plus rapprochée et on devait y élever une croix (1). Une autre raison péremptoire c'est que, immédiatement au-dessous, il y avait un cimetière dans la portion de Saint-Michel.

Ce cimetière que nous avons mesuré a 90 pas de long sur 70 de large, et il descend jusque sur les bords du biez, qui conduit les eaux du Serain sous les murs de Ligny-le-Châtel. Le ru de Charbonne le côtoie et l'entame, laissant à découvert des ossements. Vers 1760, on y a tiré une vingtaine de tombeaux en pierre ; on en a extrait un plus grand nombre encore, vers 1825. On sait que du Vᵉ au XIᵉ siècle, l'usage prévalut parmi les classes aisées de se faire inhumer dans des cercueils de pierre. On lit dans les Bollandistes que sainte Césarie, sœur de saint Césaire d'Arles et abbesse du monas-

(1) *Ad matrices seu viciniores ecclesias transferantur, cum facultate tam dictas parochiales quam alias ecclesias dirutas, in profanos usus non sordidos, erecta tamen ibi cruce, convertendi.*

tère qu'il fit construire sous les remparts de sa ville épiscopale, avait fait préparer et ranger symétriquement autour de l'église des cercueils de pierre pour elle et pour chacune de ses religieuses. Sur divers points de la Gaule, il s'était établi de vastes entrepôts où s'approvisionnaient les villes et les bourgades d'une certaine importance. Quarré-les-Tombes, dans notre département était un de ces entrepôts de cercueils comme son nom l'indique : les riches carrières de Courtarnoux en fournissaient la matière. Ceux du cimetière de Saint-Symphorien paraissent venir de Bailly ou de Chablis. La plupart ne portaient aucun signe de christianisme : les squelettes qu'ils contenaient étaient admirablement conservés et accusaient une grande force physique. Ces tombeaux mis en plein air se sont presque tous exfoliés sous l'action de la gelée. Malheureusement il ne s'est trouvé personne pour surveiller les fouilles et en rendre compte. Le savant bénédictin de Solesme qui a écrit l'histoire de l'Eglise du Mans, dit que « les localités qui renferment ordinairement « le plus de cercueils en pierre sont celles où le culte catho- « lique s'est établi le plus anciennement (1). »

L'EGLISE DE LIGNY-LE-CHATEL.

L'église de Ligny-le-Châtel est sous le vocable de Saint-Pierre et de Saint-Paul. Au premier coup d'œil, on s'aperçoit qu'elle est composée de deux corps d'architecture totalement disparates. Autant le chœur est hardi, élancé, orné et largement éclairé, autant la nef est basse, sombre, lourde et sans grâce. Le chœur a été construit dans la seconde moitié du XVIe siècle, c'est-à-dire en pleine renaissance ; la nef est du commencement du XIIe siècle, c'est-à-dire de l'époque de transition entre le style roman et le style ogival. Le tout est

(1) Dom Piolin, t. II, p. 38, note I.

partagé en trois nefs par une double rangée de piliers, comme on peut le voir sur le plan par terre que nous mettons en regard de cette page. La longueur totale est de 58 mètres 33 centimètres. On remarquera que l'axe du chœur n'est pas le même que celui de la grande nef : le chœur incline visiblement à l'Orient d'été. Le clocher, de forme romane, occupe le point central.

Avant de décrire le chœur, entrons d'abord dans quelques détails sur cette vieille nef et sur ce clocher, qui pourraient bien disparaître un jour, si le mouvement religieux et artistique qui a fait restaurer, continuer et bâtir tant d'édifices sacrés, venait à s'emparer de nos compatriotes. Malgré notre amour pour l'antiquité, nous donnerions peu de regret à cette perte, si nous voyions de nos yeux s'achever l'œuvre splendide du XVIe siècle.

Description de la nef. — On peut facilement s'en faire une idée, en se représentant six travées, formées par quatorze piliers carrés, courts, avec une ou deux moulures saillantes pour chapiteau, et poutres transversales au-dessus soutenant une voûte en bardeau. La voûte et les arcades sont en ogive. A travers le badigeon on distingue sur les piliers des médaillons de 70 centimètres de diamètre que l'on prendrait pour des marques de consécration, si les croix traditionnelles n'étaient pas remplacées par des effigies de saints, peintes à mi corps. Le sol est en pente et de cinq marches inférieur à celui du chœur. Les bas côtés ont une voûte en merrain qui suit le rampant du toit et dessine un quart de cercle. Des fenêtres remaniées postérieurement et sans caractère architectonique y jettent un jour insuffisant. Le dessous du clocher seul est voûté en pierre. Les arcades qui soutiennent la tour, s'ouvrent latéralement sur une espèce de transept terminé par une fenêtre dans le goût de la renaissance. Les piliers de la tour menaçant ruine, on les a fortifiés en rétrécissant les baies par un mur de soutènement, grossièrement

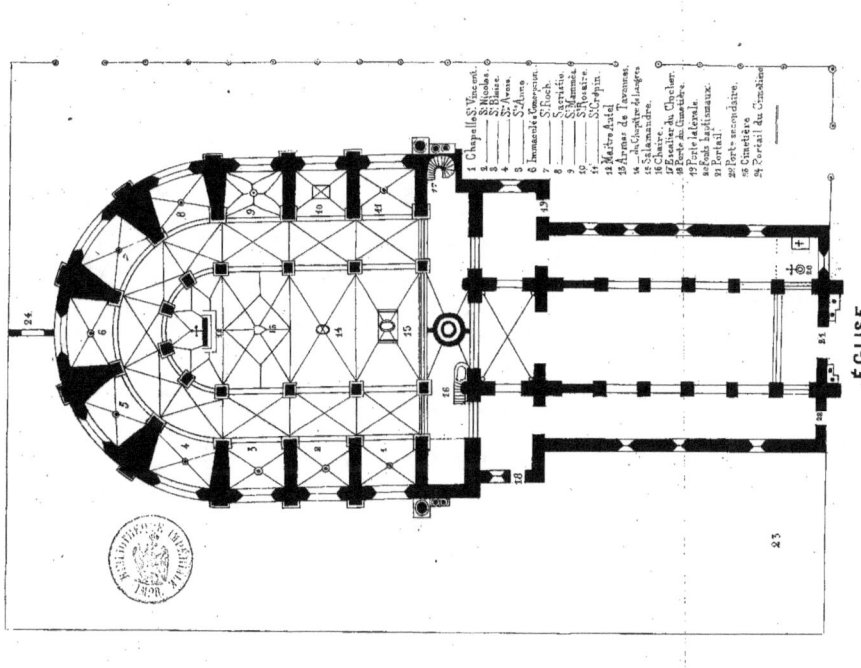

fait, qui ne laisse plus qu'un passage étroit. Il y a là quatre colonnes à chapiteau roman et près de l'une d'elles, dans un angle, une de ces petites figures qui rappellent Jean du Coignot.

L'extérieur de la nef n'est guère plus élégant que l'intérieur. On n'aperçoit que des murs nus, un grand comble qui descend presque jusqu'à terre, un large pignon avec trois fenêtres de modeste dimension ; mais le portail n'est pas sans valeur, il est à plein cintre, quatre colonnes y servent d'appui à deux archivoltes en retraite; l'archivolte supérieure est décorée de trois rangs de billettes, alternativement en creux et en relief, et d'un double tore chevronné ; l'archivolte inférieure, d'un boudin et d'une gorge semée de grosses perles : la corbeille des chapiteaux est soigneusement travaillée et emprunte ses motifs d'ornementation variés à la flore romane. Il y a aussi une porte latérale qui met l'église en communication avec le cimetière et autour de laquelle on lit une inscription, interprétée par M. l'abbé Henry, de la manière suivante, dans sa notice sur Ligny : 1. 3. 6. 6. HOC. ORATORIVM. FIERI CVRAVIT. IO. CANTORIVS. PRIM., c'est-à-dire, Jean, premier chantre (de l'église de Langres) a dirigé la construction de cet oratoire en 1366. Si l'on acceptait cette interprétation, on aurait la date précise de l'érection de la vieille église ; malheureusement elle est inacceptable, car premièrement, le style de toutes les parties de l'édifice y répugne ; secondement, la porte surbaissée en anse de panier et surmontée de deux anges qui tiennent un calice, est évidemment du XVIe siècle ; troisièmement, l'inscription, qui est en capitales romaines aiguës, a été mal lue, la voici textuellement : 1. 5. 6. 6. HOC. ORATORIV. FIERI. CVRAVIT. IO. CATORIVS. PB. ORA. PRO EO. Mais alors que signifie cette légende qui ne donne ni la date de la nef, ni celle du chœur. A notre avis c'est tout simplement la date de l'érection de la *Chapelle-aux-Chantereaux*, qui était au fond du cimetière, et il faut traduire : « Jean Chantereau, prêtre, a fait construire cet oratoire en 1566. Priez pour lui. » Le lecteur se rappellera ce que nous avons dit de cette chapelle à l'article Jean Chantereau, curé de Ligny ; lorsqu'elle vint à tomber, la porte fut enlevée et enclavée dans la façade du transept, comme il est facile de s'en assurer par l'inspection du mur où la suture est en relief. Ce qui a contribué à l'erreur, c'est que le chiffre 5 est mutilé et peut être pris pour un 3.

Chapelle du Saint-Sépulcre. — En face du baptistère, au bas du collatéral nord, la piété des fidèles aimait à contempler un de ces Saints-Sépulcres du moyen-âge que l'on rencontre avec tant d'intérêt dans plusieurs églises de notre diocèse, notamment à Tonnerre, à Joigny, à Villeneuve l'Archevêque. Les figures expressives de Nicodème et de Joseph d'Arimathie, qui déposaient le corps de Jésus dans le tombeau, la douleur incomparable de Notre-Dame soutenue par l'apôtre bien-aimé, les naïves attitudes des saintes femmes qui tenaient les vases de parfums, excitaient vivement la compassion des spectateurs et produisaient sur les âmes de profondes impressions. Le peuple donnait le nom de *Malchus* à un personnage à mine rébarbative, assis dans un coin sur un tambour. Ce monument n'a point trouvé grâce devant les iconoclastes de la Révolution ; on en voyait encore les débris il y a quarante ans, on a fini par les enlever, et, à la place où était la chapelle, on a ouvert une porte d'entrée secondaire à côté de la porte principale.

Le clocher et les cloches. — La tour du clocher est dans des proportions convenables avec la nef qu'elle dépasse de deux étages, mais elle a peu d'apparence parce qu'elle est en partie masquée par le grand comble du chœur. Le premier étage n'a de pierres de taille qu'aux angles, l'étage supérieur a un parement de moyen appareil, un entablement à modillons et deux fenêtres géminées sur chaque face, avec une tête grimaçante sur le trumeau qui sépare les deux fenêtres. Le toit pyramidal est en ardoise, terminé par une belle croix et percé de lucarnes à pignon, partagées par un meneau. Toutes les baies sont à plein cintre et leur décoration appartient au style roman.

Dans la lucarne du levant, plus spacieuse que les autres, sont suspendues deux cloches, servant de timbre à l'horloge, qui peuvent vraisemblablement revendiquer l'honneur d'être les doyennes d'âge de la contrée. Pierrette, l'aînée, dédiée à saint Pierre, porte l'inscription suivante, en lettres gothiques : IHS MARIA S PETRI MIL CCCC III^{xx} ET IIII, c'est-à-dire, le monogramme de Jésus, le nom de Marie et le titre de saint Pierre avec l'année mil quatre cent trois-vingts et quatre : *trois vingts* pour soixante, selon l'ancienne manière de compter, dont l'usage n'a retenu que *quatre-vingts* et *six-vingts*. Laurentine, la cadette, dédiée à saint Laurent, a aussi une légende gothique qui indique son âge, son fondeur et son patron : M. CCCCC XXIX MESSIRE HANRI CORTIN ME FIT T. S. LORENTI

La sonnerie paroissiale se composait autrefois de quatre cloches harmonisées, formant un carillon ; deux ont été prises par la Révolution, celle qu'on appelle aujourd'hui la petite cloche était la quatrième et sonnait les heures. Elle pèse environ un millier de livres et a été refondue en 1735. Après une devise empruntée à la première épître de saint Paul aux Corinthiens : *Sine animâ sunt vocem dantia*, on lit sur ses contours une inscription, où sont consignés les noms et les titres des illustres parrain et marraine, de leurs représentants et des notables de l'endroit. Nous ne la donnerons pas, nous aimons mieux copier dans les registres de l'église, le procès-verbal de la bénédiction qui est explicite.

« Ce jourd'huy, 20ᵉ septembre 1735 a esté faitte la cérémonye de la bénédiction de la quatrième cloche de Ligny-le-Chastel, servant aussi de timbre à l'horloge dudit lieu : le parrain a esté le très-haut et très-puissant seigneur monseigneur Charles-François de Montmorency-Luxembourg, duc de Luxembourg, de Piney, baron de Mello, marquis de Seignelay, vicomte de Ligny et autres lieux, pair et premier baron chrétien de France, gouverneur lieutenant-général pour le Roy de la province de Normandie, colonel du régiment de Turennes, brigadier des armées de Sa Majesté ; la marraine, très-haute et très-puissante dame Marie-Sophie Colbert, duchesse de Luxembourg, représentés par M⁰ Jacques Poursin, avocat en parlement, bailly du marquisat et pairie de Seignelay, et demoiselle Hélène-Germaine Minet, épouse de Mᵉ Michel-Jacques Poursin, avocat en parlement, lieutenant pourvu en survivance de l'office de bailly dudit marquisat et pairie de Seignelay.

« A laquelle cérémonie, faite par Mᵉ Antoine de Courtive, curé dudit Ligny, ont assisté MMᵉˢ Crétaut, prieur, curé de Venousse, Richard Simmonet, curé de Maligny, Edme Bérault, bachelier en théologie, curé de Lignorelles, Edme de Courtive, vicaire dudit Ligny, Louis Laurent, procureur fiscal ; étant maintenant bailly Mᵉ Elme Filleu, lieutenant Mᵉ Pierre Servin ; marguilliers fabriciens, les sieurs Louis-Regnault Leblanc, Jacques Dupas, Jean Blonde.

« Notez que ladite cloche qui n'avait servi jusqu'à présent que de timbre à l'horloge, a esté placée et disposée de manière qu'elle peut être sonnée à la volée et servir au carillon. Les frais pour parvenir à la fonte et construction du beffroy de ladite cloche ont été faits par les seigneur et dame parrain et marraine, et par les habitants. La cloche d'autre part étant passée les voûtes en la montant, a tombé à terre sans s'endommager ni blesser personne, sinon le maître d'école qui aydait à la monter. M Poursin, au nom de Mgr le duc a employé 120 livres en libéralités. » Ce procès-verbal est signé des deux messieurs de Courtive et du sieur Pelletier, recteur d'école.

La grosse cloche, par sa légende nous fait passer subitement des titres pompeux de la première noblesse de France après la famille royale, aux formules les plus enthousiastes de la démocratie révolutionnaire. On pourrait l'appeler la cloche républicaine, c'est une rareté : elle a été fondue à une époque où l'on cassait toutes les autres pour les convertir en canons et en monnaie de billon, et fondue par un patriote de Ligny, M. Voillemin, dont on rencontre plus d'une fois le nom associé à celui des Cochois, sur les cloches de notre département. M. l'abbé Bouteille, qui exerçait toujours ses fonctions, grâce à ce qu'il n'était point *réfractaire*, présida la cérémonie religieuse de la bénédiction. Voici en quels termes le bronze fut chargé d'en transmettre le souvenir à la postérité :

« † L'an 1793, 2me de la République, j'ai été bénite par le citoyen Louis Bouteille, curé. Le citoyen François Emmanuel André, chirurgien à Ligny, parrain ; la marraine, demoiselle Marie-Marguerite Filleu, veuve du citoyen Louis-Jean-Baptiste Lefebvre, à Joigny.

« A cette époque à jamais mémorable le despotisme fut anéanti en France, les droits sacrés de l'homme, la liberté et l'égalité, furent reconnus et consacrés, le peuple déclaré souverain et la République indivisible. Puissent le respect pour l Être-Suprême, l'amour de la patrie, la haine des tyrans, la douce fraternité se perpétuer d'âge en âge et faire le bonheur de toutes les générations ! » A. Voillemin, fondeur.

A travers le pathos du temps on entrevoit de bonnes intentions, évidemment nos compatriotes étaient arriérés, les nouvelles n'arrivaient point jusqu'à eux. Autrement quelle affreuse épigramme que cette *douce fraternité* de 93! Si elle se fût perpétuée seulement une dizaine d'années, la France serait devenue un désert.

Description du chœur. — Le projet de réédification du chœur nous est révélé par un accord de 1539 entre le chapitre de Langres et les habitants de Ligny. D'après le droit alors en usage, le chœur des églises était à la charge des gros décimateurs et la nef à celle des paroissiens. Mais le chapitre, qui venait en premier lieu en sa qualité de curé-primitif, avait en ce moment sur les bras la construction de l'église de Varennes et il hésitait à s'engager dans une nouvelle entreprise qui paraissait devoir être considérable. En effet, tout le monde s'accordait à dire qu'en présence de la nécessité où l'on était de rebâtir le chœur, il fallait lui donner une étendue plus en rapport avec le chiffre de la population et faire quelque chose de monumental. Le chapitre réclamait donc le concours des habitants soit collectivement, soit individuellement : ceux-ci aquiescèrent à cette demande et se chargèrent des chapelles, il y eut même plusieurs riches particuliers qui promirent d'en élever chacun une à leurs frais Le seigneur et les autres décimateurs furent appelés à fournir leur contribution. De plus, MM. les chanoines sollicitèrent et obtinrent du pape Paul III, une bulle en faveur de l'Œuvre (1). Ces négociations préliminaires et les autres préparatifs indispensables conduisirent jusqu'à l'année 1554, en laquelle fut posée la première pierre, comme l'atteste l'inscription suivante gravée sur un pilier au-dessous de la tribune de l'orgue :

LE. VINGT. SEPTIESME. IOVR. D'AOVST.
LAN. MIL. CINQ. CENS. CINQTE. ET. QVATRE.
CLAVDE. ROVGET. HOMME. DEVOST.
SE. PRESENTA. SANS. RIEN. DEBATTRE.
QVI. LE. PREMIER. PIERRE. POSA.
AVX. FONDEMENS. DE. CESTE. EGLISE.
PRIONS. A. DIEV. QVI. REPOSA.
QVE. NOVS. ET. LVY. AV. CIEL. CONDVISE.
AMEN. 1554.

(1) Archives de la Haute-Marne. Registre capit. n° 93, p. 139.

Nous ignorons combien de temps les travaux durèrent ; M. Le Maistre dit que les ouvriers qui y furent employés sont les mêmes qui construisirent l'église de Molosme, le chœur de Dannemoine et les voûtes de Saint-Pierre de Tonnerre, qu'un incendie avait fait tomber (1). Nous n'avons pas retrouvé les marques de consécration et toutefois la dédicace se célébrait solennellement le premier dimanche de septembre. Pendant l'octave une oriflamme blanche flottait à l'une des fenêtres du clocher.

Le nouveau chœur a 32 mètres de longueur sur 16 mètres de largeur, sans compter les chapelles, et 17 mètres sous clef. L'aspect général plaît à l'œil, tout y est bien proportionné. Douze piliers svelles, à chapiteaux doriques, ornés de niches destinées à recevoir les douze apôtres, soutiennent la retombée des nervures et par leur légèreté communiquent de la hardiesse à l'ensemble du vaisseau. Les voûtes dessinent des compartiments de diverses formes, avec fleurons et clefs pendantes aux points d'intersection. La clef qui domine le sanctuaire est considérable, elle a pour cortége le soleil, la lune et les monogrammes de Jésus et de Marie : les deux suivantes, en descendant vers la nef, portent les armoiries de la famille de Tavannes (2) et du chapitre de Langres (3) ; la troisième a une espèce de salamandre dans les flammes. Onze fenêtres, divisées par un meneau, jettent un jour trop éclatant, qui va bientôt nous l'espérons, être tempéré par des vitraux peints représentant les patrons des donateurs. Voûtes, arcades, fenêtres, tout est à plein cintre. Les moulures et les sculptures sont malheureusement empâtées d'un triple ou quadruple badigeon, dont les deux dernières couches datent de 1808 et de 1838.

L'extérieur de l'édifice répond à l'intérieur ; on pourrait

---

(1) Annuaire de l'Yonne, 1846, p. 22.
(2) Ecu d'azur, au lion d'or armé et lampassé de gueules.
(3) Les armes du Chapitre sont d'azur, au bras d'argent.

même dire qu'il est plus soigné. Les murs appuyés sur un soubassement en saillie, dont les moulures continuent celles des pilastres, sont entièrement revêtus de pierres de taille de Tonnerre, de bel appareil ; la surface de chaque pierre a été rayée en quinconce et piquée au poinçon ; la pose à joints fins s'est faite sur mousse et sur carton pour ménager les arêtes. L'entablement, pareil à celui du grand comble, est décoré de modillons cannelés et de gargouilles. Au-dessus de chaque pilastre s'élève un contre-fort à fronton, peu épais mais large, au pied duquel viennent buter les arcs qui maintiennent la poussée des voûtes supérieures, et entre les contre-forts, les pignons des chapelles sont percés d'un œil-de-bœuf. Lorsqu'on a suspendu les travaux et qu'on a soudé le chœur à la vieille nef, les ouvriers avaient déjà bâti la moitié des portails latéraux et cette moitié promettait beaucoup ; les pierres d'attente sont là depuis trois cents ans..... *Cætera desiderantur !*

On remarque du côté septentrional, à la hauteur du sanctuaire, une porte murée, en partie enfoncée dans les terres, dont on ne connaît point la destination. Etait-ce la porte de la chapelle seigneuriale, ou devait-elle servir d'entrée à une sacristie ? Rien ne l'indique. Elle est tournée obliquement, surmontée d'une niche principale flanquée de deux autres moindres, avec rinceaux disposés en consoles, colonnettes et sculptures d'une admirable délicatesse ; au sommet le fronton se change en calvaire ; des anges, ailes éployées, recueillent dans des calices le sang du divin crucifié ; au haut de la croix est un nid où le pélican nourrit ses petits de son propre sang, à droite le soleil et à gauche la lune qui se couvrent de nuages et s'éclipsent, au pied la Madeleine agenouillée, la sainte Vierge et saint Jean debout. Un autre calvaire de plus grande dimension, également sculpté, se voyait jadis à la fenêtre extérieure de la chapelle du Rosaire : les révolutionnaires l'ont brisé. Il ne reste plus que deux niches vides, adossées aux pilastres voisins ; sur la frise de l'une on lit :

Tutissimum peccatorum asylum, asile assuré des pécheurs ; l'autre, qui contenait le squelette de la mort armé d'une faux, offre à la méditation des passants cette sentence gravée autour du dais :

Humains, pensez tous à la fin

et sur la base :

Falce premit cunctos hæc pallida mortis imago.

Chapelles. — Le chœur est entouré d'une couronne de onze chapelles. Elles sont éclairées par de vastes fenêtres, divisées en neuf panneaux majeurs par une armature en fer horizontale et par deux meneaux perpendiculaires dont le sommet se bifurque et produit trois petites arcades, surmontées d'un œil-de-bœuf et de divers segments du cercle. Presque toutes avaient des vitraux coloriés, qui ont été peu à peu remplacés par des vitres blanches ; celles qui étaient passablement conservées ont été criblées par l'énorme grêle qui vient de ravager le canton de Ligny (orages des 16, 17 et 20 juillet 1865.) L'entrée des chapelles était fermée par des boiseries à balustres du XVIIe siècle ; un des derniers curés, M. l'abbé Gourlot, a supprimé les boiseries et mis les balustres au niveau du sol, en même temps qu'il faisait clore de grilles le chœur et le sanctuaire. Disons un mot sur chacune de ces chapelles en les désignant sous le nom qui leur est attribué par le registre de la fabrique, et en commençant par le côté de l'Evangile. Nos renseignements sur les verrières ont été colligés, il y a une trentaine d'années, alors qu'elles étaient moins avariées qu'elles ne le sont aujourd'hui.

1° Chapelle Saint-Vincent. Au-dessus de l'autel la muraille est couverte de bas-reliefs en pierre qu'une rage d'impiété a martelés. Le retable représentait le baptême de Notre-Seigneur par saint Jean-Baptiste. A droite, le portement de la croix ; aux pieds de Jésus-Christ qui succombe sous son fardeau, le fondateur se tient à genoux. Plus haut la scène du crucifiement. La piscine, ouverte sous un édicule, porte cette prière : *Lava me Domine, à peccato meo*, et cette date : *22 juing 1556*.

2° Chapelle Saint-Nicolas. Retable en pierre défiguré par un badigeon qui singe le marbre. Il y a là le meilleur tableau que possède l'église, c'est un saint Jérôme dans le désert, méditant les saintes Ecritures : il est peint sur bois.

3° Chapelle Saint-Blaise. La verrière contenait la vie et la mort du glorieux évêque de Sébaste : on distingue encore deux circonstances de son martyre, un bourreau le déchire avec un peigne de fer, un autre lui tranche la tête. On a posé depuis quelques années, sur des consoles qui dominent l'autel, les statues de la sainte Vierge et de saint Jean l'évangéliste et le grand Christ qui se voyait précédemment sur une poutre transversale, à la chapelle de l'abside. Ces statues en bois de grandeur naturelle, sont les plus anciennes et les plus vénérables de notre église. Selon toute apparence, elles étaient à une époque plus reculée, entre le chœur et la nef, et le clergé faisait devant elles la station des processions du dimanche.

4° Chapelle Sainte-Avoie. Les habitants de Ligny avaient une dévotion spéciale à sainte Avoie ou Hedwige, la pieuse et charitable duchesse de Pologne. La verrière lui était-elle consacrée ? On ne saurait le dire, ce qui en reste est méconnaissable. C'est dans la paroi de cette chapelle qu'est inscrite la porte murée dont nous avons parlé plus haut.

5° Chapelle Sainte-Anne. Le sujet des vitraux était la légende de la mère de la bienheureuse Vierge Marie ; l'exécution en est très-défectueuse comme dessin et comme peinture et trahit le commencement du xvii° siècle, lorsque la peinture sur verre tombait en désuétude. Le retable de l'autel est de 1607.

6° Chapelle de l'Immaculée-Conception. Cette chapelle absidiale servait de vestiaire aux enfants de chœur et aux bas officiers de l'église. Elle a été transformée par M. l'abbé Gourlot qui l'a dédiée à Marie Immaculée. La maison voisine, qui était la maison curiale, s'étant écroulée, il y a environ 120 ans, enfonça la fenêtre, dont les meneaux furent rétablis en bois.

7° Chapelle Saint-Roch. La verrière, une des plus endommagées par les récents orages, paraît avoir été dédiée à saint Yves, le juge incorruptible, l'avocat des pauvres, des veuves et des orphelins, dont l'image et le nom (*Yvo*) occupent le panneau central. Il est en robe de juge, tenant à la main la valise étiquetée, à propos de laquelle il signala son habileté en vengeant l'honneur d'une hôtelière injustement accusée. Les personnages allégoriques qui l'entourent représentent les trois vertus théologales et les quatre vertus cardinales ; la Foi avec le ciboire et l'hostie, l'Espérance avec son ancre, la Charité qui a un enfant sur les bras et deux à ses pieds, la Prudence avec un serpent roulé autour du bras et un miroir, la Justice figurée par le jugement de Salomon, la Force qui porte une colonne sur l'épaule et enfin la Tempérance dont les attributs nous échappent. Au point culminant, Jésus, sauveur du monde, *Salvator mundi*, montre sa croix, source de toute grâce et de toute sainteté.

8° Chapelle murée tenant lieu de sacristie. Vitres blanches, sculptures mutilées. Le siége en bois artistement travaillé, que l'on y voyait autrefois, a été vendu à l'église de Montigny qui en a paré son sanctuaire.

9° Chapelle Saint-Mammès, ainsi appelée par honneur pour le patron de la cathédrale de Langres, dont notre église dépendait à double titre. Les sujets peints sur la fenêtre sont une Annonciation, une Visitation, une Nativité avec cette épigraphe : *Orta est stella ex Jacob*, le trépas de la sainte Vierge avec cette autre : *In parte Dei hœreditas illius*. Au bas les fondateurs, en costume du temps, sont à genoux, les mains jointes et la face tournée du côté de l'autel. Le père est suivi de ses deux fils, la mère de ses quatre filles ; les femmes ont leur chapelet à la main. Voici ce qui reste de l'inscription : *Honorable home..... t marchand..... Gally, sa femme, demeurant..... ont faict faire ceste chapelle par.....* Cela suffit pour confirmer la tradition populaire qui lui a conservé le nom de chapelle aux Guyout ou aux Guyot, estimable famille de marchands, dont le chef avait épousé une Gally. Une autre que nous ne connaissons pas est nommée chapelle aux Servain, dans un acte de dernière volonté.

10° Chapelle du Rosaire. Les peintures sur verres ont presque entièrement disparu. La légende suivante en écriture gothique est cachée par la corniche de la boiserie : *Honorable homme..... Marthe et Françoise Jacob, sa femme demeurant à Ligny, Nicolas et Jean les Marthe et Claude Rousseau et Mar..... enfans de fam..... faicte le 8 de mars 1594.* Dans la première partie de cet ouvrage, nous avons cité un extrait du testament de Claude Rousseau, marchand, qui se déclare fondateur de la chapelle du Rosaire et demande à y être inhumé ; ce qui eut lieu après sa mort qui arriva le 20 décembre 1644. Le tableau de l'autel attire les regards des connaisseurs, c'est une adoration des Mages peinte sur bois.

11° Chapelle de Saint-Crépin. Le sujet de la verrière était la Sainte-Trinité avec la triple invocation : *Pater de cœlis Deus, miserere nobis. — Fili, redemptor mundi Deus, miserere nobis. — Spiritus sancte Deus miserere nobis.*

Ces chapelles nombreuses ne l'étaient pas encore assez pour satisfaire la piété de nos ancêtres Chaque confrérie voulant avoir la sienne, on en érigea dans tous les coins de la nef et du transept, et, à défaut d'enceinte particulière, on dressa des autels libres contre les murs. C'est ce qui nous explique la mention, qui est faite dans les registres de sépultures, des chapelles Sainte-Syre, Saint-Eloi, Saint-Honoré,

Saint-Edme, Sainte-Ursule et des autels Saint-Joseph, Saint-Jacques, Saint-Hubert et Saint-Denis.

Inscriptions tumulaires.— Le dallage du chœur, qui date de 1860, a anéanti les tombes ou les a déplacées. Il n'y en avait point d'antérieures au XVII⁰ siècle et peu d'intéressantes pour l'histoire locale. Nous transcrivons les épitaphes qui se lisaient sur quelques-unes d'entre elles, en indiquant leur emplacement.

Au bas des degrés du sanctuaire sous la lampe (1) :

D. O. M.
Hic jacet Antonius Descourtive, loci hujus pastor vigilantissimus,
Ecclesiam suam omni studio lustravit, decoravit et duxit
Annis vigenti quinque : obiit die duodecimâ Januarii
Anno salutis 1743, ætatis vero suæ 68.

D. O. M.
Hic jacet Joannes-Baptista Agnus pastor hujus ecclesiæ vigilantissimus, qui monumentis... curis ornavit... amorem omnium sibi conciliavit virtutis exemplo..... Obiit die martis decimâ tertiâ,
Anno 1765, ætatis circiter 57, regiminis 23. R. I. P.

Près de la table de communion, côté de l'épître :

Cy gist le corps du sieur Louis Denombret, bourgeois de Ligny,
qui décéda le 26 septembre, âgé de 35 ans, 6 mois.

Cy gist le corps de Pierre Denombret, fils de feu Louis Denombret et de Hᵗᵉ fᵐᵉ Marie Servin, qui mourut le 13 janvier 1724.
jour de sa naissance, pour vivre en l'éternité.
Sit nomen Domini benedictum.

Vers la chapelle du Rosaire :

Ici repose le corps de Messire Etienne-François Magny,
ancien directeur de l'Académie de saint Luc, bourgeois de Paris,
décédé le 30 août 1765, âgé de 59 ans. R. I. P.

(1) Ces deux tombes ont été transportées vers la première marche des deux collatéraux du chœur.

Vers la chapelle Saint-Nicolas :

Ci gist le corps de demoiselle Anne de Courtive,
épouse de Louis-Regnault Leblanc, procureur fiscal au bailliage
de Ligny, décédée le 10 novembre 1762, âgée de 75 ans. P. D. P. E.

Cy gist le corps de honorable homme Gislbert Lescurre,
vivant receveur de la terre et seigneurie de Ligny-le-Châtel,
décédé le..... décembre 1695, âgé de 55 ans.

Même collatéral, nef inférieure :

Cy gist maître Gabriel Bonin..... bailly général du vicomté
de Ligny-le-Châtel, est mort le 4 juillet 1762, dans la 22ᵉ année
d'exercice de sa charge, âgé de 51 ans.

Dans la chapelle Saint-Vincent, en caractères gravés sur un cadre mortuaire :

Deo. Max. S.
Franciscvs. Pingot. Svmma. cvra. indvstria. incomparabili.
vitaqve. incvlpata. plvres. triginta. annis. Ligniacensivm.
pastor. fidissimvs. preces. de. avgvstissima. hostia.
qvavis. feria. V. dieqve. Pvrificationis. Beatæ. Mariæ.
solemniter. celebrandas. institvit. et. tandem. plenvs. diervm.
æternvm. svb. lvctuosa. morte. desiderivm. reliqvit.

Sex. denos. natvs. ter. denos. impiger. annos.
Ligniaci. Pingot. dvxqve. parensqve. gregis,
Hic. jacet. æternvm. merens. hac. morte. sacratam.
Ligniacvm. cedrvm. flet. cecidisse. suam.
Edmº. Rolland. nepos. mœstissimvs. hoc. monvmentvm.
Svb..... posvit.
Obiit. A. Christi. cıɔ.ɔ.c.xxx.
Edmvndvs. Rolland. obiit. anno. 1645.

Dans la chapelle Sainte-Avoie sur un petit monument enclavé dans la muraille :

Si. gist. noble. homme. Edme. Fillev. seigneur. de. Pommard.

en. partie. commissaire. ordinaire. de. l'artillerie. du. Prince.
et. procvreur. fiscal. du. vicomté. de. Ligny.-le.-Chastel.
est. décédé..... esme. novembre. 1620. P. D. pour. son. àme.

Dans la même chapelle, sur une table de marbre :

Cy gist maître Edme Filleu, sieur de Pommard et de Courtenay, conseiller du Roy et son officier au grenier à sel de Seignelay, bailly général du vicomté de Ligny-le-Châtel, décédé le 26 mars 1741, dans la 56e année de son exercice de bailly et dans la 79e de son àge. R. I. P.

Ces deux dernières inscriptions sont précédées des armoiries des Filleu. Cette famille portait de gueules au lion d'or accosté de deux tourteaux, au chef d'azur chargé de trois étoiles d'or avec un croissant en pointe.

On aperçoit çà et là d'autres écussons sculptés sur les pilastres de l'église à l'intérieur et à l'extérieur, mais ils sont tellement endommagés qu'il est impossible de les reconnaître.

Mobilier. — Le maître-autel a été renouvelé par les soins de M. l'abbé Gourlot, à qui l'on doit les lustres du sanctuaire, les tableaux du chœur et les riches ornements sacerdotaux qui embellissent les cérémonies de la religion. Les anciens ornements furent sauvés du pillage révolutionnaire par Mme Bresson, qui demeurait alors à Maligny ; c'était au moment où l'Église était menacée d'être profanée par l'installation de la déesse Raison ; sur ses pressantes exhortations, deux pieuses filles parvinrent à s'emparer des chapes, des chasubles, des nappes et des linges d'autel, les chargèrent sur leurs épaules dans des sacs et les portèrent de nuit à Maligny chez leur instigatrice, qui les cacha dans des malles sous les ruines d'un vieux mur de son jardin et put les rendre à l'église de son pays quand la persécution fut passée.

M. Laurent Baudoin, son beau-frère, ne fut pas aussi

heureux. Lorsque parut l'ordre de porter au district tous les objets précieux du culte, il cacha l'argenterie qui était nombreuse et de grand prix, sous le parquet des bancs qui se trouvent entre la chaire et la grille de fer de l'avant-chœur. Les patriotes, furieux de voir que tout avait disparu, voulurent montrer leur zèle en envoyant la grille elle-même. Ils avaient commencé de la desceller, lorsqu'un morceau de fer venant à tomber sur le parquet fit résonner l'argenterie. La cachette fut découverte et l'argenterie enlevée aux cris de *Vive la République !* La grille fut dédaignée et resta. Elle a été faite par Edme Renaud le père, serrurier à Ligny, du temps de M. l'abbé Bresson. A la même époque (1779), la fabrique fit confectionner les stalles par Charles Dudomène, maître menuisier à Chablis : ces stalles avec six bancs de la nef coûtèrent mille livres.

Les sculptures de la chaire sont l'œuvre de M. André, sculpteur, appartenant à une des meilleures familles du pays. Le pied du lutrin, ouvragé en fer, est de M. Médéric-Pierre Desgranges, habile serrurier de Paris, qui vint finir ses jours à Ligny, dans la maison de son frère. Il avait été en relation avec Louis XVI, qu'on sait avoir eu un goût particulier pour les arts mécaniques. Son chiffre et les clefs de saint Pierre figurent parmi les motifs d'ornementation de cette base, qu'il avait destinée primitivement à servir de chandelier pascal. Il avait aussi donné le cierge, haute colonne de cire octogone, toute couverte de ciselures et de dorures, qui contient une souche alimentée par de grosses bougies. On a acheté depuis un énorme chandelier en bois doré, parfaitement en rapport avec le cierge : l'un et l'autre ont été remarqués à l'exposition religieuse d'Auxerre, il y a quelques années.

A l'article du *Culte local* nous avons raconté comment notre église fut enrichie d'une parcelle de la Vraie-Croix. Cette parcelle enfermée dans une grande croix de bois doré est présentement au-dessus du tabernacle : elle était précédemment exposée à la vénération publique sur un brancard de fer entre les deux piliers du fond du sanctuaire. Les trois châsses dorées qui l'accompagnaient renferment, l'une, des reliques de saint Edme obtenues par M. Brigand. qui eut l'honneur de présider en 1825 à la translation du corps de cet illustre archevêque de Cantorbéry ; l'autre, des reliques de sainte Alexandre, martyre (1), que M. l'abbé Saget s'était procurées à la cathédrale d'Auxerre ; la troisième, un ossement considérable de saint Prix, qui vient de la chapelle épiscopale du château de Regennes : un sieur Edme Dupas, habitant de Ligny, en avait fait l'acquisition lorsque Regennes fut vendu comme bien national ; il en fit don à l'église en 1793 et il y eut à cette occasion une belle cérémonie dont on peut lire le procès-verbal aux *pièces justificatives.*

Cimetière. — Malgré la mode et les contestables arguments tirés de la salubrité publique, nos concitoyens ont eu le bon esprit de laisser leur cimetière à l'ombre de la maison de Dieu. On a seulement supprimé le côté méridional dont les murs ont été remplacés par des bornes reliées par des barres de fer ; le coup d'œil de l'édifice y a gagné. Le portail adhérent à l'ancien presbytère a été transféré à l'abside. où les amateurs vont en admirer les fines sculptures : la frise surtout se distingue par des feuillages et des enroulements d'où sortent à mi corps des statuettes et des oiseaux ; les chapiteaux ont des hiboux entrelacés. Il est facile de reconnaître là l'œuvre de la renaissance.

---

(1) Sainte Alexandre, avec plusieurs de ses compagnes, a souffert le martyre à Amise en Paphlagonie. Sa fête est inscrite au martyrologe romain sous la date du 20 mars.

III

SOUVENIRS ET MONUMENTS CIVILS DE L'ÉPOQUE CHRÉTIENNE.

LE CHATEAU.

Nous avons célébré les gloires du château de Ligny en passant en revue les hôtes illustres qu'il a reçus et les nobles familles qui l'ont habité. Les données que nos recherches nous ont fournies ne nous permettent pas de retarder l'époque de sa construction en deçà de la première moitié du douzième siècle. Les comtes de Nevers, Guillaume II, Guillaume III et Guillaume IV, ont daté plusieurs chartes de cet antique castel. Outre celles que nous avons rapportées, le cartulaire de l'Yonne en cite une de 1153, par laquelle Guillaume III donne à l'abbaye de Saint-Michel de Tonnerre les moulins de Bourg-Beraut (1). En 1175, Aliénor, comtesse de Boulogne, veuve de Guillaume IV confirma solennellement, à l'abbé et aux religieux de Saint-Germain d'Auxerre, la remise et donation du droit de gîte que feu son mari leur avait faites. Il est dit que cet acte fut passé au château de Ligny, dans la chambre de la comtesse (2). Il y avait donc environ sept cents ans qu'il existait lorsqu'il fut détruit. Il était situé au nord-est, à l'endroit le plus apparent et le plus élevé ; son enceinte était fermée moitié par les murs de la ville, moitié par un large fossé semi-circulaire que l'on a converti de nos jours en jardins et en vergers. Il nous serait impossible d'en retracer même une idée sommaire, si nous n'avions rencontré, parmi les comptes de M. Jacques Pourcin, de Seignelay, un devis de

---

(1) T. I. n° CCCLIV.
(2) Cart. de S. Germain, Dom Viole, biblioth. d'Auxerre.

réparations, dressé vers 1702, dans lequel nous avons puisé les renseignements suivants :

« En premier lieu, dit l'auteur du devis, il faut remarquer que ce château, quoique grand, solidement bâti et accompagné d'un emplacement fort spacieux tant pour des cours que des vergers, jardins et autres lieux nécessaires à une maison de campagne, paraît en l'état qu'il est si mal disposé et si peu commode que jusqu'à ce jour les fermiers de cette terre, qui est très-considérable par elle-même, n'ont pu y être logés. Cependant au moyen de quelques ajustements et de quelques dépenses, il est très-assuré que l'on peut rendre cette maison très-commode et très-logeable, au moins pour un receveur, si on ne veut pas davantage..... »

Suivent les changements indiqués par l'architecte ; en parcourant les détails dans lesquels ils entre, nous constatons qu'il y avait :

1° Au midi, un gros pavillon flanqué de deux plus petits, dont l'un servait de prison.

2° Trois étages au-dessus du rez-de-chaussée avec des ouvertures peu nombreuses et très-étroites.

3° Absence de puits ; on assurait cependant qu'il y en avait eu un autrefois ; on propose d'en creuser un nouveau moyennant la somme de 200 livres, vu la profondeur de la fouille qu'il sera besoin de faire.

4° Cour, avant-cour et vergers clos de murs, mais en mauvais état ; on propose de rétablir les parties de mur qui manquent, en abattant le haut du mur de la ville.

5° Quatre façades du château, dont les encognures sont en pierre de taille piquée et le revêtement en moellon piqué.

6° Des rampes qui servent d'escalier ou perron au dehors pour atteindre les étages supérieurs.

7° Un étage construit avec des pans de bois à chacun des deux pavillons qui accompagnent le grand dont il est parlé ci-dessus ; le rez-de-chaussée de l'un de ces pavillons était occupé par les cuisines et il y avait là un escalier à vis intérieur.

8° D'immenses cheminées et des panneaux de vitres aux fenêtres, comme ceux des églises ; beaucoup de fenêtres étaient à jour et il pleuvait jusque dans les appartements, délabrés pour la plupart.

9° Une couverture en mansarde, au pavillon principal et en tuiles, comme aux autres toits.

10° Un four banal dans l'avant-cour et plusieurs pressoirs dans la cour contiguë au gros pavillon.

11° Une ancienne chapelle, dont la façade donnait sur la cour d'honneur, et qui avait 78 pieds de long sur 27 pieds de large (1).

Tout porte à croire que les restaurations projetées ne furent point exécutées ; les ruines continuèrent de s'amonceler encore pendant cent ans. Au mois de janvier 1793, les officiers municipaux demandèrent et obtinrent du ministre de de l'Intérieur l'autorisation de démolir le terrible édifice féodal, dont la vue les importunait. « Le château du ci-devant « seigneur de Montmorency, est-il dit dans l'exposé, n'est « absolument propre qu'à la démolition, ce n'est pour ainsi « dire qu'un tas de pierres ; les murs ont neuf pieds d'épais-« seur ; la distribution est si antique qu'il n'y a que des petits « trous mal disposés pour donner un peu de jour dans l'inté-« rieur. Il est impossible qu'on puisse l'habiter dans l'état où « il est (2). » La démolition n'eut cependant lieu qu'au commencement de ce siècle. Elle fut entreprise par le nommé Pierre Blonde qui ne l'opéra qu'avec de grandes difficultés. Les mortiers étaient devenus aussi durs que la pierre ; les murs, sapés à la base, tombèrent par pans et par blocs qu'il

---

(1) Archives de l'Yonne.
(2) Archives communales.

fallut ensuite briser, sans pouvoir en retirer de matériaux utiles, si ce n'est pour l'entretien des routes et voies publiques. Plus tard, les fondations elles-mêmes ont été arrachées : l'œil du visiteur n'aperçoit plus que des champs... *campos ubi Troja fuit !*

LA MAISON DE LA REINE DE SICILE.

Après le château, l'édifice civil le plus intéressant était la maison de la Reine de Sicile. On appelle ainsi une maison de belle apparence, située au bas de la rue des Moulins, sur le bord de la rivière, et qui porte à un de ses angles une madone soutenue et couronnée par des anges. Une tradition constante en attribue la construction à la pieuse comtesse de Tonnerre Marguerite, reine de Jérusalem et de Sicile. Enclavée dans les murs de la ville, elle a échappé à tous les incendies qui ont ravagé Ligny (1), mais il est probable qu'elle a été remaniée plusieurs fois depuis la fin du XIIIe siècle, car, autant qu'il nous en souvient, l'ornementation architecturale qu'on y voyait encore il y a quarante ans, accusait le style du XVIe siècle. Les fenêtres étaient à plein cintre, accompagnées de pierres armoriées ; la porte d'entrée, couverte de fines sculptures de l'époque de François Ier, se terminait en arc surbaissé ; les vastes cheminées, dans le même goût, avaient aussi des armoiries, mais ces armoiries comme celles des fenêtres appartenaient aux dernières familles seigneuriales qui ont habité Ligny. M. l'abbé Henry dit que les armes de Marguerite étaient disséminées de toutes parts à l'intérieur ; la vérité est qu'il n'y en avait pas traces.

(1) Dans le procès-verbal de visite des rues de Ligny après l'incendie de 1611, il n'est question ni du château ni de la maison de la Reine de Sicile, ni de l'église, sans doute parce qu'on n'avait eu en vue que les maisons des particuliers sujets à l'impôt.

Comment et à quelle époque précise ce manoir historique est-il sorti des mains des seigneurs ? Nous en sommes réduit aux conjectures. L'examen attentif des titres de propriété fait présumer qu'il a été vendu lorsque la terre de Ligny a passé dans la famille de Colbert en 1690. Les descendants de Louis Le Maistre, avocat, gendre de Claude Baudry, sieur de la Motte, en auraient été les premiers acquéreurs : les Hélye le possedérent après eux. En 1761, il fut divisé en deux lots par acte de partage entre Marie Anne Hélye, épouse de Jean-Louis Fourson, conseiller du roi au grenier à sel de Saint-Florentin, et Françoise-Madeleine Hélye, veuve de François Lhoste. Marie-Anne Lhoste, héritière des deux lots, les apporta en mariage à M. Emmanuel André, dont la fille a épousé M. Bernard Baudoin, dernier propriétaire (1). M. Baudoin, que la mort vient de ravir à l'estime et à l'affection de ses nombreux amis, a eu la malheureuse inspiration de transformer dans le goût moderne la maison de la reine de Sicile à l'intérieur aussi bien qu'à l'extérieur et lui a fait perdre de la sorte son cachet d'antiquité. Les pierres armoriées seules ont trouvé grâce; deux ont été encastrées dans la façade, les deux autres attendent le même honneur.

Ces quatre écussons étant sculptés n'ont point d'émaux et ne peuvent être blasonnés que d'après les figures ou les meubles dont le champ est couvert. Nous les mettons ici en regard avec des numéros d'ordre.

Le numéro Ier est parti, au premier, d'une bande vivrée, au deuxième, d'une tour ouverte, crénelée et surmontée d'une tête d'aigle, sur le tout un écu couronné chargé d'une bande.

Le numéro II est aussi parti, au premier, d'une bande vivrée et, au deuxième, coupé d'une aigle, et de trois têtes de léopards au-dessous.

Le numéro III a une fasce chargée d'un croissant et d'une

---

1) Titres de propriété de M. Baudoin.

étoile, trois lionceaux rampants en chef et six losanges en pointe 3, 2 et 1.

Le numéro IV est parti par un trait engrêlé, au premier sans meubles et, au deuxième, avec une étoile en chef.

A qui appartiennent les numéros III et IV? Nos recherches pour le découvrir n'ont point abouti, nous laissons à de plus habiles que nous dans l'art héraldique le soin de les déchiffrer. Quant au numéro Ier il appartient incontestablement à la famille La Baume-Montrevel, qui portait d'or à la bande vivrée d'azur, mais à quel membre de cette famille? Nous conjecturons qu'il s'agit de Jean II, fils de Jean Ier, maréchal de France et de Jeanne de La Tour, laquelle avait une tour dans ses armes : l'écu, brochant sur le tout, serait de Jeanne de Chalon, sa femme, qui portait de gueules à la bande d'or. Le numéro II est de Jean IV de La Baume-Montrevel et de Françoise de Vienne, sa première femme. Celle-ci était fille de François de Vienne, seigneur de Listenois et d'Arc en Barrois, dont les armes étaient de gueules, à l'aigle d'or armée d'azur, coupé de sable, à trois têtes de léopards arrachées d'argent. Les armoiries de Ligny-le-Châtel, que l'on voit accolées au plan de la ville, sont empruntées au même Jean IV de la Baume et à sa troisième femme, Hélène de Tournon, qui portait d'azur semé de fleurs de lis d'or, parti de gueules au lion d'or. M. Dey, qui en fait mention dans son *Armorial historique de l'Yonne*, p. 10, en donne une description et une interprétation inexactes. Les empreintes du sceau de la prévôté ou du bailliage que l'on rencontre çà et là n'offrent également que les armes seigneuriales des différentes époques.

Le numéro V de la planche ci-jointe reproduit les armes de Gaspard de Saulx, maréchal de Tavannes. Son fils, Jean de Saulx, vicomte de Ligny, dit dans les *Mémoires* qu'il a écrits sur la vie de son père : « Les uns ont adapté leurs armes « à leurs devises, autres leurs devises à leurs armes, ainsi

« que mes quatre lignées se blasonnent, selon le corps des
« armoiries, Saulx, Tavannes, Vienne, La Baume : *cœur de
« lion, vigilance de coq, entreprise d'aigle, échelle du ciel* (1). »

Sous le numéro VI, sont les armes des Filleu de Pommard
et de Courtenay, que nous avons décrites en leur lieu.

Sous le numéro VII, celles du Chapitre de Langres, dont le
sceau a pour légende de temps immémorial : *Sigillum capi-
tuli brachium beati Mammetis*. Ce sceau est devenu une ar-
moirie par l'addition des émaux. Dans les Mémoires de la
Société archéologique de Langres, on lit que les armes du
Chapitre sont aujourd'hui : de gueules au dextrochère habillé
d'argent, les deux derniers doigts de la main fermés. Ces armes ont alors varié, car sur le frontispice du bréviaire de Langres de 1731, tous les doigts de la main sont élevés et de plus
accompagnés de deux fleurs de lis d'or ; nous les donnons
comme elles sont figurées à la clef de voûte de notre église.

LES FORTIFICATIONS ET LES SOUTERRAINS.

Ligny s'étend du levant au couchant sur une des pentes du
plateau qui sépare la vallée du Serain de la vallée de l'Armançon. Son enceinte a la forme d'un carré long dont les angles supérieurs sont arrondis. Les coteaux qui l'entourent
offrent à l'œil un magnifique vignoble. Au commencement du
siècle dernier, la clôture de ville était complète : fossés pro-
fonds, murs de deux mètres d'épaisseur, terminés par une
courtine percée de meurtrières, une douzaine de tourelles au
toit aigu, trois portes cintrées surmontées d'un pavillon,
vieux château-fort dominant la perspective, tout cet ensemble
rappelait parfaitement la physionomie d'une petite place de
guerre du moyen âge. Il y avait même un gouverneur en titre ; il y en eut un jusqu'à l'avénement de la République.

(1) Collect. Michaud et Poujoulat, t. VIII, p. 99.

Les habitants en étaient très-fiers, et dans un mémoire que rédigea, en 1790, M. Pierre-Médéric Desgranges, procureur de la commune, contre les prétentions des gens de Maligny, qui voulaient avoir chez eux le chef-lieu de canton, ils ne manquent pas de faire ressortir cette distinction : « Des sept
« paroisses dont ce canton est composé (1), disaient-ils, la
« seule qui soit ville est Ligny ; ce titre ne peut lui être con-
« testé : il est assujetti à toutes les charges des villes, savoir,
« entrées, droits de boucherie, octrois; *il a gouverneur ré-*
« *sident;* il est enfermé de murs, a des faubourgs, en un mot
« tous les caractères qui constituent une ville. » Le titulaire était alors M. Jeanneau de Jardelay qui signait : « Jardelay, chevalier de l'ordre militaire de Saint-Louis, gouverneur de la ville de Ligny et colonel de la milice nationale (2). »

Toutefois, à cette époque la place était bien démantelée : plusieurs tourelles avaient disparu, les autres avaient été vendues par acte d'assemblée, excepté celle qui avoisinait la Maison-Dieu : elle servait de logement aux vicaires du vivant de M. l'abbé Bresson ; on en fit la prison du lieu, après que deux évasions arrivées coup sur coup eurent démontré que l'ancienne prison du château n'était pas sûre. La tourelle de l'angle nord-ouest est devenue plus tard le berceau de la congrégation des Sœurs de la Providence : elle existe encore et mérite d'être conservée comme un monument d'histoire locale. Les fossés avaient également été vendus à rente et convertis aussitôt en jardins et en vergers : la partie la plus rapprochée au-dessous de la porte de Saint-Florentin était le théâtre du jeu de paume, amusement favori de la bourgeoisie. Des trois portes de la ville, la première détruite fut celle que

---

(1) Dans l'institution primitive des cantons, celui de Ligny ne comprenait que les communes de Maligny, Villy, la Chapelle, Lignorelles, Varennes et Mérey. On y a joint depuis Bleigny-le-Carreau, Villeneuve-Saint-Salve, Montigny-le-Roi, Pontigny, Venouse et Rouvray.

(2) Archives communales.

nous venons de nommer : la porte Saint-Hyve ou porte du Pont, près de l'église, ne fut démolie que vers 1781 et ses matériaux entrèrent dans la construction du presbytère ; on abattit en même temps la haute butte de terre qui occupait l'emplacement du jardin du presbytère et qui se reliait au système de fortifications, ainsi que la tourelle de l'angle sud-est : la porte de Varennes a succombé la dernière ; on voyait encore il y a quelques années l'escalier en pierre qui conduisait à la chambre du pavillon. Quant aux murs, ils ont été vendus par portions à différentes époques et ce qui en restait a été aliéné par la commune en 1844 ; la majeure partie a été rasée, quelques lambeaux seulement se dressent çà et là et accompagnent de leurs ruines les ruines des tourelles que la faux du temps a respectées.

Ces fortifications, à l'abri desquelles se réfugiaient nos ancêtres, étaient-elles contemporaines du château ? On pourrait le soutenir, sans pouvoir cependant en apporter de preuves péremptoires, car les documents font défaut et la tradition est muette sur ce point. L'appareil et le mode de structure ne nous fournissent aucun signe caractéristique. Une chose est certaine, c'est que, dans la première moitié du XII⁰ siècle, Ligny était déjà une forteresse. En l'année 1140, Guillaume II, comte de Nevers, Tonnerre et Auxerre, faisant un échange de biens avec l'abbaye de Pontigny, parle des propriétés que les religieux possédaient dans l'enceinte de Ligny et dans le voisinage et il désigne cette enceinte par le mot *castellum*, qui indique une place fortifiée : *de quibus (bonis) et in ipso castello aliquantùm habetur... quæ in castello aut prope castellum sunt* (1). Que les tours rondes et les remparts, dont nous avons les restes sous les yeux, aient été restaurés ou réédifiés à plusieurs reprises, surtout à l'approche et pendant le cours de la longue guerre des Anglais, rien de plus vrai-

(1) Petit cart. de Pont. t. III, p. 231.

semblable. Ce serait donc au moins au milieu du XIVe siècle ou au commencement du suivant qu'il faudrait faire remonter ces constructions qui eurent leur rôle dans le grand drame qui ensanglantait alors la France (1). On n'a pas oublié que la forteresse de Ligny fut tenue près de deux ans sous le joug de nos ennemis et ne fut évacuée qu'à la suite du traité de Brétigny : puis dans les guerres des Bourguignons et des Armagnacs elle fut successivement la proie des deux partis.

C'est aussi à cette période de carnage et de misère que l'on attribue le percement des nombreux souterrains qui communiquent avec les caves des particuliers et se croisent en tous sens sous les rues et les maisons. Quelques-uns passaient sous les remparts et allaient déboucher dans la campagne, d'autres venaient aboutir à des puits. Dans le jardin de M. Hermelin, près de la rue des Moulins, il y a un puits qui a environ dix mètres de profondeur sur un mètre cinquante centimètres de diamètre : on y remarque, en regardant dans l'intérieur, cinq ouvertures cintrées et contiguës qui donnent entrée à autant de galeries rayonnantes. Au-dessous de l'ouverture nord on aperçoit un escalier qui descend au plus bas niveau d'eau et qui servait sans doute à approvisionner les les malheureux réfugiés. Maintes fois, en fouillant la terre, on a découvert des souterrains dont l'existence était ignorée ; on y a trouvé des cadavres, de la poterie, une forge, des ustensiles de ménage, etc. L'imagination populaire a brodé là-dessus des légendes qui défrayaient jadis les veillées. Vers 1829, des ouvriers faisant une excavation dans une maison, sentirent tout à coup le sol manquer sous leurs pieds, ils n'eurent que le temps de s'échapper et la terre s'effondra. Les curieux acccoururent et, au moyen d'une échelle, on pé-

---

(1) Il est en effet question de la *forteresse neuve de Ligny* dans un acte de cette époque.

nétra dans le gouffre ; c'était une espèce de salle centrale, où convergeaient plusieurs allées étroites et de peu d'élévation, qu'il fut impossible de parcourir jusqu'au bout parce qu'elles étaient obstruées par des éboulements; une d'entre elles était plus haute et plus large et s'ouvrait par une arcade en pierres de taille. Dans un coin de la salle gisaient les ossements d'un enfant, du charbon et une lampe.

Nous ne pouvons présenter que des détails incomplets sur ces mystérieuses retraites, car, à mesure qu'elles ont été mises au jour, on les a rebouchées et il ne s'est trouvé personne pour les étudier et les décrire. Passons maintenant aux artères supérieures de circulation.

LES RUES.

Dans le XVIᵉ siècle on comptait dans la fermeture des murs une vingtaine de rues et ruelles. En voici la nomenclature telle que nous l'avons relevée sur les terriers des seigneurs et sur ceux de l'abbaye de Pontigny (1). Quelques-uns de ces noms sont inconnus aujourd'hui et nous ne savons s'ils s'appliquent aux rues de la ville ou à celles des faubourgs. Nous suivrons l'ordre alphabétique en ajoutant les renseignements qu'il nous a été possible de recueillir.

1. *Rue des Canes* ou des *Kanes*, comme il est écrit au Terrier de Pontigny en 1551. La ville de Sens a aussi sa rue des *Canes*, présentement des *Canettes*, ainsi appelée *ab his canis*, dit une chronique, c'est-à-dire, à cause de certains canaux dont l'auteur vient de parler. Celle de Ligny a peut être la même étymologie, car elle s'allongeait en droite ligne le long des murs de la forteresse au couchant : l'accès des murs de ce côté était défendu à l'extérieur par le biez du Serain dans lequel des canaux devaient décharger les eaux pluviales, qui de toutes les pentes rapides de la ville, affluaient dans la

(1) Archives de l'Yonne.

rue des Canes. C'est sur cette rue qu'aboutissent le cimetière et le portail de l'église : là est assise la maison de la Reine de Sicile.

2. *Rue du Carrouge*, où passe la route de Saint-Florentin à Chablis. Ce nom, que l'on retrouve dans plusieurs localités, notamment à Sens, vient d'une maison en bois dont la *carre* ou l'encognure était peinte en *rouge*, et il était inscrit sur l'angle de la première maison qui fait face à l'établissement des Ursulines, à l'entrée de la rue des Moulins.

3. *Rue du Change* ou *des Changes*. L'uniformité de monnaies est récente en France; auparavant il y en avait une incroyable variété, fort gênante pour les opérations commerciales. De là la nécessité d'établir des bureaux de change dans tous les endroits un peu importants. Au XIIIe siècle, le cartulaire de Pontigny fait souvent mention d'une famille de changeurs de Ligny, dont la profession devint dans la suite le nom patronymique.

4. *Rue du Château*, celle qui conduisait directement à la porte du château : dans les champs adjacents on a rencontré en creusant deux ou trois souterrains.

5. *Ruelle des Chenevières*, située peut-être dans le faubourg.

6. *Rue de la Croix*, inconnue.

7. *Rue des Foulons*, descendant à la vieille usine des Foulons au nord-ouest, hors des murs. Au bas de cette rue étaient le lieu dit *Château-Renard* et la Poterne des Foulons, qu'on nommait aussi la *Poterne de la Fontaine*, parce qu'elle offrait une issue pour aller à la fontaine qui alimente un lavoir au delà du biez.

8. *Rue du Grand-Barlu*, inconnue.

9. *Rue du Grand-Berthe*, dans le quartier du château, car un acte de 1642 l'appelle « *le Grand-Berte du château.* »

10. *Grande-Rue*, qui a 20 mètres de large et occupe le milieu de la ville. C'est la rue principale au sommet de laquelle

on avait en perspective la halle et l'auditoire. Elle est ainsi désignée dans le Terrier de 1551 : « *Grande-Rue-Saint-Pierre*, descendant du Dauphin à l'Eglise (le Dauphin estoit où demeure le maltôtier (1). » Il y avait en effet au point central une croix sous le vocable du patron de la paroisse.

11. *Rue des Juifs.* Les Israélites étaient très-multipliés en France au moyen âge. Ils habitaient dans les villes et les bourgs un quartier spécial, de là les dénominations de *rue des Juifs, rue de la Juiverie, rue de la Synagogue.* A différentes époques ils eurent beaucoup à souffrir de la haine qui s'attachait à leur nom. Chaque fois qu'une peste, une épidémie quelconque désolait une province, le peuple s'en prenait aux Juifs : il les accusait d'avoir causé ces fléaux par leurs maléfices et en venait souvent à une extermination en masse. Les évêques et le clergé ne réussissaient pas toujours à soustraire ces malheureux aux mauvais traitements de la multitude. Il est vrai que les Juifs provoquèrent trop souvent la colère des peuples par leur fanatisme cruel, qui les portait à des crimes abominables. De plus ils pratiquaient la banque, l'usure, le recel et toutes sortes de brocantages plus ou moins légitimes. Longtemps après la disparition des Juifs, leur rue a été appelée *rue des Bouteleux* du nom d'une famille qui l'habitait.

12. *Rue de la Maison-Dieu*, allant de la porte de Varennes à l'église. Vers le milieu, en appuyant sur les remparts, se voyait le petit Hôtel-Dieu et au point de jonction avec la rue du Carrouge une place dite des Trois-Rois, à cause d'une enseigne qui représentait les trois rois mages. C'était l'usage des aubergistes dans les âges de foi d'adopter des saints pour protecteurs de leur hôtellerie et particulièrement les trois rois mages regardés comme patrons des voyageurs. Les publica-

---

(1) Agent du fisc chargé de percevoir certaines taxes odieuses au peuple et connues sous le nom de maltôte. Le *Dauphin*, enseigne de la maltôte.

tions intéressant la communauté des habitants se faisaient ordinairement sur cette place, le dimanche, au sortir de la messe.

13. *Rue de la Monnoye* : c'était peut-être la même que la rue du Change.

14. *Rue des Moulins* se dirigeant sur la rue des Canes, où une petite porte ouverte dans le mur de clôture livrait passage pour puiser de l'eau à la rivière.

15. *Rue Notre-Dame-du-Château*, qui va de la porte de Varennes au château. Elle tire son nom d'une madone que l'on y vénérait autrefois.

16. *Petite-Rue*, parallèle à la Grande-Rue, mais plus étroite.

17. *Rue des Ricailles*, d'autres disent *Rue des Ecailles*, sans qu'on sache l'origine de cette appellation. Direction, de la rue Saint-Florentin à l'angle nord-ouest de la forteresse, où fut le monastère de la Providence.

18. *Rue Roge*, inconnue.

19. *Rue de Saint-Florentin*, suite de la rue du Carrouge, aux abords de la porte de Saint-Florentin.

20. *Rue des Tanneries*, hors des murs, aboutissant à l'ancien et au nouveau chemin de Maligny, dans le faubourg des Tanneries. Il y avait au XVIe siècle beaucoup de tanneurs, mégissiers et corroyeurs qui possédaient des établisssements le long du biez.

21. *Rue du Verger Cazeau*, nom que l'on trouve écrit : *Caseau, Caziot, Cayau* et *Cajot*. Le Verger Cazeau était le quartier le plus élevé de la ville, qui confinait aux remparts et aux fossés du château.

22. *Rue de la Vicomté*, ainsi appelée parce que les vicomtes y ont eu leur résidence.

De nos jours un certain nombre de ces rues, si habitées et si vivantes dans le passé, sont à peu près désertes : les édifices y ont cédé la place à des jardins et à des vergers. Nous allons voir à l'œuvre le fléau qui a particulièrement contribué à ce résultat.

LES INCENDIES.

En 1611, Ligny était parvenu à l'apogée de sa prospérité on y comptait de sept à huit cents maisons, construites en pans de bois pour la plupart, selon l'usage, pressées, enchevêtrées les unes dans les autres et ne laissant presque aucun intervalle vide le long de la voie publique. Sa population était considérable, active, laborieuse. Grâce au règne de Henri IV qui avait rendu la paix à la France, l'agriculture et le commerce avaient repris leur essor. Notre pays se ressentait de l'aisance générale ; ses laboureurs et ses vignerons y cultivaient, par centaines, un sol fertile, qui les payait largement de leurs travaux et de leurs sueurs ; ses marchands nombreux et renommés, s'enrichissaient par un trafic lucratif avec les villes voisines. On venait d'avoir une année extraordinaire en produits; abondance de blé, abondance de vin surtout, on ne savait où le loger. Plusieurs particuliers attendaient qu'ils eussent des vaisseaux pour tirer leurs dernières cuvées lorsque, le vendredi 14 du mois d'octobre, vers huit ou neuf heures du matin, le feu prit accidentellement à la maison d'un nommé Sébastien Filleu, près du foulon : un quart d'heure après il prenait en dix endroits à la fois. Les flammes poussées par le vent du nord-ouest, eurent bientôt envahi la ville tout entière ; impossible de se défendre, impossible de se sauver, ce n'était plus qu'une effroyable fournaise d'où partaient des cris déchirants. Les malheureux habitants éperdus hommes, femmes, enfants, ne songeant qu'à protéger leur vie, se précipitent en masse vers les portes de la ville, elles étaient en feu ! Ils ne purent s'échapper que par les brèches et en appliquant des échelles aux murailles. Quand, vers midi, les secours arrivèrent de toutes les paroisses d'alentour, tout était fini, il n'y avait plus là qu'un immense brasier inabordable : trois heures avaient suffi pour ce désastre. Heureusement personne n'avait péri.

Les victimes de l'incendie furent obligées de se disséminer dans les hameaux et les villages à proximité, pour y chercher un asile et du pain. Les marchands, les industriels étaient ruinés, les cultivateurs avaient perdu leur récolte de l'année et ce qui restait des années précédentes, les pauvres manouvriers qui ne possédaient que leur maison et leurs effets se voyaient sans ressources : c'était toute une population réduite à la mendicité. Le 6 novembre une députation se rendit à Tonnerre, pour solliciter le dégrèvement des tailles, corvées et autres impositions, auprès de Messire Louis de Donon, conseiller du Roi, trésorier de France et général de ses finances en la charge et généralité d'entre Seine et Yonne, qui se trouvait alors en cette ville, faisant sa tournée dans les élections de Saint-Florentin, Tonnerre et Vézelay. Le trésorier général, touché d'une si grande infortune, consentit à venir à Ligny ouvrir une enquête. Les informations eurent lieu les 13 et 14 du même mois : des témoins compétents et non suspects de partialité furent appelés de Lordonnois, de Carisey, de Dyé, de Maligny, de Chablis, de Pontigny et donnèrent, sous la foi du serment, les détails les plus circonstanciés sur le nombre des maisons de Ligny, sur la richesse des habitants, et sur le terrible sinistre du 14 octobre. Avant son départ, Louis de Donon, accompagné des notables, parcourut toutes les rues et s'assura par lui-même des ravages du feu. Il fit dresser et signa de sa main le procès-verbal de sa visite dans lequel il constata que 19 maisons, seulement, étaient demeurées debout sur plus de sept cents. Nous transcrivons aux *pièces justificatives* ce procès-verbal et celui de l'enquête.

Un fléau comme celui qui vint fondre sur notre ville au commencement du XVIIe siècle ne produit plus maintenant sur les cœurs l'effet moral qu'il produisit alors. Nos aïeux, profondément convaincus de l'action de la Providence sur les choses humaines, n'hésitèrent point à reconnaître dans ce désastre un châtiment du ciel. Un mot satirique, que les convenances ne permettent point de citer, semble donner à entendre qu'à l'époque où Ligny *se voyoit en son lustre et splendeur*, au point de vue matériel, leurs mœurs laissaient à désirer. La prospérité les avait aveuglés et égarés, l'adversité les ramena : la foi conservée vive dans leurs âmes réveilla les reproches de la conscience, ils s'humilièrent sous la main de Dieu et, dès qu'ils purent rentrer dans leurs murs, ils s'engagèrent par un vœu solennel à faire tous les ans des prières expiatoires au jour anniversaire de leur ruine. Une procession commémorative fut fondée au 14 octobre et s'est fidèlement accomplie jusqu'à la révolution de 1830, époque où l'affaiblissement de la piété la fit cesser.

La tradition rapporte, comme un fait miraculeux, qu'avec l'église et la Maison-Dieu, trois maisons seules avaient échappé aux flammes et que ces trois maisons étaient décorées de monuments religieux dont le sujet semblait offrir un haut enseignement aux esprits attentifs : c'était d'abord l'image de sainte Anne, symbole de la sollicitude maternelle pour l'éducation des enfants; une statue de la Vierge Immaculée, emblème de la pureté des mœurs ; puis un groupe de Notre-Dame de Pitié, qui rappelle les saintes rigueurs de la pénitence. Les procès-verbaux ne confirment point cette tradition.

A dater de 1611, Ligny fut signalé dans les dictons populaires par le surnom de *Ligny-le-brûlé*, triste surnom que les événements subséquents furent loin de faire oublier. Nous apprenons, en effet, par les papiers de M. Laproste, l'arpenteur, et par ceux de l'hôpital de Tonnerre, que de six cents maisons rebâties avec peine plus de la moitié fut consumée par un nouvel incendie, le 26 avril 1637 (1). Un autre in-

(1) Notes de M. Quantin.

cendie dévora deux cent cinquante maisons en 1691. Il y eut encore quelque malheur de ce genre dans les premières années du XVIII° siècle, car les comptes de M. Pourcin, régisseur du marquisat de Seignelay, mentionnent une somme de six cents livres, payée aux incendiés de Ligny et de Seignelay, par ordre de monseigneur Charles-François de Montmorency, le 19 décembre 1727. Voici maintenant ce que nous lisons dans les registres de catholicité de la paroisse : « Il est « à remarquer que le 2 juin de la présente année 1728, il « arriva en ce lieu de Ligny un si terrible incendie qu'il y eut « plus de soixante et cinq ménages consumés par le feu, avec « tous leurs bâtiments, sans y comprendre un grand nombre « d'autres bâtiments qui furent fort endommagés : ce fut le « jour de l'octave de la fête du Saint-Sacrement. Ce que nous « curé et vicaire certifions véritable ce 7 juin 1728. Signé : de « Courtive, curé de Ligny et Guyot prêtre vicaire. » Le feu fut mis par l'imprudence d'un sieur Mallet, qui s'amusait à tirer des coups de fusil dans des réjouissances de noces. On ne comptait plus alors que trois cents maisons : celles qui brûlèrent occupaient la partie septentrionale de la ville depuis le château jusqu'à la maison de la Reine de Sicile.

Ces accidents réitérés s'expliquent par la persistance des constructions en bois, par l'inefficacité des secours avant l'invention des pompes, par la rareté des tuileries et la pauvreté des habitants qui les forçaient à employer le chaume pour leurs toitures. Mais on conçoit que ceux-ci aient fini par se décourager et déserter un pays voué à une sorte de fatalité. Aussi, à la fin du siècle dernier, il ne restait plus que deux cent soixante maisons ou feux.

Le plus grand incendie du siècle présent a été celui de 1814, qui, dans la nuit du 24 au 25 octobre, réduisit en cendres seize bâtiments.

LE BIEZ ET SES USINES.

Le canal ou biez qui amène les eaux du Serain sous les murs est une des antiquités du lieu. Évidemment il existait avant la création de la forteresse, puisqu'il entrait comme moyen de défense sur toute la ligne de l'ouest. D'autre part, il desservait Ligny-la-Ville dont l'existence nous est révélée dans l'histoire avant celle de Ligny-le-Château. Sans devancer les temps chrétiens, il remonte donc aux âges les plus reculés. Avant qu'il fût creusé, on pourrait croire que le cimetière de l'église Saint-Pierre s'étendait jusqu'à son lit, car lorsqu'on bâtit les maisons intermédiaires, on trouva des cadavres dans les fondations et lorsqu'en 1844 on refit les piles du pont qui communique avec le faubourg, les ouvriers, en arrachant les pilotis des anciennes piles, découvrirent, à plus d'un mètre de profondeur, les débris de trois cercueils en en chêne, que les pieux avaient traversés et qui contenaient des cadavres inhumés les pieds à l'orient comme dans les cimetières chrétiens.

Le Serain, appelé *Sedena* dans une charte de 867, *Senaen*, *Senain* de *Sena amnis* dans le vieux français du cartulaire de Pontigny, ne commence à s'écrire *Serain* que dans les pièces du XVIe siècle. Il coule à un demi-kilomètre du faubourg et, comme la plaine est peu inclinée, il y décrit de fréquentes sinuosités. On remarque en suivant le chemin de Villy, un ancien lit qu'il a abandonné et qu'on nomme la *vieille rivière*. C'est plus haut, en remontant vers Maligny et presque sur la limite du territoire, que les seigneurs ont jeté une écluse et ouvert le canal, dont les eaux après avoir fait tourner le moulin des Fées, côtoient le cimetière de Ligny-la-Ville, longent le faubourg et le bas de Ligny-le-Château, puis rentrent dans le Serain, à peu de distance en aval. Les seigneurs en sont demeurés propriétaires jusqu'en l'année 1293, où la pieuse

Reine de Sicile le donna à l'hôpital de Tonnerre, qu'elle venait de fonder, ainsi que ses moulins et ses prés. Cet établissement de charité est encore aujourd'hui en pleine jouissance des droits qui lui ont été conférés et toutes les usines installées sur ce cours d'eau lui appartiennent.

Le moulin des Fées faisait jadis exception : c'était, comme nous l'avons vu, le moulin banal, dépendant de la seigneurie. La Révolution le fit passer par les mains de divers particuliers, mais, depuis, l'hôpital l'a racheté. Il fut gravement endommagé par les inondations de 1696 et de 1697.

Le moulin de la ville, en raison de sa situation sous les murs, a éprouvé de fâcheuses vicissitudes. Il fut bien des fois saisi, rançonné, pillé, brûlé, renversé de fond en comble. Il avait primitivement quatre meules. Dans une transaction de 1393, dont la charte originale est aux archives de l'Yonne, le maître de l'hôpital, messire Jehan Maignaut, et les frères et sœurs expriment leurs doléances sur l'amoindrissement du bien des pauvres ; ils remontrent « qu'au temps de leur fon-« deresse, au lieu où le molin de Ligny est assis, souloit « avoir quatre molins..... lesquelx par le fait des guerres ont « été destruitz ras, et encore celui qui est à présent est peti-« tement amoisonné et de petit prouffit et revenu. »

La charte de fondation de la reine Marguerite ne parle pas du foulon, d'où il faut conclure que son institution est postérieure à cet acte. En ce temps-là, les foulons étaient communs dans nos parages ; il y en avait un à Pontigny, un vers l'écluse de Boy, un au bas du Mez, celui que l'hôpital fit construire fut très-achalandé ; cela s'explique : le peuple ne s'habillait que d'étoffes fabriquées sur place et Ligny se distinguait par son commerce de draperies. Plus tard on joignit au foulon un battoir à écorce pour les tanneries : l'un et l'autre furent consumés par l'incendie de 1637. Le foulon restauré fut donné à bail à rente et, à l'époque de la Révolution, les détenteurs en devinrent propriétaires. L'hôpital ne le racheta qu'en 1847. On en a fait successivement une huilerie, un moulin à farine, une usine pour le battage des grains. De l'autre côté du biez, on a élevé une filature de laine.

Le long du même biez, dans le faubourg, il existait au XVI° siècle une fabrique de salpêtre. Nous avons trouvé parmi les minutes des notaires un acte du 26 octobre 1641, par lequel Jean Bérard, commissaire général pour la manufacture des salpêtres destinés aux arsenaux de Sa Majesté, abandonne le gouvernement de l'atelier qu'il a construit dans une maison du faubourg de Ligny « avec tous et un chascun des ustan-
« ciles, chaudière, cuviers, fourneaux et aultres choses ser-
« vant à manufacture de sallepestre, à Edme Cottin, salle-
« pestrier, demeurant à Malligny, à charge de payer le loyer
« de la maison qui est de 20 livres par an et la somme de
« 90 livres tournois pour la chaudière et les ustanciles, à
« charge en oultre de fournir pendant trois ans audit sieur
« Bérard, en sa maison de Turny, la quantité de quinze
« cens de sallepestre ou plus, sy ledict sieur Cottin en
« peult faire et sans qu'il puisse vendre à d'aultres, moyen-
« nant le prix de 25 livres tournois, pour chascun cent
« pesant, dont ledict sieur Cottin sera tenu luy faire déli-
« vrance de moys en moys, à commencer au jour de Toussaint
« prochain. »

LES CLIMATS OU LIEUX DITS.

Le territoire de Ligny présente dans son ensemble à peu près la forme d'une enclume dont la pointe est au nord et la tête au midi ; sol sablonneux vers la pointe, argileux au milieu, pierreux à la tête ; terrain d'alluvion très-fertile dans le parcours du Serain. Le vignoble se divisait en *quartiers*, dont nous avons indiqué les noms à l'article des revenus de la cure. Les terres labourables se partageaient en douze *cantons*, savoir :

1° *Le canton de Chanvier*, avec le Petit-Pâtis ou Fontaine de Méré-sur-l'Eau.

2° *Le canton des Lammes-Saint-Michel*, entre le ru de la Fontaine de Méré-sur-l'Eau et celui de la Fontaine-Létard.

3° *Le canton des Rosettes*, vers le finage de Mérey-le-Serveux, avec le dessous de Migraines.

4° *Le canton des Hâtes*, des murs de la ville au ru de Charbonne.

5° *Le canton de Montsabot*, avec les Damiottes, de la voie d'Auxerre au finage de Villy.

6° *Le canton des Lammes-Jeanneton*, entre la nouvelle et la vieille rivière.

7° *Le canton du Crot-Mourlon*, limité au levant par le chemin de Jaulges.

8° *Le canton de Derrière-la-Tour*, limité au levant par le dimage de Varennes.

9° *Le canton des Côtes*, s'étendant vers le Montsabot.

10° *Le canton du Mez*, des murs de la rivière jusqu'aux Prés du Bois.

11° *Le canton de Chappe-Guerre*, au nord-est de la ville.

12° *Le canton des Eaux-Bues*, limité par le ru de Charbonne, le biez, Rosettes et le finage de Maligny.

Un acte d'assemblée des habitants du 17 novembre 1782 déclare que, sur ces douze cantons, six sont reconnus propres à porter recours et les six autres propres seulement à être à deux saisons. Il doit y en avoir chaque année cinq en sombres, cinq emblavés en blé ou en seigle et deux emblavés en recours. La liste annuelle est tracée pour les années suivantes et les laboureurs sont obligés sous peine d'amende de s'y conformer.

Les quartiers du vignoble, les cantons des terres arables et la prairie se subdivisaient en *climats* ou *lieux dits*, dont nous ne ferons pas l'énumération : la liste en serait trop longue et fastidieuse. Nous n'en signalerons qu'un certain nombre, faisant suivre leur nom de la date où nous l'avons rencontré pour la première fois et de quelques remarques étymologiques.

Les Bailly, 1700, terres qui ont appartenu à un bailli de la vicomté.

Les Beauregards, 1674, climat de vignes, d'où l'on a une belle vue, même origine que les noms de Belvédère, Beauvais, Beauvoir, *Bellum videre*.

Les Bordes, 1650, en bas latin *Bordæ*, hauteur au nord sur laquelle on allumait de grands feux, dits bordes ou brandons, le 1er dimanche de carême, appelé pour cette raison dans les chartes le *dimanche des bordes ou des brandons*. De là vient la locution proverbiale *un feu de borde* pour dire un grand feu. Ce climat se nomme aussi *les Trous*, par allusion à des flaques d'eau que le sous-sol imperméable retenait à la surface et où le jonc croissait en abondance.

Le champ de la Recette ; un mémoire de 1733 sur le droit de pêche des habitants dans la portion du Serain qui coule au-dessous de l'écluse de Pontigny, nous apprend que ce champ s'appelle ainsi parce qu'il appartenait au seigneur et faisait partie de sa recette, mais que précédemment il s'appelait *champ de la Varande* comme le prouvent les titres de 1263 et de 1310, et que le droit de pêche s'étendait jusqu'aux bornes qui y étaient plantées. Il y est dit également que le ru de la Varande a changé son nom pour celui de *ru des Antes*.

Le Champ-Pommard, 1750, au dessus du château, propriété des Filleu, sieurs de Pommard èt de Courtenay : une demoiselle de Pommard l'apporta en mariage à M. Hay d'Auxerre. D'autres champs, et notammant le *champ Caillot*, portent les noms des vieilles familles du pays.

Chânoy, 1206, *Chasnetum*, *Casnetum*, 1511, Chasnoy, même signification que la Chênaie, lieu planté de chênes que l'on prononçait *chânes* dans le patois local. Ce climat avoisine le le finage de Mérey le-Serveux.

Chanrier, 1258, *vinea sita in Campo Vario apud Meriacum*, 1511, Champvier, vignes et terres labourables au-dessus de la Fontaine de Méré-sur-l'Eau.

Chappe-Guerre, 1500 ; dans les romans de chevalerie du moyen âge, *chaple* ou *chaplis* exprime l'idée d'un combat, d'une défaite ; ne serait-ce pas l'emplacement de quelque fait d'armes sanglant ?

Chaume-à-Damien, *Chaume-à-Tambour*, 1760, anciennes landes désignées par les noms des possesseurs ou des premiers défricheurs.

La Chaussée de l'Etang-la-Reine ; souvenir du grand étang que Marguerite, reine de Sicile, donna à l'hôpital de Tonnerre, en 1293. Non loin de là, à l'entrée du hameau des Prés-du-Bois, on a établi une tuilerie, une poterie, une faïencerie noire à l'imitation de celle de Montereau.

Clouseau, 1264, *Clausellus*, lieu clos de haies vives.

Les Côtes (Coustes), 1511, *la Côte-aux-Juifs*, 1587, *les Côtes-Neuves*, 1600, trois climats qui doivent leur nom à leur élévation.

Le Crou-aux-Meuniers, le *Crou-Mourlon*, le *Crou-Berillon*, 1674, trois autres climats dans lesquels se trouvaient des espèces de mares, appelées crots ou crous du bas latin *crotum*, creux, fosse.

Derrière-le-Château, *Derrière-la-Tour*, réminiscence de la tour au pied de laquelle un des comtes de Nevers signait une charte en 1154 : *Actum Lanniaci ante turrem meam*.

Les Eaux-Bues, 1660, allusion à la nature du sol.

Le Fournerat, 1674 ; on disait *Forquerat* en 1300, c'était déjà un climat de vignes.

Les Grosses Terres, 1551, terres argileuses, compactes et d'un labour difficile.

Le Grand-Désert, 1511, ce nom rappelle l'état primitif du lieu.

Les Hâtes, qu'on écrivait hastes, du latin *hasta* : c'était une certaine mesure de terrain que l'on rencontre fréquemment dans le cartulaire de Pontigny au XIIe siècle. En 1138, *hastam Drogonis;* en 1140, *duas hastas adjacentes campo qui dicitur sancti Martini*, etc. Depuis on a fait de ce mot le synonyme de sillon, raie de terre labourée.

Les *Lammes Saint-Michel :* en langue celtique, *lammen* veut dire épis de blé ; *lamma*, dans le latin de nos chartes caractérise une terre fertile, éminemment propre à la culture du blé. Les Lammes constituent une magnifique plaine depuis Méré-sur-l'Eau jusqu'à la ferme ou grange du Beugnon, d'une part, et jusqu'à l'écluse de Pontigny, de l'autre. Deux rus la traversent et descendent dans le Serain : le ru de la Fontaine-Létard, le plus rapproché, sert de limite au finage de Ligny ; les Lammes, dites Saint-Michel parce qu'elles ont appartenu à l'abbaye de Saint-Michel de Tonnerre, allaient jusque-là. Pontigny possédait le reste de la plaine ; Garnier de Ligny le lui avait donné en 1138 : *dedi quidquid habui terræ arabilis a rivo fontis Letardi usque ad Pontiniacum*. Le ru du Poncelot, ainsi dénommé dès 1484, est un ravin habituellement à sec où aboutissent les lammes du Beugnon qui se prolongent jusqu'à l'écluse. Ces lammes étaient appelées *Vallis de Boelesio*, en 1157, *lammam de Boy*, en 1230 ; l'écluse, *exclusa de Boy;* le biez des Moines, *Biezium seu mortuum de Boy*. Le nom de la fontaine Létard a varié : on disait *Liétard* en 1398, *Lestat* ou *Létat* en 1418.

Les *Longuerós* ou *Longueroies*, 1525, champ dont les raies ou les hâtes étaient très-allongées.

Migraines, 1511, climat de vignes : on sait qu'Auxerre a aussi ses *midranicæ* ou migraines dont le vin est en renommée.

Les *Mottes*, la *Motte-Bonnet*, les *Mottes-Rejets Guenons*, 1617 ; les mottes, *mottæ*, sont des monticules ou tertres, la plupart du temps faits de main d'homme, sous lesquels les Gaulois donnaient la sépulture à leurs chefs : on les nomme ailleurs *tumuli*, tombelles. D'autres mottes, plus considérables, rappellent des souvenirs féodaux, parce qu'elles furent le siége de manoirs nobles, de tours, de castels, etc. De là les titres de sieurs de la Motte attribués à plusieurs personnages de notre histoire.

Noue-Marou, Petites-Noues, Basses-Noues, Noue-Parjan; en bas breton *noued, noed,* signifie gouttières, noue entre deux toits. Par analogie on a dit *noa,* noue, pour désigner un terrain bas et humide où découlent les eaux de deux versants, et en général toute prairie facilement submergée. *La Noue Parjan, Noa Parcionaria,* située au-dessous de l'écluse de Pontigny, était divisée en plusieurs lots, comme son nom l'indique (*Partionaria,* terre partagée entre divers propriétaires). Le lot principal fut concédé aux Moines, en 1239, par Gauthier du Mez ; l'autre partie, sur laquelle la veuve du chevalier Guillaume céda ses droits à la même époque, est appelée dans les chartes le pré du Boutoir, *Pratum de Botorio, pratum de Pulsatorio.*

Petits-Pâtis, 1264, *lamma dou Patiz de Meriaco*, lieu de pâture pour les bestiaux, au-dessous de la fontaine de Méré-sur-l'Eau.

Les Planchottes, 1740, climat de vignes près de la porte de Varennes, dont le nom vient d'une passerelle en bois jetée sur le ru de Vaubertin (Val-Bertin).

Prébord, prairie sur le bord du Serain, au-dessous des Lammes. C'est, en 1138, *campus Altæ-Ripæ,* le champ du Haut-Hord ; en 1511, le *Pré-Aubor* ; en 1551, le *Pré-à-Bord* ; et actuellement *Prébord.*

Les Prés-aux-Chats, 1511 ; le lecteur se souvient qu'une ancienne famille de Ligny, alliée à celle de nos vicomtes, portait, au XIIe siècle, le surnom de *catus,* chat, *Gayardus Catus, Symon Catus,* etc.

Les Prés-du-Comte, prés qui ont été possédés par les comtes de Tonnerre.

Le Ru de Galifrand, 1775 ; écrivait-on jadis *Gallifranc*? Est-ce un vestige du mélange des Gaulois et des Francs ? Nous n'osons hasarder aucune conjecture.

Les Rosettes, 1551, à l'extrémité sud-est du territoire, de *Roseta*, *Rosetum*, lieu plein de roseaux, de joncs, ou de ronces et de roses sauvages, aujourd'hui complanté de cerisiers. En 1720, une famille en empruntait le nom : Hélie des Rosettes, marchand, Denombret des Rosettes, etc.

Soupechien, 1674, climat de vignes où passe le chemin creux, maintenant abandonné, qui conduisait à Varennes.

Tard-en-Boiras, 1674, vignes, dont le vin généreux, mais dur, demandait à vieillir pour acquérir toute sa qualité.

Le Thureau-sous-Migraines, 1617 ; le mot Thureau, d'origine celtique, a pour racine *Thor*, hauteur, montagne et se rencontre fréquemment dans nos pays : le Thureau de Saint-Denis, le Thureau de Bar, le Thureau de Montabre, etc.

Les Triboulées, 1511, *Tribolez*, du latin *Tribulum*, *Tribulosus*, terre sèche et dure, difficile à briser.

Le Trou d'Enfer, 1760, ravin profond près de la route actuelle d'Auxerre, lorsqu'on approche du hameau de la Mouillère.

L'ancien vignoble changea de nature sur la fin du siècle dernier. Le vin blanc supplanta le vin rouge et dès 1802, on lisait dans l'almanach de M. Tarbé : « Ligny-le-Châtel et Ma-« ligny sont deux côtes estimées qui produisent d'excellent « vin blanc. Elles sont peu distantes de Chablis et en prennent « souvent le nom dans le commerce en qualité de voisines. »

Terminons par la nomenclature des chemins qui sillonnent le territoire et des croix que la piété de nos pères y avaient érigées.

LES CHEMINS.

En faisant des recherches dans les papiers de M. Laproste,

l'arpenteur, nous avons eu la bonne fortune de mettre la main sur un document important, que son honorable père, arpenteur comme lui, a extrait de l'étude de Me Louis Regnaud Leblanc, notaire et procureur fiscal au bailliage de Ligny. C'est un procès-verbal détaillé de l'état des chemins au XVIe siècle; en voici l'analyse :

Le 19 janvier 1587, comparaissent par-devant Me Edme Briffou, licencié en droit, bailli, et Edme Filleu, greffier, quatre prud'hommes élus par les habitants de Ligny et deux autres élus par les habitants de Varennes, lesquels attestent par serment qu'ils ont procédé aux mesurage et bornage des grands chemins du finage et des principales branches, selon le mandement et commission du Roi, ainsi qu'il suit :

I. *Le grand chemin de Tonnerre*, qui part de la porte de la Croix (porte de Varennes) et qui va à Tonnerre par Mérey et Dyé, tombant sur le *chemin Ferré*, se trouve contenir d'ancienneté 36 pieds de large. La première borne a été plantée vers la croix.

1re *branche*, le chemin de Varennes et Carisey, 24 pieds.

2e *branche*, le chemin de Villiers-Vineux, 18 pieds.

3e *branche*, le chemin de Jaulges, appelé le *chemin de la Fontaine de Varennes*, 30 pieds.

4e *branche*, le chemin de Varennes à Saint-Florentin, 36 pieds.

II. *Le grand chemin d'Auxerre*, qui commence à la porte Saint-Hyve (porte du Pont), contient d'ancienneté 36 pieds de large. La première borne a été plantée vers ladite porte.

1re *branche*, le chemin de Venouse, qui commence à la Croix-Brelet et se continue le long du bois de la Mouillère, 18 pieds.

2e *branche*, le chemin de Villy, prenant son origine au-dessous de la métairie Bon-Malaquin, assise sur la voie d'Auxerre, 24 pieds.

3e *branche*, le chemin qui va à Pontigny, passant par la fontaine de Méré-sur-l'Eau, 24 pieds.

III. *Le grand chemin de Chablis*, qui part de la porte de la Croix, s'est trouvé avoir d'ancienneté 36 pieds ; il passe par Ligny-la-Ville et Maligny. La première borne a été mise près de la porte.

1re *branche*, le chemin qui commence à la porte Saint-Hyve et se dirige vers l'église de Ligny-la-Ville, 12 pieds selon son ancien cours. La première borne a été posée près de ladite église.

2e *branche*, le grand chemin de Ligny-la-Ville à Mérey-le-Serveux, qui part de l'église de Ligny-la-Ville, et s'allonge sous les vignes de la Côte-aux-Juifs, selon son ancien cours, 18 pieds. La première borne est près de ladite église.

3e *branche*, le chemin qui prend naissance à la croix Saint-Georges et tire sur Maligny par les hauteurs, appelé *Chemin-à-la-Corneille*, 18 pieds. La première borne est vers la croix.

Sous-embranchements du chemin de Ligny-la-Ville à Mérey.

1º Le chemin des Rosettes, qui commence au-dessous des vignes de la Côte-aux-Juifs et se continue jusqu'au finage de Maligny, en montant les vignes des Rosettes, 18 pieds.

2º Le chemin de Vezannes, qui commence également sous les vignes de la Côte-aux-Juifs, 18 pieds.

IV. *Le grand chemin de Saint-Florentin*, qui part de la porte de Saint-Florentin et passe aux Prés-du-Bois, a été reconnu avoir d'ancienneté 36 pieds. La première borne a été plantée vers la croix de Saint-François.

1re *branche*, le chemin appelé la *Haie-de-la-Sèche*, depuis les Bordes audit grand chemin de Saint-Florentin, 30 pieds.

2e *branche*, le chemin de Jaulges, appelé la *Haie-des-Pâtureaux*, 24 pieds.

V. *Le grand chemin allant en la ville de Sens par Joigny*, appelé la *Haie-de-Pontigny*, qui a son point de départ à la croix de Saint-François et se dirige vers la Rue-Feuillée, s'est trouvé avoir, selon son ancien cours, 24 pieds. La première borne a été plantée vers la vigne à Jean Berlet.

Les prud'hommes déclarent avoir planté sept cent huit bornes pour déterminer la longueur et la largeur des chemins jusqu'aux finages circonvoisins. La longueur a été mesurée à la corde de 22 pieds.

Disons un mot des *Grands-Chemins* énumérés dans ce procès-verbal : c'étaient les routes d'*ancienneté* qui mettaient notre ville en communication avec les villes voisines, mais quelle différence avec les magnifiques routes d'aujourd'hui, qu'un personnel nombreux entretient et où l'on aperçoit à peine les traces des voitures ! On n'y faisait des réparations que quand les attelages se brisaient et que les véhicules ne pouvaient plus avancer. *Les grands chemins* et les chemins vicinaux avec leurs fondrières et leurs ornières profondes, c'était tout un. La première route passable que l'on vit à Ligny fut celle que l'on établit sur la fin du siècle dernier pour abréger le parcours du roulage depuis Lucy-le-Bois jusqu'à Joigny. Alors on fit, de la porte Saint-Hyve, un tracé direct sur Maligny, et ainsi tombèrent en désuétude le chemin supérieur et le chemin inférieur qui allaient à Ligny-la-Ville : tous deux ont été envahis par les champs riverains et à peine en pourrait-on reconnaître la direction.

Le grand chemin d'Auxerre, la *via Autissiodori* de 1138, passait par Lignorelles, Bleigny-le-Carreau et Souleine. A quelque distance du faubourg, il franchissait le Serain au moyen d'un pont de bois qui existe encore et que l'on appelle le *Pont des Planches*, mais qui a changé de place depuis bientôt cent ans. Ce pont ayant besoin d'être refait, les habitants, par acte d'assemblée du 30 janvier 1774, décidèrent qu'il serait reconstruit, non pas au bout du chemin de la Noue-Marou, où il avait toujours été, mais plus bas à l'entrée du pré du défunt bailli, M⁰ Bonin, et que le chemin de la croix de la Mission serait continué jusque-là par corvée, en rehaussant la chaussée pour la mettre à l'abri des inondations, le tout conformément au devis fait par le sieur Gardet, architecte et approuvé par M. Berthier de Sauvigny, intendant de la généralité de Paris, à la requête des sieurs Jamoy, échevin, Pierre Tremblay et Valentin Gallard, syndics. L'adjudication définitive des travaux eut lieu le 4 juin et le sieur Nicolas Girard, charpentier à Tonnerre, se chargea de l'entreprise, moyennant quatre mille livres (1).

Le chemin de Venouse, qui s'embranchait sur la voie d'Auxerre à la Croix-Brelet, est nommé dans la charte de Jean du Moulin, en 1119, *via retus quæ ducit à Lanniaco Venussam*, le *vieux chemin* qui conduit de Ligny à Venouse. On sait que ce village a des titres d'une haute antiquité : c'était une des trente-sept paroisses primitives du diocèse d'Auxerre citées dans les actes du synode de Saint-Aunaire en 572 : son nom vient selon toute apparence d'un temple de Vénus que les païens y avaient élevé à l'époque gallo-romaine et dont les débris se voyaient, il y a peu d'années, dans un champ aboutissant au chemin, au-dessous de l'église. Il est regrettable que personne ne se soit occupé de les conserver ou du moins de les décrire ; il y avait là des fûts de colonnes cannelées de 50 centimètres de diamètre, un chapiteau d'ordre dorique, des pierres de taille de grand appareil reliées par des crampons et des ferrements à double queue d'aronde, de larges tuiles à rebord, etc. Plus loin, sous le pont du ruisseau de Buchin, on remarquait le torse nu de l'idole d'environ un mètre trente cent. de circonférence à la ceinture. Ailleurs on a trouvé des tombeaux en pierre et des ossements en grand nombre. Il n'est donc pas étonnant qu'une des voies les plus anciennes dont il soit fait mémoire dans nos chartes soit celle qui conduisait à Venouse.

(1) Fonds du notariat.

Le grand chemin de Tonnerre, qui tombe sur le *chemin ferré*, c'est-à-dire sur la voie romaine de Sens à Alise, était la continuation de celui qui vient de Joigny par Cheny, la Malmaison, Hauterive, et les Baudières. M. l'abbé Henry, dans son Histoire de Seignelay (tome I*er*, p. 16), dit qu'une charte de 1119 l'appelle *via publica* et qu'il a toujours passé dans le pays pour une voie romaine. Avant l'année 1156, il quittait la ligne actuelle vers le pont des Quatre-Pierres, côtoyait le Scrain jusque sous les murs de l'abbaye de Pontigny et atteignait les Baudières en traversant Revisy, mais alors, à la prière des moines, Guillaume III, comte de Nevers, le fit reporter plus haut, vers la Rue-Feuillée et Sainte-Porcaire, où il est présentement. Après avoir croisé la voie romaine d'Agrippa aux Baudières, il inclinait vers le hameau des Chevaliers et allait passer devant l'église d'Hauterive. Dans ces parages on rencontre fréquemment des sépultures le long de ce chemin : nous avons nous-même été témoin de l'exhumation de plusieurs squelettes. Les archéologues connaissent l'inscription d'Hauterive en l'honneur de l'empereur Commode et de Crispine, sa femme. M. l'abbé Henry a enregistré beaucoup d'autres trouvailles qui semblent venir à l'appui de la tradition qu'il invoque. Toutefois, jusqu'ici, on n'a constaté sur aucun point la stratification spéciale qui caractérise une voie romaine.

Ajoutons que la plupart de ces chemins, grands ou petits, d'après un usage éminemment catholique, avaient une croix de bois ou de pierre, soit à leur naissance, soit à leur bifurcation, soit à leur intersection. Ces croix étaient désignées par le nom du saint auquel on les avait dédiées, la croix Saint-François, la croix Saint-Georges, la croix Saint-Jacques, la croix Saint-Pierre, la croix Saint-Jean, la croix Saint-Vincent, etc. Quelques-unes portaient le nom de la famille qui les avait fait élever, la croix Brelot, la croix Mathon, la croix Mallet, la croix Champagne, la croix Sicard, la croix

Hardy, etc. La plus remarquable était la croix de la Mission, ainsi appelée parce qu'elle fut plantée à la suite d'une mission prêchée au XVIIe siècle par les Pères capucins de Saint-Florentin, peut-être de celle à laquelle prit part le R. Père Chevillot de Ligny, en 1697. Ce n'était point une simple croix, mais bien un calvaire, où le Christ, de grande dimension, était accompagné des statues de la sainte Vierge et de saint Jean et de tous les instruments de la passion. Depuis Pâques jusqu'à la Toussaint, le clergé et les fidèles y allaient en procession à l'issue des vêpres, le premier dimanche de chaque mois. Les révolutionnaires ont mis fin à ce pieux pèlerinage en détruisant le calvaire de fond en comble. L'enclos où il était situé, à l'extrémité du faubourg, appartenait jadis à la communauté des habitants ; ceux-ci l'abandonnèrent à la fabrique par acte d'assemblée en date du 6 janvier 1726. Le 8 mars 1765, Jean Laproste et Martin Fournier, marguilliers de l'église, du consentement du pasteur, M. Jean-Baptiste Agnus, le cédèrent par bail emphytéotique de quatre-vingt dix-neuf ans à Edme Drioton, pour en jouir lui et ses héritiers, à la charge d'entretenir et de réparer annuellement la croix, les images, la clôture et aussi les deux portes qu'ils devaient laisser ouvertes les dimanches et les fêtes. M. l'abbé Brigand, lorsqu'il était curé de Ligny, a racheté le reste du bail : après lui les sœurs de la Providence ont eu la jouissance de l'enclos de la Mission et elles l'ont spontanément restitué à la fabrique depuis qu'elles ont dit adieu au berceau de leur congrégation.

Rendons grâce à nos aïeux : ils ont été bien inspirés en parsemant leur territoire du signe auguste de la Rédemption. Espérons que partout où ils l'ont planté, leurs descendants le maintiendront, le relèveront au besoin. La croix, c'est notre profession de foi, c'est l'abrégé de tout le christianisme ! c'est le mémorial du passé, la confiance du présent, l'espoir de l'avenir. En l'apercevant, le voyageur sent renaî-

tre ses forces au souvenir de l'Homme-Dieu qui, pour répandre la bonne nouvelle, se fatigua le long des chemins de la Judée ; l'ouvrier, le cultivateur relèvent la tête et ne plaignent plus leurs sueurs à la pensée des mains divines qui ont manié le rabot et la scie dans l'atelier de Nazareth. « Ce n'est pas
« seulement dans un siècle, dit un auteur moderne, mais
« dans tous les siècles, depuis le grand sacrifice du Calvaire,
« que la croix est un objet d'hommage et de vénération pour
« les peuples. Les rois en ont fait l'ornement de leur cou-
« ronne, les armées l'ont prise pour étendard. Elle enflamme
« le courage des guerriers et décore leur poitrine ; elle est le
« trophée des grands et des petits, des riches et des pauvres;
« elle orne les siéges des magistrats et préside leurs audiences;
« elle sert de bannière dans les fêtes publiques, elle est la
« base de toutes les institutions. Une croix marque le lieu où
« Guillaume Tell affranchit sa patrie. Une croix est le sceau
« de la grande charte d'Angleterre. Les villes l'ont placée sur
« les monuments les plus élevés ; on l'a dressée sur les places
« publiques, sur les limites des communes et des héritages
« des particuliers. Elle sert de décoration dans les palais des
« princes, dans la chaumière des pauvres. Les esprits les
« plus distingués par leur sainteté et leurs lumières, les
« hommes de toutes les conditions et de toutes les nations
« s'attachent à la croix. Tous voient dans la croix un glo-
« rieux symbole de victoire, d'amour, de paix et de liberté.
« Elle fortifie le chrétien dans l'adversité, elle tient ses
« regards fixés vers le ciel dans la prospérité; elle est son
« meilleur ami, son unique consolateur à l'heure de la
« mort, et couvre ensuite son tombeau de son ombre protec-
« trice (1). »

En finissant ce modeste travail que l'amour du pays natal nous a dicté, invitons nos compatriotes à redire avec nous

(1) Encyclopédie cathol., t. 9, v° Croix.

ces paroles de la sainte liturgie, dont nos pères ont tant de fois fait retentir les voûtes de leur église bien-aimée : *Nos autem gloriari oportet in cruce Domini nostri Jesu Christi, in quo est salus, vita et resurrectio nostra !* (1) S'il faut nous glorifier, glorifions-nous dans la croix de Notre-Seigneur Jésus-Christ, en qui est le salut, la vie et la résurrection !

(1) Office de l'Exaltation de la sainte Croix.

PIÈCES JUSTIFICATIVES

PIÈCES JUSTIFICATIVES.

I.

PROCÈS-VERBAL D'INFORMATION SUR L'INCENDIE DE 1611.

Information faite par nous LOUIS DE DONON, conseiller du Roy, trésorier de France et général de ses finances en la charge et généralité d'entre Seyne et Yonne establye à Paris, sur les pertes et ruynes souffertes par les habitans de la ville de Ligny-le-Chastel, élection de Tonnerre, à cause de l'incendye du feu survenue en ladicte ville le 14e jour d'octobre 1611, qui a bruslé et consommé les maisons, granges, estables, de sorte qu'il n'en est resté aulcune chose, mesme des meubles, grains, vins et autres légumes qui estoient en grande quantité l'année présente, n'en ayant peû sauver et destourner à cause de la véhémence du feu, ainsi qu'il nous a esté certiffié et affirmé par aucuns desdicts habitans, lesquels nous seroient venus trouver le 6 desdicts mois et an en la ville de Tonnerre, où nous estions lors pour l'effet de nos chevauchers; et nous auroient pryé et requis informer desdictes pertes et qu'à ceste fin eussions à expédier notre ordonnance au procureur de Seigneurie dudict lieu de Ligny pour nous administrer tesmoings; suyvant laquelle ordonnance sommes partis de ladicte ville de Tonnerre pour nous acheminer audict lieu de Ligny, où estant avons vaqué au faict de ladicte information, ainsi qu'il s'ensuyt:

Du dimanche treizième jour de novembre 1611 audict lieu de Ligny-le-Chastel, en l'hostellerie, où est pour enseigne les Troys-Mores.

MESSIRE ABEL DE MONTLIART, prieur de Dyé et y demeurant, aagé de 45 ans ou environ, après avoir mis la main *ad pectus*:

A dict qu'il a bonne cognoissance du désastre survenu en ladicte ville de Ligny, le 14e jour d'octobre dernier, environ sur les 7 à 8 heures du matin que le feu commença à y prendre, lequel la consomma en moings de 3 heures, à la réserve de 10 ou 12 maisons des moindres et que, à cause de la véhémence du feu, les marchandises dont les marchands faisoient grand débit ont esté perdues, sans qu'il ayt esté en leur puissance de pouvoir sauver aulcune chose, de sorte que cette perte est inestimable et ne se peult dire que de mémoire d'homme il soit advenu un tel désastre. Scayt aussi ledict déposant et est certain qu'il y a pour le moins quinze notables marchands entre lesdits habitans, qui ont fait perte de plus de dix mil escus chacun, sans les autres marchands, laboureurs et vignerons qui estoient fort riches et principalement ceste année que la terre a produit des fruicts en abondance audict pays et que, pour surcharge de leur malheur, cest accident n'est advenu qu'après la récolte de blé et de vin et que les terres desdicts habitans ne sont encore ensemencées, n'ayant aucun moien de ce faire pour avoir tout perdu, estant ceste perte de quatre à cinq mil muids de vin de leur récolte de l'année présente, sans le vieil de la dernière qui estoit resté à débiter en ladicte ville ; ne pouvant ledict déposant estimer la perte des autres biens d'iceulx habitans. Et est ce qu'il a dict : lecture faite de sa déposition, l'a signée en nostre minutte.

Edme de Gavau, escuyer, sieur du Pescher, demeurant à Lordonnoys, aagé de 50 ans ou environ, lequel après serment par lui faict de dire vérité sur la perte soufferte par lesdicts habitans :

A dict qu'il est certain et mémoratif du désastre advenu en ladicte ville de Ligny par l'incendye du feu, lequel a esté sy véhément qu'il a consommé six à sept cens maisons de ladicte ville, les habitans de laquelle estoient fort riches et aysez en marchandises, tant en draps, toilles, vins que bleds et aultres, de sorte que la perte causée par cest accident est inestimable et qu'elle ne se peut priser ; mais bien sçayt ledict déposant qu'il y a hommes qui perdent chacun trois cens muids de vin et plus, qu'ils avoient recueilly, la présente année ayant esté en sy grande abondance que lesdicts habitans furent contrains d'en mettre hors leurs maisons à descouvert, n'ayant assez de logis pour les serrer. Scayt aussi ledict déposant qu'ils ont perdu environ cinquante mil bichets de bled de leur récolte de l'année présente, estant ce désastre advenu après icelle ; à cause de quoy ils n'ont eu moien d'ensemencer leurs terres, lesquelles sont demeurées en friche, pour avoir tout perdu ce qui estoit en leurs maisons, granges, estables et autres lieux qui servoient à la retraite de leurs biens. Et est ce qu'il a dict : lecture faite de sa déposition, l'a signée en nostre minutte.

M⁵ Symon Deschamps, lieutenant en la justice de Dyé et y demeurant, aagé de 59 ans ou environ, lequel après serment de dire et déposer vérité sur lesdictes pertes :

A dict que de mémoire d'homme il ne s'est veu ni parlé d'un tel désastre que celuy advenu au lieu de Ligny-le-Chastel par l'incendye du feu qui a bruslé et consommé toute ladicte ville, excepté dix ou douze maisons des moindres qui sont restées. Ne peut ledict déposant estimer la perte soufferte par lesdicts habitans, mais sçayt bien qu'elle est grande, d'autant qu'il y avait en icelle ville un bon nombre de marchands qui trafiquoient assez bien et faisoient grand profit du débit de leur marchandise, et de laquelle il n'ont peu sauver aucune chose non plus que de leurs grains, vins et meubles, ains ont tout perdu pourceque le feu estoit sy véhément que, en moings de trois heures, il brusla et consomma ladicte ville, mesme quelque partye du bestail qui revenoit des champs à l'heure ordinaire pour repaistre, n'estant en la puissance desdicts habitans de les empêcher d'entrer. Sçayt ce que dessus ledict déposant pour ce qu'il vint aussitost dudict lieu de Dyé en ladicte ville de Ligny, où il veit ce désastre tel qu'il ne peut s'imaginer, n'ayant à cause de ce lesdicts habitans moien de se redimer de telles pertes, ni d'ensemencer leurs terres, lesquelles sont demeurées en friche, et sont contrains de mandier leur vie par les villes et villages des environs d'icelle. Et est ce qu'il a dict : lecture faicte de la déposition, l'a signée en nostre minutte et n'a requis sallaire à cause de la pauvreté desdicts habitans.

Mᵉ Edme Comte, procureur fiscal de la terre et seigneurie de Dyé et y demeurant, aagé de 49 ans ou environ, lequel après serment par lui faict de dire vérité sur lesdictes pertes :

A dict qu'il est mémoratif du jour que le feu print audict lieu de Ligny, qui fut le vendredy 14ᵉ jour d'octobre dernier, environ sur les sept a huit heures du matin, qui brusla et consomma, en moings de troys heures, toute ladicte ville, en laquelle y avait sept ou huit cens maisons, les habitans desquelles étoient tous ayséz et riches, mesme l'année présente que la récolte des bled et vin a esté plus grande que les années précédentes, en sorte qu'aucuns desdicts habitans perdent chacun environ trois ou quatre cens muids de vin qu'ils avoient recueilly l'année présente, sans celuy de la dernière qui estoit encore resté en ladicte ville en fort grande quantité. Ne peut ledict déposant estimer la perte soufferte par lesdicts habitans pour ne sçavoir au vray leurs facultéz, d'autant qu'il y avait en ladicte ville un grand nombre de marchands qui trafiquoient ordinairement ès meilleures villes d'allentour du pays avec un grand débit ; n'estant resté en icelle ville qu'environ huict ou neuf mai-

sons des plus moindres, appartenant à pauvres gens mercenaires gai-
gnant leur vie au jour le jour. Sçayt aussy ledict déposant que la plus-
part d'entre lesdicts habitans ont esté contrains d'abandonner le pays et
de mandier leur vie, estant pour cest accident réduicts à telle misère de
pauvreté que jamais ils ne s'en pourront remettre. Et est ce qu'il a dict:
lecture faicte de sa déposition, l'a signée en nostre minutte, lequel n'a
requis sallaire à cause de la pauvreté desdicts habitans.

FRANÇOIS MATIAS, mareschal et laboureur, demeurant audict lieu de
Dyé, aagé de 47 ans ou environ, après serment par luy faict de dire
vérité sur ce qui luy a esté par nous enquis desdictes pertes:
A dict que lorsque le feu print en la ville de Ligny, il estoit à sa charrue, qu'il quitta aussitost qu'il ouyt parler de cest accident pour s'acheminer en icelle ville et que, en estant proche, il ne fut en sa puissance
d'y entrer parce que le feu étoit trop véhément, lequel en moings
de troys heures consomma les maisons de ladicte ville et les meubles et
les biens qui y estoient, n'en ayant lesdicts habitans peu sauver aucune
chose; aussy que le feu print en un instant en sept ou huict endroits
dudict lieu de Ligny, ne pouvant les habitans se sauver qu'avec grande
peyne et furent contrains de passer avec des aschelles sur les murailles,
d'autant que le feu estoit aux portes de ladicte ville qui les consomma,
desquelles non plus que desdictes maisons n'est rien resté. Ne peut ledict déposant estimer la perte soufferte par lesdicts habitans, mais sçayt
bien qu'elle est grande et que nul ne peut la priser, pourcequ'il y avoit en
ladicte ville un grand nombre de marchands bien fournis de marchandises et quantité de laboureurs qui avoient l'année présente faict une grande
récolte, laquelle a esté toute bruslée, n'en ayant peu sauver aucune chose
mesme que leurs licts et autres meubles ont esté bruslés et réduits en
cendres. Et est ce qu'il a dict: lecture faicte de sa déposition en laquelle
il a persisté et déclaré ne sçavoir signer et n'a requis aucun sallaire ny
taxe, à cause de la pauvreté desdicts habitans de la ville de Ligny.

Mᵉ JEHAN GRILLOT, prévost royal de la ville de Chablyes et y demeurant, aagé de 35 ans ou environ, lequel après serment de dire vérité
sur la perte soufferte par lesdicts habitans à cause de l'incendye du feu:
A dict estre mémoratif de l'accident arrrivé en ladicte ville de Ligny,
par le feu, dès le 14 octobre dernier, qui y print environ sur les 7 à 8
heures du matin et qu'aussitost qu'il ouyt parler de ce désastre, il s'y
achemina avec Mᵉ Jehan Michelot demeurant audict Chablyes, où il arriva sur environ une heure de relevée et trouva que le feu avoit jà tout consommé les maisons d'icelle ville avec les meubles, grains, vins et mar-

chandises y estant, et qu'à peyne les habitans se peurent sauver, d'autant que le feu estoit à toutes les portes et qu'il n'est resté en icelle ville que l'Eglise, la Maison-Dieu et sept ou huict maisons des plus moindres dudict lieu et ne peut ledict déposant estimer ladicte perte, mais sçayt qu'elle est grande pour avoir esté bruslé sept à huit cens maisons sans en estre resté aucune chose et que, de mémoire d'homme, il ne s'est veu ni ouy parler d'un tel désastre ; ne sçayt qui a mis le feu en ladicte ville, sinon qu'il a ouy dire qu'il y est prins par accident, estant lesdicts habitans sy pauvres et indigens qu'ils sont contrains de mandier leur vie ès villes et villages d'allentour dudict Ligny, ce qui est une grande charge aux habitans d'iceux pour ne leur être resté aucune chose de leurs moiens qui estoient grands pour y avoir lors en ladicte ville un bon nombre de marchands, laboureurs et vignerons, lesquels auroient l'année présente faict une grande récolte en bled et vin qui a esté aussy tout perdu, sans que l'on en aye peu sauver aucune chose. Et est ce qu'il a dict : lecture faicte de sa déposition, l'a signée en nostre minutte et n'a requis sallaire à cause de la pauvreté desdicts habitans.

Me JEHAN MICHELOT, receveur de Messieurs du Chapitre de Saint-Martin de Tours, à Chablyes et y demeurant, aagé de 33 ans ou environ, après serment de dire vérité sur lesdictes pertes :

A dict qu'il estoit en la ville de Chablyes lorsqu'il sceut la nouvelle du désastre advenu audict lieu de Ligny à cause du feu qui y print le vendredy 14e jour d'octobre dernier, sur les 7 à 8 heures du matin, comme on luy a rapporté et que aussitost il partit dudict Chablyes pour s'acheminer audict lieu de Ligny, affin que s'il pouvoit apporter remède à ce malheur de s'y employer de tout son pouvoir : ce qu'il ne peut faire d'autant que le feu avait jà tout consommé et reduict en cendres, n'estant resté que les cheminées, partye desquelles sont du depuys tombées, estant le feu sy véhément qu'il feut longtemps sans pouvoir entrer dans ladicte ville, à cause qu'il brusloit les portes d'icelle, dont il n'est resté aucune chose, et mesme que lesdicts habitans ne se pouvaient sauver que par-dessus les murs avec eschelles de cordes. Ne peut le déposant estimer ladicte perte, mais sçayt bien qu'elle est grande pour ce qu'il y avoit avant ce désastre audict lieu de Ligny nombre de marchands, laboureurs et vignerons, qui avoient faict une grande récolte de bled et vin en la présente année. Et est ce qu'il a dict : lecture faicte de sa déposition, l'a signée en nostre minutte et n'a voulu ni demandé aucun sallaire à cause de la pauvreté des habitans.

Me CLAUDE BRIFOU, procureur audict lieu de Chablyes, y demeurant, aagé de 34 ans ou environ, après serment par luy faict de dire vérité sur lesdictes pertes :

A dict estre mémoratif du désastre advenu en ladicte ville de Ligny, qui fut le vendredy 14ᵉ jour du mois d'octobre dernier environ sur les 7 à 8 heures du matin, ainsy qu'il a sceu et qu'après cest accident advenu il s'achemina en icelle ville sur le bruit qu'il en entendit, affin de pouvoir y apporter remède, ayant ce feu causé perte de plus de sept à huict cens mil escus, dont cens desdicts habitans qui estoient de sa cognoissance peuvent avoir perdu chacun cinq mil escus, ce qu'il sçayt pour estre natif dudict lieu de Ligny, lequel estoit composé d'environ sept à huict cens maisons, sans les granges et estables, lesquelles ont esté toutes bruslées et consommées sans que l'on en aye peu sauver aucune chose, ny des bleds ni autres marchandises ; estant la perte sy grande qu'il croit que lesdicts habitans ne s'en pourront rédimer ; ayant à ceste occasion quitté et abandonné le pays pour ne plus pouvoir s'y habituer, estant réduicts à telle misère qu'ils sont contrains de mandier leur vie ès villes, bourgs et villages d'allentour dudict Ligny. Et est ce qu'il a dict : lecture faicte de sa deposition, l'a signée en nostre minutte et n'a demandé aucun sallaire à cause de la pauvreté desdicts habitans.

Mᵉ François Pingault, prestre, curé de la paroisse de Carrisey et y demeurant, aagé de 41 ans ou environ, lequel après avoir mis la main au pict :

A dict qu'il est mémoratif du désastre advenu audict lieu de Ligny par l'incendye du feu qui fut le vendredy 14ᵉ jour du mois d'octobre dernier sur les 8 heures du matin et qu'en moings de 3 heures il consomma les maisons, grains, vins, foings et autres légumes qui y estoient en grande abondance et principalement l'année présente que la récolte a esté grande, n'estant cest accident survenu qu'après icelle ; la perte de laquelle, ensemble des maisons et marchandises, ne la peut estimer, mais sçayt qu'il y a tel homme qui a perdu de sa récolte de l'année présente troys à quatre cens muids de vin sans celuy de l'année dernière et les grains et marchandises qui estoient en ladicte ville, laquelle estoit composée de plus de deux mil communians, ce qu'il sçayt pour avoir esté vicaire dudict lieu par l'espace de dix ou douze ans, pendant lequel temps et depuis il a tousjours recognu lesdicts habitans aysez qui payoient bien leurs tailles, ce qu'ils ne pourront faire doresnavant, d'autant que la perte est sy grande qu'il n'est pas possible la pouvoir estimer ; ayant les marchands, laboureurs, vignerons, artisans et autres habitans gagnant leur vie au jour le jour, desquels ladicte ville estoit composée, tout perdu sans avoir peu sauver aucune chose de leurs biens et meubles, de fasson qu'ils sont à présent réduicts à mandicité, espars par les villes et villages d'allentour dudict lieu de Ligny, et qu'il est croyable que ladicte ville ne sera jamais en sa splendeur, comme elle estoit avant ce désastre. Et est ce qu'il a dict : lecture faicte de sa déposition, l'a signée en nostre minutte et n'a requis sallaire à cause de la pauvreté desdicts habitans.

M⁰ EDME DE MAISIÈRES, notaire et procureur au bailliage de Maligny et y demeurant, aagé de 54 ans ou environ, lequel après serment de dire vérité sur lesdictes pertes :

A dict que lorsqu'il sceut que le feu étoit en ladicte ville de Ligny, il s'achemina pour ayder aux habitans d'icelle à sauver quelque chose de leurs biens, mais qu'il ne fut en sa puissance de ce faire d'autant qu'en moings de 4 heures elle fut consommée et réduicte en cendres et les meubles, marchandises, grains et vaisseaux où estoit le vin, et qu'il print environ sur les 9 heures du matin, du vendredy 14ᵉ jour d'octobre dernier et commença en la maison d'un nommé Sébastien Filleu, qui demeuroit à un des bouts de ladicte ville appelé les Foulons, et que, en moings d'un demy quart d'heure le feu estoit en dix ou douze endroits de ladicte ville, de sorte qu'il ne fut en la puissance d'aucun homme de pouvoir sauver chose quelconque de ses biens, ny mesme esteindre le feu, d'autant qu'il estoit sy véhément que de 7 à 8 cens maisons, dont ladicte ville estoit composée, il n'en est resté que 7 à 8 des plus moindres qui appartiennent aux plus pauvres desdicts habitans, lesquels sont réduicts en telle misère et mandicité qu'il est impossible qu'ils se puissent remettre de telle perte, estant sy grande que l'on ne la peut priser et estimer, y ayant en ladicte ville avant cest accident grand nombre de marchands, laboureurs, vignerons et autres artisans qui trafiquoient aux meilleures villes d'allentour du pays, lesquels au moien de leurs pertes ne le pourront plus faire doresnavant. Et est ce qu'il a dict : lecture faicte de sa déposition, l'a signée en nostre minutte et n'a requis sallaire.

M⁰ ROBERT BAILLOT, procureur au bailliage de Maligny et y demeurant, aagé de 47 ans ou environ, lequel après serment par luy faict de dire et déposer vérité sur lesdictes pertes :

A dict qu'il a bonne congnoissance et est mémoratif de l'accident de feu arrivé en ladicte ville le 14ᵉ jour d'octobre dernier environ les neuf à dix heures du matin, lequel en moings de quatre heures brusla toutes les maisons d'icelle qui estoit composée de sept à huict cens maisons et n'en est resté que sept ou huict des plus moindres, ayant la véhémence du feu esté sy grande qu'il ne fut en la puissance d'homme de pouvoir sauver aucune chose de ces biens et meubles qui y estoient en sy grande abondance pour estre lors lesdicts habitans riches et aysez, qui avoient faict une grande récolte de bled et vin l'année présente ; sçayt ce que dessus ledict déposant pour estre ordinairement en ladicte ville, en laquelle il arriva le 14ᵉ jour d'octobre sur les 1 à 2 heures après midi et il n'y avoit plus rien qui ne fut réduict en cendres ; sçait aussy ledict déposant que la perte soufferte par lesdicts habitans ne se peut estimer et que de mémoire il ne s'est veu ni ouy parler d'un tel accident, estant à cause de ce iceux habitans réduicts en telle mandicité qu'ils ont quitté et abandonné leurs héritages, lesquels ne sont ensemencés pour n'avoir moien de ce faire à cause de la perte de leurs grains. Et est ce qu'il a dict et déposé : lecture faicte de sa déposition, l'a signée en nostre minutte et n'a requis sallaire à cause de la pauvreté des habitans.

Du lendemain lundy 14ᵉ jour dudict mois de novembre 1611 audict lieu de Ligny.

Mᵉ François Bernage, prestre, curé de Maligny et y demeurant, aagé de 46 ans ou environ, lequel après avoir mis la main *ad pectus* :

A dict avoir bonne congnoissance de l'accident du feu arrivé en ladicte ville de Ligny-le-Chastel, le vendredy 14ᵉ jour d'octobre dernier et qu'il estoit lors audict lieu de Maligny et qu'aussitost que les nouvelles de ce désastre furent entendues par luy, il s'achemina en ladicte ville en laquelle il arriva environ sur le midy et recognut que toutes les maisons estoient jà bruslées fors et excepté huict ou neuf qui y estoient restées de sept à huict cens dont ladicte ville estoit composée, sans les granges et estables, lesquelles maisons estoient habitées par un grand nombre de bons et riches marchands, qui trafiquoient de toutes sortes de marchandises, comme draps de soye, laines, thoilles et autres ; en outre qu'il y avoit en ladicte ville environ deux cens bons et riches laboureurs des meilleurs du pays, lesquels ont tout perdu, pource qu'en moings de troys heures le feu réduisit en cendres toutes les maisons sans qu'il soit resté que les fondements (1) et que mesme les voultes des caves sont tombées, le vin estant dans icelles et ailleurs ès celliers perdu, ensemble les grains, foings et légumes qui estoient l'année présente en grande abondance en icelle ville, de laquelle il est impossible dire la misère où les habitans sont réduicts, estant sy grande qu'ils sont contrains mandier leur vie par les villes et les bourgs d'allentour du pays et qu'il est incroyable que l'on

---

(1) M. Bernage dit qu'il ne resta que les fondements parce que la plupart des maisons étaient construites en pans de bois. Voilà pourquoi un autre témoin dit qu'il ne resta que les cheminées.

puisse à l'advenir voir ladicte ville en sa splendeur, comme elle estoit avant cest accident, duquel lesdicts habitans ne se pourront jamais rédimer et remettre sus, pour n'y avoir audict territoire aucunes pierres, boys, ni autres matières pour travailler à la réfection et rédification de leurs maisons et pour n'avoir aucun moien de ce faire quand bien le Roy ne leverait de cinquante, voire de soixante ans aucuns deniers sur eux. Sçayt ce que dessus ledict sieur Bernage pour avoir cogneu plusieurs desdicts habitans, d'autant qu'il estoit ordinairement audict lieu de Ligny qui n'est distant dudict Maligny que de demye lieue. Ne peut iceluy déposant estimer la perte et ruyne soufferte par lesdicts habitans, mais sçayt qu'elle est grande et presque incroyable, pour ce que tel qui n'a veu ladicte ville en son lustre et splendeur ne croira pas ceste perte. Et est ce qu'il a dict : lecture faicte de sa déposition, l'a signée en nostre minutte et n'a requis sallaire.

Quentin Charlot, laboureur, demeurant à Chablyes, aagé de 40 ans ou environ et Joseph Bachelier, demeurant audict Chablyes, aagé de 28 ans ou environ, lesquels après serment par eux faict de dire et déposer vérité sur les faicts que dessus :

Ont dict estre mémoratifs de l'accident de feu advenu audict lieu de Ligny le vendredy 14e jour d'octobre dernier, qui y print environ sur les 9 heures du matin ainsy qu'ils ont depuis sceu, d'autant qu'ils n'estoient en ladicte ville lorsque le feu y print et n'y arrivèrent qu'environ une heure après midy, en laquelle ils ne purent entrer à cause de la véhémence du feu, qui en moings de troys heures à ce qu'ils recognurent consomma toutes les maisons, granges, meubles, marchandises, grains, foings, vins et autres fruicts dont les habitans avoient faict récolte l'année présente en telle abondance qu'à peyne avoient-ils assez de logis pour les serrer. Sçavent ce que dessus lesdicts déposans, pour ce qu'ils estoient ordinairement audict lieu de Ligny, et que lesdicts habitans estoient riches et aysez, qui faisoient un grand trafic et débit de leurs marchandises et qu'en icelle ville y avoit un grand nombre de bons marchands et laboureurs, qui ont tout perdu sans avoir sauvé aucune chose mesme de leurs meubles, à cause de quoy ils sont réduicts en un extrême misère et mandicité et qu'ils sont espars parmi les villes et villages des environs dudict lieu de Ligny; ne pouvant lesdicts déposans estimer la perte soufferte par lesdicts habitans, pource qu'elle est grande et que par la quantité des maisons bruslées, qui se peut monter à sept ou huict cens, l'on peut considérer ceste perte immense. Mais sçavent lesdicts déposans qu'il y a tel homme qui perd environ deux cens muids de vin de sa récolte sans celuy de l'année dernière. Et est ce qu'ils ont dict : lecture faicte de leur déposition, ont déclaré ne savoir signer et n'ont requis aucun sallaire d'autant que lesdicts habitans sont trop pauvres.

M° Pierre Pezey, procureur fiscal de la terre et seigneurie de Pontigny, y demeurant, aagé de 49 ans ou environ, lequel après serment par luy fait de dire vérité sur lesdicts pertes :

A dict que aussitost qu'il sceut nouvelles de cest accident, il s'achemina en ladicte ville de Ligny, en laquelle il arriva sur les deux heures de relevée, où il recognut que le feu avoit jà tout réduict en cendres les maisons d'icelle, n'estant rien resté que dix ou onze maisons et le surplus montant à 7 ou 8 cens ont esté toutes bruslées et les marchandises, grains, foings et autres légumes qui se recueilloient en grande abondance au territoire d'icelle et mesme la présente année qui a esté fertille en tous biens, dont lesdicts habitans ont faict une bonne récolte qu'ils ont toute perdue avec leurs autres biens et moiens, estant à cause de ce sy pauvres qu'il n'est pas à eux possible d'ensemencer leurs terres, ni faire leurs vignes et qu'ils sont réduicts à mandicité, ayant quitté et abandonné le pays et territoire et laissé en friche et que ladicte ville est maintenant déserte sans nulle habitation que de douze ou quinze habitans, qui veulent mesme s'absenter comme il leur a ouy dire ; et que ladicte perte est sy grande qu'elle ne se peut estimer, d'autant qu'icelle ville estoit habitée par gens riches et aysez qui faisoient un grand trafic de marchandises ; aussy que les laboureurs et vignerons ont perdu toute la récolte et n'ont moien maintenant de subvenir aux frais qu'il leur conviendroit faire pour avoir des ustensilles propres à leur vacation, et croyt ledict déposant que jamais lesdicts habitans ne se pourront remettre et rédimer de telles pertes quant bien le Roy ne leveroit aucuns deniers sur eux de quarante, voire cinquante ans. Et est ce qu'il a dict : lecture faicte de sa déposition, l'a signée sur nostre minutte et n'a requis sallaire à cause de la pauvreté desdicts habitans.

Faict par nous, trésorier de France et général des Finances susdict les jour et an que dessus.

Signe : De Donon.

II.

PROCÈS-VERBAL DE L'ÉTAT DE LA VILLE UN MOIS APRÈS L'INCENDIE DE 1611.

Louis de Donon, conseiller du Roy, trésorier de France et général des finances en la charge et généralité d'entre Seine et Yonne, establye à Paris;

Comme faisant nos chevauchers ès Elections de Saint-Florentin, Tonnerre et Vézelay, dépendans de ladicte généralité, il soit venu à nous en la ville de Tonnerre plusieurs habitans de la ville de Ligny-le-Chastel, lesquels nous auroient remonstré et faict entendre que le vendredy 14e jour d'octobre dernier, environ sur les 8 à 9 heures du matin, le feu seroit print par accident en ladicte ville de Ligny, de sorte qu'il l'auroit toute bruslée, consommée et réduicte en cendres, ayant leurs biens esté perdus sans en avoir peu sauver aucune chose et qu'à cause de ce ils sont réduits à mandicité, n'ayant moien de vivre ni de payer à Sa Majesté les tailles, crevées et autres impositions qui souloient estre levées sur eux, pour ce que lesdicts habitans sont espars ès villes et bourgs d'allentour dudict Ligny, qui mandient leur vie; lesquels n'ont espérance de se remettre et rédimer de telles pertes, s'il ne plaist à Sadicte Majesté avoir pitié d'eux. C'est pourquoi ils nous auroient requis informer de cest accident, pertes et ruyne par eux souffertes afin de se retirer par devers Sadicte Majesté et Nos Seigneurs de son conseil, pour avoir remise de toutes leurs tailles, crevées et autres impositions mises et à mettre sus durant quelques années, pour leur ayder à se remettre et habituer en icelle ville.

A quoi ayant esgard nous nous serions acheminé de ladicte ville de Tonnerre où nous estions lors le 13e jour du présent mois de novembre en celle dudict Ligny, en laquelle aurions informé desdictes pertes, comme il est contenu et déclaré en l'information que nous en avons faicte. Après laquelle iceux habitans nous auroient aussy requis nous transporter par ladicte ville et faire description et procès-verbal des maisons restant ès rues d'icelles, affin de rendre assuré tesmoignage de leur perte.

Pourquoi faire nous sommes transportés en la rue appelée du *Carrouge*, tirant à la porte de Saint-Florentin, les maisons de laquelle ont esté bruslées et consommées, sans en estre resté aucune chose; comme aussy celles de la rue du *Chasteau*, tirant à la porte de Varennes, à la réservation de troys petites maisons appartenant à Germain Viaut, Laurent Auclerc et Laurent Jacob, des moindres habitans de ladicte ville, comme nous avons recognu par l'inspection du roole de la taille auquel Viaut est taxé pour le principal d'icelle à 50 solz, ledict Auclerc à 40 solz et iceluy Jacob à 30 solz. Et de ladicte rue sommes entrés en celle de la *Vicomté*, en laquelle n'avons trouvé aucunes maisons pour avoir esté bruslées, comme aussy en celle de la *Maison-Dieu*, où avons trouvé les maisons bruslées, à la réservation de l'Hostel-Dieu, autour de laquelle y a eu de grandes atteintes par le feu, de celle appartenant à Jehan Vicaire, cottisé par ledict roole à 6 solz, de celle de Pierre Centenier taxé à 30 solz, de celle d'Edme Vailland cottisé à pareille somme.

Au sortir de ladicte rue sommes entrés en celle du *Change*, de la *Croix*, du *Grand-Berthe* et en troys autres, aboutissant en la rue tirant du Chasteau de ladicte ville à la croix d'icelle, où nous n'avons trouvé aucunes maisons d'autant qu'elles ont esté bruslées sans qu'il en soit demeuré aucune ; comme en icelle où l'on souloit tenir le marché (1), de laquelle sommes entrés en celle des *Molins* qui aboutit sur ladicte rue du marché, où nous avons trouvé quatre petites maisons à demi bruslées, ne pouvant le reste subsister debout, appartenant à pauvres gens mercenaires. Et de ladicte rue sommes aussy entrés en celle des *Juifs* où nous n'avons trouvé aucunes maisons pour avoir esté bruslées, comme celles de la rue des *Foulons* aboutissant en celle du *Carrouge*, où le feu a faict pareil dommage, n'estant resté en icelle que la maison de Symon Villetard, non compris aux tailles pour estre en bas aage et pupil, celle de Florentin Martin cottisé à 15 solz, celle de la vefve Davoise à 12 solz, celle des enfants de la vefve Guygnard, non taxés à cause de leur pauvreté, celle de Pierre Dyon le jeune cottisé à 6 livres, Jehan Champagne à 3 livres 10 solz, François Regnard à 20 solz.

Montant le reste desdictes maisons déclarées cy-desssus au nombre de 19, restant de plus de 700 dont ladicte ville estoit composée, qui portent pour le principal de la taille la somme de XXXVI livres VII solz sur 1920 livres 1 sol 6 deniers que monte la taxe faicte l'année présente pour ladicte ville, comme il nous est apparu par le roole de la taille que nous nous sommes faict représenter par les collecteurs de ladicte ville.

Faict à Ligny, le 14e jour de novembre 1611.

Signé : DE DONON.

N. B. — Ces deux procès-verbaux ont été copiés sur l'expédition que possèdent les archives de l'Yonne, laquelle vient de l'hôpital de Tonnerre.

---

(1) Cet ancien marché était tombé en désuétude depuis longtemps : on l'a rétabli de nos jours et fixé au samedi. Les six foires traditionnelles se sont conservées ; elles se tiennent le 19 mars, le 11 juin, le 14 juillet, le 29 août, le 25 octobre et le 21 décembre.

III.

Testament de messire Gabriel de Sion.

(8 juin 1648)

In nomine Domini. Amen.

L'an mil six cens quarante huict, le 8° jour du moys de juin avant midy, par devant moy Edme Servain, notaire, tabellion juré et garde-nottes du bailliage et vicomté de Ligny-le-Chastel y résidant soubsigné, fut présent en sa personne vénérable et discrette personne M° Gabriel de Sion, presbtre, docteur en théologie et professeur du Roy ès langues orientalles, demeurant à Paris et estant de présent en cette ville de Ligny-le-Chastel gisant au lict malade en la maison de noble homme Claude Baudry, sieur de la Motte, secretaire ordinaire de la Reyne régente, mère du Roy, toutesfois sain d'esprit, jugement et entendement, ainsy qu'il est apparu audict notaire et tésmoins cy-après nommés, par ses parolles, gestes et maintien, lequel considérant qu'il n'est rien sy certain que la mort, ne chose plus incertaine que le jour et l'heure d'icelle, ne voullant décéder sans avoir ordonné de sa sépulture et disposé de ses biens, qu'il a pleu à Dieu et à sa divine bonté infinie luy prester et départir en ce mortel monde, a faict, dicté et nommé son testament et ordonnance de dernière vollonté au nom du Père, du Fils et du Saint-Esprit, en la forme et manière qui s'ensuict :

Premièrement a recommandé son âme à Dieu le Père tout-puissant, à la glorieuse Vierge Marie, Monsieur sainct Pierre et sainct Paul, sainct Gabriel son patron et généralement à tous les saincts et sainctes du Paradis, les priant estre ses intercesseurs envers Nostre Sauveur et Rédempteur Jésus-Christ, affin que quand son âme partira de son corps, elle soit mise et colloquée en paradis avec les bienheureux.

Item veult et ordonne ses debtes estre payées et torts faicts, si aucuns y a, réparés et amendés.

Item veult et ordonne son corps mort estre inhumé et enterré en l'église de ce lieu de Ligny, au lieu le plus convenable que par l'exécuteur de son présent testament cy-après nommé sera advisé avec les sieurs curé, fabricien et marguilliers de ladicte église.

Item veult et ordonne que ses obsèques et funérailles soient faictes sans pompes ny cérémonies, se rapportant à son dict exécuteur de faire pour cest effet tel luminaire qu'il advisera bon estre.

Item donne et lègue la somme de cent livres tournois pour estre distribués aux pauvres qui assisteront au service qui sera dict et célébré tant le jour de son enterrement que au bout du mois, à chascun desquels sera donné un sol marqué.

Item veult et ordonne que pendant un moys entier il soit dict et célébré par chascun jour en ladicte église, soit par le sieur curé ou vicaire d'icelle, une messe de *Requiem*, pour le repos de l'âme de luy testateur et de celles de ses défuncts père et mère et amys trespassés, et au bout dudict mois, qu'il soit dict et célébré un service à troys grandes messes, vigiles à neuf leçons et oraisons accoustumées.

Item veult et ordonne estre dict et célébré à perpétuitté et par chascun an, par le sieur curé, vicaire et pbrestres de l'église de ce lieu de Ligny, à mesme jour qu'il plaira à Dieu l'appeler de ce monde, un service complet et troys grandes messes, une du Sainct-Esprit, la seconde de la Vierge et la troysiesme des Trespassés, avec les vigiles à neuf leçons et oraisons accoustumées, à quoi le fabricien et les marguilliers de ladicte église seront tenus tenir la main et fournir le luminaire avec les beaux ornements d'icelle église et pour les y obliger, ensemble leurs successeurs à l'advenir, à perpétuitté, ledict testateur a donné et legué à ladicte église la somme de quatre cens livres pour icelles employer en acquêts et héritages qui luy seront réputés propres, affin que sur les revenus ou rentes desdicts héritages il soit pris ce qu'il fauldra pour le payement des pbrestres et chantres qui assisteront audict service et fournissement du luminaire et le surplus au proffit de ladicte église.

Item donne et lègue à Joseph Adimé, à présent son serviteur domestique, la somme de six cens livres tournois pour une fois payée.

Item donne et lègue à Catherine Chauffourneau, sa filleule, fille de deffunt noble homme Nicolas Chauffourneau, vivant son bon amy, la somme de mil livres tournois, pour l'obliger à avoir mémoire de luy en ses prières.

Item donne et lègue audict sieur Baudry la somme de cinq cens livres pour l'obliger à prier Dieu pour luy.

Toutes lesquelles sommes cy-dessus déclarées et celles qui seront employées aux frais funéraires et autres legs seront prises sur la partie deube audict sieur testateur par Monsieur Huguet, sieur de Semonville, et du surplus d'icelle partie, après qu'il aura aussi acquitté la promesse dont ledict sieur testateur est redebvable audict sieur Baudry, icelluy sieur testateur l'a donné et légué audict sieur Huguet.

Et pour exécuter et accomplir le present testament, icelluy augmenté, s'il y eschet, et non diminué, ledict sieur testateur a nommé et esleu pour exécuteur d'icelluy ledict sieur Baudry, qu'il prie d'en prendre la peine, entre les mains duquel il s'est désaisy de tous ses biens, jusqu'à la concurrence du contenu au présent testament, lequ-l luy a esté par moy notaire leu et releu en présence de M⁰ Philippe Blanvillain, pbrestre, premier vicaire de l'église dudict Ligny, et de noble homme Marc Pariet, poursuivant d'armes de France, M⁰ François Boulliard, huissier sergent royal, honneste personne Jean Leclerc, marchand demeurant audict Ligny tesmoins ; lequel sieur testateur a dict et déclaré le bien entendre, veult et entend qu'il sorte son plain et entier effet.

Faict et passé audict Ligny, en la maison dudict sieur Baudry et aussi en la présence de noble homme Namé de Sion, frère dudict sieur testateur et lieutenant de Sa Majesté en son Ammiral, et a signé avec ledict sieur exécuteur et tesmoins.

Signé : Gabriel DE SION.
SIONITE dit SAINT-MICHEL. Ph. BLANVILLAIN.
C. BAUDRY. PARIET. J. LECLERC. F. BOULLIARD.
SERVAIN, notaire.

IV.

ANNEXE DU TESTAMENT DE GABRIEL DE SION.

8 *Juin* 1648. — *Acte portant cession d'une créance de vingt mille livres à payer au sieur Baudry en argent ou en exemplairees de la Bible polyglotte, par Guy-Michel Le Jay, éditeur.*

Le huictiesme jour de juin mil six cens quarante-huict après midy, par devant nous Edme Servain, notaire et tabellion juré au bailliage et vicomté de Ligny-le-Chastel soubsigné, fut présent en sa personne vénérable et discrette personne Messire Gabriel de Sion, pbrestre, docteur en théologie et professeur du Roy ès langues orientalles, demeurant à Paris, estant de présent audict Ligny, lequel a recogneu et confessé avoir cédé, quitté et transporté, promis garantir, fournir et faire valloir à noble homme Claude Baudry, sieur de la Motte, secrétaire ordinaire de la Reyne regnante, mère du Roy, à ce présent et acceptant pour luy, etc., la somme de vingt mil livres tournois et intérests d'icelle audit sieur cédant deubs et à prendre sur Monsieur M⁰ Guy-Michel Le Jay, conseiller du Roy en ses conseils demeurant en ladicte ville de Paris, et laquelle somme avec lesdicts intérests il est condamné bailler et payer audict sieur cédant par arrest de nos seigneurs de la Cour du Parlement de Paris du neufviesme mars mil six cens quarante-six et, à faute de payement dans le temps porté par icelluy, à bailler et fournir audict sieur cédant des exemplaires de la grande Bible royalle jusque à concurrence de ladicte somme de vingt mil livres et intérests, ou de ce qui en restera deu au temps de ladicte délivrance et ce au prix que lesdicts exemplaires seront estimés par expers et gens à ce congnoissans, dont lesdicts sieurs cédant et Le Jay conviendroient, à faute de quoy faire en serait pris et nommé d'office en ladicte cour, en laquelle ledict cédant auroit présenté requeste, affin de procéder à la nomination desdicts expers, sur laquelle Monsieur Me..... de Bruxelle, conseiller en ladicte cour, ayant esté commis, icelluy sieur cédant auroit produict en ses mains tant le susdict arrest que autres pièces nécessaires pour parvenir à ladicte nomination et estimation, en laquelle instance icelluy sieur cédant a subrogé et subroge par ces présentes ledict sieur Baudry, auquel il a à ceste fin cédé tous ses droicts, noms, raisons et actions, pour soubs son nom poursuivre le jugement de ladicte instance et estimation et recevoir ladicte somme de vingt mil livres et intérests d'icelle ou lesdicts exemplaires d'icelle Bible, conformément audict arrest et estimation qui en sera faicte par lesdicts expers et en bailler quittance audict sieur Le Jay, tout ainsy qu'eust peu faire ledict sieur cédant auparavant le présent transport, lequel a esté ainsy faict pour demeurer quitte par ledict cédant envers ledict sieur cessionnaires tant des services qui luy ont esté rendus et luy rend encore ledict sieur Baudry depuis l'année mil six cens quinze, tant domestiquement que autrement, en toutes ses affaires et maladies qu'il a eues depuis ladicte année, que pour la bonne amitié qu'il luy porte, consentant que, en conséquence du présent transport, il intervienne en ladite instance susmentionnée et fasse toutes les poursuittes requises et nécessaires jusqu'à l'actuel payement desdictes vingt mil livres et intérests ou délivrance desdicts exemplaires et dispose du tout comme de chose à luy appartenant au moyen des présentes, car ainsy etc., obligeant etc., renonçant etc.

Faict et passé audict Ligny en la maison dudict sieur Baudry, en présence de honorable homme Jean Leclerc, marchand, et Me Pierre Malaquin, sergent royal, demeurant audict Ligny et autres tesmoins.

Signé : Gabriel DE SION.
J. LECLERC. P. MALAQUIN. C. BAUDRY.
SERVAIN, notaire.

V.

AUTRE ANNEXE AU TESTAMENT DE GABRIEL DE SION.

9 Juin 1648. — Acte portant déclaration de fidéicommis au sieur Huguet de Semonville.

Le neufviesme jour du mois de juin mil six cens quarante-huict après-midy, par devant nous Edme Servain, notaire et garde nottes à Ligny-le-Chastel soubs signé, comparut en sa personne vénérable et discrette personne Messire Gabriel de Sion, pbrestre, docteur en théologie et professeur du Roy ès langues orientalles, demeurant en la ville de Paris, estant de présent en ceste ville de Ligny, lequel a dict et déclaré en la présence de nous, notaire et des témoins cy-après nommés, qu'encore que par son testament et ordonnance de dernière volonté, passé par devant nous le jour d'hier, il aye faict don à Monsieur Huguet, sieur de Semonville, commis général des gabelles de France, de ce qui luy restera entre les mains du contenu en sa promesse du premier jour d'apvril dernier, après qu'il aura satisfaict au contenu dudict testament, néanmoins la vérité est qu'il ne luy a faict ledict don que pour conserver ledict reste à ses parens soubs le nom dudict sieur de Semonville sur lequel il a jeté les yeux, comme son plus sincère et cordial amy, c'est pourquoy il supplie ledict sieur de Semonville distribuer ce qui luy restera entre les mains à ses dicts parents ainsy qn'il s'ensuict :

Premièrement fera tenir par voye asseurée, tant à Jacques Sionite qu'à ses troys niepces, filles dudict Jacques, la somme de troys mil huict cens livres, sçavoir, audict Jacques frère la somme de deux mil livres et six cens à chacune de ses dictes filles.

Baillera et délivrera à Namé-Gratien Sionite, sieur de Saint-Michel, aussy son frère, lieutenant dans le grand Ammiral de France, la somme de troys mil livres.

Fera tenir à Monseigneur le Patriarche d'Antioche, son parent, la somme de quatre cens cinquante livres, que le dict sieur de Sion dict avoir receus de la pension qu'il plaist au Roy donner par chascun an audict seigneur Patriarche.

Fera tenir à une honneste femme nommée Ommousse, belle-mère de Joseph Ebnelmir, demeurant à Allep, quatre-vingts piastres ;

A une autre honneste femme du Mont-Liban dont ledict sieur de Sion ne sçayt le nom, aussy quatrevingts piastres, lesquelles avoient déposé lesdictes sommes entre les mains du deffunct sieur Evesque d'Eden, frère dudict sieur de Sion ;

A la sœur du deffunct Archevesque d'Esseron, qui se nommoit Jean Hesronite, la somme de cinq cens livres ;

A Boulloé, fils d'Assaylé, qui est de présent à Marseille, la somme de six cens livres, au cas qu'il soit fils de Amaymé Sionite, sœur dudict sieur de Sion, et ce pour luy faire apprendre quelque mestier, et sy ledict Boulloé ne se trouvoit estre fils d'Amaymé Sionite, sera ladicte somme baillée et délivrée audict Namé-Gratien Sionite, avec lesdicts troys mil livres cy-dessus déclarés.

Et le surplus sera employé en achapt de calices et ornements, qui seront envoyés audict sieur Patriarche.

De laquelle intention et declaration ledict sieur de Sion m'en a requis acte que je luy ai octroyé pour servir et valloir ce que de raison, en présence de vénérable et discrette personne M⁰ Philippe Blanvillain, pbrestre, premier vicaire de l'église dudict Ligny, noble homme Marc Pariet, poursuivant d'armes de France, noble Namé-Gratien Sionite, sieur de Saint-Michel, lieutenant dans le grand Ammiral de France, frère dudict sieur de Sion, M⁰ François Boulliard, sergent royal et honneste homme Jean Leclerc, marchand, demeurant audict Ligny tesmoins.

Faict audict Ligny, en la maison de noble homme Claude Baudry, sieur de la Motte, secrétaire ordinaire de la Reyne régente, mère du Roy, et aussy en sa présence, lesquels sieurs de Sion et tesmoins ont signé avec moy notaire susdict ces présentes.

Signé : GABRIEL DE SION.
C. BAUDRY. Ph. BLANVILLAIN. SAINT-MICHEL DE SION.
PARIET. BOUILLIARD. JEAN LECLERC.
SERVAIN, notaire.

VI.

RÉCEPTION DES RELIQUES DE SAINT PRIX PAR LE CONSEIL GÉNÉRAL DE LA COMMUNE DE LIGNY EN 1793.

L'an 1793, l'an deuxième de la République française, le samedi 31 août, à 4 heures du soir, le Conseil général de la commune de Ligny assemblé en la maison commune assisté de son secrétaire greffier ordinaire ; est comparu le citoyen Edme Dupas, brandevinier, fils d'Edme Dupas, tonnellier à Maligny, lequel a dit que désirant donner des marques de son attachement pour la commune dont il est membre et pour l'église à laquelle il a le bonheur d'appartenir, il avait l'intention de donner à ladite église des reliques de saint Prix qu'il s'est procurées, avec la châsse de bois doré où elles sont renfermées. — Sur quoi, la matière mise en délibération, le Conseil général considérant que c'est pour une paroisse qui se glorifie de professer la vraie religion, un grand avantage de posséder quelques restes précieux des saints qui en ont fait l'ornement par l'éminence de leur vertus, l'intrépidité de leur zèle et l'héroïsme de leur courage qui les a déterminés la plupart à verser leur sang pour sa défense ; qu'il doit regarder comme un bienfait du ciel une occasion qui l'enrichit d'un pareil trésor et qui servira singulièrement à l'édification des fidèles, a arrêté à l'unanimité qu'il fallait agréer avec reconnaissance les offres du citoyen Dupas, qu'il serait invité de représenter lesdites reliques afin qu'examen en soit fait de concert avec le citoyen Louis Bouteille, curé dudit Ligny et qu'on s'assure de leur authenticité avant des les exposer à la vénération des fidèles,

Et à l'instant ledit Dupas a apporté ladite châsse de bois doré ou reliquaire fermé de deux glaces au-devant dans sa partie supérieure et inférieure : ouverture en a été faite par ledit curé en présence du Conseil ; on y a trouvé un ossement notable, attaché sur un coussin en satin et portant cette inscription : « *Reliques de saint Prix et de ses compagnons.* » Sous le coussin était un procès-verbal d'une translation desdites reliques, faite le 26 mai 1783 par J. B. Marie Champion de Cicé, évêque d'Auxerre, de son palais épiscopal de ladite ville en la chapelle de son château de Regennes, dans lequel procès-verbal il est dit qu'on a extrait de deux châsses dorées, scellées des armes de Mr André Colbert, ancien évêque d'Auxerre, deux ossements portant cette inscription : « *Reliques de saint Prix, etc.*, » lesquels ont été transférés au château de Regennes pour y être placés dans deux autres châsses et exposés dans la chapelle à la vénération des fidèles. Lesquelles châsses furent scellées des armes dudit Champion, évêque d'Auxerre, en présence de Louis-Jean Vauthier, chanoine et lecteur de l'église cathédrale, un des vicaires-généraux; de Claude Tabouillot, supérieur du séminaire et de Jean-Christophe Frotier, chanoine de ladite église et secrétaire dudit évêque.

Le même procès-verbal rapporte tout au long les authentiques trouvées dans les deux châsses qui étaient dans la chapelle du palais épiscopal d'Auxerre, lors de la dernière translation ; il appert par ces authentiques qu'il y avait déjà eu antérieurement plusieurs autres translations faites en divers temps et par différents évêques d'Auxerre à dater de l'an 1446. Le procès-verbal et les authentiques qui en font partie ont été réunis dans la châsse présentée par ledit Dupas, sous le coussin où reposent les reliques. Et après qu'on a été bien convaincu de la vérité et de l'authenticité de ces reliques, tant par la lecture de toutes les pièces ci-dessus mentionnées que par la vérification qui a été faite de la similitude des sceaux apposés et dans les deux extrémités de la partie inférieure de ladite châsse et sur ledit procès-verbal de la dernière translation faite en 1783 par M. de Cicé ; le conseil général et le citoyen Louis Bouteille, curé, ont été d'avis que ces reliques pouvaient être exposées à la vénération des fidèles, mais qu'il convenait que préalablement il en fût fait une nouvelle translation à l'église de Ligny avec toute la pompe et la solennité possibles. C'est pourquoi il a été arrêté qu'elles seraient déposées à l'église de Varennes et que dimanche 1er septembre, à l'issue des vêpres, on irait processionnellement les chercher, à laquelle procession toute la commune de Ligny serait invitée ainsi que celle de Varennes.

Signé sur l'original : André, maire. Blonde, officier. Berthier, procureur. Brillié, officier. J. Blonde, officier. J. Villetard, officier. F. Barton, officier. J.-B. Fouinat, officier. F. Mathieu. Boucheron. Rossignol, maire. Jourdeuil, vicaire de Varennes. Pain, notable. L. Baudoin, notable. Hermelin, notable. Caillot, Desgranges, Houzelot, notables. L. Bavoil, juge de paix. Charlot. P. Tremblay. Droin. Edme Regnault. Le Blanc. Jean Jeanneau de Jardelay. L. Cornat père et fils. Jamoy. Edme Dupas. Maugras, vicaire de Ligny. Bouteille, curé.

VI.

PROCÈS-VERBAL DE LA TRANSLATION DES RELIQUES DE SAINT PRIX.

Le dimanche 1er septembre 1793, et l'an deuxième de la république française, à trois heures et demie du soir, à l'issue des vêpres, nous, Louis Bouteille, curé de Ligny-le-Châtel, nous sommes transporté solennellement avec nos paroissiens en l'église de Varennes, où après avoir fait de nouveau la visite de la relique énoncée au procès-verbal du jour d'hier et l'examen des pièces authentiques y mentionnées, en présence des habitants de notre paroisse et de celle de Varennes, nous en avons fait la translation et sommes revenus processionnellement avec la sainte relique, accompagnés d'un grand concours de peuple, en notre église de Ligny, où nous avons exposé la relique à la vénération des fidèles, et pour la perpétuelle mémoire de cette translation, le present procès-verbal et celui en date d'hier seront transcrits avec les copies des authentiques sur les registres de la commune. Et ont signé les citoyens sachant le faire.

Signé sur la minute : Bouteille, curé de Ligny. André, maire. Edme Dupas et autres signataires du précédent procès-verbal.

N. B. Lorsque dans la suite les églises furent profanées et fermées, Edme Dupas cacha dans sa maison le reliquaire de saint Prix. En 1803, il le rendit à l'église, après que M. l'abbé Frotier, chanoine, en eut fait la reconnaissance canonique par ordre de Mgr de la Tour-du-Pin Montauban, évêque de Troyes. Edme Dupas mourut le 30 décembre 1807 et comme il était sans enfants, il exigea par son testament que ses héritiers portassent tour à tour un pain bénit à la messe de paroisse le dimanche qui suit la fête de saint Prix. En 1810, M. Saget, alors curé de Ligny, transféra la relique dans la châsse de bois doré en forme d'arche, où elle est actuellement et y déposa, avec les anciennes pièces authentiques, l'enquête de M. l'abbé Frotier, la lettre de Mgr de la Tour-du-Pin et son propre procès-verbal de nouvelle translation, où il attribue par erreur la relique à saint Prix, évêque de Clermont, tandis qu'elle est, en réalité, de saint Prix (Priscus) qui fut martyrisé avec une foule d'autres chrétiens à Saints-en-Puisaye et qui donna son nom au bourg de Saint-Bris, près d'Auxerre, où son chef est l'objet d'une grande vénération.

TABLE DES MATIÈRES.

	Pages
Dédicace.	I
Préface.	III
LIGNY AU POINT DE VUE RELIGIEUX	
Origines chrétiennes.	3
La paroisse.	14
La cure.	17
Revenus et charges de la cure et de la fabrique.	23
Suite chronologique des vicaires et curés de Ligny.	30
Le culte local.	45
Liturgie.	45
Fêtes de fondation.	47
Dévotions populaires	49
Les confréries.	62
Confréries de simple patronage.	63
Confréries d'État ou corporations.	63
Confréries de piété.	70
Statuts de la confrérie du Saint-Sacrement.	74
Les établissements religieux.	78
La Celle ou le prieuré des Bons-Hommes.	78
La léproserie.	86
La Maison-Dieu.	92
Le couvent des Ursulines.	95
La Providence.	97
LIGNY AU POINT DE VUE DE L'HISTOIRE CIVILE	
I. LES SEIGNEURS DE LIGNY	103
Ire PÉRIODE, de 616 à 954.	104
Ligny sous les comtes de Tonnerre à titre précaire.	104
IIe PÉRIODE, de 954 à 1260.	105
Ligny sous les comtes propriétaires féodaux ayant son vicomte particulier.	105
Famille Milon.	105
Famille des comtes de Nevers.	106
Guillaume Ier.	106
Guillaume II.	108
Guillaume III.	116
Guillaume IV.	121

Guy, Mathilde de Bourgogne, sa femme et Agnès, leur fille. . . . 123
Famille de Courtenay. 124
Pierre de Courtenay. 124
Mathilde de Courtenay ou Mahauld-la-Grande. 126
IIIe PÉRIODE, de 1260 à 1412. 137
Ligny sous l'autorité directe et exclusive des comtes de Tonnerre. 137
Famille de Bourgogne. 137
Eudes de Bourgogne et Mathilde de Bourbon, sa femme. . . . 137
Marguerite de Bourgogne, reine de Sicile. 143
Famille de Chalon. 150
Guillaume de Chalon. 150
Jean de Chalon II. 151
Jeanne de Chalon et Robert de Bourgogne. 155
Jean de Chalon III et Jean de Chalon IV. 159
Louis de Chalon Ier, Louis II et ses frères. 168
IVe PÉRIODE, de 1412 à 1690. 171
La vicomté de Ligny séparée du comté de Tonnerre. 171
Famille de la Baume-Montrevel. 171
Jean de la Baume II et Jeanne de Chalon. 174
Le bâtard Jean de Chalon. 182
Claude de la Baume Ier. 186
Claude de la Baume II. 189
Jean de la Baume IV. 192
Famille de Saulx-Tavannes. 200
Gaspard de Saulx, maréchal de Tavannes. 200
Jean de Saulx-Tavannes Ier. 210
Henri de Saulx-Tavannes, marquis de Mirebel. 219
Jean de Saulx-Tavannes II. 224
Jean de Saulx-Tavannes III. 225
Ve PÉRIODE de 1690 à 1789. 230
La vicomté de Ligny réunie au marquisat de Seignelay. . . . 230
Famille Colbert. 230
Famille de Montmorency. 231

   II. LA TERRE DE LIGNY ET SES DÉPENDANCES . . . 233
1° Ses éléments anciens et modernes. 233
Varennes. 233
Lordonnois. 237
La Varande ou les Prés-du-Bois 238
La Mouillère. 238
Méré-sur-l'Eau. 239
Le fief du Mez. 240
Le fief de Breuil. 241
Le fief de la Treille. 243
Le fief de la Bretauche. 243
Le fief de Charau. 244

Mérey-le-Serveux.	246
2° Valeur et droits féodaux de la terre de Ligny.	248
3° Justice et ressort de la châtellenie de Ligny.	253
III. LA COMMUNE	257
1° Son administration.	258
2° Ses archives.	269
3° Sa population en général.	279
Variation du nombre des habitants.	279
Noms patronymiques.	281
Professions.	286
IV. LES FAMILLES NOBLES ET LES PERSONNAGES DE QUELQUE DISTINCTION	289
Jean le Damoiseau.	289
Guyard-le-Chat.	290
Geoffroy, moine de Vézelay.	290
Famille du Mez.	291
Le chevalier Guillaume.	295
Les chevaliers Arnoul et Colin.	296
Jean de Breuil, clerc.	296
Godard et Jean de Ligny.	297
Jean de Armes.	298
Jean de Perreuse, clerc.	299
Guillaume de Ligny-la-Ville, écuyer.	300
Jean-le-Ferron.	300
Guillaume-le-Changeur et Thibauld, écuyer.	301
Cisterciens originaires de Ligny.	301
Jean de Ligny, chevalier, et Pierre Pitoyte, chanoine.	301
Pierre, chapelain.	302
Famille Pilart et Jean Gédion, bourgeois.	302
Jean Joé, Henri Godié et Thévenin Henriet, bourgeois.	303
Louis Litaut, notaire.	304
Vincent-le-Maistre, prêtre.	304
Claude Magré, notaire, et Jacques de Gibraléon, écuyer.	304
Famille Filleu de Pommard.	304
Familles Boucherat, de Ravignan et Dacier.	306
Claude Baudry, S' de la Motte et Gabriel Sionite.	310
Famille Dispence.	313
Edme Villetard, officier et le R. P. Chevillot, capucin.	314
Pierre Servain, oratorien.	314
Louis Jeanneau de Jardelay.	314
LIGNY AU POINT DE VUE ARCHÉOLOGIQUE	
1. *Souvenirs des temps celtique et gallo-romain.*	318
Nom de Ligny.	318
Fontaines des Fées.	319
Bois et fontaine l'Ardenois.	322

Le Mont-Sabot et la Chaire-au-diable.	
Souvenirs de l'époque gallo-romaine.	324
II. *Souvenirs et monuments religieux de l'époque chrétienne.*	325
L'église et le cimetière de Ligny-la-Ville.	325
L'église de Ligny-le-Châtel.	327
Description de la nef.	328
Chapelle du Saint-Sépulcre.	330
Le clocher et les cloches.	330
Description du chœur.	333
Chapelles.	337
Inscriptions tumulaires.	341
Mobilier.	343
Cimetière.	345
III. *Souvenirs et monuments civils de l'époque chrétienne.*	346
Le château.	346
La maison de la reine de Sicile et ses armoiries.	349
Les fortifications et les souterrains.	352
Les rues.	356
Les incendies.	360
Le biez et ses usines.	364
Les climats ou lieux dits.	366
Les chemins et les croix.	372

PIÈCES JUSTIFICATIVES

Procès-verbal d'information sur l'incendie de 1611.	383
Procès-verbal de l'état de la ville un mois après l'incendie de 1611	393
Testament de messire Gabriel de Sion.	395
1er annexe de ce testament.	397
2e annexe.	398
Réception des reliques de saint Prix en 1793.	400
Procès-verbal de la translation.	402